他們雖然不懂理財，
但談起財富卻很有智慧。

這樣的大師，
本書討論了 30 位以上，

如此大規模的探索
應該是「創舉」了！

你大概找不到
一本如此談「財富」的書。

財富的大師，
不就是巴菲特嗎？

其實
很多頂尖哲學家
也是財富的大師

世界公民叢書

未來的・全人類觀點

大師眼中的金錢

財富的倫理

葉仁昌　著

The Ethics of Wealth

Money in the Eyes of the Masters

沒有財富的教養，難免淪為財富的野獸。

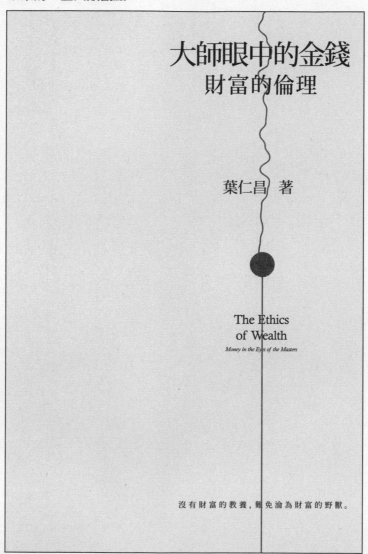

大師眼中的金錢：財富的倫理

【目錄】本書總頁數488頁

第三章 邁向資本主義的無限利潤心

謹以本書感謝三位一直照顧我
栽培我、令我深深感念的長輩

先慈　葉王寶珠
先師孫廣德先生
恩師沈成添先生

沒有財富的教養，
難免淪為——
財富的野獸。

面對一個錢潮橫流的時代，
這句話是我寫本書的目的。

前言　話說這一本書

許多人看到本書的封面標題時，經常第一個直覺是，此處所謂的「大師」，應該就是指巴菲特（Warren Buffett）或德國的科斯托蘭尼（André Kostolany）之類的投資大師吧！然後就會聯想，這本書應該是在談什麼有關理財的大智慧。等到一睹大綱細目，才驚覺完全不是。

但這毋寧就是筆者要打破的刻板印象！為什麼談到財富時，大師不會是孔子、柏拉圖、亞里斯多德、伊比鳩魯、耶穌、奧古斯丁、摩爾、馬丁路德、洛克、盧梭、休謨、亞當斯密、邊沁、普魯東、馬克思、克魯泡特金或韋伯這些人呢？為什麼論及金錢，每個人聯想到的就只會是如何投資和理財？財富或金錢的概念，已經在我們這個時代被徹底「綁架」了！對於它，好像只有那麼一回事，就是該如何多賺一點！在此一情況下，那些滿腦子只想賺錢的人，對於本書——所謂的財富倫理——恐怕是沒有興趣的。這就好像是滿腦子A片的人，對真愛是沒有興趣的！

筆者完全理解，許多人只要財富，不要財富「倫理」。但這種心態的荒謬性，真的就好像是「只要上床，別跟我談真愛。」「只要權力，不要扯什麼正義。」難怪！在這後現代的今天，既是文明的時代，也是野蠻的時代！但這種荒謬性和野蠻，正好證明了本書的價值。就好像一個傲慢的人，最需要的正是自己總看不見的謙卑。而在一個愈不理性的地方，愈凸顯出理性的可貴。同樣地，當大家滿腦子都只想賺錢，這無疑就是本書最想挑戰的人生態度。

話說這本書最原始的構想，來自於筆者念博士班時的一篇期末報告，但就一直擺在那裡，直到從教授職位退休後兩年，才開始動筆，跨出真正的第一步。如今，歷經了這麼長一段時間的釀造，也該成為美酒出窖了。

這本書的份量相當厚重。此刻，在各位初閱本書之際，讓筆者先做個破冰式地引介，包括這本書的寫作動機、主旨定位、討論架構、所面臨的困難挑戰，以及撰述上的一些小說明。

我到底想做什麼？寫作動機

首先，筆者到底是出於怎樣的心理和背景，想要出版這麼一本雄心勃勃的著作呢？尤其，聽李家同說，台灣社會很無知，很多大學生認為「戴高樂是一種積木、阿拉法特是法國軍艦、米開朗基羅是忍者龜。」那麼，面對這樣一個不喜歡讀書，或者只讀休閒書及考試用書的華人社會，筆者自覺有什麼非做不可的使命呢？

是的！擺在眼前，處於這個全球資本主義的時代，錢潮橫流，人們都在努力追求財富；市面上也充斥著如何理財或致富的書籍篇章。但唯獨欠缺了其實更重要的一塊，即面對財富時的內在心態或價值觀。筆者有時會交錯使用另一個比較新鮮的說法，就是「財富的教養」。對於財富，我們有太多的「know-how」，太少的「know-why」。我們只想賺更多的錢財，卻從來沒有好好地被教育，錢財所代表的意義和責任，而又該怎樣牟利和花用？

曾有一位念研究所的學生告訴筆者，說他去提親時，女友的父親給出來的准嫁條件，是要有七位數的存款、再加一棟台北市的房屋。而自己的姊夫也曾警告過他，不可以為唸博士而花用父母的錢，因為這樣會減少將來分配遺產時的總額。

這些話讓筆者十分驚訝，不禁要問，財富的意義是什麼？它竟成為了嫁娶的前提條件。而為了分配到更多遺產，兄弟姊妹的情誼都可以拋諸腦後。財富不是在成為別人的祝福時，有著最高的價值嗎？愛和親情所帶來的快樂，不是遠超過錢財所能給予的嗎？巴菲特也曾指出，真正的財富是有多少人在關心你、愛你！顯然，在此一課題上，有太多人需要好好再教育。

我們還看到很多人四處鑽營、攀附勾結，為了就是多撈點錢。生命的志業和原則都拋諸腦後了。是否人一生的寫照，真的就只是人為財死、鳥為食亡？而評價一個人或是人的自尊，就在於收入、豪宅和名車嗎？

耶穌曾說過的那句箴言，「人若賺得全世界，賠上自己的生命，有什麼益處呢？人還能拿什麼換生命呢？」（馬太十六26）試問，你嚴肅地面對和反省過這一句話嗎？打拚賺得了上億資產，卻年紀輕輕躺在棺材裡。或者，這一切都無所謂，反正有錢就是大爺！什麼美國夢、中國夢，夢來夢去，最誘人也實在的，就是發財夢。

齊美爾（Georg Simmel, 1858-1918）說得好，金錢原本只是手段，但因為它能購買一切，結果，就從一種「絕對的手段」在心理上變成了「絕對的目的」，還從生活中「最理想化的工具」變成了「最理想化的目的」（Simmel 著，2007: 162; 165）。這番話充分意味著一種悲哀，即金錢替代了其他一切，成為人生的終極目標；它根本就是我們時代的上帝。

還令筆者納悶的是，有許多朋友收入不錯，但對於社會捐贈，卻像個十足的窮人！他們總認為，像巴菲特或郭台銘那樣的有錢人，該多捐點錢做公益；而自己呢？小康之家，餘錢不多，意思意思捐一點也就夠了。只是，留給兒女的呢？卻往往不只一棟的房子，以及數百萬以上的存款。

難道，對家人慷慨、對別人吝嗇，這真的就是我們華人的財富哲學嗎？為什麼與西方比較起來，我們的社會捐贈幾乎少了一百倍？說台灣人很有愛心，我完全嗤之以鼻！華人的許多大小企業老闆，尤其在台灣，更是出了名的「摳」，普遍地只肯給員工低薪，卻對子女大方至極。

在這些方面，值得深思的現象還真不少！有人住豪宅、玩超跑、全身名牌，對一切開銷花費毫不手軟；但也有人省吃儉用，甚或一毛不拔。對於錢財的態度，到底孰是孰非？而哪一個又會比較快樂呢？還有，對於賺錢的方式，合宜的手段是什麼？或者，就是許多人常說的「在商言商」，倫理可以丟在一邊？

這些毋寧都是生命中的一種選擇，而抉擇不正基於價值的思辨嗎？固然，它們沒有標準答案，但就怕你沒有反省地隨波逐流。經過了價值思辨，至少，你可以更自信而自在地，去過你所選擇的生活方式。

不只是個人的價值思辨和選擇，財富更也是個社會問題。譬如，許多國家中對貧富不均的指謫，不就經常在媒體上討論得沸沸揚揚嗎？從反全球化控訴西方剝削的浪潮、佔領華爾街運動，兩岸三地房地產的炒作飆漲，乃至於年金的改革，以及資本利得稅的課徵是否公平，諸如此類的爭議，可以說是多如牛毛。

然而，在歷經這一切爭論之後，對於什麼是真正的分配正義、又如何能同時兼顧進步富裕，人們依舊莫衷一是。試問，在追求平等與差異化之間，該如何平衡呢？而更嚴肅地，面對迄今全球仍普遍存在的窮人和弱勢者，我們的解決方案是什麼？

這些問題始終環繞著我們，更此起彼落地四處衝撞。筆者非常確定，在這樣一個錢潮橫流的現代社會裡，需要一本扎實有份量的書，來幫助人們在面對財富時，可以做出有深度的價值思辨。筆者甚至期待，政府的有關單位、民間團體、或是金融業的財富管理部門，將來可以針對青年學子們，不只提供一套理財課程，其中更以相當的篇幅，來教導面對財富時的合宜心態。好讓下一代能在有財富教養的情況下成長，而不是到了成人世界後，隨波逐流地成為一頭貪婪自私、虛榮揮霍的財富野獸。

定位：「倫理」課題的探討

對於前述林林總總的提問，筆者可以歸結為財富的「倫理」課題。它們當然不是技術性地在探討如何理財或致富之道，而如果你要說它們是「財富哲學」也無不可，只是不很精準，範圍稍大了點。那可以稱之為財富的「道德」課題嗎？這範圍又狹隘了點。儘管道德經常被歸屬於倫理的範疇，但它與倫理之間其實有一些區別。基本上，道德關乎的是行為的善與惡、誠與偽；倫理則更進一步擴及行為的適切和妥當性。

道德的爭論固然都是倫理課題；但反過來，有一些事情與道德無關，卻違背倫理。譬如，在捷運上遇見師長，既未問候也沒讓座，你不能說這位學生不道德，他或許只是害羞或有某些心理障礙而已！你只能說他這樣的行為不適切或不妥當；也就是不符合師生倫理。再譬如師生戀，即使是出自真情，也不符合倫理。但這絕不是誰邪惡或無恥的問題，你不能罵說什麼教育敗類這樣的話。它只是基於雙方地位的不平等和角色本質，容易引發困擾及社會爭議，因而有所不宜罷了！

道德問題的爭辯，常讓人面紅耳赤、劍拔弩張。它必須神聖而嚴肅，因為它指涉的是人格上的善與惡、誠與偽。它總在上帝與魔鬼之間做選擇，沒有多少寬容空間。但對於那些非關道德的倫理問題，在爭辯上卻不必如此。它只是不適切或不妥當罷了！如果有人違犯了它，我們可以只是搖搖頭、或無奈地一笑置之。因為那不就是邪惡，而違犯者也不是魔鬼。此外，倫理問題不只沒有神聖性，它比道德問題更具有情境性。經常，當時空情境或思潮氛圍改變了，怎樣的行為才算是適切和妥當呢？往往也就跟著改變了。

遺憾的是，許多非關道德的倫理問題，經常被道德化了。結果，那位既未問候也沒讓座的學生，被說成是年輕世代的墮落；陷入師生戀的那位老師，因品德問題而遭到解聘。在此，筆者不願再犯同樣的錯誤。本書明確地說，就是探討財富的倫理。它一方面固然包括了若干善與惡、誠與偽的道德爭議，但另一方面，它的範圍又大得多了，擴及許多非關道德的倫理論辯。

這樣一個定位不只在焦點課題上更為精準，同時也意味著，我們可以跳脫道德的絕對化框框，而抱以理性、開明和多元的態度，來面對其中各式各樣的論調。既無須面紅耳赤、劍拔弩張，也不必在讀過本書後，追問到底哪一種說法才具有「道德正確」。同時，這樣一個定位還可以讓我們在探討之際，務實地斟酌不同的情境和關係，而在適切和妥當性上有不同的理解和選擇。它不是鐵板一塊！我們可以很有彈性地來評價及組合。

那麼進一步地，針對此一主旨，筆者打算如何來做出回答呢？基本上，任何議題的探討都可大可小；可以輕描淡寫，也可以扎實嚴肅。然而，筆者的動機既然在於，幫助人們在面對財富時，可以做出有深度的價值思辨，則本書恐怕是欲小不能了。試問，它若沒有一定的份量、細緻和完整，價值思辨怎麼會有深度呢？

尤其，坊間目前直接有關的書籍是嚴重欠缺的。僅有的一些零星篇章，則更表現為心靈雞湯式的隨筆小品，不過是在抒發個人對錢財的一些感想，幾乎無嚴謹和專業可言。至於最嚴謹和專業的齊美爾，那本艱澀有如天書的《貨幣哲學》（*The Philosophy of Money*），看起來與本書的目標很類似。但事實上，他談的是貨幣經濟興盛後所產生的文化效果，與財富倫理的主旨根本不同。

筆者揣測，對於財富倫理，本書可能是第一個細膩而完整的開創者了。至少在文獻搜尋和評估下，還找不到任何一本同樣主旨和取向的專著。在進一步探討之前，讓筆者先行勾畫出一整個思考架構如後：

財富倫理的三條路線

一、輕看財富、貶抑私產的論調
二、夠用就好、財富的小康之樂
三、邁向資本主義的無限利潤心

四大核心課題

一、財富的追求動機
二、財富的獲取之道
三、財富該如何使用
四、財富的分配正義

在這樣一個思考架構下，筆者當然要從本頁圖表中上方那個區塊入手，而後才可以從探索的成果中，歸結出下方那四大核心課題。前一部分正是本書的任務，但帶出下方的區塊後，進一步的分析探索則打算交給下一本書。畢竟，兩者的主軸和性質有所不同，而且本書的篇幅已達於極限。

全盤而言，筆者對於財富倫理的建構工程，前後共有三部曲：首先是歷史脈絡的探索，同時進行論證上的思辨分析，最後則是現代的引申應用、省思和方案倡議。前兩部曲正是本書準備要進行的工作。筆者打算從大思想家們和主流歷史切入，不拘古今中外，盡可能完整地，廣泛探討他們有關財富倫理的精采論述。期待給予讀者的，不僅是能有一個屬於歷史發展和脈絡的整體掌握，還能針對其中的各種論證，呈現出既清晰又準確的思辨分析。

至於本書的選述大綱，筆者歸納出了三條路線。第一章探討的是，輕看財富、貶抑私產的論調；第二章是夠用就好、財富的小康之樂；第三章則析論邁向資本主義的無限利潤心。在這三章中，又分別挑選了若干具有代表性的大師，一個一個來探索他們的財富倫理。

整個來說，本書是一個艱鉅的任務。一來，牽涉的範圍非常廣泛複雜。包括了古典的思想家、希臘化文明時期的哲人、基督教早期教父、中世紀經典人物、宗教改革家、基督新教倫理、浪漫主義、理性啟蒙運動、古典經濟學家、效益主義、社會和共產主義，以及無政府主義，簡直是龐然大物！

二來，這些思想家們總有著濃濃的哲學調性，談論起問題有其抽象、深澀和語言上的詭譎。但本書卻是百分百地，定位給現代社會中非此一專業的人士。筆者因此得盡量用直白的口語，深入淺出地來評介他們的財富倫理。最期望的是，能夠貼近現代人的生活、多一些例證、輕鬆隨和。

這無疑是一個難以兩全的挑戰。一方面，這本書必須美味可口，切忌難以下嚥。但另一方面，它又不能淪為只是垃圾食物、甜膩庸俗。筆者心知肚明，要同時滿足這兩個有所矛盾的挑戰，幾乎是「mission impossible」。但就帶著理想主義的樂觀走走看吧！如果成果沒有九十分，七十分也堪告慰了。當然，最優先的還是扎實和準確，至於優雅美味，就盡力而為吧！

面對超過三十位以上的哲學大師，筆者給自己一個挑戰，就是任何一位用心的讀者，如果覺得有某一段落生澀、讀不懂，都是我的失敗。筆者經常提醒自己，我無法讓每一個人對這本書都有興趣，但至少要讓每一個有興趣的人，覺得這本書「有料又好讀」。

許多朋友勸告我，既然是寫給社會人士的，最好是輕薄短小。對此，我完全不以為然！因為那意味著無足輕重、是一本可有可無的閒書。不一定要買，也未必要讀，當然更無須收藏！筆者所期待的市場反應恰相反！最好是認為這本書有經典級的地位，細緻、很有份量，卻深入淺出、易讀易懂；因此，值得細細品味、購買和收藏，並代代相傳。

在此，本書要獻給每一個願意反省、喜好深思的人們。在我的眼中，這樣的人正是本書的潛在讀者，而他們也注定了在各個不同的角落，成為影響社會的真正「菁英」。倘若你是習慣於撰寫論文的學者，提醒你！這本書作為一本涉及財經的哲普，完全不是為學術而生的，請你試著用更開闊的心胸來看待它。或許你會發現筆者的苦心，並且體會到，這種寫作方式毋寧是社會所最需要的一種委身，也是讀書人最重要的使命之一。

取材和撰述上的一些小說明

最後，對於本書的取材和撰述，還有一些小說明必須向讀者交代。首先，在取材方面，筆者既有遺珠之憾，又有輕重之別。一方面，面對漫長的歷史以及浩瀚的著作，要寫出一部「完整」的財富倫理，這是不可能的。許多寶貴的論述和材料，必然會被筆者給遺漏。但除了盡力外，又能如何呢？畢竟個人之力是有限的，缺憾就由別人補上吧！另一方面，即使被寫入了本書，在處理上也是輕重有別的。有些只是輕描淡寫地引介，有些則是細膩深入地探索。基本上，所根據的就是各自在相關論述上的重要性。

其次，在撰述方面，對於大師們的財富倫理，筆者所呈現的，並不只是他們所給出來的「答案」，更溯源似地，探究了答案「背後」所訴諸的理由、原委和論證邏輯。絕不能只給出結論，而不告訴你為什麼！此一挖掘其原委的深度探索，很弔詭地是一種「甜蜜的負擔」。它固然同時增加了作者以及讀者在思考上的沉重，還有書籍的份量，但在不斷深度推敲、論證和理解之下，所有的美味才釋放了出來。

這毋寧正是大師們最精采、也最有價值的部分。你若不擁抱品嚐它，就沒有資格說自己懂得什麼「know-why」。畢竟，思考中最精微細緻的部分，是人為自己立場和行為所做出的辯護！本書一貫的撰述原則就是如此。針對每一個所討論的大師，筆者不僅要陳明他在財富倫理上表達了什麼樣的最終立場，更要讓讀者清楚理解，他如何予以辯護及合理化？

末了，還要交代的是，基於本書定位於非專業的社會人士，因此已刻意避開了許多周邊的和複雜的學術性爭論，好讓讀者在賞閱本書之際，能心無旁騖地，聚焦於各個大師有關財富倫理的主軸內涵。

同時，本書也大量引用大師們的一手原典。這不僅是讓讀者回歸他們最真實的原旨和語言風采；更有一個企圖，即讓大師們用自己的文字來為自己發言，由他們親自拿起麥克風來向讀者說「書」。這種寫法，你應該在別的出版品中很少發現。

大師之所以為大師，其中的原因之一，經常就在於其論證的簡明和清晰，以及文字的可讀性和說服魅力。筆者大量引用他們的一手原典來撰述，這對於激發初識者的興趣應該是正面的。而讀者們也將會驚訝地發現，大師們的語言文字，比起大部分學者的二三手著作，其實更有魅力多了。

對於這些原典的引用，筆者都會清楚地註明出處，以示引用之責。雖然本書並非定位於學術性專著，這仍是無可省略的寫作倫理，免得被人家說我亂講或抄襲。同時，筆者也會將它們放在引號裡、並以粗體字型來顯示。相對地，若只是放在引號裡、卻沒有以粗體字型顯示，則與大師們的原典無關，而是筆者為了強調所加上去的、或是其他周邊資料的引用。以下，就讓我們進入正文吧！

第一章

輕看財富、貶抑私產的論調

首先，我們要探討的第一種財富倫理，可以簡稱為「輕看財富、貶抑私產」的論調。現代人活在商業文明下，整天在錢堆中打拚，八成會覺得奇怪，怎麼流傳在人類歷史中的財富倫理，最主要的立場之一，竟然是對財富的鄙視、瞧不起有錢的大爺，並且貶抑私有財產。

這未嘗不是缺錢人的一種酸葡萄心理！自古以來，對有錢人炫富的反感、乃至於鄙視銅臭味，始終是一種「矛盾的時尚」——既羨慕又妒忌。但若是以這樣的想法來理解第一種財富倫理，那可就太狹隘了。一來，抱持此一論調的大師們很少是窮人，通常都有不錯的家世和身分地位；二來，在他們的論述中，都揭櫫了高貴的社會理想以及人生境界。

有的是為追求一種不為物役的自由；有的是為體驗一種沒有副作用的平靜之樂；有的是為服膺自然之道；有的甚至將貧窮當作一種至高無上的尊榮。當然更多的是，為解決因經濟而起的社會暨政治問題。譬如，為追求平等或所謂的分配正義。

以此而言，認為貶抑財富之論不過是窮酸人的心理，這絕對是大錯特錯的。奈何，許多有錢人就是如此，只以為人家都是在嫉妒他！透過這一章，讓哲學家來教教你吧！認識有錢之外的另一種生命境界和社會理想。

以下，我們將從古希臘開始，篩選出若干精采的大師，一直討論到二十世紀。他們所呈現的共同特色是，對錢財和任何私屬財貨的排斥和摒棄。當然，所有討論到的大師，都只是若干代表性人物而已，並非就此窮盡了。但即使如此，對於說明此一財富倫理的基本立場，應該是綽綽有餘。而從洋洋灑灑、各式各樣的論調中，讀者將能體會，「輕看財富、貶抑私產」確實是財富倫理中曾經出現的一股旺流。即使社會演進到了今天，它都仍此起彼落，不時聽到有人還在主張類似的論調。

1 大家都過一樣的日子：阿里斯托芬

◆One law for everyone, one standard for all.

◆男人如果想要美女，他得先與醜女性交。……法律也會禁止高挑美麗的女人與年輕男人同寢，除非她們先滿足你這個又醜又矮男人的渴望。

在此，第一個值得討論的大師是希臘的喜劇作家阿里斯托芬（Aristophanes, 446-386 BC）。他就曾經為了解決貧富差距問題，提出了一種大概是最早的共產主義理想。這表現在他早期的一部作品《國會中的婦人》（*Ecclesiazusae*）。當時主要的社會背景，就是貧富懸殊，並因此引致了嚴重的社會暨政治問題。至少有兩世紀之久，財富的多寡和分配問題，導致了希臘各城邦嚴重的黨派鬥爭、以及政體的急遽變遷。柏拉圖（Plato, 428-348 BC）曾經很感慨地說道：

無論什麼樣的國家，都分成互相敵對的兩個部分，一為窮人的，一為富人的，並且這兩個部分各自

> 內部還分成許多個更小的對立部分（Plato 著，1986：卷四，137）。

柏拉圖上述的描繪其實非常經典，至今仍沒有改變。幾乎任何一座城市，從紐約到巴黎，從北京到孟買，都可以區隔出兩個世界，過著有錢或沒錢的兩種生活。窮與富之間是一場永遠沒完沒了的戰爭，而且是集體的、並訴諸政治手段與文攻武嚇的戰爭。

那有沒有什麼方法可以消弭平息這樣的戰爭呢？許多聰明的大師都想過了。阿里斯托芬代表的是一種浪漫的腦袋，直覺地認為財富是一種罪惡，而只要將它從社會生活中排除，這會是一個還不錯的解決方案。他的邏輯很簡單，既然錢財是麻煩的來源，拿掉它不就好了嗎？

所有的人都一個法則和標準

在《國會中的婦人》這部劇作中，阿里斯托芬帶著詼諧的口吻，藉由普拉撒哥拉（Praxagora）與貝利賽勒斯（Blepsyrus）的一段對話，清楚揭櫫了一種不再需要錢財的社會烏托邦。他說：

> 所有東西都由每個人共有，……每個人都有同等的生活水平。他們都從同一個公庫取得支付。我們不要再這個人富裕、那個人窮光蛋；不要一個擁有大片牧場、另一個死無葬身之地；不要一個有成群的奴隸，另一個無一僕從。我的法則就是，所有人都一個法則、一切都一個標準（one law for everyone, one standard for all.）（Aristophanes, 2004: No. 586）。

好一個「所有人都一個法則、一切都一個標準。」但這種在生活水平上沒有差異的理想境界，該怎麼實踐呢？普拉撒哥拉繼續指出，「我會做的第一件事，是將所有的土地變成公有。錢財以及每一項現在由個人擁有的其他東西，也是如此。」（ibid.: No. 586）貝利賽勒斯追問，那些沒有土地但有銀子和金幣的人，該怎麼處理呢？答案是它們「必須儲存在集中的公庫裡」。

若有人不去儲存，不就得說謊和偽證嗎？是的！但普拉撒哥拉喊道，何必留下這些銀子和金幣呢？它們毫無用處（ibid.: No. 601）。「不會有人因貧窮所迫而去工作。我們沒有任何人會匱乏任何東西。」所以，聰明的人會很明白，如果不將錢幣儲存到公庫裡，對自己絲毫沒有好處（ibid.: No. 605）！

進一步地，整個的對話從財產的公有，發展到了對女人的共享。普拉撒哥拉聲稱，男人能夠與任何女人同寢，而且一概是免費的——「No charge, no price.」「這些女孩也將成為共同財產法的一部分。男人將可以在任何想要的時候，與她們同寢，而如果他們願意的話，也可以與她們生幾個孩子。」（ibid.: No. 605）

特別有趣的是，為了公平起見，所有長得比較醜或鼻子歪扭的女孩，會一個個站在美女的身邊。而「男人如果想要美女，他得先與醜女性交。」同樣地，普拉撒哥拉對貝利賽勒斯說，「法律也會禁止高䠷美麗的女人與年輕男人同寢，除非她們先滿足你這個又醜又矮男人的渴望。」（ibid.: No. 615）

這可不是阿里斯托芬的嘲諷或揶揄！而正就是前面所主張的，在一個全部共有的社會裡，其中唯一的法則，就是「所有人都一個法則、一切都一個標準」。這樣才能確保每個人都享有同等的待遇和生活水平。他相信，如此一來，社會就不會有相對的剝奪感和嫉妒心理了；連帶地，罪惡和衝突也會消弭。醜女不會因眼紅而塞一顆毒蘋果給美女，矮胖的老男人不必靠欺騙誘拐才有豔福。

在這裡，最特別的意義是天生的不平等被挑戰了！帥哥美女都不得享有性愛的優先權。後天的社會制度，必須糾正和補償天生的不平等。如果真是如此，那麼，在當今的社會裡，帥哥美女就得該多繳一點稅，才符合公平正義了！因為他們享盡了社會優勢。美女總贏得眾人的目光、並嫁給有權有勢的人。而像貝利賽勒斯這樣又醜又矮的老男人，比起年輕的帥哥，哪有什麼機會的公平？

從普拉撒哥拉來看，所謂機會的公平、或者立足點的公平，根本是不存在的！不只帥哥美女，那些貴族富豪的子弟、身強體健的人，以及天生有聰明才華者，如果不經由後天制度的糾正和補償，怎麼可能實踐「所有人都一個法則、一切都一個標準」呢？

小偷、強盜和賭博都將消失

除了土地、錢財和女人，其他的細節又如何呢？貝利賽勒斯不斷地追問。譬如，誰來務農？普拉撒哥拉回答，就交給奴隸吧！你唯一要做的是盛裝、抹上厚厚的油，去參加晚宴。那衣服呢？從哪裡來？「你現有的繼續用，以後我們將編織新的給你。」（ibid.: No. 650）

普拉撒哥拉還高調地宣稱，在這樣的社會中不會有小偷和強盜。因為每個人都擁有「快樂生活所需要的一切」，又何必去偷去搶呢？既然一切都是大家的，小偷和強盜所拿取的，只會是「自己在其中有一份的東西」（ibid.: No. 665）。所以，若是有人要扒去你的外衣，就給他吧！如果只要到公共儲藏室就可以取得所需要的外衣，那何苦還為此而你爭我奪呢？

除了小偷和強盜外，賭博也不會有了，因為就算贏了錢，也根本用不到，何必呢（ibid.: No. 665）？真好！當財產都消失了，犯罪也跟著消失了。那居住的房子呢？普拉撒哥拉更近乎幻想地浪漫。他說，為了要給每個人「同樣的生活風格」，「我要將整個城市轉變成一個超大的幸福家庭，打掉現在將人們隔開的所有

牆壁，將人們放進一個大房子裡，好讓每個人都能走到所有別人的地方。」（ibid.: No. 665）

這是一個完全破「私」的方案；無論是私屬或隱私。既然標榜要有同樣的生活風格，那就讓每個人都可以自由地去住在別人的房子吧！無論你的房子有多漂亮和舒適，任何人都可以去享用。這樣就平等了。還有，去哪裡晚餐呢？普拉撒哥拉說，他要將所有的庭院和蔭蔽的小徑全都開放，變成吃飯的地方。想像一下，應該就是一個露天大食堂吧！

阿里斯托芬所描繪的這一切，不是像極了「人民公社」嗎？大夥兒住在一起、吃大鍋飯、衣服褲子共用、所有開銷都由公庫支應。同樣的生活水平，一致的生活風格，而且你家就是我家！

制度應該補償天生的不平等

明顯地，阿里斯托芬反映了最簡單的一種浪漫腦袋，如果錢財是麻煩的來源，拿掉它不就好了嗎？他既然認定，私產是帶來貧富懸殊的罪惡；那麼，似乎只要在私產上讓大家都一律「歸零」，所有問題都解決了。而為了實踐一切平等，他理所當然地要求，必須以後天的社會制度，來糾正和補償天生的不平等。

帥哥美女因為「顏值」高，導致了性愛機會的不平等；資優生因為智商高，造成了教育機會的不平等；權貴富豪更不用說了！或許，對阿里斯托芬而言，資質駑鈍的、或窮人家的小孩，都應當優先保送哈佛、耶魯，才符合公平正義！

很多人都說，阿里斯托芬的共產理想影響了柏拉圖。從作品的時間先後來看，這無法確定。但從內容主旨來看，這種講法羞辱了柏拉圖。後者有深度太多了，絕非如此簡單的浪漫頭腦；而且根本是完全不一樣的訴求。兩人怎能相提並論呢！

2 柏拉圖：有權力的人不可以有財產

◆他們已從神明處得到了金銀，藏在心靈深處，他們更不需要人世間的金銀了。……世俗的金銀是罪惡之源，心靈深處的金銀是無瑕純潔的至寶。
◆護衛者們將比別的公民更將公有同一事物，並稱之為「我的」，而且因這種共有關係，他們苦樂同感。……這是一個國家的最大的善。

約略生活在同一時代的柏拉圖，是一位出身雅典的貴族。他在這一方面的看法，與阿里斯托芬有不少類似之處。但深入研究後會發現，兩者在旨趣上大不相同。柏拉圖根本不吃阿里斯托芬那種一律平等的「歸零」糕。他很開創性地從專業分工的角度，提出了所謂的「正義」方案。

在《理想國》一書裡，這位大師從探索正義入手，而後，歸結於理想城邦該怎麼建構。他在對話中先逐一駁斥了朋友們對正義的理解。譬如，正義是否即「給每個人以適如其份的報答」，以善報友、以惡報敵（Plato 著，1986：卷一，7-8）；又譬如，正義是否根本就為「強者的利益」（ibid.：卷一，18-19）？還有，不正義真的比較幸福嗎？或者，正義只是個騙取好名聲的玩意兒（ibid.：卷二，49-56）？

竭心盡責做天生我材的達人

而就在這些辯駁之後，柏拉圖開始談到一種超越個人正義的「整個城邦的正義」。他指出，城邦之所以能均衡地健康成長，是建立在各人不同技藝和產品的交換及合作上。而「只要每個人在恰當的時候做適合他性格的工作，放棄其他事情，專精一行，這樣就會每種東西都生產得又多又好。」（ibid.：卷二，57-60）這就是許多人一再強調的、可以邁向繁榮富裕的「專業而功能導向的勞動分工」，只不過柏拉圖將之稱為一種「城邦的正義」；並且，非常強調它們得建立在天生稟賦上，有很濃厚的本質（nature）主義色彩。

而其中所揭示的最重要原則，即「按其天賦安排職務，棄其所短，用其所長，使他們集中畢生精力專精一門，精益求精，不失時機。」（ibid.：卷二，66）用我們現代的話來說，就是努力做個天生我材的「專業達人」。譬如，天賦適合擔任教授的，不兼搞個官來做，專職委身給學術和授業；天賦適合擔任農夫的，勤奮耕作，提供豐富盈滿的穀糧；天賦適合擔任工匠的，不兼做小買賣，只提供最專業的技藝；甄選為高官的，也不身兼數職，全力以赴將本分做好；至於那些天賦強健又有智慧的統治菁英，則得戰戰兢兢、無私捨命地來保家衛國。

柏拉圖特別強調，人「既非兼才，亦非多才，每個人只能做一件事。」而無論是鞋匠、舵手、農夫、醫生、法官或商人，都必須竭心盡責，做好自己的工作（ibid.：卷二，101-102）。如此，在不同的技藝和產品之間，才會出現有品質和效能的交換及合作，並進一步帶來城邦均衡的健康成長。對他來說，這就是社會整體的正義了。

在另一處地方，他講得更明白。正義「這條原則就是：每個人在國家裡都必須執行一種最適合他天性的職務。」（ibid.：卷四，154）國家最害怕的是，不同功能角色之間的逾越和干涉。譬如，木匠跑去做鞋匠的事，或鞋匠去幹木匠的工作，也就是他們「互相交換工具和地位」，甚至，同一個人企圖兼做兩件事。他堅信，「這種交換和干涉會意味著國家的毀滅」（ibid.：卷四，155-156）！

柏拉圖的意思很清楚，在稟賦專長上，他不容許任何人有絲毫的輕忽或偏離、干涉或代替。每個人都得按照與生俱來的稟賦和性格，各就各位，並竭心盡力，做個專業達人。而當一個國家能做到這樣的話，就已經成為正義的國家了。也就是藉由每一個個體臻於完美的自我實現，來實現整體的盡善盡美。

護衛者的養成：共產公家庭

而就在這樣的基礎上，接著，柏拉圖將焦點集中在「護衛者」此一階層和角色上。他說，其他階層和角色的失職，危害尚可忍受；但護衛者扮演著保護城邦的重責大任，他們若是不稱職，事態就嚴重了。更何況，要從他們當中挑選出治理國家的最高菁英。於是柏拉圖開始暢言，該如何用最嚴格的標準來教育、養成和考驗這一群人的身體、性格、情操和心志，以確保他們能夠非常優秀、強健有力地，扮演好自己的角色和工作，讓各個都能夠成為保家衛國的專業達人。

其中，首要的一環就是共產了。第一、「除了絕對的必需品之外，他們任何人不得有任何私產。」第二、任何人不可以擁有「不是大家所公有的房屋或倉庫」。他們的食糧，則由其他公民供應，以作為他們在戰場上「既智且勇」的報酬。

只是，所有的供應在數量上得不多不少。「按照需要，每年定量分給，既不讓多餘，也不使短缺。他們必須同住同吃，像士兵在戰場上一樣。」（ibid.：卷四，130）這一個原則其實大有學問。因為，若供應得少，會影響他們的健康和戰力；若供應過多，則會儲存積累，演變成私產。

而對於女性的護衛者，柏拉圖毫不憐香惜玉、一視同仁，要求她們同樣「必須裸體操練，……和男人一起參加戰爭，以及履行別的護衛者的義務。」或許有人會好奇，為什麼要裸體？別想歪了！這純粹是為了鍛鍊能夠禦寒，並且在作戰時不怕裸露。

不只共產，他還要求「公家庭」。即這一群護衛者不能有自己的父母、老公、老婆，以及子女；簡言之，就是不能有私屬的家庭。「這些女人應當歸這些男人共有，任何人全都不得與任何人組成一夫一妻的小家庭。同樣地，兒童也全公有，父母不知道誰是自己的子女，子女也不知道誰是自己的父母。」（ibid.：卷五，189-190）

最無趣的是，他們男女之間的性交，必須完全由國家以優生的角度來安排，俾能確保下一代的品質。可想而知地，這裡沒有自由戀愛，也不可能有什麼門當戶對，一切交由國家的智者來進行最理性的配對。在這裡，性交不是因愛情、也不是為歡愉，而是為國家而性交！這可真是偉大啊！性交是愛國之舉。

對此，阿里斯托芬一定很生氣。因為那些俊美體健聰慧者，顯然有性交的優先權，甚至是壟斷權。故而，他要求的是，得先跟那些矮醜病弱平庸者性交，才能與俊美體健聰慧者上床，以示公平。但對柏拉圖來說，那毋寧是庸俗的公平，毫無價值！他所期待的始終是，最高品質的菁英、最有能力護衛國家的專業達人。

進一步地，當孩子出生後，就由官員帶到托兒所，交給公家的保姆來撫養。若是「有先天缺陷的孩子，他們將祕密地加以處理。」（ibid.：卷五，192-194）對此，柏拉圖還結論道，這一套做法「與我們政治制度的其餘部分是一致的，並且是最好的做法。」（ibid.：卷五，196）講求優生到這種地步，有缺陷的就丟掉！這肯定讓很多人無法接受。但柏拉圖根本沒有「個體」的人權觀念，他要求一切都得為了「大我」。不淘汰有缺陷的，就會拖累優秀的；最後導致國家被打敗殲滅。

專屬於統治菁英的神聖金屬

除了共產公家庭，柏拉圖說，最重要地，護衛者必須與金銀徹底切斷關係。不接觸它們，不與它們同居一室，也不在身上掛任何一點金銀的裝飾品、或者用金杯銀杯喝一點酒。因為，

他們已從神明處得到了金銀，藏在心靈深處，他們更不需要人世間的金銀了。他們不應該使它同世俗的金銀混染在一起而受到玷污；因為世俗的金銀是罪惡之源，心靈深處的金銀是無瑕純潔的至寶（ibid.：卷四，130-131）。

柏拉圖藉由一個神話、一個御用的謊言（Royal Lie），稱護衛者為白銀質地的人，而從中進一步挑選出來的統治者，則是黃金質地的人（ibid.：卷二，128）。這就是為什麼他會說，既有了神聖的金屬，何必還要人世間那種普通的金屬呢？尤其，它們總帶著罪惡的誘惑，會玷污護衛者的心志。

此一說法很有啟發性。確實，作為統治菁英的一員，你已經是最尊貴、最榮耀了，還要金銀財寶幹什麼？在這裡，柏拉圖其實是在要求，統治菁英得無時無刻體認自己職位和角色的無上神聖；擁有金銀財寶只會讓你的此一專注模糊失焦。它們對於你的尊貴和榮耀，完全不會有所增添，而且還是一種污染源。如果全球的統治菁英都能記住這一點，高層貪污肯定就會絕跡了。難怪！柏拉圖那麼戒慎恐懼。他警告說，護衛者

「在任何時候獲得一些土地、房屋或金錢，他們就要去搞農業、做買賣，就不再會從事政治作護衛者了。」然後呢？

他們就從人民的盟友蛻變為人民的敵人與暴君了；他們恨人民，人民恨他們；他們也會算計人民，人民就要謀圖打倒他們；他們終身在恐懼中，他們便會懼怕人民超過懼怕國外的敵人（ibid.：卷四，131）。

杜蘭（W. Durant）說得好，柏拉圖的用心是出於一種「殺菌」的想法，希望透過杜絕私產和家庭、並遠離金銀，來將權力予以消毒，好讓統治菁英能無私地服務國家、保護人民（Durant, 1926: 43）。而進一步地，無私的護衛者，肯定會贏得人民的信賴和支持，帶來城邦的團結。

很明顯地，無論是財產、愛情和親情，全都被柏拉圖拿來當作能否「公而忘私」的挑戰和大敵。坦白說，這不無道理。《舊約》中的利未人被要求沒有私產、天主教要求神職人員獨身，不就是同樣的理由嗎？在後文對其他大師的探索中，我們會看到更多相似的訴求和例證。

在此，必須提醒的是，這與阿里斯托芬比較起來，根本天差地遠。後者訴求的乃全面性的共產公妻，更完全沒有為統治權力去私的意涵；而是在追求「所有人都一個法則、一切都一個標準」，以確保同等的生活水平。可是對柏拉圖而言，至少在《理想國》一書裡，平等根本有如垃圾，令他厭惡至極。他是一個徹底追求由最睿智者來統治、管理和護衛的菁英主義者。奇怪的是，竟然有許多學者聲稱，他因為受到了阿里斯托芬的影響而同樣主張共產，這有點離譜！

鑄造一個幸福國家的整體美

對於護衛者的此一生活方式，有位柏拉圖的朋友曾提出質疑，說他們已經淪為「完全沒有任何幸福的人」了，實在太不公平。別人可以擁有的，譬如土地、住宅、私屬的東西，還有「金和銀以及凡希望幸福的人們常有的一切」他們都沒有！

看起來，真的損失很大！但柏拉圖辯稱，這一切犧牲都是為了「鑄造一個整體的幸福國家」。簡單來說，就是為了大我而犧牲小我！社會的各個階層，不可切割開來單獨追求各自的最大幸福，幸福原則必須「放在國家裡作為一個整體來考慮」。他並且認定，在這樣一個追求整體幸福的城邦裡，最有可能找到正義（ibid.：卷四，133-134）。

他講了一個有趣的「國家美學」的譬喻，說這就好像真正的美女，呈現出來的是各個五官都適如其份的整體美。我們之前所討論過的城邦正義，不正也是「各得其位」的一種協調和諧、一種整體美嗎？而就基於此，護衛者當然必須有所犧牲，畢竟，只有共產公家庭才能讓他們「竭心盡責，做好自己的工作。」（ibid.：卷四，134）從而為城邦帶來整體最大的幸福。

不過，這個譬喻有點奇怪，鼻子因為被犧牲了而歪斜或塌陷，那張臉還有整體美嗎？難怪！柏拉圖又改口，說護衛者其實最幸福。他們擺脫了日常生活中從私有而來的纏累，而國家的全面供養以及人們的敬重，更使得他們「比最幸福的奧林匹克勝利者還要幸福」。

> 他們的勝利更加光榮，他們受到的公眾奉養更全面。他們贏得的勝利是全國的資助。他們得到的報酬是他們還有他們的兒女都由公家供養。他們所需要的一切，全由公家配給。活著為全國公民所敬

重，死後受榮哀備至的葬禮（ibid.：卷五，202）。

柏拉圖的此一說辭，好像也沒錯！只是到底幸不幸福，更多是各個人的主觀範疇，不能說有了物質供養和尊崇就一定自覺幸福。或許，這些護衛者所最渴望的，是有屬於自己的溫柔妻子和貼心兒女、有屬於自己的窩和心愛的收藏品。柏拉圖憑什麼斷言別人幸不幸福？對於這一點，他有點狡猾、壞心眼，說那是可以從小教化的！即使是謊言，為了國家的整體幸福，都是可以原諒的。並且，謊言講一百次就會變成真理了。這不就是國家機器的洗腦嗎？

公有制下的至善：休戚與共

進一步地，為了辯護如此共產去私的必要，柏拉圖挑明地問，什麼是一個「**國家制度的至善**」？什麼又是其「**極惡**」？他自己回答說，國家鬧分裂、化一為多，就是極惡；而講求團結、化多為一，就是至善（ibid.：卷五，196-197）。在這裡，他強調的就是「**有福同享、有難同當**」那種休戚與共的情感。

他認定，這樣一種休戚與共的情感，完全可以在「理想國」裡實現。護衛者因為沒有自己的親屬家人，所以會將所遇見的每個公民，都看作是自己的親屬家人。再者，比起其他國家的統治階層，護衛者因為共產公家庭的緣故，彼此之間會有更多的共有物，並且「**因這種共有關係，他們苦樂同感。**」（ibid.：卷五，199-200）

柏拉圖強調，共產去私的一個優點是，對於什麼可以稱為「**自己的**」，護衛者會有相同見解。而且既然大家的就是自己的，則很容易「行動有同一目標，盡力團結一致，苦甘與共。」（ibid.：卷五，200-201）實現一種休戚與共的情感。如此一來，統治階層就不會發生糾紛、或「互相涉訟、彼此互控的事情」了。反觀其他的國家，許多糾紛正都是因為財產、兒女和親屬的私有才造成的（ibid.：卷五，201）。

對於共產公家庭下的此一「至善」，柏拉圖言之鑿鑿。但問題是，人到底是先有自私，才去追求私有呢？還是反過來，因為私有而變得自私？答案恐怕是前者吧！也就是先有滿足自我的欲求及渴望，然後才去追求私屬的財貨和家庭。柏拉圖所企圖的，卻是走外在的路，以消除私屬財貨和家庭的方法，來讓人們消弭掉內在的私心。這不是倒因為果嗎？

他其實沒有理解，只要自私之心存在著，就會擴散到一切可佔有之物。你拿掉了房產、金銀和妻兒，統治階層就不會自私了嗎？此時，護衛者固然無財產之私可圖了，但會不會改去圖一個風光體面的「名」呢？無妻兒之私可爭了，但還是會去爭地位、爭顏面、爭自己的曲直對錯，不是嗎？並且為此，他們肯定還會互相埋怨嫉妒、會打擊或排除異己。這些都是人性之常，柏拉圖竟天真地以為，護衛者之間不會發生互控和糾紛，會團結一致、苦甘與共。看來，他所期待的「至善」，不過是個烏托邦！共產公家庭沒有那麼神奇的效果，它被誇大了。

統治階層以外的人呢？小康

柏拉圖整個共產公家庭的構想，筆者必須再次提醒，只侷限於護衛者們。那對於統治階層以外的人呢？我們可別誤以為他會完全鬆手，讓人們隨己意牟利和積累私產。柏拉圖從來不是這麼開放的哲學家。

他曾經賦予護衛者多方面的使命。其中之一是，得建構一個不大不小、不富不貧的理想城邦。因為「富則懶散、奢侈和要求變革，貧則粗野、低劣，也要求變革。」（ibid.：卷三，134-135）這一段話耐人尋味！它代表柏拉圖對於平民大眾，既肯定了脫離貧窮的必要，也要求避免太過富裕。這是很中庸的小康立場。只是到了他的晚年，這樣一個立場才更多發揮出來。

在《法律篇》中，他放棄了為權力消毒的共產去私。理由是，他現在比較相信法治而非人治。既然人不可能完美，權力也會腐化，那就不要再將理想押注在一小撮統治菁英身上（Rvan 著，1991：18）。此時，他仍然堅稱，社會所要追求的美善和幸福，會因某些人的大富大貴而受損傷。而為了實現財富上的中庸，柏拉圖不允許借錢得付利息，還禁止土地買賣，主張將土地平均分配給公民，還對財產的數量加上了限制條件。至於工商業，仍被他視為賤業，不是公民所該從事的，應該交給奴隸與自由民（即當時的 foreigner）（Sabine, 1955: 81, 83）。很明顯地，現在柏拉圖對於「平等」兩字另眼看待了。這讓人有點困惑，到底要以《理想國》還是《法律篇》來代表他呢？

整個來說，對於財富的態度，柏拉圖並不能算是徹底鄙視。無論在《理想國》或《法律篇》中，平民大眾都可以追求小康式的私產。而侷限於統治階層的共產公家庭，則從來不是為了追求平等，而是為了讓這些人成為真正的公僕，無私地服務與奉獻，並帶來人民的信任、支持與團結。說柏拉圖為追求分配的平等而主張共產，這大錯特錯！

3　犬儒：回歸到自然，過放浪的生活

繼阿里斯托芬之後，真正強烈將財富看成一種罪惡的，並非柏拉圖和亞里斯多德（Aristotle），而是希臘化文明（Hellenistic civilization）時期的那些傳奇哲人們。紀元前三三六年秋，亞歷山大大帝（Alexander the Great, 356-323 BC）在科林斯（Corinth）取得大元帥的尊號後，希臘的城邦時代即告終結。取而代之的是馬其頓帝國。亞歷山大死後，帝國隨即分裂為三。直到紀元前一二九年，羅馬一統天下。

從「城邦」局面轉變為大一統的「帝國」局面，其中意味著一種社會心理的巨大跳躍。原本在城邦時代，無論是柏拉圖或亞里斯多德，都很自然地認為，個人與政治或公共事務之間是不可分的。因此他們也都強調，個體要在城邦這樣的共同體中自我實現。所謂個人是小寫的國家，國家是大寫的個人，就是這個意思。

然而到了帝國時代，在個人與政治或公共事務之間，原本那種親暱熟悉的關係不見了，轉變成一種「天高皇帝遠」的陌生疏離感。這種感覺很容易理解，當個人所屬的群體愈小，愈可以感受到自己的存在和重要性；相反地，當身處在愈大、愈解構的社群中時，往往愈覺得一己的渺小和疏遠。這就是為什麼在小圈圈裡，覺得一個都不能少；而在大社會裡，芸芸眾生，有我沒我都沒差！

這使得當時的社會心理脫離了「共同體」傾向，開始萎縮成一種「唯我」的個人主義。以前在城邦時代，強調的是，個人對政治或公共事務的需要，該怎麼參與社會、又可以扮演什麼角色？但現在不來這一套

了，強烈地自我關切和個人化色彩。再加上馬其頓帝國的高壓專制，不准許人民對政治表示意見；參與公共事務反而會惹禍、帶來麻煩。結果，個人對於政治、社會或大群體，就更充滿疏離和無力感了。

更重要的是，此時乃戰亂的時代。不只幾個王朝彼此爭雄，希臘城邦也不甘示弱，組成聯盟起而抗暴。這種情況帶來了普遍的生離死別。試問，當你的親友過世、或你自己患重病時，充滿你腦袋的是什麼？恐怕不外兩種心情：一個是既然生命如朝露，就回歸自我的內在意義吧！另一個呢？則是因感傷而在心靈上渴求安慰。就在這兩種心情的交互影響下，社會總瀰漫著隱退式的消極人生。

這導致了財富倫理兩極化發展，並互相交錯。極端的一種是紙醉金迷、耽於逸樂。唉！滿天的灰濛黯淡，今朝有酒今朝醉吧！將此視為最無奈也最好的選擇。源自於阿瑞斯提帕斯（Aristippus of Cyrene, 435-356 BC）的享樂主義，在這時期也確實盛行。

至於極端的另一種，則是人生既如朝露，富貴也就如浮雲；返歸生命的內在、安頓自我，這成為唯一可掌握的富足。當然，其中也受到一個因素影響，即在戰亂和盜匪猖獗的情形下，擁有財富其實是高風險的；而如果生命都可能朝不夕保，則金錢和物質就更無足輕重了。有趣的是，這種看待財富如浮雲的態度，往往正是前一種享樂主義的反動。奢華宴樂愈是流行，追求清貧的反動就會此起彼落。

歐堤斯（Whitney. J. Oates）曾給此時的哲學作了精闢的評介，說他們是「快樂的無產主義者」，追求內在的安寧和無憂無慮。生活之道是「與自然協同一致」，並進入理性的沉思境地，絕對不役於物（Oates, 1940: xvii; 269）。

作個像「狗」一樣的哲學家

◆何必要有財產呢？有錢人並未實際上使用他們所擁有的大多數東西，……一個自由人何必讓自己失去獨立自主呢？許多窮人……在他們的城市比起任何富人都更尊榮。

——Teles of Megara

有名的犬儒主義（Cynicism）就是第一個這樣的典型。德勒斯（Teles of Megara, ?-235 BC）這位後期的追隨者就申言，他們寧可做個流浪的窮人，以大自然為家，靠野味或討乞為生。談到食物，他們說路邊充滿了植物和水泉；烹煮時也不需要有自己的廚房，可以向冶金的人借火。衣服一件長袖的也就夠了，夏天將袖子摺起，冬天放下來。至於金銀，

何必要有財產呢？有錢人並未實際上使用他們所擁有的大多數東西，那擁有它們有什麼好處呢？他們只有在一個意義上擁有這些東西，就像錢莊的行員持有別人的存條。……一個自由人何必讓自己失去獨立自主呢？許多窮人……在他們的城市比起任何富人都更尊榮（Bury et.al., 1923: 84）。

當時，最有代表性的犬儒主義者，應該就是第歐根尼（Diogenes of Sinope, 412-323 BC）了。相傳有一次，他在乞食途中看見一個小孩子用雙手捧水來喝，突然覺得自己僅有的一只碗也是多餘的，於是就將它給扔掉

了。他相信，若要回歸自然原始，就得盡量丟棄人造的所有工具。第歐根尼有一則最經典的故事，據說，他曾經有一天在曬太陽，面對來訪的亞歷山大大帝，他竟自稱是「狗人」（dogman）來反諷這位大人物，並且不客氣地要求「不要遮住我的陽光」。

這個「狗人」的自我稱呼，十足詮釋了犬儒兩字，就是要作個像狗一樣的哲學家。原本「狗」這個字是時人對他們的惡意批評，形容他們放浪的生活方式，像狗一樣地厚臉皮，包括了隨意吃喝、公開性交、衣不蔽體、寒冬赤腳、乞討為食，以及睡在埋喪死人用的大甕裡。後來，犬儒主義者乾脆就拿這個「狗」字幽默地自我解嘲。

但除了自嘲放浪的生活方式外，在第歐根尼的用法裡，這個字其實還代表了兩方面的意涵。首先，是形容自己像狗一樣地是個好護衛，捍衛著所持守的哲學信念。其次，是像狗一樣地善於辨識哪個來客是朋友或敵人。那些能跟犬儒主義匹配者，當然就是朋友了；至於敵人，則自己將會像狗一樣地予以狂吠、驅趕（Dudley, 1937: 5）。可以猜想的是，亞歷山大大帝正就是被第歐根尼如此對待的來客。

自然與俗成之間的背道而馳

犬儒主義的基本立場，其實延續了柏拉圖的部分哲學，它明確地將「自然」與「俗成」（conventions）予以對照化。一方面，所謂的「德」就是過著與自然和諧的生活；而自然也已經揭示了美好生活之道，即理性和自由。相反地，社會俗成的一切，包括人們視為理所當然的規範、法律、習俗和風尚等等，則與自然背道而馳。它們雖不是本然的惡，但在犬儒主義看來，卻因缺乏理性而充滿了愚蠢、虛偽和自負。

這正就是犬儒主義者被批評為「狗」的一個原因。他們完全不甩這些規範、法律、習俗和風尚，並表現出像狗一樣厚顏無恥、狂妄、胡來亂搞的模樣。他們以「無所謂」（indifference）的態度來看待這一切，包括了貧富、婚姻、家庭、國籍、自由民或奴隸身分等等。甚至，對於有沒有教養或好名聲（Sabine, 1955: 136），他們一概都棄之如敝屣。

從當時的人來看，這當然就是敗德。即使在今天，精神病學家也很負面地描繪，有某一些老人患有所謂的「第歐根尼症候群」。他們的家居塞滿了垃圾，邋邋遢遢，過著孤僻的生活，而且感情淡漠，疏離家人和社會。但從犬儒主義者來看，自己可沒病、也不變態；不過是秉於自然之道的理性來生活罷了！相反地，社會俗成的規範和習俗、禮樂和教化，毋寧才是真正的敗德。它們虛偽、自以為是，實則荒謬可笑而病態。

今日「犬儒主義」這個名詞，被理解為憤世嫉俗、玩世不恭、或是對敬虔和道德的質疑，不是沒有緣由的。絕非如一些學者所說的，是對犬儒的古典意義的誤用或扭曲。在這一點上，其實有點類似中國的老子（600-470 BC）和莊子（370-287 BC）。他們同樣嘲諷世俗的——尤其是儒家的——規範和習俗、禮樂和教化；批評它們虛偽，更扼殺了源於自然之「道」的素樸純真。

自由的三種用法和魔鬼訓練

進一步地，除了理性之外，犬儒主義另一個喜歡談論的概念，就是自由自在。它非常核心而重要，但在使用上的意義卻不單純。按照皮爾倫（Julie Piering）的歸納，大致有三種用法（Piering, 2015: Part 3.a.i.）。

第一、他們將自由自在當作「eleutheria」來使用。這就是一般常說的、脫免於各種外在束縛的自由

（freedom or liberty）；基本上，它有比較濃厚的政治暨社會意涵。由於當時帝國大環境的分崩離析，犬儒主義在此一方面的自由，就表現為無政府主義；或者更準確來說，是由所有的「智者」組成的一種世界主義（cosmopolitanism）（Sabine, 1955: 137）。因為，人既然是理性的、也能依從於自然，就不需要法律規條或政治上的從屬關係。智者應該從屬的，並非某一個國家，而是依自然之性所統管的宇宙（Piering, 2015: Part 5）。

第二、他們將自由自在當作「autarkeia」來使用。就是要依自然之道來生活，僅僅獲取生存所需的最稀少物資。尤其要丟掉的是，社會俗成下所認為必要的那些東西。對犬儒主義而言，這正是不為物役的自由，經由回歸到自然原始的一無所有，讓生活的一切操之在我——在我自己的能力和本質之內，活出屬於我自己的想法和性格（Sabine, 1955: 136）。簡單來說，即要從內在的自我來獲得滿足，而不是從外在的物質來填充自我。他們相信，這才是真正的「自」足（self-sufficiency）！

至於第三種用法，則將自由自在當作「parrhēsia」來理解。這是最特別的用法，指的是坦白、自在地表達、或講實話的自由；尤其重要的是，能夠無所忌憚地，批評社會俗成的無知、還有時人的蠢事。這正呼應了前面所說的憤世嫉俗。犬儒堅持，要有這種嗆聲、罵人的自由。它當然是帶有風險的。

進一步地，在揭櫫理性和自由的自然之道後，犬儒主義又強調了一個很特別的重點，即若要從社會俗成中超越，絕不能只靠理論，還必須針對身體和心靈，透過一種禁慾式的「操練」（askēsis, practice）才行。否則，上述所有的解放和自由都是空的。

它林林總總，包括有棄絕名譽、蔑視權力、貧窮度日、備嘗日常生活中的艱苦和辛勞，還有，就譬如是在雪地上赤腳走路、擁抱冰冷的雕像，或者，在夏天熱燙的沙子裡翻滾。犬儒主義形容，這就有如參加奧林匹克競賽的運動員，他們為勝利的緣故，選擇魔鬼般的操練；而自己呢？則是為了靈魂的緣故，選擇禁慾式的操練（Piering, 2015: Part 3.a.ii.）。

從財富倫理的角度來看，在這裡凸顯了一個特點，即像個窮光蛋過著苦哈哈的生活，不再只是為了追求不為物役。它毋寧還是一種必要的魔鬼訓練，為了能夠磨練和砥礪內在的理性自我，俾能落實自然之道的理想。這樣講起來，清貧既是目的，也是手段。

被財物綑綁的人會失去自由

整個來說，犬儒主義表明了一個意涵，就是財產乃回歸自然之道的障礙。講得明白一點，你愈是擁有更多的財物，你就愈受制於它們；財富會將你綁死的，害你淪喪一切自由！譬如，為了賺取、保有和照顧資產，我們許多人不就都成為了僕役嗎？加班熬夜、失去自我，還經常累得比「狗人」們更像一條狗。所以「狗人」會告誡你，要好好「操練」你的生活方式！要貧窮度日、要攻克己身、要禁慾苦行。他們相信，當你的日子愈是依賴財貨來提供滿足，你的內在自我就愈無法獨立，愈遠離自然之道。外在的肉體吃得愈「飽」，內在的自我就愈「餓」！

或許對很多人來說，財貨只是中立性的生活工具，它與自由之間並不矛盾。但犬儒主義可不這麼想。他們藉由自然與俗成的兩相悖離，指出了這其中的魚與熊掌不可兼得！生命的重心只能有一個，若不是追求與自然和諧的「德」，就是淪入社會俗成的「德」——愚蠢、虛偽和自以為是。

還有，許多人害怕貧窮，受不了它所帶來的困頓和窘境。但犬儒主義認為，這毋寧是被社會俗成所支配而不自知。人們總是不夠理性，以致未能認識到，回歸自然原始的一無所有，其實是一種自由自在。清貧是否等於困窘？抑或是自由自在，其實只在一念之間。

在他們看來，人們的悲哀，莫過於老是要去填補缺乏，卻無知於所謂的「缺乏」不過是由社會俗成來定義的。耳濡目染、日積月累地，從出入的場所和往來的親友，人們被灌輸了對某些財貨的不可或缺。而這就成為了他們的牢籠。於是，在人們庸庸碌碌的追逐中，也就與自然之道愈走愈遠，愈無知也愈無趣於對自由的追求了。

當然有些人會批評，說這是不食人間煙火！但其實不必如此極端地去理解，它不就是安貧樂道嗎？財貨可以少一點，即使生活簡陋也無所謂！重要的是，多花一些時間和心思給內在的自我，傾聽它的聲音，回應它的需要。

客觀來講，這樣的安貧樂道沒什麼不好！但問題是，有沒有一種相反的可能，財貨其實可以增加人們的自由、而非其障礙？在本書的後續討論中，讀者將會發現，確實存在著類似的論調。只是對犬儒主義而言，這是絕無可能的，因為他們已經假定了自然與俗成之間的兩相悖離。如此一來，世俗的財貨，就不能不與依從自然之道的自由發生衝突了。然而，他們憑什麼一口咬定，說自然與俗成之間是兩相悖離呢？這不過是一廂情願的「二元論」罷了！它無疑是柏拉圖的遺緒。亞里斯多德就不以為然。他相信，自然就在俗成之中。難怪！他會主張小康、而非清貧。

不過，撇開上述的質疑，從當時的社會情境來看，犬儒主義有可能是一種心理上的反動。即看不慣當時流行的宴樂、虛浮的享受習尚，以及世俗的敬虔和假道德，故而，刻意過著憤世嫉俗的「狗人」生活，藉以凸顯自己是多麼地脫俗、不愛慕虛榮。換言之，他們不僅清貧，而且還清貧得很高調！

或許就因為這一點，曾經換來了蘇格拉底（Socrates, 470-399 BC）的譏諷，說他們在衣服上的破洞，正就是最大的虛榮！這個譏諷很到味。確實，不少人的清貧論調就是一種虛榮，為的是透過它，帶來精神上的自我感覺良好。

在這一方面，犬儒主義堪稱是個典型。它的「狗人」生活方式，既是誇張版的自我嘲諷，也是最誇張地嘲諷別人的俗不可耐！但無可逃避地，蘇格拉底的譏諷給了他們一個巨大挑戰，就是虛榮只在於外表的生活方式嗎？自命清高不也是一種虛榮嗎？千萬別以為，在資產上一無所有，就是不愛慕虛榮。真正的貧窮，恐怕比較像耶穌所說的，要有一種「心靈貧窮」（馬太五3）——謙卑——為其內涵。真正謙卑的人，既不會炫富，也不會炫窮。

犬儒主義型的清貧，對於現代人應該不陌生。當奢華宴樂愈是流行，追求清貧的反動就會此起彼落。它們標榜的是，拒斥世俗的享受，並對流行的樂事、感官的滿足、消費和商品化，都有著濃濃的不屑和厭惡。從歷史上說，他們是最古老又深具份量的「無產階級哲學家」（Sabine, 1955: 136）。在今天，他們則是極簡主義的始祖。

4 不刺激感官的清貧之樂：伊比鳩魯

◆你在進飲食之前，先好好想一想要與誰共進，而不是吃什麼、喝什麼；因為沒有朋友共餐，生活無異於獅子或野狼。
◆我唾棄奢侈性的享樂，不是由於它本身的錯誤，而是由於事後所帶來的困擾。

在犬儒主義之外，伊比鳩魯（Epicurus, 341-270 BC）是另一個看似相反、卻又相似的清貧典型。他標榜的是，將快樂視為人生的最高目的，並且要極大化快樂、極小化痛苦。他甚至認為，如果沒有快樂的體驗，所謂的道德根本是虛的。講得明白一點，道德就是為了要快樂！難怪他會說，「**我們最終訴諸快感，用這一感覺來判斷一切善。**」（De Botton 著，2012: 81）這就意味著，道德不過是情緒的效果。事物並不是在本質上就有什麼善或惡，善或惡完全取決於快樂和厭惡感的多寡。甚至，快樂是唯一的善；而痛苦是唯一的惡。

乍看之下，這樣的主張與犬儒們的追求清貧、鄙視奢華宴樂，似乎完全相反。但事實上，伊比鳩魯所追求的快樂是「清貧簡樸式」的，而非「酒足飯飽式」的。曾經有一段時間，這個學派被嚴重曲解了。他們被當作是一種追求感官快樂的「肉慾主義」（sensualism）。焉知，肉慾根本是讓他們最覺得噁心的！雖然，吃肉可以是一件快樂的事。

要平靜之樂，不要動感之樂

伊比鳩魯主義從一開始就明確指出，快樂是從消極的角度來定義的；只要「無痛苦」和「無干擾」，那就是快樂了，並不需要追求什麼積極的快感內涵。而就從這裡，他們將快樂分成了「**平靜的**」（katastematic）和「**動感的**」（kinetic）兩種（Wolfsdorf, 2013: 153-167）。

這兩種有什麼不同呢？很簡單，照著字面去理解就對了！動感之樂，就是讓感官處於「活躍狀態」下所獲得的快樂；而平靜之樂，則必須讓感官處於「停歇狀態」下才能擁有。動靜之別，在伊比鳩魯的哲學裡，始終有重要的意義。凡是動態的，都意味著其尚處於不完美的狀態，正邁向完美之中；相反地，凡是靜止的，就表示已達於完美、自我實現了。因此，「幸福」必然表現為一種恬靜狀態，其中不會再有任何的悸動和渴望。它既不受驚動、也無法被誘惑，因它已全然滿足。

就以飢餓為例吧！酒足飯飽就是一種所謂的動感之樂，但它卻讓人腦袋昏沉，因為血液都流到胃去了。而反過來，飢餓就是平靜之樂嗎？不，它會帶來痛苦，對感官的恬靜也是一種過度刺激。伊比鳩魯所肯定的，毋寧是以最簡單的食物，來達到一種不飽也不餓的狀態；它既無負擔、也不匱乏。譬如是只有麵包和水，最可以讓感官趨向於平和，甚至接近停歇，從而最有利於從事精神活動。這就是典型的平靜之樂。

再以人際之間為例，轟轟烈烈的男女性愛，這當然也是一種動感之樂。它充滿了激情和亢奮，全身的肌肉和神經也高度緊繃。只不過它通常短暫就宣洩了，事後還可能伴有虛空或其他負面的情緒。更糟糕的是，它未必讓人滿足，甚或會更覺飢渴。伊比鳩魯所嚮往的，毋寧是沒有性事、清心寡慾的人際往來；尤其是在知性上的激盪和交流。它們緩慢溫和，卻如涓滴細水可以一直長流。更重要地，它們乃一種源自內心深處的滿足；因此，雖然平靜，卻有狂喜。

這似乎有點奧妙，其中意味著平靜之樂可以帶來動感之樂，但同時卻不會伴隨有負面的效果。所以雖然平靜，卻有狂喜。然而反過來，動感之樂卻不會增加任何的平靜之樂（ibid.: 170）。

進一步地，在所有的平靜之樂中，最被讚揚的是基於分享的友誼之樂。當然，必須是彼此欣賞的知己，而非泛泛之交。對此，伊比鳩魯有一段常被引用的經典之言，他說，**「你在進飲食之前，先好好想一想要與誰同進，而不是吃什麼、喝什麼；因為沒有朋友共餐，生活無異於獅子或野狼。」**（De Botton 著，2012: 66）這番話講得真好！友誼比美食重要多了。而為什麼野獸要獨自進餐呢？因為牠們拒絕分享。這意味著，野獸並不懂得友誼這樣的平靜之樂，牠們所渴望的，始終停留在大吃大喝之類的動感之樂。

不只是進餐，友誼也比住在豪宅或別墅裡更快樂。伊比鳩魯屢次提到，沒有朋友或愛人，豪宅會變成孤寂的冰宮。**「別墅生活可能愁悶無聊，比如說，可能感到孤寂無伴。」**相反地，**「在帳篷裡很可能過得快樂，假如我是和相知相愛的人在一起。」**（ibid.: 75）

確切來說，豪宅和別墅不是用來讓心靈溫暖的！它們只適合用來炫耀和虛榮，從而讓擁有者趾高氣昂、狂傲自大。就在這個意義上，它們作為巨大的財富，真相其實是貧窮。反過來，帳篷作為巨大的貧窮，但只要有相知相愛的人同住，呈現出來的卻是富足。這正是伊比鳩魯的強烈信念！即一小群摯友可以給我們的關愛和尊敬，是遠遠超過財富所能提供的（ibid.: 67）。

換言之，真誠的友誼就是人生最大的財富。當然，同時也是最高等的平靜之樂。對於這一點，他說得很清楚，**「快樂的真諦在於擁有相知的伙伴」**（ibid.: 75）。為此，甚至值得人們退出政治和公共舞台。這當然絕非一個人離群索居，而是選擇跟一群朋友隱世共居（Sabine, 1955: 132）。每天，彼此在田裡共耕、在餐廳共食，陪孩子們玩耍，午後曬曬太陽、喝杯咖啡，並一起解決哲學和人生問題、互相抬槓、辯論到深夜。

不同的快樂有不同的副作用

對於快樂哲學的論證，他們最特別的是，竟訴諸一種「副作用」的疑慮。快樂就其本質而言，固然都是善的；但並不因此每一種快樂都值得追求。每一種痛苦也都是惡的，但同樣並非每一種痛苦都必須避免。要緊的是，你得考慮每一種快樂或痛苦所帶來的效果。很可能某一件快樂會引致更大的痛苦；也可能反過來，某一件痛苦會帶來更大的快樂。伊比鳩魯就說道：「**當我只靠麵包與水度日時，我在身體上至感愉快，我唾棄奢侈性的享樂，不是由於它本身的錯誤，而是由於事後所帶來的困擾。**」（Russell 著，1976: 273-274）

他完全認定，動感之樂不僅是短暫的，並且，總會帶來若干悲苦的效果而收場。譬如，飲酒會帶來第二天的宿醉；美食會導致腸胃的不適；而性愛縱慾更是傷身夭壽，還夾雜著情愛關係上的糾纏。何苦呢！粗茶淡飯和白開水可以讓人健康好眠；清心寡慾既可養身，又讓人遠離情愛的累贅。

這毋寧有點奇怪，算不算是一種「弱者的哲學」？似乎，在伊比鳩魯的世界裡，永遠不會有冒險家（ibid.: 277）！它的每一個對感官快樂的期待，都因對副作用的疑慮而怕受傷害。它因此退居「最低風險、最少代價」的保守防線，選擇快樂而不激動，靜止但仍滿足。這其實與佛教的精神有好幾分類似。既然免不了生離死別，那就一切皆空吧！人間世的繁華總充滿了爾虞我詐；即使是家庭，也經常是一種纏累。不如選擇古木青燈，隱世而居。

只不過，這固然可以讓人超越苦痛和纏累，但同時也喪失了從親情和物質所帶來的溫暖和歡笑，不是嗎？副作用哲學的問題也是如此，為了避免將來的痛苦，於是現在乾脆自行了斷。確實，別愛上任何一個人，就永遠不會失戀；只要空到一無所有，人生就無可損失；拋棄所有的機會，當然就不再有風險；如果都與顯貴富裕絕緣，又哪來對權力和錢財的煩惱呢？所以結論是，以自殺來逃避死亡吧！

然而，我們不免質疑，平靜之樂就沒有悲苦的副作用嗎？即使是至交友誼，也經常會留下一堆彼此的埋怨。舉凡天下人間，若要長久而穩定地維繫友誼，是不可能沒有辛酸和眼淚的。同樣地，只有麵包和水、或最低度的腸胃消化刺激，這固然有利於讓人從事思考，但長久下來，它所導致的營養不良和體衰多病，肯定是更令人不快樂的副作用。

伊比鳩魯本人的光景正是如此，他一生為疾病所纏累。雖然他處在病魔的煎熬中，仍回味著友誼的快樂；並且還教誨人們說，駕馭精神之樂是超越肉體痛苦的唯一方法。只不過，這樣的「苦中作樂」毋寧是一種無奈，而非偉大。如果可以避免營養不良和體衰多病，又同時能思考和交友，這不是更大的幸福嗎？何必堅持只要麵包和水！

歸結而言，每一件事物會有不同的後果，副作用因此是無所不在的。動感之樂雖有悲苦的副作用，何嘗不同時也有愉悅的副作用？平靜之樂也是如此，都有其兩面性。副作用的哲學不只難以用來合理化清貧簡樸的主張，而且還很有可能，因為它的退縮特質，而變成弱者逃避的藉口。它選擇一種「最低風險、最少代價」的保守策略，固然避免了損失和某些痛苦，卻無可避免地，同時也失去了機會和某些快樂。

但無論如何，這就是伊比鳩魯賴以主張清貧簡樸的快樂哲學。他還曾經很具體地，就平靜之樂的各種要素，列出了一張區分優先順序的排比清單。首先是朋友、自由、思想、食物和衣服；他形容這些東西是「自然而必要」的。其次是「自然但不必要」的，包括有豪宅、私人浴室、宴飲、僕役和魚肉。最後，則是「既不自然又不必要」的，即名望和權勢（De Botton 著，2012: 70）。

從這一張排比清單可以看到，在最不可或缺的五項東西中，前三項是精神層次的，這當然是其所最嚮往的境界。至於後兩項，則是物質層次的，其意義恐怕只是在提供最基本的生理供給。由此，我們或許可以斷言，伊比鳩魯整個在快樂上所渴望的，就是以最簡單的生活物資、最低度的感官滿足，來追求「朋友、自由和思想」這三項最高的精神目標。

進一步地，若我們將伊比鳩魯與犬儒主義兩相比較，會驚訝地發現，雙方在結果上幾乎沒有什麼不同，都主張盡可能降低對財貨的依賴，追求最簡單的生活物資，以及最低度的感官滿足。然而，彼此之間卻又存在著巨大差異。

首先，從動機來看。犬儒主義的清貧，是為了追求不為物役的自由，期待從內在的自我來獲得滿足，而不是從外在的物質來填充自我。而伊比鳩魯的清貧呢？則是為了追求一種平靜之樂，它的痛苦副作用必須最少、同時又最利於精神的滿足。一個是為了自主自由；另一個則是為了快樂。

其次，從實踐進路來看。犬儒主義的清貧，必須透過一種禁慾式的「操練」，故而拒斥了一切從財貨來獲得情感和欲求的滿足。反觀伊比鳩魯，則完全沒有這種苦行論調，他們樂於從財貨來獲得情感和欲求的滿足，只要那是讓感官處於「停歇狀態」的恬淡滿足。一個否定了情感和欲求；另一個則恬淡地擁抱。

從財富倫理來看，伊比鳩魯主義對後世的影響，遠遠超過犬儒和斯多噶主義（Stoicism）。而對於現代人，它應該也比較容易被接受。因為它不反對情感和欲求的滿足，所要求的只是恬淡地擁抱，並且指向的是友誼、自由和知性這些更高等的滿足。

它直接挑戰人們，到底在心靈快樂與物質擁有之間，兩者的關係為何？我們處在一個空前富裕的物質時代，如果伊比鳩魯是對的，那今天應該也是一個最不快樂——或者說，有最多副作用的動感之樂——的時代。我們不斷地藉由物質享受來獲得活躍狀態下的滿足，但友誼、自由和知性這些平靜之樂呢？想到各位讀者，當你在賞析本書之際，不就是一種知性的快樂嗎？但遺憾的是，現代人恐怕更喜歡的，還是購物、狂歡、性愛、酒足飯飽式的快樂。

試問，這會不會正是一個答案，解釋了為什麼現代人的快樂，並沒有隨著物質豐富而增加？其實，從伊比鳩魯來看，只要有一罐奶酪和幾個朋友，還有，苗圃裡的甘藍菜和洋蔥，或是思考上的一個突破、陪孩子們玩耍、午後曬曬太陽、窗明几淨的房間，以及自由自在的活動，人生就可以滿足了。因此他會說，「**以天然的人生目標來衡量，貧窮就是巨大的財富，而無限財富是巨大的貧窮。**」（De Botton 著，2012: 80）物質再豐富，又能怎樣呢？窮得只剩下錢，這句話不是亂講的！經常，當手中握有了錢財如此可以呼風喚雨的工具，人性往往選擇的會是讓人虛榮和感官高潮的動感之樂。

但反過來，是否只要最簡單的生活物資、最低度的感官滿足，就自然地可以獲得精神的滿足呢？當然不是。清貧的本身絕對不會附贈什麼精神滿足，也沒有理由說，簡樸生活就等於心靈快樂。正確而言，從物質的清貧邁向心靈的快樂，必得經過某種精神層次的自我超越；這才是滿足的真正關鍵。

無怪乎伊比鳩魯認定，智慧是唯一的解放者；而思考之樂是最彌足珍貴的。因為正是它，才帶給了清貧者一種精神層次的自我超越。正是它，才讓人們從悲苦情緒的束縛中解脫，還教導了我們如何面對匱乏或不幸。以此而言，智慧毋寧正是其他快樂的導師。

5 視錢財如暴君：斯多噶的禁慾苦行

◆一種聰明的滿足所需要的東西多麼簡單。……一切自然的物品都容易得到，唯有無用的東西才價格高昂。

◆有良好教養的謙遜的人，對有權給予有權收回一切的大自然說：「你願給什麼就給什麼，你願收回什麼就收回什麼好了。」

最後，對於「希臘化文明」時期的財富倫理，我們來到了跨越到羅馬時期的斯多噶主義。這又是一種貶抑財富的類型。它雖然也受到伊比鳩魯的影響，卻更接近於犬儒學派。它同樣將清貧建構在「自然之道」的訴求上，並且也都講究禁慾的實踐進路。不過，它的影響比犬儒更加深遠許多。

基本上，他們對於財富和生活，堅持要用理性來追求與自然的和諧以及內在的安寧，並透過清貧來讓自己享有不為物役的自由。譬如，有時被歸類為犬儒的奴隸哲學家愛比克泰德（Epictetus, 55-135），就曾經灑脫地說道，「一種聰明的滿足所需要的東西多麼簡單，新鮮的空氣、最便宜的食物、一間適中的房屋、一張床、幾卷書和一個朋友。」

他相信，「一切自然的物品都容易得到，唯有無用的東西才價格高昂。」（Durant, 1939: 648）這就是說，人生所真正需要的東西，都是屬於大自然的、隨手可得。許多無用之物，則因要滿足的是不自然的世俗慾望，所以才會那麼昂貴。

這樣一種自然取向的簡樸生活，不像伊比鳩魯那樣追求沒有副作用的平靜之樂；而若與犬儒主義比較起來，它的禁慾主義面向則更增強了，從理性發展到了更徹底的「唯」理性。它最核心的哲學綱領，與犬儒相似，都是要做一個按照自然之道而生活的人。

寫作《沉思錄》的羅馬皇帝奧里略（Marcus Aurelius, 121-180）說得好，「不怕早晚有一天要死，怕的是不曾開始按照自然之道去活。」（Aurelius 著，1985: 134）這句話意味著，與其長命百歲而活在世俗價值中，不如只有一天的性命、卻活在自然之道中。他還說人生要走最短的道路，而「最短的道路便是自然之道」（ibid.: 38）。其中的意涵是，自然之道乃人生最平直、最正當、也最美好的一個原則。

奧里略：接受一切遭遇得失

但何謂自然之道呢？斯多噶主義站在犬儒學派的基礎上，開展了一個新意涵。即對宇宙中所有發生的人事物的無條件接受，看待這一切都是自然的。因為一切事物的源頭，都是「從那主宰一切的宇宙理性而來」的，也「都是按照宇宙的自然之道而安排的」。甚至他們認為，一切的遭遇都「適當而公正」。好像是在冥冥之中，凡事「都是按照各人應得之分」而分配的。因此，若我們「對任何發生的事情抱怨，便是對於自然的叛變。」（ibid.: 61; 84; 29; 15）

那為什麼我們要安心接受所有的遭遇呢？因為一來，「那是為你而發生的，是給你的處方。」雖然我們經常不自覺，但仔細觀察後會發現，這一切都與你「有某種關聯」，更「是命運中的一條線索」。二來，我們每個人的遭遇，有其在宇宙全體中的意義和價值。無論個人自覺是福還是禍，都可以增加宇宙全體的「福祉，助長其完美，甚至促使其延續不斷。」（ibid.: 44）

基於這兩個理由，斯多噶主義要我們學習做一個「有良好教養的謙遜的人」，對於所遭遇的財物或其他一切的得失，都抱以「純然的服從與善意」，並對大自然說，「你願給什麼就給什麼，你願收回什麼就收回什麼好了。」（ibid.: 114）在此重要的，從來不是擁有或失去了什麼，而是我們願意服從自然所發生的一切，相信其中都有意義、也都有存在的必要性。

即使是面對那些無恥之徒、流氓，以及騙子之類的壞人，也要承認他們在這世上有存在的必要性。這不是縱容，也不是逃避，而是在面對自然時的一種「良好教養和謙遜」。奧里略很逆向思考地指出，當我們因這些人的邪惡而憤怒時，可以換個角度來想比較有益，即「針對每一種錯誤行為，大自然給了人類什麼樣的美德？」他相信，在自然的主宰下，每一種錯誤行為都成就了一種美德。譬如，「針對著無情的人，大自然給了我們以同情。」是啊！若不是那些無情的人，如何對比出同情的必要和可貴呢？而針對著另一種壞人呢？同樣地，會「又有另一種美德來抵銷」其邪惡（ibid.: 107）。

這就是斯多噶主義典型的「相反相成」論調。「你已經考慮過那一面了？現在看看這一面！不要自尋煩惱。」（ibid.: 32-33）一切的遭遇都有正反兩面性，也都指向宇宙全體的和諧及美好。這些話讓人想起了另一位斯多噶主義者克里斯帕斯（Chrysippus of Soli, 279-206 BC），他曾經很阿Q地說，戰爭有益於矯正人口過剩，而臭蟲可使我們免於睡眠過多。好一個相反相成，這肯定是讓人世間的一切都合理化的最佳技巧。

自然之道的實踐：理性禁慾

進一步地，在瞭解了自然之道的意涵後，緊接而來的課題是，那又該如何落實這樣一種人生呢？斯多噶主義的答案是要靠理性。因為正是感情和欲求，讓我們偏離了自然之道。他們再三強調，理性在生活選擇中具有關鍵地位。「客觀的事物並不能涉及靈魂，只是在外面靜止著；煩擾皆由內心而起。」真正使我們惱怒的，並不是別人的行為，而是我們對這些行為的看法。

甚至，煩惱並不客觀存在，它「完全存在於你的想像中」。「一切皆是你的主觀見解，而那是可以由你控制的。」（ibid.: 28; 107; 92; 105; 138）奈何，感情和欲求總牽絆著我們背離自然之道；讓我們對得失感到興奮或氣餒、對邪惡發出憤怒，還會對衰老、病痛和死亡產生恐懼。斯多噶主義告誡我們，此時唯一該做的是，「排除幻想。控制衝動。撲滅慾望。把握住你的理性。」（ibid.: 100）

只要有理性、也只有理性，可以讓我們不受束縛地「在極度的寧靜心理中」活下去。儘管全世界都在叫囂反對你、或野獸正將你的四肢扯去，奧里略都相信，我們可以因秉持著理性，而無所動搖或畏懼（ibid.: 79）。人生因此被看作是一場理性與情慾之間的戰爭。想要勝利的話，就得好好挑戰各種感官和肉體的享受。包括物質和財貨在內，人都要不斷地自我征服、超克它們。

斯多噶主義有一句名言，形容「理性好比一個巧匠，形塑了衝動及慾望。」甚至，他們還會極端地說，「智者無情」（The wise man is without passions.）（Copleston, 1959: 141-143）。這種強烈的話，不啻已經將人看作一部只有「理性邏輯」的機械了。他們更相信，智慧本身既是唯一的德，還是眾德之母。所謂「得一則得眾」（possesses one possesses all），指的就是這個意思。即任何人只要透過理性來「排除幻想。控制衝動。撲滅慾望」，則其他所有的德目就隨之而來了。抓住了理性之「德」，就跟著抓住了一大串其他的「德」。

顯然地，源自希臘的理智主義（intellectualism）傳統，在這裡被推衍到極致了（Cassirer, 1946: 81）。而由此也可以理解，為什麼他們會走上禁慾主義，使得平常的日子過得像是苦行僧。這一群人隨時都預備好了！任憑情感、物質需求和欲望有如洶湧的大海，日夜沖刷打擊著自己的軀體，甚至讓人無法呼吸，都要堅持著理性的清明。

接著，既然理性已經被推到了最高地位，其餘一切的欲求和恐懼、名譽和地位，以及物質和錢財，就都輕如鴻毛了。愛比克泰德期待我們，要待之以一種不理不睬、冷漠、「無所謂」的態度（Oates, 1940: 437）。我們千萬不要以為，這只是單純的疏離而已。在他的描繪下，人們得有如置生死於度外一般，毫無畏懼地，對各式各樣的欲求和恐懼、名譽和地位，以及物質和錢財，大聲說「不」。

在愛比克泰德的形容下，理性之外的這些干擾因素就有如暴君，硬生生地佔有了我們的注意力，並還支配我們為它們服役。而就在這樣的捆綁下，人怎麼可能心靈超昇、有品德和尊嚴？又怎能過得自由自在呢？他要求的是，人能夠透過作為一個理性化的智者，而實現成為一個生命的勇者。即任憑那些「暴君」如何施壓脅迫，只要我們緊握理性之手，用它來壓制欲求和恐懼、名譽和地位，以及物質和錢財，則心靈絕對可以飛翔自由，並因而享有作為一個智慧勇者的生命高貴。

當然我們別忘了，這位徹底理性化的勇士，不過是禁慾苦行上的一個典範。他再怎麼樣勇敢「抗暴」，所針對的只是欲求和恐懼、名譽和地位，以及物質和錢財；而不是在對抗什麼君王的兵馬、或政治經濟上的壓迫。

它徹底地只是「內在的自由」，而且還是一種「順命的自由」。因為它唯一的目標是返回自然之道的生活；無條件地接受宇宙中所有發生的人事物、以及隨時間而出現的一切變化。換言之，這位智慧勇者的偉大戰歌，唱來唱去，竟是以徹底理性化的禁慾主義，來表現出對命運和際遇的順從及和諧。它以禁慾來實踐順命；然後堅稱，是為自由而抗暴。你不能不說，多少有一點阿Q的「精神勝利法」。

不過，選擇這種精神式的超越是可以理解的。畢竟，處在一個基本秩序已瓦解的戰亂時代，對於改造現狀充滿了無力感。當外在的枷鎖有如銅牆鐵壁，此時若還要硬衝硬撞，這已經不是勇敢，而是不理性的愚蠢了。更重要的是，他們信仰命運所揭示的自然之道無比美好，因此硬衝硬撞是完全不必要的，寧可亦步亦趨。他們樂於選擇改變自己，而不是改變環境。結果，肉體和情慾、物質和財富，就這樣被消解和拋棄了。

6—以絕對貧窮為人生至寶：聖方濟各

◆對金錢的愛心和使用，應當如同對糞土的愛心和使用一樣。

◆我幾時遇到一位比我更窮的窮人，我便羞得無地自容。……這人的貧窮為我們等於一面鏡子。

進入中世紀以後，禁慾苦行的生活方式以及對財富的輕蔑，都更加普及和盛行了。早期在安東尼（Anthony the Great, 251-356）和帕科繆（Pachomius the Great, 292-348）的影響下，埃及一地的苦修主義就曾有爆炸性的發展，赴沙漠苦修的信徒數目之多，達二百萬至五百萬人的規模。

西元三一三年，君士坦丁一世（Constantine the Great, 274-337）頒布了「米蘭諭令」（Edict of Milan），這是一個關鍵的里程碑。此後，流著血的「紅色殉道者」不再了，基督教獲得了合法地位以及寬闊的發展空間；取而代之的是，以苦修來象徵向世界和肉體宣告死亡的「白色殉道者」。

整個中世紀都一直存在著苦修主義。到了第十三世紀初，可以說在聖方濟各（或譯聖法蘭西斯，Francis of Assisi, 1181-1226）身上達致了最高聲譽。這位傳奇人物實踐著最嚴苛又道地的「神貧主義」，他聞名遐邇、影響深遠。他原本家境富裕，但從皈依上帝後，就開始選擇與貧困的人站在一起，為的是實踐《聖經》的話，「傳福音給貧窮的人。差遣我報告被擄的得釋放、瞎眼的得看見、叫那受壓制的得自由、報告神悅納人的禧年。」（路加四18-19）後來，更在主教的見證下，公開脫掉身上的衣服，歸還給父親。他此舉宣示了從此以天父為自己的父親，拋棄一切的家族產業，改以追求天父的屬靈產業為一生的誓志。

在絕對貧窮上做到徹底服從

對聖方濟各而言，上帝給他的召喚很清楚，就是拋棄一切來追隨基督、毫無保留地服從和捨己。他後來所成立的「小弟兄會」（Friars Minor），就是以「徹底的服從」和「絕對的貧窮」為誓志。事實上，這兩者並非兩件事，而是一件事的兩個面。

有一次，聖方濟各的同伴問他，「什麼是最聖善最完美的服從呢？」他回答說就「猶如一具屍體」。你可以隨心所欲地處置它，而你將看到，它「毫不抗拒，也不埋怨。」任憑擺佈！當你將它掛在高位時，它不會「傲視一切，反而兩眼下視。」這就是謙虛。當你給它穿上尊貴的絳紅色衣服時，反而讓它「顯得憔悴」。它寧可選擇卑微。同樣地，一位真正服從基督的人，「也不關心自己被安置在何處，……它若被提升至高位，他仍然謙虛，……它愈受尊敬，它愈自視卑不足道。……至高至聖的服從是沒有血肉成分的服從。」（成德明鏡，1982: ch. 48）在這裡，特別是最後一句話，非常強烈！而所謂「沒有血肉成分的服從」，正是從「猶如一具屍體」引申而來的。

聖方濟各的這一番話，原本是比擬門徒對基督的服從。但其實，也是他自己對貧窮所抱持的態度。因為被釘在十字架上的耶穌，正就是枯槁憔悴、遍體鱗傷、貧窮的基督。祂誠然是「擔當我們的憂患，背負我們的痛苦；……為我們的過犯受害，為我們的罪孽壓傷。」但祂卻因此而「被藐視，被人厭棄；多受痛苦，常經憂患。……我們也不尊重祂。」（以賽亞書五三1-4）

這就是基督在聖方濟各的心目中，盤繞一生並召喚他誓志於追求貧窮的形象。「祂本來富足，卻為了你們成了貧窮，叫你們因祂的貧窮，可以成為富足。」（哥林多後書八9）如今，上帝既已為此召喚了自己，聖方濟各就決意在貧窮上「**猶如一具屍體**」，任憑基督的差遣和處遇；並且一絲不苟、毫無妥協地，做到「**沒有血肉成分的服從**」，也就是絕對的貧窮。

這樣的決心，可想而知地，當然反映在「小弟兄會」的會規中。聖方濟各訂出來的要求，就是每個加入者都必須變賣所有的一切、並施捨給窮人。而之所以取名為小弟兄，為的是強調他們乃「**貧窮而微賤的人**」。這一群修士不准妄想晉升為主教或大人；他們的聖召就是「**留在謙卑的地位上，好步武基督謙卑的芳蹤。**」（成德明鏡，1982: ch. 26; 43）

小弟兄會的日常及生活要求

具體來看，根據於「小弟兄會」的會規，修士們除了一襲長衣、一條帶子和幾件內衣外，一無所有。但若有必要時，可以穿上鞋子。對於會院所有的一切，聖方濟各要求，「**一事一物都顯示貧窮**」（ibid.: ch. 3; 5）。首先，對於長衣，聖方濟各說「**挑選布料是一件可憎的事**」。他自己常用粗糙的麻袋布來補綴會衣（ibid.: ch. 15）。若是在寒冬，可以在會衣內加縫若干布片。但他往往顧念到，有好些弟兄沒有多餘的布片可供加縫，所以自己也就放棄了，願意與他們一起忍受同樣的寒冷（ibid.: ch. 16）。

他勉勵弟兄們，「內心的暖流來自天主的神火，而不需要外在衣物的保暖。」如果因「心神冷漠」而靈性低落，則「**血肉當然要唯快感是求了**」。這番話的意思就是說，身體之所以會感到寒冷，毋寧是由於內在的靈性低落所致。甚至就在此時，「**低級的慾望**」會趁虛而入，使得「**肉慾影響良心的清白**」（ibid.: ch. 15）。所以結論是，這時需要的是禱告，而非厚布衣。

其次，小弟兄們的床鋪和被褥，則只有一點點乾草和破碎的草蓆而已，幾乎是躺在光溜溜的地上睡覺（ibid.: ch. 21）。枕頭則為石頭或木頭。聖方濟各曾說，「**誰如能在草地上有幾片其毛線業已磨光的碎布，便認為是好的床鋪了。**」（ibid.: ch. 5）

此外，他們用餐也都席地而坐。有一次，一位會長來過耶誕節，弟兄們為了表示尊敬，準備了餐桌、鋪上白布，還擺設有玻璃杯。聖方濟各為此很不高興，故意穿戴了乞丐的帽子和手杖來乞食，並席地而坐，然後高聲說，我這樣就更像是一位小弟兄了！如此地一個大動作，讓弟兄們慚愧得無地自容（ibid.: ch. 20）。

不只是衣服、床鋪、被褥和餐桌，甚至，擁有自己的書籍也不允許。曾有一位會長，「**願意以清明的良心擁有**」自己約值超過五十鎊的書籍。聖方濟各硬是拒絕了（ibid.: ch. 3）。還有一次，某位初學生想擁有一本聖詠集。聖方濟各告誡他，「**有了聖詠集後，你將要求日課經；一有了日課經，你便要高坐在椅子上，猶如一位大人，然後對你的弟兄說：給我取日課來！**」這番話是指知識會讓人驕傲。他說，重要的不是書籍和學識，而是「**聖善的行為**」；因為「**學識給人帶來自大，而愛德則有裨於人。**」（ibid.: ch. 4）

最難以想像的是，他竟曾將聖堂內每天都要用到的《新約》，送給了一位來求乞的婦人，好讓她變賣了它，以解決其需要。這顯示了聖方濟各驚人的開明，他竟然為了濟貧而不惜賣掉《聖經》！對他而言，上帝的「道」才是神聖的，至於「經書」作為紙本的外在形式，為了窮人的需要，賣掉是無所謂的。他非常確定地說，這樣「**比我們用它來誦念日課經，更令我主及聖母歡喜！**」（ibid.: ch. 38）

屋宇要窮酸、金錢則如糞土

進一步地，對於屋宇，聖方濟各最憎惡美輪美奐的房子，也不喜歡貴重而講究的家具（ibid.: ch. 5）。他還認為，聖堂應當狹小，而且要用木材和泥土修築。因為「**在一座大會院裡，不容易恪守貧窮。**」（ibid.: ch. 11; 10）如果他這句話是確切的真理，那麼，歐洲許多美輪美奐的大教堂，可就罪孽深重了！它們驚人的宏偉和華麗，怎麼可能讓人看見枯槁憔悴、遍體鱗傷、貧窮的耶穌呢？

有一次，聖方濟各請某位好友幫忙搭建一間祈禱屋，他就嚴格要求，不僅空間要小，並且，全部建材都得用樹皮枝和羊齒植物，而非石頭和堅實樹木。理由是「**屋子愈小愈窮，他愈喜歡住。**」後來，有某位弟兄不經意地說，那間小屋是聖方濟各的。從此以後，他就再也不去住了（ibid.: ch. 9; 10）。他經常引證耶穌的一段話，「狐狸有洞、天空的飛鳥有窩、只是人子沒有枕頭的地方。」（路加九58）明顯地，對他來說，耶穌正是個無產的窮人！而自己既然要做到「**沒有血肉成分**」的服從，則不僅也要無產，甚至，即使只是象徵性地私屬於自己，他都無法接受。

此外，原本在寶尊聖母堂的會院，只有一座以乾草、樹枝和泥土搭成的窮酸小屋。聖方濟各一直希望，它「**永遠是全會所有會院的表率和楷模**」。但有一年，因為要舉行大會，弟兄們和亞西西的居民，趁他外出的日子，很快地用石頭和石灰蓋起了一座寬大屋宇。聖方濟各回來後大吃一驚。於是，就在會議閉幕前爬上了屋頂，並吩咐其他弟兄也上來，立意要將它整個給拆掉。後來，旁邊的士兵們藉口說，這屋宇是屬於亞西西市政府的財產，才阻止了他拆房子的行為（ibid.: ch. 7）。

除了屋宇要小而窮酸，金銀貨幣本身就更不用說了！他對之非常強烈地反感和厭惡。有一次，某位弟兄不經意撿起了信友奉獻在苦架上的金錢，然後放在窗邊。聖方濟各知道後，竟嚴厲痛斥他觸摸金錢的過失，然後命令他口含著那枚金錢，放在屋外的驢糞上。這就是刻意要表徵，金錢有如「糞土」之污濁和可棄。「他常以言行促使弟兄們躲避金錢，一如惡魔。他對弟兄們說，他們對金錢的愛心和使用，應當如同對糞土的愛心及使用一樣。」（ibid.: ch. 14）

在這裡，「糞土」是《聖經》中保羅所用的字眼。原意是對比於「為要得著基督」，寧願「丟棄萬事，看作糞土。」（腓立比三8）這明顯不是針對著錢財，而是象徵性地泛指塵世間的一切俗事俗務。可是在聖方濟各，它卻被實體化為金錢了。並且任何人只要觸摸，就已經等同於被糞便污染。

窮人為我們等於是一面鏡子

不可忽略的是，上述這些對「小弟兄會」的清貧要求，其實都指向了一個崇高使命，即濟助窮人；而非只是將清貧當作一種個人的倫理成就。比較起「希臘化文明」時期的那些傳奇哲人，這絕對是巨大的差異。對於清貧的追求，犬儒是為了不為物役的自由；伊比鳩魯是為了平靜之樂；斯多噶是為了服膺自然之道；而聖方濟各呢？則除了是效法貧窮的基督外，更是為了濟助窮人。

每回在街上遇到窮人，他經常的反應，就是將自己的外衣脫下來送給對方（ibid.: ch. 29-31; 33-36）。事實上，這是弟兄們為他租賃新的外衣時，他自己提出來的接受條件，即他可以自主地、在任何時機，將外衣送給比他更窮的人（ibid.: ch. 35）。

最值得一提的是，只要窮人站在聖方濟各面前，往往就會讓他的「靈性自我」遭遇重創和挑戰。他說，自己既然娶了貧窮作為夫人，又將貧窮當作自己的快樂和寶藏，「故我幾時遇到一位比我更窮的窮人，我便羞得無地自容。」（ibid.: ch. 17）這種講法令人費解，似乎是在說，若有人比他更窮，就證明了自己還不夠窮，並因此感到羞愧。但更有可能的是，若有人比他更窮，就證明了自己的一種虧欠，即在賙濟窮人的使命上做得還不夠。

有一次，他在返回會院的路上遇到一位窮人，他又準備將外衣脫下來送給對方。但同伴反對。這時，聖方濟各甚至訴諸一個強烈的理由，他說，如果我們不願將外衣送給一個比我們更窮的人，我們便犯了偷竊的罪。「我們應當將原本是窮人的外衣，歸還給他；因為我們是以租借的名義，接受了這外衣，直到我們遇到了一位比我們更窮的人為止。」（ibid.: ch. 30）

這種對窮人的愧疚感，一直深深影響著聖方濟各。有一次他大病初癒，卻因患病時曾吃過肉食和以肉燉過的食物，故而深感內疚。為此，他竟然在嚴冬下脫掉衣服，要求會長在他的頭上套一條繩子，牽引著他到廣場，公開向民眾懺悔說，自己辜負了他們稱他為「聖人」的期待（ibid.: ch. 61）。

如此的怪異舉措，其實在背後有著深沉思考。聖方濟各屢次指出，當我們看見窮人的時候，都該提醒自己，他們是「因基督之名而來的」，也「應當記起基督如何承擔了我們的貧乏和軟弱」。因此，「這人的貧窮為我們等於一面鏡子；在這面鏡子內，我們要以同情及憐憫之心，見到並想到我主耶穌的軟弱和貧窮，及其在肉體上為我們忍受的苦難。」（ibid.: ch. 37）

這段話非常重要！為什麼窮人「為我們等於一面鏡子」呢？第一、窮人讓我們「記起」，自己之所以有今天的富足，是因為基督承擔了我們的貧乏和軟弱。否則，我們作為人的本質，就與眼前的這個窮人一樣，都是貧乏和軟弱的。若沒有窮人作為一面鏡子，我們就不會「記起」自己的原初光景。第二、窮人的貧乏和軟弱，就像是一面鏡子，讓我們「見到並想到」基督在十字架上，正就是如此地遭逢貧乏和軟弱。因此我們當「以同情和憐憫之心」，來看待和服事眼前的這位窮人。

這樣一個將窮人當作鏡子的反省，十足讓我們見識到聖方濟各在此一課題上的深邃。對他而言，濟貧絕對不是富人的慷慨、或什麼社會責任，而就是效法基督的犧牲，也像服事基督一樣地服事窮人。

行乞其實是至高王者的尊榮

對於追隨聖方濟各的人，最難捱的恐怕不是清貧，而是行乞。因為它像是要飯的，很沒有尊嚴；又得看人臉色，忍受冷漠和被拒絕。反觀清貧，就只需要求諸自己，而且可以是一種高貴的志節。

聖方濟各一開始並沒有做出行乞的要求，但隨著加入修會的人數愈來愈多，他也因為勤奮工作而感覺疲累。面對龐大的膳食需要，他漸漸瞭解到，單靠自己一人是不可能的。於是，就向弟兄們提出了新要求。他說，「你們別害羞出外求乞。……我隆重向你們肯定：將有許多這世代的貴人和智者，加入你們的行列，並要將沿門求乞視作偉大的榮耀。」

在這裡，他將行乞定位是「偉大的榮耀」。它一點也不丟臉，而且，將來有許多貴智者也會加入此一行列。「故此，你們要滿懷信心，並仰仗天主的祝福，愉快地出外求乞。……因為你們求乞時，給予人們的是天主聖愛，而你們向他們要求的却只是一點賑濟。」（ibid.: ch. 18）

最令人覺得不可思議的是，聖方濟各每次外出時，如有人請他共餐，不論那個人多麼富貴，他經常會在吃飯之前，先到外面街上求乞，然後再回到主人家一同用餐。有一次，他拜訪即將接任教宗的奧斯迪（Ugolino dei Conti di Segni, 1143-1241，即後來的額我略九世〔Papa Gregorius IX〕）主教大人。在開飯前，他又跑出去行乞了。回來後，主教大人和賓客們已經開飯了。這時，聖方濟各就將行乞得來的食物放在餐桌上。然後就拿了起來，奉天主的聖名，分贈給在場的每一位騎士和隨營司鐸。

有趣的是這些人的反應，竟然，他們**「都虔敬而熱誠地脫掉帽子接受了。有人當場吃掉了，有人則因為對聖人的熱誠而保留起來。」**當然，原本的那些佳餚美食，大概就再沒人膽敢去享受了。宴席過後，主教對他表示，何必有此舉，讓他含羞呢？聖方濟各於是長篇大論了自己的行乞神學。他說自己有義務**「作窮弟兄們的表率」**，因為許多小弟兄們，由於**「害羞和不良習俗」**而不願意出外行乞。他刻意要藉此讓他們知道，**「這比坐在你們及其他大人們擺滿盛饌的餐桌上，更要快慰。」**

他進一步指出了其中的理由，因為**「愛德的麵包是聖的，是以熱愛並頌揚天主所祝福的。」**這句話強而有力，讓人無法否認。他更也由此宣稱，自己**「將永不羞於沿門求乞。真的，我有意將行乞一事視作至高王者的尊榮。」**（ibid.: ch. 23）在這裡，行乞者被視為王者，享有一種至高的尊榮！並且乞食所真正得到的，也並非麵包，而是神聖的愛德。這是聖方濟各很核心的行乞神學。

不過，對於行乞所得，他則做出了限制。因為**「在賑濟方面，我絕不願作小偷。」**他要求行乞所得不可超過真正的需要。通常是少於真正的需要（ibid.: ch. 12）。他更堅決抗拒，因信徒的慷慨捐獻而致使修會或神職人員變得富裕。他念茲在茲的，就是除了必要的物資外，要做到絕對的貧窮。

肉體要折磨到好像一具屍體

如此貧窮的一個結果，當然就是體弱多病了。但對聖方濟各而言，這個軀體根本是不必太留戀的，它甚至是靈魂昇華的殘累。因此，他在會規裡面就直接告誡患病的弟兄們，**「不得太過堅持醫藥的要求！也不要**

過度希望拯救這一瞬間即逝的靈魂之敵——肉體。」（ibid.: ch. 42）

對他來說，肉體不過是短暫至輕的臭皮囊罷了！但問題是，《聖經》中的保羅，不是也有教導說「身子就是聖靈的殿」嗎（哥林多前書六19）？豈可任憑朽壞！故此，聖方濟各確實也說過了一些話，提醒弟兄們不必過度虐待自己的肉體，譬如要「衡量自己的體質和需要，使得肉體有力侍奉其靈魂。」他還指示弟兄們，各個人應該「在我們貧窮許可的範圍內，滿足自己的需要。」（ibid.: ch. 27）也就是說，貧窮歸貧窮，身體的需要還是得照顧的。

這些話看似寬容，肯定了肉體的需要。但事實上，聖方濟各本人就沒有照著做。會友們形容，他「經常以齋戒及其他苦工，將自己的肉體折磨到像一具屍體。」（ibid.: ch. 61）這或許才符合他內心真正的理念。作為一個領袖人物，在絕對的貧窮上，聖方濟各確實做到了「沒有血肉成分」的程度。這其中有一個重要原因，就是他一心一意要做小弟兄們的表率和楷模。讓他們因此「更容易忍受他們的坎坷與不幸」（ibid.: ch. 65）。

他說，自己每一次被邀請作上賓，甚至是到羅馬樞機主教的住處，他都希望「人們待他如乞丐」而非貴客。理由同樣是，顧念到全世界還有許多忍饑受餓、吃苦受辱的人。並且，基於弟兄們仍居住在狹小的山洞裡，聖方濟各覺得自己「時時有義務樹立好榜樣，這是天主將我賜給他們的原因。」（ibid.: ch. 67）

確實，作為一個領導人，最重要的就是作榜樣。豈能嘴巴主張清貧，卻過得比門生子弟都富泰呢？聖方濟各這一點，對比在當時幾乎是全世界首富的教皇，以及許多如貴族般生活的主教大人，實在是天壤之別。難怪，他在信眾的心目中那麼有份量！

更讓人敬佩的是，這種「沒有血肉成分」的絕對貧窮，肯定是痛苦難捱地過日子，而聖方濟各卻給予它如詩歌般的讚頌。有一次，他和弟兄們在極度的飢餓下行乞，結果得到了不少食物。當時，他竟然張著大口、神情激動地一邊禱告、一邊像是唱歌似地要大夥「把握住這最聖潔的貧窮為無價的寶藏」。他說：

> 這（貧窮）本是天上的德性，有了它然後一切屬乎地上的寶藏便成為了只配踐踏丟棄的過目煙雲；有了它然後一切牽掛才得以割捨一空，使靈魂與永生的上帝無間無礙地合而為一。……這德性曾與基督同釘在十字架上，……這德性能使一切愛它的人靈魂升天而毫無障礙；因為它能為人保護著那真仁愛和真謙卑的武裝（范鳳華編，2001: ch. 13）。

如此一篇對貧窮的頌讚禱詞，有很重大的意義。它告訴了我們，對於聖方濟各，貧窮可以不是哀戚的苦行，而是一首生命的詩歌。因為其中內含「無價的寶藏」，絕非可悲的匱乏或空無。他在行乞和貧窮中，體驗到了一種別人無法瞭解的聖潔和喜悅。

滾雪球：絕對貧窮的必要性

從這樣的奧妙境界來說，實在難以想像！如此的絕對貧窮，竟還能成為一首頌讚之歌！難怪！聖方濟各被當成「聖人」。這其實未必是好事，因為「聖人」代表是的異類。

但我們不禁要回頭來問，為什麼聖方濟各對於貧窮的主張，要徹底到如此「沒有血肉成分」的地步呢？不能溫和中庸一點嗎？當然，這可以有一個簡單的答案，就是對耶穌的絕對服從。但事實上，耶穌的一生並沒有那麼貧窮；祂既不行乞求食，也幾乎看不到祂苦行禁慾。此外，所謂的「變賣你所有的、分給窮人」，這段經文是有其針對性的，並非在表達一種普遍性的原則。至於「捨己」兩個字，也只是一個抽象原則，在實踐上的細節和尺度，都還有很大的彈性。

聖方濟各如此徹底的貧窮立場，其所反映的，毋寧更多是中世紀盛行的苦修和禁慾主義，並不能說就是耶穌本人的榜樣和要求。而按照當時的苦修和禁慾主義傳統，貧窮是一定要徹底的。因為物質的擁有會如同滾雪球，某個需求的滿足會連帶引致另一個需求。這樣的想法一再流露於聖方濟各的表述中。如果你有了書籍，就需要有蠟燭來閱讀，還得準備一枝筆來寫札記。連帶地，為了讀寫還需要桌椅，有了桌椅當然不能擺在戶外，於是又需要一間屋子，還有打掃屋子的僕人。

對於這個道理，現代人應該是容易理解的。就好像女人買了一件漂亮的衣服，為了搭配，總是會再買鞋子、皮包和首飾。買了一支新手機，接下來呢？皮套、保護貼和周邊配備的需求也跟著來了。而若是買了新車或新房，那更不用說了，隨之而來的一連串裝潢和家具的開銷，同樣也是必然的。人就是這樣，如滾雪球般地不斷有購買和消費的需要。一方面，舊的東西用完了，本來就要添購或換新；但另一方面，買了某樣東西，又牽連出對其他東西的需要。而兩方面加總起來的結果，就是沒完沒了。

以此而言，那些反對清貧的人所經常搬出來的「小康」，就成為一個陷阱。踏進去以後，隨著滾雪球，只會愈陷愈深。雖然這些人的嘴巴都會說「夠用就好」，結果呢？東西總是多到家裡沒地方擺。

似乎，只要肯定了某些生活滿足或小確幸的必要性，而後，一個屬於物質主義的「潘朵拉盒子」就會被打開，釋放出危害人間的一堆奢華、腐敗和貪婪來。但反過來看，若減少了一種需求，不也就連帶避免了一連串的相關需求嗎？也就是說，節儉同樣是會滾雪球的。

或許，這正是一個主要原因，為什麼聖方濟各之類的清貧和禁慾主義會要求一種徹底的絕對貧窮。與其簡單擁有，還不如一無所有。這樣，連雪球都向著反方向滾了。

貧窮內含極大的奧祕與價值

整個來看，聖方濟各的一生所實踐的絕對貧窮，表面上，似乎類似於犬儒主義、伊比鳩魯和斯多噶主義的一貫態度，就是將貧窮視為美德或靈性昇華的條件。但事實上，並不只如此！他除了是要效法貧窮的基督外，更是為了濟助窮人。但這樣的理解，其實，對於聖方濟各還是太表面了。他對於貧窮的體會非常深邃，尤其具有宗教性靈上的啟發。幾乎可以說，他已經以實踐的方式建構了一種「貧窮神學」。

在此一神學中，行乞者被視為王者，享有一種至高的尊榮；並且乞食所真正得到的，也並非麵包，而是神聖的愛德。至於最為核心的貧窮，則並非哀戚的苦行，而是一首生命的詩歌；因為其中內含無價的寶藏，絕非可悲的匱乏或空無。那麼，此一無價的寶藏是什麼呢？遺憾地，人們因為無法瞭解，故而總是逃避貧窮。聖方濟各則極力地要以其言行，來闡揚貧窮所內含的極大奧祕和價值。

第一、貧窮可以讓人看清楚，自己身為人類的本質光景。即人作為受造物，其原初的本來面目就是卑微、軟弱和一無所有。所以，貧窮有什麼好可悲或困窘呢？不過就是卸妝、恢復原貌罷了！人儘管可以穿金戴銀，但最真實的你我，毋寧還是光溜溜的！

第二、貧窮可以教育我們，因受苦和缺乏而謙卑、更加依靠和親近上帝；同時也學會堅忍耐勞，並超克肉體的欲望，讓我們不淪為它的奴僕，轉而只做「義」的奴僕。

第三、就好像基督承擔了我們的貧窮，我們也當成為貧窮者，而與卑微、軟弱和一無所有的人在一起，並以同情和憐憫之心來服事他們。這就是說，貧窮使我們能夠認同——感同身受——其他窮人，從而與他們互相連結，成為同甘共苦的生命肢體。

第四、貧窮使人體會到耶穌在十字架上所承擔的軟弱和苦難，也因為自己在貧窮上效法了基督，而享有一種與祂結合的聖潔和喜悅。換言之，藉由貧窮的體驗和實踐，我們不僅與其他窮人互相連結，也與被釘十字架的耶穌連結合一了。

這就是聖方濟各的貧窮神學！確實非常可貴。只是，他的做法顯然相當極端而激進。這固然是他感人肺腑的原因，但何嘗不也因此而違逆了一般的人性和社會常軌？可以肯定地說，這一套財富倫理絕無普及化的可能。畢竟，選擇苦修和禁慾主義的只會是極少數人。再者，基督教對財富的整個立場，就是如此徹底的絕對貧窮嗎？這一點是大有爭議的，我們在後文的第二章中，將會針對基督教的財富倫理，做出更詳細的探索。

然而，我們也不能以此就輕忽了聖方濟各在歷史中的正面意義。研究中世紀經濟社會史的湯普生（James Westfall Thompson）告訴我們，從君士坦丁合法化基督教後，「教會腐化的最壞源流，是它大量而迅速獲得的財富。」而不幸的是，「那時沒有像聖方濟各這一類人，來號召教會離開它的粗野和物質的方式。」（Thompson 著，1997：90）

在當時，雖然有識之士一再提出嚴厲警告，但許多教士仍從事於商業聚斂、兜攬生意、充當財產保管人，並經常覬覦信徒的遺產。而其中最為醜陋的，大概就是卡帕多細亞的喬治（George of Cappadocia）了。湯普生形容，他在擔任亞歷山卓城主教的期間，對斂財之熱中簡直就像是一個掮客和銀行家。「他將基督教化作資本，把權力轉變成紅利，並使教會成了營業的工具，就效率和氣魄論，今天華爾街的每隻豺狼對他也將羨慕不止。」他在小麥市場搞投機生意、組成托拉斯來開發埃及沙漠的硝礦、壟斷食鹽貿易、霸佔廣大沼澤地帶以種植紙草和蘆葦。之後，還組織公司來獨佔亞歷山卓城的殯儀館生意（ibid.: 90; 95-96）。

卡帕多細亞的喬治絕非個案，此後的天主教會，在這種世俗化的墮落上愈演愈烈。面對教士們如此在財富上的貪婪腐化，聖方濟各絕對是一股帶著巨大震撼的清流。而這就是他不凡的歷史意義所在，也或許正是他會表現得那麼極端的原因。

遺憾的是，到了第十四世紀，聖方濟各派在天主教圈子裡大敗。熱中於斂財的教皇約翰二十二世（Pope John XXII, 1249-1334），因為這一群人否定了教會擁有財產權利，而將他們宣布為「屬靈派」的異端（Thompson著，1996: 388）。只不過，此一否定雖然是對聖方濟各的否定，但被一個熱中斂財的無恥教皇否定，毋寧反而是一種值得驕傲的肯定，不是嗎？

7 摩爾的烏托邦：金錢這該死的東西

◆ 一個人可以仰望星辰乃至太陽，何至於竟喜歡小塊珠寶的閃閃微光。……竟有人由於身上穿的是細線羊毛衣，就大發狂想，以為自己更加高貴。

在聖方濟各之後，另一個輕看錢財的知名人物，可以算是《烏托邦》（*Utopia*）的作者摩爾爵士（Sir Thomas More, 1478-1535）了。他是倫敦頗負盛名的正義律師，經常為下層居民爭訟，後來還擔任大法官。他也是北方（非義大利）文藝復興的代表人物之一。當時，馬丁路德（Martin Luther）的宗教改革正風起雲湧，但他卻是一個保守虔誠的天主教徒。一五三五年，因為得罪亨利八世（Henry VIII, 1491-1547）而被處死。後來，天主教會追封他為聖人。

摩爾正是馬克思（Karl Marx）筆下的空想社會主義者。他透過一個故事的主角拉斐爾（Raphael Hythloday），闡發了他對金銀財富的蔑視。他聲稱，大「自然所賦予金銀的全部用途，對我們都非必要。」純粹是由於「人們的愚蠢而被看成物稀為貴。」相反地，大「自然如同仁慈而寬容的母親一般，使一切最有用的東西都顯露出來。」（More 著，1996: 68）就譬如空氣、水和土地，都是上帝慷慨的贈與。至於錢財，那完全是因人的愚蠢，才將它看作稀有、變為寶貴！

很有趣地，在摩爾描繪的烏托邦裡，其實儲存著大量金銀，只不過目的是為了軍事用途。譬如，以超高的薪酬來召募外國傭兵為他們打戰，或是以鉅款來「收買或出賣敵人，或使其互懷鬼胎或公開動武而彼此殘殺。」（ibid.: 67）這些壞心眼明顯都是對外的。

但對國內呢？則以金銀來代表骯髒罪惡。譬如，「糞桶溺盆之類的用具」是由金銀鑄成的，「套在奴隸身上的鏈銬也是取材於金銀」。此外，「因犯罪而成為可恥的人都戴著金耳環、金戒指、金項圈以及一頂金冠。」歸結而言，他們「用盡心力使金銀成為可恥的標記」（ibid.: 68）。至於珍珠和寶石，烏托邦人從不刻意去尋找，但若偶爾撿拾，則「打磨加工一番，給小兒作裝飾品，幼小的兒童為此得意，等稍微長大以後，發現只有孩子配戴這類玩物，便將其扔掉。」（ibid.: 68-69）

從歷史脈絡來看，摩爾對金銀的鄙視和輕蔑，或許有受到聖方濟各的影響，但其實更有過之而無不及。因為，他已經將各式各樣象徵財富的物品，當作便壺、污穢、綑綁、腳鐐、手銬、罪犯、咒詛、幼稚和無知等的同義詞了。其中的鄙視和輕蔑可想而知。

這樣一個烏托邦式的嘲諷描繪，摩爾絕對料想不到，在約略兩個世紀之後，竟然幾乎一模一樣地出現在亞當斯密（Adam Smith）的《國富論》（*The Wealth of Nations*）中。並且，它完全不是空想，而是由熱中於尋找黃金的西班牙人，在古巴和聖多明各所發現的史實。按照亞當斯密的記載，

> 那邊的窮苦居民，常以小金塊作為頭飾和服飾。他們對這些金塊的評價，似乎和我們對那些比一般略美的小鵝卵石的評價相同，就是說，值得拾取，但有人要時，卻不值得拒絕。他們對新客第一次

請贈金塊，無不立即贈與，似乎並不認為贈送了新客非常珍貴的禮物。

更有意思的是，古巴和聖多明各的人們同樣感到稀奇，為什麼西班牙人寧願以大量的食物來交換那無用的金銀。這樣的反應與摩爾筆下的烏托邦人很類似。

他們看到西班牙人那麼熱切地想獲得金塊，感到驚訝。他們沒有想到世界上竟有這樣的國家，它的許多人民，對於他們老是缺乏的食物有那麼大的剩餘量，願意以足夠供養全家好幾年的大量食物，來交換小量會發亮的玩意兒（Smith 著，2009：篇一，章十一，133-134）。

如此在細節描繪上的高度雷同，搞不好真會讓有些人以為亞當斯密抄襲了摩爾。但反過來看，既然這些情節不是烏托邦，那麼，摩爾所說的一切不就更有說服力了嗎？馬克思說他空想，值得商榷！

虛假的快樂，並為自己捧場

進一步地，摩爾雖然鄙視和輕蔑一切的金銀財寶和貴重物品，但更令他厭惡和批評的，其實是人們因擁有這些東西而表現出來的自負和驕傲。這才是他最在意之處。對此，他傳神地形容，烏托邦人認為奇怪的是，「一個人可以仰視星辰乃至太陽，何至於竟喜歡小塊珠寶的閃閃微光。……竟有人由於身上穿的是細線羊毛衣，就大發狂想，以為自己更加高貴。」（More 著，1996: 70）

更難以理解地，竟有人對無用金子的評價，超過人對自身的評價。而即使是一個如「木偶般的傻子，不正直，不懂事」，但只要有錢就「可以奴役大批聰明人和好人」。摩爾的此一講法毫不誇張，歷史中無數博士才子和淑女美人，甘心為狂人和瘋子奴役，說穿了，不就是為了錢嗎？還有，許多人「自己既不欠富人的債，也並非在富人的權力掌握中。」甚至也很清楚，「富人吝嗇小氣，……絕不會從成堆現錢裡取出一分錢給他們。」卻奇怪地，還是對富人卑躬屈膝、美言美譽（ibid.: 71）。

對照今天的狀況，這些描繪都非常貼切而寫實！許多人因戴了昂貴鑽戒而自覺萬丈光芒。更有一堆男女因穿配了名牌精品、開了名車或住了豪宅，就昂首闊步了起來。當然，旁邊總圍繞著一群龜狗兒，帶著羨慕的眼光、搖著尾巴，對他們恭維備至、拍馬屁。人性在這方面好像都一直沒改變！

凡此種種，摩爾都歸類為一種從「虛假的快樂」中表露出來的「奇異而愜意的瘋狂」。它們受到了「壞欲望的誘騙」，導致人們的腦袋偏離理性、神經失常。簡單來說，就是腦殘之類的自欺欺人！這些人喜歡華服排場和炫富，誤「以為穿的衣服愈高級，自己也就愈高級。」其實「都是騙自己」。他們的所做所為，不過是一種自爽自慰，即「為自己捧場」（ibid.: 75-76）。

而最令人莞爾的是，摩爾嘲諷，「別人對你脫帽屈膝，能給你什麼自然而真正的快樂呢？這個舉動能治好你的膝蓋痛、和糾正你的神經失常嗎？」（ibid.: 76）這一番話實在很有智慧！膝蓋不會痠痛的身體健康，比名牌精品所換來的「虛假的快樂」重要多了。與其崇拜金銀富貴來「為自己捧場」，還不如讓自己的腦袋正常，有理性和智慧。

很多學者說，他的烏托邦論述學效了柏拉圖。這大錯特錯！他真正承襲的，毋寧是伊比鳩魯主義，外加少許的斯多噶色彩，另則再增添了均平主義式的共產訴求。根本與柏拉圖不搭軋！而其中最核心的，是從批評虛假的快樂進而建構和實踐一種伊比鳩魯式的快樂美學。

摩爾開宗明義地宣稱，理性給我們的吩咐、或自然給我們的指導，就是「敦促我們過盡量免除憂慮、盡量充滿快樂的生活。」（ibid.: 73）他更也非常伊比鳩魯主義地說道，「我們的全部行為，包括甚至道德行為，最後都是把快樂當作目標和幸福。」（ibid.: 75）

不只如此，對於什麼是真正的快樂，摩爾的說法也幾乎與伊比鳩魯如出一轍，只是對於快樂的分法稍有不同而已！他將「精神之樂」與「身體之樂」區別開來。前者指的是，「有理智以及從默察真理所獲得的喜悅。此外，還有對過去美滿生活的愜意回憶、以及對未來幸福的期望。」（ibid.: 78）明顯地，這就是伊比鳩魯所嚮往的精神目標，它著眼於朋友之間在智慧上的激盪交流、以及由此所網織出來的美好回憶和幸福。

而就基於此，摩爾一再強調，真正的財富是在精神層次的，尤其是「學習和有益圖書的閱讀」。在烏托邦的每個城市裡，都有一批「專門從事學術工作的人」。每天黎明前，都會舉辦公共演講，讓大家參與、激盪交流；晚餐後一小時，則舉辦文學性質的高尚娛樂，彼此聯誼。此外，「所有兒童都被引導閱讀有益的書。大部分公民，無分男女，總是把體力勞動後的剩餘時間一輩子花在學習上。」（ibid.: 57; 71）

雖然在烏托邦裡，不分男女都以務農為業（ibid.: 56），但所有公民除了體力勞動外，都「有盡可能充裕的時間用於精神上的自由及開拓」。摩爾相信，這樣「才是人生的快樂」（ibid.: 60）。如此的構思，看在我們這些書呆子眼裡，真是萬分羨慕！其目的就是要以理性和智慧，來作為人生最真實的財富。它既邁向了斯多噶所期待的，成為一個智者；也實踐了伊比鳩魯所認定的，思考之樂是最彌足珍貴的，並且，智慧更是所有其他快樂的導師。

除了上述的精神之樂，那身體之樂呢？摩爾又進一步分成了兩種。其中之一是「身體的安靜以及和諧」；最重要的即免於疾病侵擾的健康。這毋寧正是伊比鳩魯那種「無痛苦」和「無干擾」的消極快感。

摩爾同樣相信，「苦痛不入的健康本身即是快樂之源」（ibid.: 78）。他更聲稱，「享有永遠健康的人不可能不享有快樂」。因此，烏托邦人將「健康看成最大的快樂，看成所有快樂的基礎和根本。」（ibid.: 78-79）這番話似乎表達得太直接而強烈了。之前，不是才強調精神之樂的重要嗎？轉眼之間，怎麼變成了一種身體的唯物論呢？其實，摩爾的意思很簡單。沒有身體的健康，怎麼會有精神之樂呢？看來，在擁抱伊比鳩魯的快樂主義之際，對於他因清貧而導致體弱多病，是非常有意見的！

進一步地，除了身體健康以外，第二種身體之樂，則是那種讓人們「能充分感覺到的鮮明的愉快」。摩爾說，就譬如吃飽、排泄、性愛或抓癢。這很類似於伊比鳩魯所謂的動感之樂。摩爾對此沒有任何好感，批評它「是最低級的、最不純的，因為伴隨著這種快樂的，絕不能沒有痛苦作為其對立物。」其中，排泄和抓癢，令筆者費解，不知道它們有什麼痛苦的副作用。但是吃得飽飽的，容易帶來肥胖和「三高」。至於性愛，則太激情了，對心臟會有風險。無論如何，它們都悖離了烏托邦人所最堅持的「快樂之源」——「苦痛不入的健康」。

最難得的是，摩爾非常有運動美學地指稱，「美觀、矯健、輕捷」都被烏托邦人視為大自然特別賞賜的「令人愉快的禮品」，他們「高興地加以珍視」（ibid.: 80），絕不容許自己腦滿肥腸或遲鈍老化。此一看法實在讓人訝異！遠在古老中世紀末葉的摩爾，竟然已經有這麼強烈的健美和瘦身概念。莫非那個時候就存在有肥胖臃腫的問題？

無論如何，依循著同樣的邏輯，當然，在烏托邦裡也「沒有酒館和烈性飲料店，沒有妓院，沒有腐化場所，沒有藏垢納污的暗洞，沒有祕密集會的地方。」（ibid.: 66）因為，這些玩意兒所帶來的快樂都是最低級的，也有最不健康的副作用。

樂享平靜的喜悅，拒絕禁慾

然而，烏托邦人並不因此走向犬儒和斯多噶那種禁慾主義。摩爾辯稱，既然人道主義者要我們「照顧別人的康樂幸福，……減輕別人的痛苦，」那為什麼我們每個人不也應該如此對待自己呢？「當自然吩咐你善待別人，它不是反而教你苛待自己。……自然指示我們過舒適的亦即快樂的生活，作為我們全部行為的目標。」（ibid.: 74）

事實上，只要抱持著健康的訴求，禁慾主義就無法被接受了。摩爾批評它「因節食而傷生，糟蹋自己的健康，以及摒絕大自然的其他一切恩典。」而其背後的瘋狂態度，毋寧「是對自己殘忍、而對自然忘恩負義的一種心境的標記。」（ibid.: 81）禁慾主義要求攻克己身、拒斥情感和欲求的滿足，並備嘗生活的艱苦和辛勞。而摩爾和伊比鳩魯，則都明白地要追求「康樂幸福」的日子，只不過那是一種清貧簡樸式的享受罷了！烏托邦人樂於在情感和欲求上尋索滿足，只要那是沒有不良副作用的平靜之樂。他們追求清香、美味，以及好聽的旋律。每天在晚餐後，他們會享受音樂和甜點。甚至還要「燃香，噴灑香水，盡力之所能使所有的人心情愉快。」烏托邦的人堅持，「一切無害的享受都不應該禁止。」（ibid.: 65）

如此高尚品味的生活享受，絕對是禁慾主義者無法接受的！只是別忽略了，摩爾小心地加上一個但書，他要求這一切僅能「作為生活中的愉快的調味品」，也就是調劑、調劑而已！並且保持著一項限制，「不因小快樂而妨礙大快樂，不因快樂而引起痛苦後果。……低級快樂一定帶來痛苦後果。」（ibid.: 81）在另一處地方，摩爾對於真正的快樂，甚至還明確訂出了「三不」原則——「未透過不正當手段，未喪失更為愉快的事物，未招致痛苦的後果。」（ibid.: 75）

歸結起來，精神之樂再加上不違反「三不」的健康之樂，這就成為摩爾快樂美學的最高目標了。他總括地說，「烏托邦人特別不肯放過精神的快樂，以其為一切快樂中的第一位的、最重要的。」其次，「至於身體的快樂，他們首推健康。」（ibid.: 80）

平均享有：快樂美學的實踐

上述的一切主張，無疑地，都濃濃表露了伊比鳩魯主義的風味。幾乎可以說，摩爾已經成為了其在北方文藝復興時代的傳人。至於他本人的天主教背景，帶給他的可能是廢除私產制，改行共產公有的生活方式。對於實現其快樂美學，摩爾相信，共產公有的生活方式是絕對必要的。因為他期待的是普遍的快樂，而非少數人的快樂。其中的大敵則在於自私自利以及純然的個人主義。他一方面強調，大自然「號召人人相互幫忙，以達到更愉快的生活。」另一方面，他則譴責利己傷人的行為，要求人們千萬「不要在為自己謀利益的同時，損害別人的利益。」（ibid.: 74）

至於剝削和壓迫，尤其是不容許的。他堅信一個人道原則，即「幸運能夠給我們的全部財富，全都比不上人的性命的寶貴。」（ibid.: 25）這意味著，沒有一個人可以由於別人的最大利益而被犧牲。同時，他還提醒國君，自私自利於一己的滿足，其實很可悲！他睿智地說道，「要是一個人享樂縱慾，周圍卻是一片呻吟哀號，那就意味著他不是管理國家的，而是管理監獄的。」（ibid.: 39）這句話說得好！確實，作為一個樂享吃喝的典獄長，每天目睹人犯呻吟哀號，有何成就和驕傲可言呢？

從這些零星分散的論證，摩爾明確指出，為了實現普遍的快樂，每個人有義務關心公共利益。若是為了自己的快樂而使他人失去快樂，這絕對有失公平。相反地，基於《聖經》所教導的施比受更有福，我們更應

當學習人道主義和仁慈。譬如「取去自己的部分所有，將其轉讓給他人。」（ibid.: 75）

但我們可別誤會了，這絕非在私產制下鼓勵施捨分享，而是由此引申訴求，要拋棄私產，採行共產公有。摩爾從書籍的一開頭，就楬櫫了其根本立場，即「達到普遍幸福的唯一道路是一切平均享有」（ibid.: 45）。這清楚表明了，分配的平等是普遍快樂的前提。

按照他的邏輯，在私產制的國家裡，人們一定為私人利益而奔走。相反地，在烏托邦裡，由於一切歸全民所有，已經無此必要了。它最終所體現的，正是一切物資的平均享有。摩爾對此的描述很弔詭，他說，這是「每人一無所有，而又每人富裕。」（ibid.: 115）

有趣的是，幾乎所有的共產主義都愛做這樣的美夢。透過讓所有的人都一窮二白，來讓所有的人都吃香喝辣；這豈不怪哉？然而，就算這張支票無法兌現，最起碼，讓「每人一無所有」好歹可以消除相對的剝奪感，也不賴！

但最大的挑戰始終在於該如何實現「每人富裕」？摩爾說，這根本不難！每人每天工作六小時就夠了；而將這一切搞砸的，正是私產制。因為它塑造了「以金錢衡量一切」的社會，導致勞動轉向，都跑去生產那些利潤較高的奢侈品了。而這就間接造成生活必需品的生產不足。

摩爾從而再次強調，窮人之所以匱乏，以及社會無法實現「每人富裕」，原因都在於「該死的金錢這個大發明」！它原本「是用以便利我們取得生活必需品的，實際上卻阻礙了我們取得必須的東西。」（ibid.: 117）為了賺取「衡量一切」的金錢，生產力都被導向奢侈品了。

傲慢所根據的是別人的窮酸

進一步地，為解釋何以富人需要那麼多奢侈品，又為何廢除私產成為必要，摩爾表達了一種很經典的「傲慢相對論」，十分獨到而深刻。他對比式地指出，若「就一切生物而言，貪得無厭的心，都來自唯恐供應缺乏。」但人類卻很不一樣，貪得無厭的心「出於自尊感，即認為顯示一下佔有的東西超過別人，是值得引以為榮的。」（ibid.: 62）

這就是說，一般生物的貪婪，是由於擔心匱乏所致的「效用」不滿足；唯獨人類，是由於要襯托出自己的優越而貪婪。摩爾的此一觀察，有若干需要商榷之處。因為即使在許多生物社群中，也存在著傲慢和嫉妒。但不可否認地，人類在這方面確實特別突出。

接著，摩爾由此得出一個結論，即富人驕傲的尺度，「不是依據自己所擁有的財貨，而是依據其他人的匱乏。」（Pride measures her prosperity not by her own goods but by others' wants.）①（More, 1949: 82）這句話太精采了！他解釋道，驕傲的本質就是將自己神化！而這位女神最不樂意的是，「她誇耀的財富，不能使這些可憐蟲因貧窮而受到折磨、並且更加貧窮。」或者，「再也看不到她可以欺凌嘲笑的可憐蟲，……不能在這些可憐蟲的不幸前，顯示自己的幸運。」（More 著，1996: 118）

驕傲女神就是愛看人窮酸和悲慘！對比愈強烈，她愈自得意滿！此一論調很耐人尋味。傲慢是從比較而來的。正是因為看到了窮人的寒酸和不幸，富人才能沾沾自喜，並衍生出對自己成就和能力的驕傲。反過來，若富人遇到更富裕的人，驕傲很快就被傾羨、甚或嫉妒所取代了。

① 對於摩爾這一句以拉丁文寫的經典名言，有幾種不同譯法。有的譯成「Pride measures prosperity not by her own advantages but by the disadvantages of others.」，也有譯成「Pride measures prosperity not by her own good but by the harm of others.」，但以該段落的上下文來看，似乎是正文的譯法比較正確。

難怪！在私產制的社會裡，必須去發展許多「毫無實用的多餘的行業，徒然為奢侈荒淫的生活提供享受。」（ibid.: 58）為的就是讓富人得以在窮人面前炫耀，否則，那種對自己成就和能力的驕傲，就無以為繼了。這根本與生產品的匱乏與否、或具有多少效用無關，純粹是在人與人之間的比較上，所發展出來的一種虛榮需要。它不是物質面向的，而是心理上渴望高人一等的自尊自傲。

烏托邦的美好及其現實意義

循著這樣的邏輯推論下去，若要將傲慢和嫉妒從社會中消解掉，唯一之途就是廢除私產了。當一切財產都不復存在，則富人就無從傲慢，而窮人也無從嫉妒了。摩爾高興地暢言這樣一個社會的美好。「金錢既不使用，人們也就不貪金錢。這就砍掉多少煩惱啊！這就剷除了多少罪惡啊！」

在這裡，每十年用抽籤換一次房子；人們最愛的不可能是房地產，而是花園（ibid.: 53）。在別的國家裡，人們總是有五顏六色、各式各樣的衣服，而在烏托邦裡，「只一件外套就使人稱心滿意」了（ibid.: 60）。因為不再需要人比人氣死人了。此外，所有的生活必需品都「在全部居民中均勻分配，任何人不至於變成窮人或乞丐。」（ibid.: 66）對摩爾而言，這已經是之前所說的「每人一無所有，而又每人富裕」的實現。

整個來看，固然摩爾最終訴求的是廢除私產和金錢、並讓一切都平均享有。但令人印象最深刻的，毋寧是對「以金錢衡量一切」的批判。不僅富人因此而表現出炫耀和傲慢，社會也為此而發展了一大堆奢侈的多餘行業，以致無法實現普遍的富裕。

若與柏拉圖比較起來，摩爾有其高明之處。他很清楚，如果沒有從內心改變人們對金銀、珍珠或鑽石等的評價，外在的共產公有在效果上是很有限的。而且，就算是強制性地廢除了財產，內心對於金銀財寶的渴望和貪婪，未必就可以跟著拿掉。這就是何以摩爾要將金銀財寶表徵為便壺、污穢、綑綁、腳鐐、手銬、罪犯、咒詛、幼稚和無知的真正原因。只要它們在價值觀念上被普遍貶抑化了，那麼，富人就傲慢不起來，而窮人也不必嫉妒了。確實，當這種精神層次出現了突破，才是邁向普遍快樂的正本清源之道。

摩爾的論述很不幸地被馬克思形容為空想的社會主義。這讓人們以為，他所描繪的一切都沒有現實意義，只是不切實際的夢幻囈語。然而，史學家湯普生卻指出，其實在摩爾的時代，隨著地理大發現，正是「**資產階級**」——即新興的布爾喬亞——從封建社會中冒出頭的階段。此時的商業活動，不再以個體戶來經營，而是透過大型貿易聯合公司來進行。他們有著前所未見的資本和政治影響，國家也為了因應此一新局面，而採取保護關稅法和航海條例等措施（Thompson 著，1996: 677）。

此外，他們所控制的工商業取代了行會制度，結果是廣大的勞動群眾喪失了傳統上的參與權力，並淪為被壓迫者。他們「**忍受著長時間勞動、低工資和失業的痛苦**。」而在其中地位最低下的那一部分人們，則「**逐漸變為在中世紀未曾有過的新的社會成分，這便是無產階級**」的起源（ibid.: 677）。

禍不單行的是，筆者同時還發現，約略在一五〇〇至一五二〇年期間，即《烏托邦》一書出版之際，由於西屬美洲殖民地（印加王朝、墨西哥和祕魯的安地斯山脈）的大量白銀和黃金開始充斥歐洲，曾經引發了一場極為驚人的通貨膨脹，然而工資卻沒能跟上（Weatherford 著，1998: 116; The British Museum 著，2009: 249-250）。

據此，湯普生同樣告訴我們，這招致了民眾廣泛的不滿情緒，並發展成為持續性的罷工、社會騷動，以及要求濟助的強大聲浪。相反地，那些「**實業階級卻發了大財**」，並且有如暴發戶一般，在生活上炫耀誇示（Thompson 著，1996: 693-694）。

他更明確地指出，摩爾在《烏托邦》一書筆下的窮人，正就是這一群既悲慘又不滿的新興「無產階級」。而反觀那一批發了大財的實業階級，卻毫無過去貴族們的美德和生活品味，完全表現為「一個缺乏悠久文化傳統的暴發階級」（ibid.: 675）。湯普生的這番描繪，不正就是摩爾筆下那些醉心於「虛假的快樂」和「為自己捧場」的有錢人嗎？

馬克思對摩爾的「空想」貶抑有待商榷。「烏托邦」一詞固然是有夢幻之意，但它仍反映了現實情況中的渴望，絕非超現實的「空想」。如果說摩爾企圖透過《烏托邦》一書，來為當時新興的無產階級代言，並嘲諷那些如暴發戶般的資產階級，這個斷言絕對是可以成立的！事實上，他自己在倫敦就因經常為下層居民爭訟，而被譽為正義律師。筆者可以肯定地說，摩爾絕不是空想的、而是正義的社會主義！

8 — 溫斯坦萊：脫免於奴役的土地正義

◆True freedom lies where a man receives his nourishment and preservation, and that is in the use of the earth.

◆不能為拿工錢而替任何地主做工，……因為這樣做，他們就用自己的勞動創造了暴君和暴政。

繼摩爾的《烏托邦》之後，歐洲的海外殖民和貿易更是如火如荼地進行。此時，隨著工商業的發達、資本的積累，以及政治上的影響力，湯普生前述的新興布爾喬亞也比過去更趨活躍而壯大了。相對地，那一批受壓迫的無產階級，無論在城市或鄉村，他們的不滿和悲慘則每下愈況。

溫斯坦萊（Gerrard Winstanley, 1609-1676）正是因應此一景況，在十七世紀，為英國鄉村貧民大力發聲的一位領袖人物。他和一群號稱是追求真正平等的「掘地派」（The Diggers）結合，楬櫫了一種基督教形式的共產主義，要求廢除私產、取消工資制度、沒有買賣和貨幣，一切用品都到公庫各取所需。

而很特別地，在此一時期，與加爾文（John Calvin）關係密切的諸教派，不僅有著為數頗多的實業階級，還擁抱著一種「近代資本主義」精神。他們堅持私產制，並強調一種以賺錢為「天職」（Calling）的無限利潤心。這與溫斯坦萊的立場形成了強烈對比。一六八九年，英國光榮革命成功，進一步捍衛了清教徒、布爾喬亞以及土地貴族們的利益。而此時屬於同一陣營的洛克（John Locke）則更有力地，為私有財產倡言一種以勞動為基礎的自然權利。

顯然地，在十七世紀的英國、乃至歐洲，在這樣一場對財富倫理的歷史鬥爭中，溫斯坦萊所代表的勢力被嚴重邊緣化了。但他仍深具價值地走過歷史的一頁；特別是對於土地正義以及經濟資源的自由，非常有開創性的貢獻。整體而言，我們大可以將溫斯坦萊視為在當時基督新教的倫理中，拒絕擁抱近代資本主義的另一種選擇。

從表面上看，他似乎在很多方面都承繼摩爾，只是遠離了其中的伊比鳩魯色彩。但正確而言，他的思想底蘊絕對是基督教的。他非常鮮明地，幾乎每一個重要立場，都援引自對《舊約》的詮釋；充滿了對自由平等的擁抱、對貧窮弟兄的愛，以及堅持非暴力的抗爭途徑。讀來讓人深深覺得，這是一位令人尊敬的基督徒紳士。

他最核心的訴求是自由。但什麼是自由呢？他先是列舉了貿易的自由、傳教的自由、有機會同所有女人交往的自由；然後指出，這些自由都會導致奴役。接著，他就直接宣稱，真正的自由是使用土地的自由。

理由是什麼呢？因為生命必得靠「**土地的果實來維持**」，否則「**精神就會受到奴役**」。而幾乎所有「**對理智的奴役，……都是由一部分人對另一部分人的外在奴役所造成的。**」（Winstanley 著，1979: 108-109）這就是說，人總先在土地上淪為奴隸，隨而變成了在精神上的奴隸。

喪失了使用土地的自由，直接導致的就是匱乏和貧窮。溫斯坦萊痛心地形容，「**一個人沒有身體，猶勝於沒有食物給它。**」（A man had better to have had no body than to have no food for it.）（ibid.: 109; Sabine, 1955: 493）。這句話應該道盡當時無產階級的苦痛。確實，匱乏和貧窮的悲慘，往往比沒有身體的遊魂還糟糕！

溫斯坦萊進一步援引《舊約》指出，以色列的領袖在征服迦南地之後，所做的第一件事情，就是將土地分給所有的支派（事實上，利未支派除外），以作為他們的產業，而不是圖利統治者自己和軍事將領們。他並且相信，自摩西的十誡詔示以來，以色列人就一直將「自由使用土地看作自己的自由」（Winstanley 著，1979: 110）。

筆者必須提醒，這絕非一種自然「人權」的概念，而是上帝召喚以色列人出埃及，為了要賜予他們產業的一種「應許」。難怪！以色列人始終聲稱，迦南美地是一塊流奶與蜜的「Promised Land」。最重要地，它不是建立在個人主義上的一種權利，而是上帝賜予族群共享的一個禮物。

整個來說，溫斯坦萊這種對「自由」的用法非常特別，與通常所謂的政治暨社會自由、道德或心靈自由，都有很大不同。從廣義上來講，它屬於一種「經濟資源上的自由」。對於其中的意涵，他曾在《自由法》一書中做了界定，**「每個自由人都有使用土地、耕種土地、在土地上建築房屋的自由，有從倉庫獲得他所需要的一切、並不受任何限制地，享用自己勞動果實的自由。」**（ibid.: 202）確切而言，這個界定是很完整而有代表性的。歸納起來，就是以共耕共有的方式，讓每個人都能充分使用土地、並共享勞動的成果。

上帝偏心嗎？私有財產之罪

接著，既然「自由使用土地」是上帝賜予族群共享的禮物，它一定是公平而普遍的；它會造福每一個人，讓大家都受惠。就像日頭和雨水一樣，會臨及每個人身上，上帝從來不會偏心。溫斯坦萊一再強調，上帝**「創造了土地，讓土地成為共同的財富」**。

事實上，不只是作為共同的財富，祂毫不偏心的公平程度，甚至從來沒有打算容讓其中的「**一部分人將要管理另一部分人**」（ibid.: 5）。也就是說，對人的統治管理權，其實是不合乎上帝心意的。人類唯一被上帝賦予的權力，是統治管理「人」以外的其他萬物。

但很悲哀地，在英國，自由使用土地的平等已經被破壞殆盡了。那些有權有勢、代表著「**以掃**」的少數弟兄們，藉由狡詐的欺騙和偷竊，已經奪走了另一些「**雅各**」弟兄們的土地，並因而帶來了壓迫和奴役。

我們無須多探索這一對兄弟在《舊約》中的恩怨故事。但在溫斯坦萊的用法裡，「**以掃**」透過「**自私自利的貪心和驕傲**」，爬上了顯要的地位，代表著一種「**要生活在光榮和富足中**」，以及要踩在別人頭上的「**欲望**」。而「**雅各**」呢？則代表著一種「**溫和的精神**」，他是「**一顆埋藏在窮困的老百姓或小兄弟們中間的種子**」（ibid.: 8）。簡單來說，就是稟賦著仁愛善良、卻備嘗欺壓和奴役的那一大群無產階級。溫斯坦萊還暗指，他們分別代表了「**非正義**」和「**正義**」的兩種王權。前者屬於撒旦的世界，後者則是愛人如己的國度（ibid.: 60-62）。

我們姑且不談這樣的解經和應用是否牽強，但確實很有煽動的技巧！他竟然以「弟兄」來稱呼那些「**非正義**」者。為了就是要凸顯，既然同為上帝的兒女和一家人，則其壓迫和奴役是多麼地不義和可憎。他要告訴那些有權有勢的「**以掃**」弟兄，你們欺負的不是外人，而是自己的親人。

無奈！這一切都已如狗吠火車。人在自私和貪婪的支配下，土地不僅被籬笆圍了起來，更由那些僧侶和領主所瓜分了。而其餘的人呢？則變成僕人和奴隸。於是，那「**本來為了讓一切人過豐衣足食的生活、和作為共同寶庫而被創造出來的土地**」，就這樣「**變成了一些人折磨另一些人的地方**」。這誠然是巨大的改變！大地原本是上帝所應許的流奶與蜜的「**共同寶庫**」，如今卻變成了讓人滴下血淚、哀號的折磨之地。

溫斯坦萊進一步控訴，這就是私有財產制的由來，而它卻是「**對偉大的造物主的一個極大侮辱**」。因為上帝儼然變成了是偏心的。似乎，「祂很樂意讓少數人過豐衣足食的生活，而對其餘的人的飢寒交迫，則表示慶幸。」（ibid.: 6; 7）莫非上帝也喜歡折磨人嗎？當然不是。據此，溫斯坦萊明白指稱，如果我們或其他人還保存著任何私有財產，就是同意讓上帝蒙羞了。因為祂所創造的高貴人類，已因而淪入了被壓迫和奴役的地位（ibid.: 13）。

他故而舉起大旗，對當時英國的莊園主和統治者，宣告了一種在我們今天看來是「土地正義」的訴求，即呼籲將土地回歸到原初創造時的族群共享。他說，「土地並不是為你們而創造，使你們成為土地的主人，而使我們成為你們的奴隸、僕人和乞丐的；土地被創造出來，是要成為所有一切人的共同的必需的財產。」（ibid.: 26）

特別是最後那兩句話，貫穿了溫斯坦萊的整個思想，並具有重要的歷史意義。因為，中世紀經常存在有一種論調，認為私產雖不如共產好，但面對人類在亞當墮落後的私心本性，它毋寧是一種實際可行的讓步和選擇。對此，溫斯坦萊完全不同意。私產絕非只是次好而已，它壞透了！它源於自私和貪婪，並且是造成一切奴役的根源。它更也在根本上違背了上帝原初的創造意旨。不僅如此，人在擁有了私產後，還會誘發人性中「自我保存」（self-preservation）的慾望（Sabine, 1955: 493）。因為，既然是我的，人很自然地會想要去擴張和積累；就是要擁有更多、更多。

拒絕工資，只為公庫而共耕

為實現所高舉的土地正義，溫斯坦萊宣稱，解放的號角如今已經響起了。「雅各應該站起來。他是全世界的愛和正義的精神。」(ibid.: 9)為此，他積極加入並領導被人們稱之為「掘地派」的公墾運動。這是一個基督新教的激進團體。他們在英格蘭的中南部成立好幾個公社，或稱「村社」，主要是在公有土地上墾殖，期待建立一種共有而平等的農村社區。當然，他們引致了那些擁有管理權的領主們痛恨，最後也遭到克倫威爾(Oliver Cromwell, 1599－1658)的驅逐鎮壓。

這群人的理想，就是「本著正義的精神共同耕種土地，吃我們自己流汗打下的糧食。」而所謂的「共同耕種土地」，一方面是拒絕任何人可擁有私屬土地，以避免造成「將某一部分人交給另一些人去支配」的奴役狀態。另一方面，更別具意義地，既然不再有任何人是地主，則連帶拒絕了工資制度。這是很特別的一種訴求。

在實施共耕的村社範圍內，他們「既不付給別人工錢，也不領取別人所給的工錢。」(ibid.: 19)甚至，根據溫斯坦萊所擬的自由法，那些「付工錢和領工錢的人」，都「將受到被剝奪自由的處分」，並且充當十二個月的僕役(ibid.: 199-200)。

在溫斯坦萊眼中，領取工錢這件事非常糟糕！其本質毋寧就是在為虎作倀、助紂為虐！強化了既有的支配與奴役關係。他強烈地要求一切勞動者和被稱為貧民的人們，「不能為拿工錢而替任何地主做工，也不能替置於別人之上的人做工，因為這樣做，他們就用自己的勞動創造了暴君和暴政。」

他又說，誰在領取工錢，那誰就是「在幹不正義的事，繼續支持災禍。」(ibid.: 19)溫斯坦萊區分得很清楚，每個人都必須只為了一個目的而工作，就是讓大地成為所有人的「一個共同寶庫」(a common treasury)。為此，當然要拒絕為某一個特定人(譬如統治者、領主或地主)的私屬倉庫而工作。爾後，任何人在生活上有需要，就到公共倉庫自由取用。這才符合真正的一家人關係，不是嗎？試問，在任何由家人所共同經營的事業裡，哪有人在支領工錢的？在工錢的支與領之間，所反映的毋寧是一種支配與奴役的關係。

為此，溫斯坦萊特別描繪了一幅景象。在其中，不再有私屬土地、也不再支領工錢，工作純粹是為了公庫的儲藏。故而，也不會再有人是什麼主子或奴隸、統領或隨從了；大夥兒就像是一家人。「一起工作，一起吃飯，……沒有哪一個人將統治另一個人，大家彼此都把對方看作是上帝創造出來與自己平等的成員。」（ibid.: 12-13）

明顯地，在這裡，支配與奴役的關係消失了！取而代之的是，像家庭一樣的愛和平等。彼此之間講求的不再是統治管理，而是在愛裡面互相服事。溫斯坦萊更將此賦予屬靈上的神聖意義，他高調地說，當一個人拒絕了為工錢而工作時，那就是「把自己的手與基督的手拉在一起」了！而其結果呢？則是將「被造物從奴役中拯救出來，把一切從災禍中解放出來。」（ibid.: 19）

偷竊土地之道：買賣和金錢

進一步地，既然否定私有財產，採行了按照個人需要、自由到公庫取用的制度，那麼，買賣交易以及作為其媒介的金錢，也就完全是多餘的。但在溫斯坦萊看來，它們可不只如此，更是該死的和邪惡之物！因為，若非以買賣和金錢為手段，「以掃」弟兄對土地的欺騙和偷竊，根本無法得逞！他明白地指責：

買賣是一種極大的欺騙行為，互相掠奪或偷竊土地就是透過這種欺騙行為來進行的；這種欺騙使一些人成為領主，另一些人成為乞丐，一些人成為統治者，另一些人成為被統治者（ibid.: 28）。

在另一處地方，溫斯坦萊再次強調同樣的話。他說，「**土地被創造出來是為了成為一切人的共同的生活資料的寶庫，而不是為了成為買賣的對象。**」（ibid.: 48）他主要的控訴始終是，買賣和金錢促成了一種局面，即一部分人是主子，而另一部分人是奴隸。

可想而知地，在溫斯坦萊的烏托邦裡，絲毫不能見容於買賣和金錢。譬如，他特別訂立了「**買賣懲治法**」，對那些買賣土地及其果實的人處以死刑。理由是「**買賣會使人重新陷入國王的奴役之下，並且成為一切爭吵和壓迫的根源。**」（ibid.: 199-200）。至於金銀，只有兩種用途是被允許的，一個是用來製造盤子和裝飾房屋所需；另一個則是在與外國貿易時用來支付。其餘的一切則完全禁止。

特別是對金銀貨幣的使用和流通，溫斯坦萊充滿了戒慎恐懼。他一方面形容，金銀貨幣是「**偉大的神**」，它讓一部分人「**進入圍牆之內**」，而將另一部分人「**拋出圍牆以外**」；也就是區隔出了自由和奴役。他還嘲諷，英國貨幣上的字母加起來，正是「666」此一敵基督的「**野獸的印記**」（ibid.: 27-28），而這不就是邪惡假神的鐵證嗎？不拋棄它，怎麼會有正義呢？這個指控有點迷信，但它真正反映的，正是溫斯坦萊對錢財的強烈厭惡。

另一方面，他則根本認為，金銀貨幣的地位愈是重要，交易流通愈是廣泛，則耶穌在登山寶訓中的「金律」（The Golden Rule）——無論何事，你願意人家怎樣待你，你就要怎樣待人——就愈不可能實踐了。走到最後，即使是司法，也都會被拿來買賣（ibid.: 201）。這意思就是說，在錢財萬能的世界裡，「愛財如己」會取代「愛人如己」，成為一條最具有支配力的新「金律」。

但如果沒有了金銀貨幣，如何買賣交易、又如何吃飯穿衣呢？對此，溫斯坦萊的回答，並不是搬出古時候的以物易物，而是反過來批評說，如果得靠貨幣交易才能吃飯穿衣，這根本就是「**非正義的法律**」。他期待的是，能夠像《舊約》先知以賽亞所描述的那樣，「**大家買酒或牛奶都不付錢，或者這些東西都沒有價**

格。」（ibid.: 28）對於這樣一個理想，溫斯坦萊進一步描繪了以下的細節。

如果哪一個人或哪一個家庭需要糧食或其他產品，他們可到倉庫去取，不必付錢。如果他們要騎馬，夏天就到原野上去，冬天就到公共馬廄裡去向監督人借用，騎完以後把馬送還，不必付錢。如果有人需用食品或肉類，就到肉店裡去領，不用付錢，或是到放牧牛羊的地方去，挑出他們的家庭需要食肉的牲口來宰殺，而不必透過買賣（ibid.: 183）。

這番描繪好熟悉！與我們之前所曾討論的阿里斯托芬和摩爾，簡直可以說是一脈相承。這無疑就是共產鏡頭下的標準畫面——沒有買賣、無須貨幣、各取所需，而且不虞匱乏。美好得宛如天堂！

從掘地派之歌到共產的難題

最後，讓我們以一份歷史文件，即在當時流傳的一首〈掘地派之歌〉（*The Digger's Song*, in 1649...To St. George's Hill），來作為對溫斯坦萊的一個小結。仔細考究這一首歌，其中已經很精簡扼要地，表達出了這群人的完整訴求：

一群衣衫襤褸的人，稱作掘地派，要表明他們的意志。
他們拒絕了地主，他們拒絕了法律。

他們曾被剝奪了財產，要重新宣告什麼是他們的。
他們說，我們和和氣氣地來開墾和播種。
我們來到公有土地上工作，讓荒地生長。
我們要將這被瓜分的大地合為整體，
讓它能成為所有人的一個共同寶庫。
財產的罪孽，我們不屑。
無人有權為私利而去買賣大地。
他們取得土地，是以偷竊和謀殺。
因他們的號令，現在到處都樹立起了圍籬。
他們制定了法律，牢牢綁住我們。
僧侶用天國讓我們眩惑，不然就是咒罵我們下地獄。
我們不會去敬拜他們所侍奉的上帝。
那個貪婪的上帝，餵飽富人卻讓窮人挨餓。

整個來說，溫斯坦萊承接著摩爾的烏托邦理想，期待廢除私產、取消工資、沒有買賣和貨幣、到公庫各取所需，也不虞匱乏。但其中不再有任何伊比鳩魯主義的快樂美學了。取而代之的是，《舊約》的創造神學以及對權力墮落的控訴和救贖。他甚至非常有「彌賽亞」的況味——讓「被擄的得釋放、……叫那受壓制的得自由。」（以賽亞六一1；路加四18）只不過在手段上，他非常可貴地堅持「愛與非暴力」。

而他最鮮明之處，是從「經濟資源的自由」來追求一種使無產階級免於奴役的平等，並透過共耕共享，來讓土地成為養活所有人的共同寶庫。對於土地正義的追求，他絕對是一個最重要的先鋒。所有只能望屋興嘆的無殼蝸牛們，都該好好閱讀溫斯坦萊的著作。

但共產樂園的問題始終是，怎麼可能有那樣多的生活資料，讓每個人各取所需、而且還取之不盡呢？為此，主張廢除私產者總是假設，每個人都會很勤奮工作；而且生產品還足以涵蓋生活上的各種需要；或者，可以透過與外部社會的貿易交換，充分取得自己生產不足的生活必需品。

然而，致命傷就在這裡徹底暴露了！在生產所得的共有下，通常人們最沒有勤奮工作的動機。溫斯坦萊憑什麼認為，人們為了公庫的儲藏而工作，會比為了工錢而工作，更有意願和效率呢？又如果在生活上有需要時，都可以到公共倉庫任意取用，那自己何必辛苦勞動呢？這無可避免地會導致生產不足，連帶地，能與外部社會貿易交換之物也就有限了。最後的結果，難免淪為普遍窮困的窘況；而各取所需、不虞匱乏的承諾也將落空。

從普遍的人性來看，任何一項東西，如果是大家的，結果就是沒人的！少有人會對它愛惜保養、甚至會演變為荒廢丟棄。土地如果是大家的，憑什麼可以豁免這樣的命運呢？

溫斯坦萊不能不指望，每個人都是高貴的基督徒，也都有為群體奉獻的利他之心。他要人們選擇作「雅各」，擁抱「愛和正義的精神」，並成為「一顆埋藏在窮困的老百姓或小兄弟們中間的種子」。只是很務實地說，面對人類的自利心和虛榮，此一指望多半只能是遙遠的期待！大部分人恐怕都比較喜歡當可以吃香喝辣、有支配權力的「以掃」。

最諷刺的是，在溫斯坦萊的《自由法》中，為了實現其理想的體制，竟然得靠賴監督者拿起皮鞭、加上懲罰的恐嚇。何以一個擁抱「愛與非暴力」的基督徒紳士，卻要對那些買賣交易者處以死刑？又要對那些付工錢或領工錢的人，剝奪他們的自由、處罰他們一整年做奴隸呢？這算不算是「雅各」精神或「愛與非暴力」的一種失敗？沒有高貴的基督精神，共產理想還能存在嗎？

二〇一七年，筆者在一次旅遊中赫然發現，就在台灣，遠在新竹縣深山裡的司馬庫斯部落，竟正秉持著基督信仰的共產經營方式。在不到兩百人的規模下，土地共有，舉凡學校、餐廳、廚房、農作物和民宿大小事，都由頭目和長老在每天的晨禱後分工，集體勞動。經營所得則共享，每人每月可分配到兩萬元，年終分紅十六萬元。此外，還有許多部落福利，包括孩子們的教育和族人的出國旅遊，全都由公庫支出。

與溫斯坦萊不同的是，他們還保留了金錢貨幣，而每個人也仍可以擁有私產；譬如，他們通常會用所分配到的金錢，累積起來購買屬於自己的車和物品。這固然對共產制度是一種悖離，但毋寧很務實。迄今，每年來此旅遊一睹神木的人潮已達百萬，帶來可觀的收益及許多外來的物質誘惑。而整個制度幾十年運作下來，雖然存在著若干爭議，卻始終屹立不搖。

對此，筆者相信，其中賴以維繫的最重要支柱，就在於全部落共同的基督信仰。它不僅鼓舞了為群體奉獻的利他之心、愛和正義的精神，更提供了來自上帝的最高權威和制約。否則，面對人類的自利心和虛榮，大部分人恐怕都想追求更大的私屬富裕，並憑藉此得享高人一等的優越感。

所以，還是之前的那一句老話，無論是對溫斯坦萊或司馬庫斯部落，沒有高貴的基督精神，共產理想能支撐多久呢？共產成敗的關鍵，始終在於內在的精神，而非外在的制度。

9 不平等是怎麼來的？盧梭的失樂園

◆從一個人需要另一個人的幫助的時候起；自從人們覺察到一個人據有兩個人食糧的好處的時候起；平等就消失了、私有制就出現了、勞動就成為必要的了……；不久便看到奴役和貧困伴隨著農作物在田野中萌芽和滋長。

來到了十八世紀，超過兩百年前的摩爾對貧富的「傲慢相對論」，竟然換了一個面貌出現在盧梭（Jean-Jacques Rousseau, 1712-1778）的著作裡。而一百年前溫斯坦萊所闡揚的土地正義，也與盧梭之論有驚人的相似性（Sabine, 1955: 492），他們的共同之處是，都追求一種拒絕私有財產、沒有奴役和支配，以及充滿平等的自然樂園。盧梭的此一浪漫主張不是空穴來風，他同樣有感而發。史學家也告訴我們，歐洲在如火如荼的海外殖民和貿易、金融革新，以及第一次產業革命下，社會的不平等和奴役的問題，明顯日趨嚴重而尖銳化。

在性格上向來情緒化的盧梭，成長在魁奈（François Quesnay, 1694-1774）的重農主義（Physiocracy）氛圍下，他不只因受影響而反商，更擁抱了一種田園牧歌的理想，被譽為自然主義和浪漫主義之父。除了家喻戶曉的《社會契約論》外，他所寫作的另一本書《論人類不平等的起源和基礎》，影響也十分深遠，更與我們在本章的主題關係密切。

自然狀態下：野蠻人的特色

他開宗明義地指出，在人類中有兩種不平等。第一種是自然的或生理上的不平等，它基於自然而產生，包括了年齡、健康、體力、智慧或心靈的性質等因素。第二種則是精神上的或政治上的不平等，它起因於一種諸如法律或契約的協議，是經過大家所認可的。最重要地，第二種不平等之所以存在，是為了讓某些人比別人更富足、更光榮、更有權勢，或者，甚至令別人服從他們（Rousseau 著，1962: 43）。這番話與之前的摩爾太像了！

對此，盧梭嚴肅地探問，到底是怎樣的一個演變過程、時機和理由，使得「自然服從了法律」（ibid.: 43）？也就是，第一種（自然的）不平等如何演變出第二種（政治的）不平等。首先，他為了論證需要，假定了一種在自然狀態下的「野蠻人」。而既然是「假定」，則他們在歷史上是否真實存在過，並不重要。這就好像我們說，如果紐約沒有警察會怎樣？這只是為了後續推理所做的一個鋪陳，至於它是否曾經為歷史事實，同樣並不重要。

從各方面來說，野蠻人都與動物差異不大，有健康的身體和敏捷的防衛本能；但除非是出於自衛或特別飢餓，他們並不好鬥。此外，他們沒有工具能力，其身體是「自己所認識的唯一工具」。

再者，他們由於不思考，又過著簡樸、單純和孤獨的生活，因此得以免除許多現代人的煩惱和疾病。他們不穿衣服、無住所，「沒有那些在我們看來是那麼必須的一切無用之物」。顯然地，他們欠缺現代人所謂的財產。

但盧梭強調，這一點對於他們唯獨關心的事——自我保存——幾乎沒有任何妨礙（ibid.: 45-49）。換言之，就野蠻人的生存而言，有幾棟房產或多少存款都是毫無意義的。他們要的是，即刻在眼前的需求滿足。

接著，盧梭開始談到人類與動物之間的差異。他的目的很清楚，就是要對比野蠻人與現代人的不同、對比自然狀態與文明之間的區別。

基本上，自然支配了動物的一切，而相對地，**「人則以自由主動者的資格參與其本身的動作」**。在這裡，**「自由主動者」**是個很漂亮的概念。動物的取捨根據於本能，是被決定的；而人類則根據於自由意志，是自主的。

因此，當對自身有利時，動物會按照自然的規則去接受，不會有任何抗拒的念頭。而人類卻因自由意志的不同好惡，有時會刻意去抗拒自然的規則（ibid.: 49）。人類就是這麼麻煩，會找自己麻煩！盧梭的這個講法很符合經驗事實。自由意志的特質之一，就是不理會你什麼自不自然或規不規則。情感上的好惡、乃至信念上的抉擇，往往就是號令的老大。明明理性告訴你，該怎麼做是有利的，有些人卻偏偏不要。甚至，有時會像是飛蛾撲火，不顧一切。

只是，這樣一個高度肯定情感好惡的立場，明白挑戰了源自於希臘的理性主義傳統，也否定了曾盛極一時的笛卡兒（René Descartes, 1596-1650）哲學；更直接衝撞了在那個世代當紅的理性啟蒙運動。對於這樣的立場衝突，其實，盧梭無所顧慮！但在若干辯駁後，他似乎自認為有某些爭議，或不適合於後續的理論鋪陳，於是，提出了另一個區分人類與動物的觀點。

墮落關鍵：自我完善的能力

他說，人類身上有一種非常鮮明、又無可爭辯的特質，即「自我完善化的能力」。動物通常在出生「幾個月後就長成牠終身不變的那個樣子」，即使過了一千年也仍是那個「種類」（ibid.: 49）。人類卻能因應環境的變化和需要，持續不斷地適應、發展技藝、工具和制度，藉以增進自身的能力。當然，動物也會適應環境而有所進化。不過，盧梭所要表達的重點是，人類會運用理性和智慧來發展技藝、工具和制度。

在他的整個論證中，這是非常關鍵的一個環節。所謂「自我完善化的能力」，就好像一把兩刃的劍。它一方面使野蠻人進化到有技藝、工具和制度的文明階段；另一方面，卻也「正是人類一切不幸的源泉」。它既讓人類脫離了「安寧而淳樸」的原始狀態，也同時導致人類「墮入比禽獸不如的狀態」。它雖然展現了人類的理性和智慧，只不過，謬誤和邪惡也跟著一起來了。他很弔詭地形容，「正是這種能力，在各個時代中，使人顯示出他的智慧和謬誤、邪惡和美德，終於使他成為人類自己的和自然界的暴君。」（ibid.: 50）

盧梭的此一講法很微妙。動物由於沒有「自我完善化的能力」，牠不會變得更好，但也因此不會變得更壞。而人類呢？則因為此一能力，讓野蠻人不斷強化他們的理性和智慧，各式各樣的欲望也隨之而來。於是，純真的樂園不在了，取而代之的是紛擾和貪婪。

人類每一天都在進步，同時也每一天都在退步。這其實也沒錯！端看你從哪一個角度來評價。人類如果就像禽獸，對盧梭而言，是好也是壞！當禽獸，雖然笨笨的；但當人類，卻會變暴君。難怪有人說，讀了盧梭的作品後，會想在地上爬。

原本，野蠻人因為處在本能狀態下，有的只是「視覺和感覺」，至於想像、悟性、知識、心靈和欲望，都極其簡單，就是活下去罷了！「他的想像不能給他描繪什麼；他的心靈不會向他要求什麼」。他「既不可能有什麼預見，也不可能有什麼好奇心」。盧梭甚至形容，野蠻人的心靈是「什麼都攪動不了」的，唯一有的就只是「對自己目前生存的感覺」（ibid.: 51）。

通俗一點來講，野蠻人因為比較笨，所以欲望單純。或者說，正是由於理性和智慧的不發達，只能具有「因自然衝動而產生的情感」，才限制了他們的欲望停留在生理的需求。因此，「在宇宙中他所認識的唯一需要，就是食物、異性和休息；他所畏懼的唯一災難，就是疼痛和飢餓。」（ibid.: 5）

然而，隨著「自我完善化的能力」日漸發展，野蠻人變聰明了。其中，理性帶來智慧，眩惑了野蠻人，使得他們離開素樸的感覺。知識則提升欲望，結果將野蠻人給困住，疏遠了其原始的本能。過去，他們在本能中，就已經擁有「生活於自然狀態中所需要的一切」。而如今，進入文明社會後，人們已無選擇餘地，必須在理性和知識上與別人競逐，才能夠具有「生活於社會中所需要的東西」（ibid.: 57）。

聰明所帶來的結果，還真是糟糕。難怪！盧梭一直很負面地看待「思考」。他說得很難聽，「思考的狀態是違反自然的一種狀態，而沉思的人乃是一種變了質的動物。」（ibid.: 47）

憐憫心被理性和智慧取代了

進一步地，隨著理性和知識所爆發出來的智慧和欲望，也使得「法律成為必要」了（ibid.: 58）。而就在這一點上，盧梭直接挑戰了之前霍布斯（Thomas Hobbes）在社會契約論下對法律之所以存在的解釋。

霍布斯認為，法律之所以存在，是為了遏止自然狀態下的人們因自利心所幹的一切傷害。盧梭卻聲稱，野蠻人活在單純的自然衝動下，他們雖是「**粗野的**」（ibid.: 61），卻既不可能是善的，也無所謂是惡的。對於所有的善惡，野蠻人唯一有的只是「**情感的平靜**」（ibid.: 58）。也就是說，他們的行為所依據的，乃一種在情緒上不擾動、很安詳的感覺。絕不是為了道德，事實上，他們根本不知道什麼善或惡。

在這裡，可以有一個對比。亞當和夏娃是因為吃了「分別善惡樹」的果子，而從純真淪為有羞恥的道德感；盧梭筆下的自然人，其分別善惡的能力，卻是源於「**自我完善化**」所帶來的知識和欲望。有趣的是，能分別善惡，竟然都是一種「墮落」！

但儘管如此，盧梭還是特別盛讚，野蠻人有一種不自知為道德的自然情感，就是憐憫心。它是「**先於一切思考而存在的純自然的感動**」。這顯然與一般人常說的同理心有別。它根本不假思考、不經由理性而產生。事實上，盧梭的期待與理性思考完全相反。他要求人們必須「**以憐憫心作為理性的支柱**」。他甚至認為，一切的社會道德都是從憐憫心所產生的。更重要地，「**正是這種情感，在自然狀態中代替著法律、風俗和道德。**」（ibid.: 60）換言之，有了憐憫心，還要法律或道德做什麼？

然而不幸地，進入文明社會後，理性驅趕了憐憫心。凡通不過功利算計的，憐憫心就跟著垮掉了。盧梭感慨，「**理性使人斂翼自保，遠離一切對他有妨礙和使他痛苦的東西。**」（ibid.: 60）譬如，憐憫心敦促我們去幫助一個受傷的路人，理性卻警告我們，自己有重要的事要忙；或者，詐騙頻傳，還是不要給自己找麻煩才好！人變得愈精明聰慧，結果，憐憫心就愈被壓抑了。

這時候，無奈地，就只能訴諸法律來規範人們的行為了。所以，回應霍布斯的見解，法律之所以存在，並不是為了遏止自然狀態下的人們因自利心所幹的一切傷害別人的事，而是文明狀態下所爆發出來的智慧和欲望，將原本的憐憫心給驅趕了；此後不幸的唯一之途是只有靠法律來強制。

法律的效用是將不平等確立

那麼，當「法律成為必要」以後，文明社會又變成如何的樣貌呢？盧梭控訴，正是因為法律，將不穩定的服從和奴役關係「正當化」了。正就是法律的效果，使得財貨從私人的「佔有」演變成由私人「所有」。一言以蔽之，法律作為一種經過人們認可的協議，它的最大效用是，確立了精神上的或政治上的不平等，也就是前述的第二種不平等。確立了誰比別人更優越、更有權勢；確立了誰必須服從誰。

回應摩爾的論調，傲慢雖然建立在財富的基礎上，並表現為一種欺凌和炫耀；但在盧梭看來，更可怕的毋寧是法律！因為它使得傲慢不再有一種良知上的心虛，且被昇華為一種具有正當性的權威表現。

用盧梭另一種說法來講，就是文明狀態下的「市民法」取代了原始狀態下的「自然法」。後者帶給人類的只有第一種不平等，即自然的或生理上的不平等；而前者呢？則將原本的先佔、強佔或默認的狀態，轉變成了一種由國家保證有效的權威性規範。

盧梭因而指出，法律是富人想出來「掩飾自己巧取豪奪」的「一種最深謀遠慮的計劃」。他們欺騙老百姓說「我們要創立一種不偏袒任何人的、人人都須遵守的維護公正與和平的規則」，為的是「保障弱者不受壓迫，約束有野心的人，保證每個人都能佔有屬於他自己的東西。」（ibid.: 74-75）然而，他們窩藏的居心確實是這樣嗎？果真是為了維護公正及和平的規則嗎？不，真相其實是為了「給弱者以新的桎梏，給富者以新的力量」。

法律始終就是這樣一個東西。它明明是強者的利益，卻包裝成普遍的公平正義。透過保障私有財產的法律，你被強奪的財貨再也拿不回來了。透過賣身為奴的契約，你淪喪的自由再也不能恢復了。經由法律，強者的利益得到國家的背書。既有的不平等，藉此永遠確定下來了。它將「巧取豪奪變成不可取消的權利」。

有了這個權利，你要對抗巧取豪奪，反倒是違法的！盧梭悲哀地說，「從此以後，便為少數野心家的利益，驅使整個人類忍受勞苦、奴役和貧困。」（ibid.: 75）

從這樣的角度來看，文明社會的法律所扮演的，毋寧是類似於化妝師或遮羞布的角色，它的真相是將巧取豪奪正當化。盧梭的這些話，即使到了今天，仍是至理名言！面對法律，許多人的感覺是無奈，而非正義。儘管可以要求執法公正，但立法的過程肯定是一場政治的角力，沒權勢的人旁邊站！

愈依賴人，結果就愈被奴役

當然，在如此「合法的支配」出現之前，某種實質性的奴役關係，以及對私人佔有財貨的默認，就都已經存在了。法律只是將它們正當化而已！那它們到底是如何形成的呢？盧梭一再強調，它主要源自於對人的依賴（depend on men）。

這個講法很特別，意思是說，當進入文明狀態後，開始衍生各種以人際互動為基礎的社會制度；並使得人們的生活材料，包含必需品以及各式各樣的享受，也都得仰仗其他人提供。相對地，在自然狀態中，野蠻人是孤獨的；他們固然也有天生的「社會性情感」，但還處在一種潛在的未開發狀態（ibid.: 57）。而就由於不與別人往來，他們只存在著對物的依賴（depend on things），即只仰仗大自然供給其生活必需品。

盧梭力言，如果不是你對別人有所依賴，怎麼會走入受奴役的狀態？他說，「奴役的關係，只是由人們的相互依賴和使人們結合起來的種種相互需要形成的。因此，如不先使一個人陷於不能脫離另一個人而生活的狀態，便不可能奴役這個人。」反過來，野蠻人憑什麼可以自由自在呢？理由就在這裡，他們只依賴物，不依賴人。而既然不依賴人，就「**不受任何束縛**」。因此，就算是面對「**最強者的權力**」，野蠻人也不致淪入奴役狀態（ibid.: 64）。

那又為什麼人際之間的相互依賴會導致被奴役呢？這是一個值得探討的問題。經濟學者布坎南（James M. Buchanon, 1919-2013）曾經提出一種解釋。他說，分工和交換使個人依賴於他人，從而增加了個人生活中的風險、不確定性和隱藏成本。因為，總有一小撮人擁有市場的優勢和政治上的影響力，而他們對於物資和必需品的產量、價格和分配，必然擁有不公平的控制權。

這導致了你得支付昂貴的房租才能在都市工作；或者，被迫在超市購買不怎麼新鮮的必需品；還有，你得忍受不良的工作條件、配合討厭的客戶或廠商，還要繳一大筆稅給沒有效率的公務員。布坎南因此相信，「**只有當個人完全脫離任何社會關係，甚至是因貿易和交換而產生的自願性的互動關係的時候，最大的獨立性才能實現。**」（Buchanon 著，2002: 2）

這或許有一部分正是盧梭的想法。你只要對勞動分工、市場或分配制度有所依賴，就會受制於那些有優勢地位的人、或「**少數野心家的利益**」，同時得「**忍受勞苦、奴役和貧困**」。

但有趣的是，布坎南的進一步結論，卻是與盧梭背道而馳的。他認定私產制是珍貴的。因為它可以讓人自主決定是否要進入市場中的依賴關係，從而避免被剝削、或得以積極地獲取利益（ibid.: 25; 31-23）。相反地，社會主義式的集體工場和集中分配，卻表現出「**最大限度地依賴於他人的決定，並且因此，也最容易受到他人的決定的傷害。**」（ibid.: 50）

在此，很顯然地，布坎南將私產制當作一種逃脫。你愈是擁有私產，就愈有自由不理會那些強勢者。即使他們訂出了不利於你的規則，你還是可以比那些窮人更擁有自主的空間。而盧梭呢？卻是將私產制當作一種無可逃脫的惡果。當你愈捲入勞動分工、市場或分配制度中的依賴關係，你就愈受制於強勢者，最後衍生出私產制來，進而鞏固了強勢者透過「盤據或先佔」所奪取的既得利益。

私產制這個東西，布坎南將它當作對抗強勢者奴役的一種權力，盧梭則將它當作強勢者在奴役上的一種勝利。這兩種看法孰是孰非呢？其實都對。一方面，受法律保護的私產制，確實可以對抗強勢者的奴役。另一方面，私產制又對強勢者最有利；它鞏固了這批人巧取豪奪的既得利益。

私有怎麼形成的？人際互賴

進一步地，對於怎麼從人際之間的依賴，走到奴役的勞動分工，最後衍生出私產制，盧梭有一套簡單的推論分析。在歷史上，這當然是一個複雜而漫長的演變過程。首先，在人際不斷的互動中，發展出了一種「**最初的自尊的感覺**」，就是希望別人尊重自己。接著，又在競爭中學會了要尊重別人，並且體會到，這反而是最能自保的行為規則（Rousseau 著，1962: 67）。

人類就是這樣學到了對「**相互間義務**」的粗淺觀念（ibid.: 68）。對於私產制的形成，這是個重要的觸發點。令人驚訝地，盧梭的此一觀念，與他的朋友兼對手休謨（David Hume），竟然幾乎一模一樣！這一點將在後文討論到休謨時再交代。

回到盧梭來，雖然小家庭的出現，已經算是某種形式的私有制了，但他特別強調，農業的出現，毋寧才是形成私有權觀念的關鍵。原本在自然狀態下，野蠻人只有採食及漁獵。他們的理性和智慧都不足以想像到農業的重要性，也無法提供農業所需要的技藝和工具。但隨著「**自我完善化的能力**」發展，農業冒出頭來了。它不僅加深了人與人之間的依賴，土地的耕種也導致土地分配的必要。而就在此一分配問題上，「**相互**

間義務」的觀念發酵，還形成了「最初的公正規則」。簡單來說，就是要互相尊重別人對土地的盤據或先佔；彼此都不願傷害他人，以免自己受到傷害（ibid.: 72）。

再加上大家都同意的，土地所生產的收穫物，是耕作者經由勞動所獲有的權利；因此，對於「土地本身的權利」也就連帶無異議默認了。這種默認當然是相互的，你不要挑戰我，我也就尊重你。而「這樣年復一年地下去，連續佔有就很容易轉化為私有。」（ibid.: 72）

盧梭歸咎，這一切都是愈陷愈深的人際互賴所惹的禍！他的批判邏輯很簡單。如果不是農業的勞動分工，就不會有那麼深的人際互賴，並衍生出上述的「相互間義務」，進而形成一種互惠式的「最初的公正規則」。當然，最後的悲劇是，土地的收穫物連同土地的本身，就被彼此當成私有了。

在分析過這樣一個私有制的形成之後，盧梭再次肯定了野蠻人因只依賴自己而享受到的好處。「總之，當他們僅從事於一個人能單獨操作的工作、和不需要許多人協助的手藝的時候，他們都還過著本性所許可的自由、健康、善良而幸福的生活。」只是，隨著農業勃興所帶來的勞動分工，人際的依存互賴更深，相互間的義務感浮現，形成了對佔有的彼此默認。於是，

> 平等就消失了、私有制就出現了、勞動就成為必要的了、廣大的森林就變成了須用人的血汗來灌溉的欣欣向榮的田野；不久便看到，奴役和貧困伴隨著農作物在田野中萌芽和滋長（ibid.: 71）。

值得提醒的是，盧梭在這裡所批評的還不是商業社會，而只是農業下的那種低度勞動分工罷了！同時，他所控訴的私有制，也是在此農業階段就已經形成的。因此，嚴格來說，盧梭並不是有什麼針對性的反商。無論是農業抑或是商業，其中所存在的勞動分工，都為其所厭惡。他期待的只是，野蠻人那種不存在著任何

分工、也不會帶來私有制的「孤獨勞動」。

比較起當時盛行的重農主義，盧梭顯然前衛和浪漫多了。他既不要農業、也不要商業，唯一嚮往的只是回歸原始的自然，簡單地採食或漁獵，也沒有任何財產可言。比較起摩爾和溫斯坦萊，這毋寧是一種更激進的烏托邦！

這是我的：人類悲劇的序幕

對於盧梭而言，私有制的出現是一件不得了的大事。因為，私有觀念的形成，特別是土地，正代表了一個劃時代的里程碑。既標示著自然狀態的告終，同時也代表著文明社會的起點。**「誰第一個把一塊土地圈起來並想到說：這是我的，而且找到一些頭腦十分簡單的人居然相信了他的話，誰就是文明社會的真正奠基者。」**（ibid.: 66）

多麼熟悉的一句話啊！**「這是我的」**。打從孩提時代開始，它就被掛在我們的嘴邊，來捍衛自己的玩具和衣物，並也確實發現到，還滿有效的。只不過，對盧梭而言，這句話可嚴重了！它開展了人類史中一場悲劇的序幕——從原本的安適和平等中墮落。因為，一旦承認私有，就等於承認強勢者巧取豪奪的成果，它讓那些人的既得利益被大家同意、接納了。雖然這種「承認」是一種互惠式的公正規則，但你所佔有的就只一點點，而強勢者所佔有的卻是一大片。再怎麼公正地互相承認，你都是輸家！

當然，在這裡所談的私有，還只是默認而已。必得經由法律的程序，才會成為真正的私有財產制。但盧梭還是不免遺憾，假如在這第一時間，就有人跳出來大聲抗議，將不知會為**「人類免去多少罪行、戰爭和殺**

害，免去多少苦難和恐怖啊！」（ibid.: 66）

在此，我們似乎看到了柏拉圖的影子。他們兩個人都要求去私。但情況並不完全一樣。柏拉圖是要為統治權力消毒，好讓他們能無私地保衛城邦；他的目的不在追求社會平等，而是政治上的清廉和專業效能。盧梭則顯然恰相反，他在意的始終只是社會不平等的起源和基礎。而他的診斷是，對私有的默認和形成就好像一把鑰匙，開啟了前述的第二種不平等，即精神上的或政治上的不平等。

這種不平等的特色是，要將別人比下去，看我有多優越。它要增添自己的光榮、強化自己的權勢，並且最重要地，要別人服從、聽命於自己。對此，契普曼（J. W. Chapman, 1853-1903）有一組概念很傳神。他說，這種不平等來自於文明社會中的那種「人人相比」（compare with others）。它其實正就是俗話所常說的，人比人氣死人！

原本，在自然狀態裡只存在有「物物相比」（compare between things）；即人只需要在眾多的物品中做選擇就好了！看哪一個比較能滿足自己的需要（Chapman, 1968: 8-27）。如今，由於人際之間的緊密互賴，「每個人都開始注意別人，也願意別人注意自己。」於是，「公眾的重視具有了一種價值」，大家爭著追求知名度、聲譽或曝光率。很自然地，那些最會歌舞、美麗、靈巧或有口才的人，就變成了鎂光燈的焦點，甚至，被視為最受尊重的人。

盧梭指出，「這就是走向不平等的第一步」。因為「從這些最初的愛好中，一方面產生了虛榮和輕蔑，另一方面也產生了羞慚和羨慕。」（ibid.: 69-70）無疑地，它們都是從「人人相比」而來的。從此以後，每個人的等級和命運，不僅是建立在「財產的多寡、以及每個人有利於人或有害於人的能力上」，而且還建立在看誰比別人更聰明和美麗、更有體力和技巧、更有功績和才能之上。

走到最後，每個人內在的那種「永無止境的野心」，已經不再是追求自己的真正需要了，而是「為了使自己高人一等的聚積財富的狂熱」（ibid.: 73）。簡單來說，聚集財富不是為了其在滿足需要上的效用，而是為了將別人比下去，讓自己更光榮、更有權有勢。

當還在「物物相比」的階段時，人們尋求滿足不過是出於自愛（self-love）而已。但到了「人人相比」的階段，自愛變成自私（selfish）了。其中的存心，就是將別人比下去並襯托出自己的優越。過去，在自然狀態裡，吃不過三餐；住一個窩；衣服為了蔽體，一兩件就夠了。但如今，人們反而抗拒平等。為了高人一等，我們要擁有得比別人更多更好。吃要高檔佳餚；住要豪宅炫富；穿要品牌時尚。

盧梭控訴，這就是文明社會的問題！人們最愛的就是競逐，看誰比較光榮優越、有錢有勢。並且這種對不平等的貪愛，遠遠超過對平等的喜歡。而那些被比下去的人，又會怎樣呢？當然，就窩藏著一顆嫉妒之心，以及相對的剝奪感了。盧梭毫不猶豫地咬定，**「這一切災禍，都是私有財產的第一個後果，同時也是新產生的不平等的必然產物。」**（ibid.: 73-74）

用社會契約重新打造失樂園

從上述的整個析論，盧梭自信，已經解釋了第一種（自然的）不平等如何演變出了第二種（政治的）不平等；解釋了何以「自然服從了法律」。事實上，不只解釋，更證明了隨著人類進入文明社會後，精神上的或政治上的不平等已經徹底形成。

只不過，他必須面對的現實是，自然狀態已一去不返，而現存社會已淪為一個失樂園。但盧梭很特別，就在後續的《社會契約論》這本書裡，我們發現，他並沒有選擇絕望、或無奈地接受既有的一切不平等。他積極地期望，要訂立新的法律協議，也就是所謂的社會契約，來取代舊的那種由富人想出來「掩飾自己巧取豪奪」的法律協議，俾能打破既有的一切不平等。

雖然盧梭並沒有直接挑明這一點，卻曾清楚地指出，訂立社會契約的目的，就是要「依契約法權」來實現讓「大家一律平等」（Rousseau 著，1974: 30）。這番話應該已經夠明白了。這樣看來，《社會契約論》這本書，毋寧就是一個將墮落以後的現存「失樂園」，以新的法律秩序重新改造為「文明樂園」的憲政工程。

對於這樣一個改造工程，我們無須太多討論，只要掌握其最核心的概念——「公意志」（the General Will）——就夠了。它既非某個私人的意志，但也不是「總意志」（will of all），即私人意志的加總。在這裡，顯然，各種形式和內容的私有或私利，都被排除掉了。

對於其中的意涵，我們可以引申出兩方面的聯想。第一、它拒斥了任何個人所擁有私產（或任何形式的私利）的絕對神聖性。不只在社會契約成立的一開始，所有私產已交給了主權體，並且爾後，對於財貨的使用和分配，公意志都高於任何個人的意志。

第二、它也拒斥了休謨那種奠基於自利心的「利益調和論」。對盧梭而言，社會利益絕對不是個人利益的加總。任何形式的私利，再怎麼樣加總，都依舊是私利，不會變成公益。公意志的真諦，毋寧是「去私而為公」，並非「合私而為公」。

整個來說，盧梭對於財產的立場，始終有其一貫性。在早期，他將私產的出現當作是墮落的里程碑，到後來，透過社會契約將私產讓渡給主權體，他心中最大的敵人，從未改變地，都是那種宣稱「This is mine」的自私。但公意志是否為「去私」的好藥方呢？這絕對可議！從盧梭充滿文學想像的詭辯來看，既要將所有的「私」交出來、並服從公意志，又要像以前一樣地等於保有私產、並自由幸福，這幾乎注定了只會是一種修辭的浪漫。

10 所有權？根本是一種盜竊：普魯東

◆能夠造成所有權的，既不是勞動，又不是佔用，也不是法律；它是一個無因之果……所有權就是盜竊！

◆土地的田租應該付給誰呢？當然應當付給創造土地的人。誰曾經創造了土地呢？上帝。

工業革命以後，盧梭那一套回歸自然原始的田園牧歌，其實只不過代表著一種反動；當時與他一起共舞的，則還有重農主義。但至少在英格蘭、蘇格蘭以及荷蘭這些地方，具有支配力的新興思潮，毋寧是代表理性啟蒙主義的休謨、出版《國富論》的亞當斯密，以及將效益主義推到高峰的邊沁（Jeremy Bentham）。他們都鼓吹著邁向資本主義的無限利潤心。

試問，為了擁抱資產階級的巨大利益，怎麼可能不以犧牲別人為代價呢？在整個十九世紀，貧富之間的差距以及勞動者被剝削的慘況，可以說都來到了空前高點。而各式各樣的社會主義、乃至於無政府主義的訴求，也成為新時代的寵兒。譬如史賓塞（Thomas Spence, 1750-1814）要求將土地轉移給教區保管，再由教區租給農民使用。卡貝（Etienne Cabet, 1788-1856）仿效摩爾的烏托邦，主張將全部生產事業交由政府監督，生產貨品則平均分配給工人，並頒布最低工資法規，以及採行累進稅率。歐文（Robert Owen, 1771-1858）及布朗克（Louis Jean Joseph Charles Blanc, 1811-1882）則採取實際的行動來推行社會主義實驗。

而在這樣一波波社會主義興起的浪潮中，法國的普魯東（Pierre-Joseph Proudhon, 1809-1865）對於財產的討論，恐怕是最有價值的。他的論述帶著濃濃的法律哲學味，既讓人深思咀嚼，又非常有說服力。他開宗明義地楬櫫，什麼是奴隸制？就是謀殺。因為「剝奪一個人的思想、願望和人格的權力，是一種生殺之權；使一個人成為奴隸，就等於是殺死他。」那同樣地，什麼是所有權呢？即「盜竊」。

過去，所有權被當作一種從「佔用」產生、並得到法律核准的權利；或者，是被當作源自於「勞動」的自然權利，但普魯東卻一口咬定，「能夠造成所有權的，既不是勞動，又不是佔用，也不是法律；它是一個無因之果：……所有權就是盜竊！」（Proudhon 著，1982: 37-38）

這是很駭人的宣告，因為「所有人和盜賊一向是兩個相反的用語」（ibid.: 39）。普魯東卻以如此弔詭的宣告，來作為後續論述的「標頭語」。對於此一標頭語，其論證包括兩部分：第一、他要證明，佔用並不能構成所有權，而且它還妨礙了所有權；第二、他要指陳，勞動和才幹作為所有權和社會地位不平等的根源，同樣無法合理化所有權，甚至還摧毀了所有權（ibid.: 65）。聽起來有點深奧，但箇中的論證卻很明晰。

兩種權利：佔有人或所有人

先來談第一個部分，就是佔用的問題。他將對財產的權利區分為兩種，即「裸產」（naked property）和「佔有」（possession）。前者指的是乾淨而完整、沒有任何負擔的權利，擁有者可稱為「所有人」

（proprietor）。後者指的是有限制、不完整的權利，擁有者為「佔有人」（possessor）。

比較起來，佔有只「是一種事實上的、而不是法律上的現象」，包括房屋和土地的承租人、無償借用人或用益權人，都是佔有人；而出租和出借的主人，以及只有在用益權人死亡時才得以享受的繼承人，則都是所有人（ibid.: 67; Proudhon, 1890: 65）。

在此，普魯東做了一個有趣的譬喻。他說，所有人就好比是丈夫，佔有人則有如情郎（Proudhon 著，1982: 68）。在法律上，丈夫是妳的，並有同居和照顧的義務，也不能未經同意而離去。但情郎呢？則只能在心理上是屬於妳的，他對妳沒有法律義務，當他劈腿時，妳無法提出告訴。

這是一個貼切的譬喻。普魯東聲稱，從這裡又可以衍生出兩種權利：「及物權」（jus in re）和「對物請求權」（jus ad rem）。用現在的法律概念來說，前者指的是，物權人直接支配某一特定物的本身，並得以排他性地、享受其相關的完整利益（the right in a thing）。至於後者，則並非直接在某一特定物的本身有權利，而是與該物相關的某些人所享有的受領給付權（the right to a thing）。

舉個例子來講，根據於及物權，「我可以要求歸還我既得的財產」，無論它被誰拿走了；然而，對物請求權卻不能如此。譬如，「配偶之間對於人身的權利是及物權；而在未婚夫婦之間的權利，還只能是對物請求權。」（ibid.: 68）

上述這些令人頭大的法律術語，肯定讓許多讀者昏了！但它們卻是普魯東的論證基礎，不能不談。然而更重要地，藉此，他到底要訴求什麼？簡單地說，就是可憐的無產階級日夜辛苦地工作，卻對於自己勤勞的產物，只能是佔有人而不是所有人。而如今，普魯東要主張，無產階級可以根據自己因佔有而獲得的「對物請求權」，來向社會和資產階級要求，恢復自己的「及物權」。

我以勞動者的資格，有權去佔有自然界和我自己勤勞的產物，然而由於我的無產階級的地位，我什麼也享受不到，所以我要根據對物請求權，要求恢復我的及物權（ibid.: 69）。

這不折不扣是一個為無產階級請命的宏偉宣言！進一步地，普魯東指出，所有權作為及物權的基礎，它與自由權、平等權和安全權比較起來，在地位上是大不同的。後三者都是「絕對的權利」，「它們和我們一起出生、一起生存和一起死亡。」而每個成員對於社會和國家，在這些方面，「給出多少，就得到多少，以自由換自由，以平等換平等，以安全換安全，……永遠如此。」

這個意思就是說，它們是絲毫不容打折扣、或用其他東西替代的。但所有權則不然。它完全不是「和我們一起出生、一起生存和一起死亡」的，甚至許多時候，它「是可以沒有所有人而存在的，像一個沒有主體的官能那樣」。它絕非「一種天然的、絕對的、不因時效而消滅的和不可出讓的權利。」（ibid.: 77）

這些話就是要指陳，相對於自由權、平等權和安全權，所有權只有低等的位階！什麼所謂的「財產權神聖性」，普魯東根本不以為然。他更認定，個人所有權根本是「反社會的」。這就有如磁鐵的兩個同性電極會相斥一樣，「所有權和社會是兩件絕對不相容的事。……不是社會必須滅亡，就是它必須消滅所有權。」（ibid.: 77）

佔有即是所有？正義何在？

既然如此，那麼，所有權這玩意兒到底從哪裡冒出來的呢？最普遍的當然就是「先佔」了。普魯東說，幾乎一切的所有權，都在「**最初是以戰爭和征服為基礎，後來則以條約和契約為基礎的。**」（ibid.: 81）換言之，就是透過暴力先佔了，然後以法律或協議變成了所有權。這個講法，跟盧梭所見是一模一樣的。

為了論證，普魯東進一步批評了羅馬共和晚期的西塞羅（Marcus Tullius Cicero, 106-43 BC），這位大名鼎鼎的作家，曾經為先佔做出了經典的辯護。西塞羅將大地比喻為一個大戲院，而誰先佔有某一個座位，那就是他的了。唯一的要求是，「**誰也無權得到超過他所需要的東西**」。他的名言是「suum quidque cujusque sit」，即要將「**屬於各人的東西給予各人**」（ibid.: 80）。其中意味著，每個人只需要一個座位，而當別人已經在座位上了，你不能趕他走。

對此，普魯東批評，一來，這其實消滅了所有權，因為很明顯地，那個座位是被他所佔有、而不是歸他所有。他坐在那個位置上，毋寧只是「**一個偶然的事實**」，不能將這個行為「**本身所沒有的不變性賦予所有權**」。二來，這個佔有的權利是平等的，每個人都應該有一個座位（ibid.: 79; 82）。但為何在現實社會中，許多人卻一無所有呢？這絕不只是某些人佔有得太多而已，還牽涉到一個問題，即座位數目和觀眾人數的等量關係。

簡單來說，當觀眾愈少時，每個人可佔有的座位就愈多；而當觀眾太多時，即使每個人只佔有一個座位，都有人得站著看戲。普魯東相信，這正暴露出了所有權制的根本困難。因為，佔有者的人數會不斷地因出生和死亡而發生變動，所以「**每個勞動者所能要求的物質的定量，也隨著佔有者的人數多寡而有所不同**」。也就是說，每一個人能夠佔有幾個座位、分配到多少物資，這是「**由空間和人數的可變的條件來決定的**」（ibid.: 82; 107-108）。

它因此必須是彈性而變動的，怎麼可以變成固定的所有權制呢？白話一點來講，當社會的資源豐富而佔有人數少時，大家就可以多分一點；反過來，當社會的資源匱乏而佔有人數多時，大家就少分一點。固定的所有權制，明顯沒有這樣的彈性；它非常僵化！最明顯地，當整個社會陷入窮困時，明明一大堆人有佔有的需求，卻得不到一份食物；而少數人卻穀倉盈滿、奢華度日。這不正是杜甫所控訴的光景嗎？「朱門酒肉臭，路有凍死骨。」

從我們來看，最嚴重的是，當表演結束，你就該走了。然而，所有權卻一直可以繼承下去，甚至，原本所佔有的那個座位，還可以拿來買賣、租借、抵押或轉讓，這不是荒謬至極嗎？憑什麼看第一場戲的觀眾，因先佔而成為所有人，此後，竟然可以決定將來每一場戲的觀眾誰可以有座位？又為什麼後來觀眾，除了要買入場券外，還得另外付錢買座位？這樣看起來，西塞羅對佔用的譬喻和論證，確實是大有問題的！

普魯東承認，所有權是我們本性上的一種必需品（ibid.: 83-84）。的確，人類需要發展農業以利於繁衍；並且，有必要「保證耕種者得到他的勞動果實」。而這就會使人們「感到必須建立一種永久的所有權」制度。如此，既可以避免衝突，又無須不斷搬遷（ibid.: 100; 102）。

就基於上述的理由，土地被私有化了。而這似乎也沒什麼不好！但普魯東卻聲稱，若只有這些現實性的需要，並不足以為私產制辯護；從佔有轉變為所有權，依然缺乏「正義」。他再三強調一個基本信念，「正義……是政治世界繞著它旋轉的中樞，是一切事務的原則和標準。人與人之間的一切行動，……無一不是依賴於正義的。」而更重要地，「正義絕不是法律的產物」；相反地，法律必須符合正義才不會「產生騷動和社會的混亂」（ibid.: 52）。

普魯東的意思很清楚。所有權必須來自正義，不管它在農業發展上有多麼必要。任何事物，再怎麼有實用的效益，都得先符合正義。然而，很遺憾地，許多佔有和將之合法化的命令或協議，根本是「強者用暴力強迫弱者接受的」，其中毫無正義可言。即使加上了「時效」這個因素，即「那種久遠的、沒有爭執的佔有」，依舊不能使暴力所奪取之物具有正義（ibid.: 81; 105; 131）。哪有一種道理，說邪惡放久了，就變質為正義呢？

至於對所有權的所謂「普遍承認」，同樣是如此。「哪怕它的起草人是格老秀斯、孟德斯鳩和盧梭，哪怕它上面有全人類的簽字，從正義的觀點來看是當然無效的。」（ibid.: 105; 117-118）不是你說好、他說好，大家都OK，所有權就誕生了。

整個來看，對於從佔有轉變為所有權，普魯東的反對是非常全面的。一來，它不能基於實用效益上的必要；二來，它不能基於時效上的久遠；三來，它也不能基於相關當事人的普遍同意。關鍵的原因在於，先佔往往只是強權和暴力的結果；而其中既然沒有正義，那就什麼都免談了。

土地的田租該付給誰？上帝

退一步來說，就算不考慮其中的強權和暴力，佔有的本質也不具備任何正義的理由，得以在法律上轉變成所有權（ibid.: 97-98）。普魯東特別指出，既然許多人都承認，土地是上帝所賜的「天然的和無償的禮物」，那「大自然的供給物，上帝所創造的財富，怎麼能變成私有財產呢？」明明是上帝免費的禮物，怎麼變成你的呢？

土地是你創造的嗎？「人根據什麼權利，把他所沒有創造的、而是大自然無償地贈與他的財富，據為私有？」普魯東質問，如果要支付地租，「土地的田租應該付給誰呢？當然應當付給創造土地的人。誰曾經創造了土地呢？上帝。在這種情形下，土地所有人呀，請你走開吧！」（ibid.: 113）不僅土地的佔有人從未創造土地，而且，在土地上付出勞力耕種的，也是別人——佃農。既然如此，那些佔有人憑什麼理由，可以在法律上轉變成所有人呢？

基於上述的理由，普魯東認定，當「在確立所有權的時候」，法律已經做過頭了！它「踰越了它的職權範圍而真正地創造了一種權利。它使一個抽象觀念、一個譬喻、一種虛擬現實化了。」這就是說，佔有根本不是真正的擁有，而所有權的法律卻將它給現實化了。

最糟糕的是，它沒有預期到流弊，即所有權會摧毀平等權！因為透過所有權的法律，先佔者的既得利益被鞏固了；並且隨之而來的是，土地可以轉讓、出賣、贈與、取得和拋棄。而這些都是其他人無法對抗的「永久的絕對權」。無產階級當然最慘了，他們原本應該平等擁有的佔有權，被進一步地壓縮和剝奪。

普魯東感慨地說道，「只要我們屬於無產階級，所有權就把我們全都從土地上、水上、空中和火中驅逐出來。」（ibid.: 114）他更控訴，所有權的法律「保障了自私心；它贊成了荒謬的主張；它接受了邪惡的願望，好像它有權去填滿一個無底洞和把地獄充實起來似的！」（ibid.: 101; 103）

回歸佔有人的本質來說，他毋寧只是一個受「託付」者而已！故而，國家的法律真正該做的是，要求他「以符合公共利益的方式，按照保全並發展那件東西的目的」來使用土地。怎麼可以予以改變、減損或變質呢？這根本是一種「最荒謬的主張」。

普魯東還聲稱，基於「個人會死亡，社會是永遠不滅的。」因此，個人經由佔有，最多只能取得用益權，也就是對物請求權。相對地，「只有社會可以永久地佔有」。也就是說，所有權只能從屬於永遠不會死亡的「社會」（ibid.: 107）。這個意思當然就是「公有」了。這就是為什麼他會宣稱，「私有制是社會的自殺」（ibid.: 295）。

勞動財產權的兩個基本難題

以上，談過了佔有並不能構成所有權，而且還妨礙了所有權。接著，普魯東開始討論所有權的第二個根據，即勞動和才幹。他同樣要證明，它們無法為所有權提供任何支撐。

他首先發現，現代法學家因受到了經濟學家的影響，差不多都已經放棄了太不可靠的原始佔用學說了，而改採勞動財產權的學說（ibid.: 109）。十七世紀的洛克當然是這方面的最重要創建者。他認為，每個人對自己的「**人身**」享有一種排他的、獨有的「**所有權**」；而延伸出去，「**他的身體所從事的勞動和他的雙手所進行的工作**」，也都「**是正當地屬於他的**」（Locke 著，1996: 下五，§27）。

對於這樣的論調，普魯東的第一個辯駁是，如果沒有以「原始佔有」為前提，光憑勞動，那是不會有財產權的。除非你是在開墾荒地，或者，將有如沼澤之類的貧瘠土地變成了肥美田園，此時，你才可以主張自己透過了勞動而享有若干對土地的權利。

精采！這個辯駁真是打到了要害。若你在別人佔有的土地上耕種，任憑你再怎麼勤勞付出，你對那塊土地都不會有任何所有權。這充分證明，勞動的本身未必能創造對土地的財產權；它還得立基在佔有的前提下。洛克所謂的「**一個人能耕耘、播種、改良、栽培多少土地和能用多少土地的產品，這多少土地就是他的財產。**」（Ibid.: 下五，§32）這句話恐怕只能侷限於對那些無主荒地的墾殖。

其次，第二個辯駁。普魯東挑戰地指出，所謂「**光榮屬於勞動和勤勉！各盡所能，按勞取值！**」儘管這樣的口號響徹雲霄，但為什麼那些最辛苦的勞動者，幹著沒人肯承擔的最卑賤工作，卻享受不到任何所有權呢？而又為什麼紈袴子弟、地主或若干資本家根本不勞動，只顧著悠閒享受，卻可以獲得辛苦勞動的窮人獲得不到的東西（Proudhon 著，1982: 111-112）？

今天的地主以過去的勞動取得財產權，但為何今天的佃農們，不能同樣以勞動來取得對所耕種土地的財產權？何以勞動所有權的適用是如此地不公平？為什麼「享受這條所謂定律的利益的，僅限於極少數人，而對廣大的勞動者則饗以閉門羹呢？」（ibid.: 133）勞動財產權經常被美譽為一種自然法則，既然如此，它不是應該放諸四海、古今中外皆準嗎？何以到了後來，碰到勞動階級就不適用呢？

普魯東在這裡又再一次擊中要害。勞動財產權完全無法解釋，何以四分之三的勞動者始終一貧如洗？何以少數人過去的勞動「成為其餘的人的勞動的災難」（ibid.: 112）？這是勞動財產權在歷史中最荒謬的矛盾！即曾經有那麼一批人因勞動而獲有財產權，但後來的結果，竟是災難性地造成其他人得成為奴隸來為他們勞動。而且，再怎麼努力勞動，都永遠不會有財產權。

對此，資產階級總是搬出禁慾主義新教的那一套工作倫理，推說他們的貧窮是因為懶惰。事實上，這些屬於無產階級的勞動者，在工作上的辛勤超過資產階級千百倍。答案的真相很清楚，所有權根本來自於勞動以外的其他東西。

策略一：所有權僅限於產品

在上述兩個挑戰下，普魯東於後續的論證中其實有點矛盾。因為他並沒有完全拋棄勞動財產權。在對抗資產階級的實務上，他採行了兩方面的回應策略。首先，他將勞動所有權的範圍侷限在勞動的直接生產品上；其次，則是退一步訴求，如果勞動所有權可以擴及土地——即生產資料或生產工具——則它必須平等、普遍惠及所有的勞動者。

以下就讓我們先來討論他的第一個回應策略。普魯東承認，勞動當然創造了某種價值。譬如，張三透過耕種的勤奮和技巧將生產量增加了一倍，「這個新的價值是他的成就、他的創造；它不是從任何人那裡搶來的：這是他的財產。」但為什麼「土地」因此就變成由他所擁有呢？收穫的穀糧是生產品，耕種的土地是生產資料或生產工具，它們根本是兩碼子事！「讓勞動者享有他的勞動果實，這我是同意的；但是我卻不瞭解為什麼產品的所有權可以帶來生產資料的所有權。」

不只勞動，普魯東又針對「才幹」舉了兩個例證，他說，「一個漁夫在海邊的同一處所，能夠比他的同伴捕得較多的魚，難道他的這種本領就可以使他成為那片漁場的所有人嗎？曾否有人把一個獵人的熟練的技能，當作是一片森林的所有權的根據呢？」你有本領和技能，這當然可以獲得所捕獲之物的所有權；但不能因此而將所有權擴及漁場或森林。這兩件事情是要分開來的。

普魯東同意，「勤勞的農民可以在豐富和優質的收穫物中，得到他的努力的酬報」，而如果他對土地有所改善的話，他甚至還可以取得一種「作為佔有人的優先權」。但他永遠不能以勞動的投入量、勤奮和才幹，而取得所耕種土地的所有權（ibid.: 131）。

普魯東多次提到，阿拉伯人和古代日耳曼人有一種制度。他們將勞動所創造的「及物權」（佔有與所有權的結合），僅僅侷限於「生產品而不是土地」上。他們承認各個人對自己所豢養牲畜的所有權；對於耕種者可以取得收穫物，也無異議；但他們不明白，為什麼另一個人就不能輪流地去耕種那塊土地。他們相信，土地是屬於大家的（ibid.: 96）。從這樣一個歷史經驗，普魯東堅持了一個結論，即「產品的所有權」並不附帶生產資料或「生產工具的所有權」。並不因為你的耕種墾殖，就將土地伴隨著穀糧一併奉送。

在這裡，很明顯地，普魯東根本就不是一個徹底的無產主義者。他在某種程度上已經承認了私產、肯定了所有權。他真正所否定的，不過是生產資料或生產工具的所有權罷了！他小心翼翼地，將財產權的範圍侷限在勞動的直接生產品上。就譬如漁夫辛勞抓取的魚蝦、獵人費勁捕獲的動物、或是農夫勤奮耕種的穀糧。這些東西都可以心安理得地去售賣，並將交易所得放進自己口袋。

對普魯東來說，這樣，自己在批判所有權之際，就不會懲罰到辛苦勞動的人了。他們因此還是會有勤奮和冒險的動機，而人類也會繼續得到滋養和繁衍。只是如此一來，他那句「所有權就是盜竊」就得加上但書了。寬鬆一點來講，就當它是一句革命的口號吧！不必太計較。

策略二：勞動者都有土地權

除了將勞動所有權侷限在直接生產品外，接著，第二個回應策略呢？普魯東則退一步訴求，如果勞動所有權可以擴及土地——即生產資料或生產工具——的話，那麼它必須是平等的，普遍惠及所有的勞動者。

他直接指出，「佃農在改良土壤的時候，已給地產創造了一個新的價值。」因此，他「有權得到這筆財產的一部分。」（ibid.: 133）值得注意的是，這個要求已經越過「開墾荒地」了。僅僅只是對土壤的改良，就有權享有其一部分的所有權。譬如，若一塊土地原來價值一百萬台幣，經由佃農的勞動使它漲到了一百五十萬台幣，那麼，這位佃農就應該是這塊土地的三分之一的合法所有人。對此，普魯東得意地說，支持勞動財產權的孔德（I. M. Auguste F. X. Comte, 1798-1857）絕不能反對，因為這完全符合他自己的主張——即「使土地變得更加富饒的人們，對人類的貢獻並不少於創造新的土地面積的人。」（ibid.: 133）

不只如此，甚至，佃農若只是將土地價值「維持」在原來水準，普魯東也主張應該得到同樣的權利。因為在正常的情況下，土地的肥沃程度是遞減和持續消耗的。若非佃農透過耕耘「不斷地增加」和「不斷地創造」其價值，怎能讓「一塊土地的價值不致降低或消失」呢（ibid.: 134）？換言之，土地的價值能夠「維持」，就已經內含對土地價值的不斷「增加」和「創造」了。

由此，普魯東得出了更跨前一步的結論，即「耕種者享有同開荒者和改良土壤者一樣的權利，應該取得所有權。」（ibid.: 134）這個結論非常強烈！即無論是開墾荒地者、改良土壤者，甚至僅僅是耕種者，都可以享有一部分的土地所有權。筆者戲稱，這毋寧也是一種「耕者有其田」！

最不可思議的是，普魯東竟然說，每一個佃農在每一次繳付地租時，就應該取得一部分的耕地所有權。因為，繳付地租是用來換取耕種的權利，而只要耕種，就至少是以勞動維持了土地價值。

這聽起來好像天方夜譚，不太可能。但普魯東卻堅持，「凡是勞動的人都可以成為所有人」，並且，這個原則是從政治經濟學和法學的公認原理中推論出來的必然結果；勞動財產權作為一種「定律」，不能自我矛盾。沒有道理說，過去的勞動者以耕種取得了財產權，成為今天的地主；而今天的佃農，卻不能同樣以勞動來取得對所耕種土地的財產權。更沒有道理說，佃農付出了那麼多勞動、增加了那麼多的土地價值，現在「卻只有雇主可以從這個價值中得到利益」。（ibid.: 135）

整個來看，普魯東的立場很有說服力，卻也讓人困惑！他一方面言之鑿鑿地抨擊勞動財產權根本荒謬、站不住腳；另一方面卻又同意，可以將其範圍侷限在勞動的直接生產品上。現在，竟然在土地——即生產資料或生產工具——上的勞動所有權，也被他要求和主張了。或許，我們可以替他自圓其說。這些改變毋寧只是實務上的因應策略罷了！他唯一真正在乎的，是讓窮人過好一點的日子。至於勞動財產權能否成立，則並不反對是可以轉彎的。

工資不是用來交換勞動價值

當然，對於勞動者也能分享土地所有權，雇主們肯定是激烈對抗的。因為他們賴以致富和剝削的關鍵，就在於將生產資料或生產工具緊握在手。如果工人或耕種者也享有一部分這些東西的所有權，那雇主們就不再有支配的優勢地位了。通常，他們提出來的一種反對論調是，工人或耕種者已經從工資得到勞動果實了，因此不能再主張其他權利，譬如在土地上的勞動所有權、或針對盈餘的進一步分紅。是啊，哪有人可以付出一次勞力，卻支領兩次報酬的呢？

普魯東指出，此一論調的核心立場是，工資的價格乃勞動者的工作「**產品等值物**」（ibid.: 170）。它就是付出勞動所收穫的果實，是對已完成工作的報酬。或者換句話說，透過支領工資，工人或耕種者已經將勞動所創造的價值「賣」給雇主了。

對此，他大聲抗議，工資只是「**勞動者維持每天生活和補充精力所必需的費用**」，並不能當作勞動者賣出所創造價值的價格（ibid.: 135）。換言之，工資就好比機器和工廠的日常維修成本而已。在另一處地方，普魯東講得更清楚了。工資是一種為了完成工作而存在的「**供應品和預支**」，也就是讓勞動者可以在能維持生活的情況下，去履踐其職務。它並不是「**作為一件已被完成的工作的報酬**」。（ibid.: 170）

這個講法其實很有道理，也符合歷史中的真相。長久以來，給付工資就只是為了維持勞動者的生存和體力，好讓他能繼續勞動。絕對不是以工資來交換自己所創造出來的價值。所以李嘉圖（David Ricardo）會明白說，工資該有多少才合理呢？就是讓勞動者大體上能夠生活下去所必需的價格（Ricardo 著，1962：卷一，77）。他可從來沒有主張，勞動工資的價格＝勞動者生產品的價格。而馬克思同樣也由此控訴，在雇主的盤算裡，工資就有如其他「**生產工具的保養和維修**」一樣，愈節省愈好，只要能在生產線上保持運轉、不出狀況就夠了（Marx 著，1980: 64）。

這一切都證明了普魯東的講法是正確的。工資的基本意義，是對勞動者生活供應品的一種預先支出，它就有如日常的維修成本；絕非對勞動者所創造價值的足額報酬。也因此沒有理由狡辯，說勞動者無權再要求分享其他的勞動所有權。

剩餘價值：工資外還得分紅

更何況，僅僅是那一點點微薄的工資，它的價格與勞動者所創造的價值相比，是遠遠不成比例的。往往，勞動者創造了百萬千萬的價值，但反映在工資上的卻只是一小部分；其餘的都落到地主、雇主或資本家的口袋了。這正是馬克思所沿用的剩餘價值說。

客觀而言，它只能算是一種革命語言。因為，勞動所創造的價值（企業利潤），本來就不是都該全部屬於勞動者。

亞當斯密就指出，資本家墊付了工資、提供材料和設備，並承擔投資失敗的風險；地主則提供了勞動所需的場域和空間。他們各自都有其當得的「**資本利潤**」以及「**地租**」收益（Smith 著，2009：卷一，章六，46-47）。工人的勞動所創造的價值，本來就只是產品售賣的一部分而已！

而與普魯東同時代、最反對剩餘價值說的，大概就是著名的牛津教授西尼爾（Nassau William Senior, 1790－1864）了。他在談財富分配時，稍微修改了亞當斯密上述的三分法，但講法很特別、也不無道理。他說，勞動是工人對個人安逸的犧牲，資本則是資本家「**節制**」的結果，即對個人消費和眼前享樂的犧牲。而兩者既然都做出了犧牲，並因此創造了商品價值，理所當然地，就都應該從商品價值中得到一定的份額作為這些犧牲的報酬。當然，除了勞動者和資本家外，那些「協助生產的自然要素的所有人」，譬如地主，也同樣應當從商品價值中分配到一部分（Senior 著，1986: 137-138; 143）。

以此而言，普魯東那種建立在剩餘價值說上的控訴，恐怕站不住腳。勞動所創造的價值，本來就不是都該全部屬於勞動者。

但話說回來，工資與勞動者所創造價值的不成比例，這倒是千真萬確的！尤其，從勞動的集體協作性來看，此一差距之大就會強烈凸顯出來。

普魯東舉例說道，一千個人工作二十天，雇主所負擔的總工資，與一個人單獨工作五十五天是相同的。但前者所完成的工作，卻是單獨一個人耗費百萬個世紀都無法完成的。他因此質問，此一工資是否公允？

答案當然是否定的，雇主賺翻了。因為，他負擔的只是一個個勞動者的工資，但經由集體協作而在績效上所發揮的加乘效應，其利潤幾乎都給雇主吞去了。普魯東挑戰雇主，「雖然您已經償付了所有的個別的勞動力，但是您沒有償付集體的勞動力。因此，始終存在著一個您所沒有獲得的、而您卻在非法地享受著的集體所有權。」（Proudhon 著，1982: 141）

他在這裡創造了一個新概念——「集體所有權」，這是什麼呢？簡單地說，就是主張勞動者在領到工資以後，對各自「所生產出來的產物還是保有一種天然的所有權」（ibid.: 135）；而將它們加總起來，不就是一種「集體所有權」了嗎？至於具體的作法，則是要求「工人應當有權按照他的勞動的比例分享產品和盈利」（ibid.: 142）。這就很像是盈餘分紅。只是普魯東要求，得按照各個人「勞動的比例」來分紅，而不是根據建立在才幹上的勞動績效。

即使有才幹，工資也不能高

這正是普魯東的另一個重大原則，即無論是工資或反映勞動者一部分所有權的盈餘分紅，都拒絕根據所謂的勞動「績效」。為此，他批評了聖西門（Henri de Saint-Simon, 1760-1825）的「按才分配，按才配工」，以及傅立葉（François Marie Charles Fourier, 1772-1837）的「按照各人的資本、勞動和才能進行分配」。普魯東形容說，這兩位大師所主張的，無異於是將社會變成了才幹的「決鬥場」。

由勞動和勤奮得來的大自然的產物，是一種贈給各種傑出的和優秀的人才的獎品、錦標和桂冠；他們把地球當做一個廣大的決鬥場。……最高的報酬應該給予才能最大的人，……那就是工薪應當和才能及其成績相稱（ibid.: 143-144）。

他們認定，才能的不平等乃大自然的美意。而政治暨社會制度的設計，必須「能使社會的不平等永遠和天然的不平等相符合」（ibid.: 144）。當然，這就得從工資和報酬反映出來。他們更明白地說，「平等定律」是針對一般大眾而制定的，並不適用於具有「卓越性」的藝術家、學者、詩人和政治家。甚至，這個卓越性還應該要摧毀掉「他們與其他的人們之間的一切等同性」。或者換句話說，「在這些科學和天才的卓越的人才面前，平等定律就消失了。」

上述這句話非常直接，聽在今天那些開口閉口都想砍肥貓的社會裡，肯定會引發怒火！但這就是兩位大師的主張——平等就是扼殺卓越，就是向庸俗妥協！他們相信，人類注定了會形成一個階層化的體系。在這裡，每個人「透過與他人的對比，而得到相應的評價，並且，以大家對他的產品所公認的價值，得到他的勞動代價。」（ibid.: 150）這不正是許多現代社會一向最標榜的嗎——績效和才能？

對此，普魯東完全無法忍受！不過他的駁斥十分特別，訴諸勞動的集體協作性。他承認，如果就個別的勞動者而言，由於才能的不同，確實是該有工資和報酬的差異。然而，「**只要勞動者聯合起來，他們就是平等的**。」（ibid.: 146）別忘了，在普魯東筆下，勞動始終都被視為集體協作。

他說自己並不是出於嫉妒，也不贊成均平主義（ibid.: 153），他同樣欣賞和肯定天才們的傑作和貢獻。但問題是，像《伊里亞特》（*Iliad*）這樣的偉大詩篇，我們完全無法估算出在集體的協作勞動中，「**作者應當得到什麼樣的報酬？**」同樣地，政治經濟學也已經承認，物品的相對價值或交換價值，是不能絕對地加以確定的。無時無刻，都得按照需求和生產手段，來調整物品的相對價值或交換價值（ibid.: 157）。

既然如此，那就別再煩惱了。讓工資和報酬一律「**不多不少地按照它所花費的時間和費用**」來支付吧！普魯東聲稱，這就是「**一件東西的絕對價值**」（ibid.: 159）。如果不循此道，就會出現很多商業欺騙，也是財富不平等的最重要原因之一。雖然在《伊里亞特》詩篇的面前，我的那些乾酪和豆莢算不了什麼！但荷馬（Homer）並不能因此就享有高工資和報酬，其決定因素還是在於投入的時間和費用。

對於天才或大學教授，社會當然應該給予尊重，但對於基層勞工，難道就不應予以尊重嗎？普魯東強調，尊重與薪資是兩回事！決定薪資的主要因素，絕非社會的聲譽、地位或能力，而是各自的生產品所內含的勞動時間和費用。在這一點上，天才或大學教授與水電工都一樣。

畢竟，在集體的勞動協作中，每個人的勞動產品及其一切價值，都要受到「**全體的權利的限制**」（ibid.: 147）。也就是說，每一個產品都是集體勞動協作的成果，因此，所有權不是屬於你一個人的。普魯東所謂的「**勞動毀滅所有權**」（ibid.: 127; 296），指的就是這個意思。勞動作為一種集體協作的本質，根本不容許個人所有權的存在。

才幹受惠於集體的勞動協作

對於這一點，普魯東再三強調，社會經由專業分工而彼此合作和互相依存。「勞動者在他的工作中不是孤立的」。並且，如果不是「同行的工作成就和發明創造」，我們甚至無法致力於一己的職務（ibid.: 252-253）。「孤立的人只能滿足他自己的需要中的極小一部分：只有在社會生活和在全世界的努力的明智配合中，他才能發揮他的全部力量。」（ibid.: 168）

如果沒有千百個他人的勞動來配合，怎麼可能表現出最好的績效？他相信，「大自然已經把那種個人所不能得到的力量，賦予了集體。」而這就產生了以專業為基礎、並互相聯結成一個集體的勞動分工原則（ibid.: 153）。基於各個人的消費品是由全體來供應的，因此，各個人的生產也是「以全體的生產為基礎」。如果沒有其他另一種產品，這一種產品便無法存在。故而，每一個產品既是其本身的目的，又是另一個產品所依賴的手段（ibid.: 168）。

試問，如果不是其他一大堆產品的協助和貢獻，會有 iPhone 誕生嗎？由此來看，各種不同的才幹和專業，不過是一系列不同等級的、對集體的貢獻。正確來說，「大家都參加每一種產品的生產」（ibid.: 169）。所以，你對每一種產品都可以要求享有權利；反過來，每一個人對你的產品也可以要求享有權利（ibid.: 170）。既然大家都享有權利，一己的絕對權利就被否定了。

很明顯，普魯東在這裡引進了一個重要觀念，即任何一個人的才幹和成就，都受惠於集體的勞動協作，也因此是集體的財產。難怪他會說，每個人都欠了集體一筆債，也「永久是這筆財產的債務人」。

正如每一種生產工具的創造是集體力量的成果一樣，一個人的才幹和學問，也同樣是全世界的智慧和一般知識的產物，而這種知識，則是無數大師在無數低級事業的支援下，慢慢地積累起來的（ibid.: 156）。

坦白說，這一番話是難以被駁倒的！像美國那樣的資本主義社會，真該對此好好省思。他們極度地崇尚個人主義式的成功，並將巨大的財富報酬，理所當然地視為對一己才幹和成就的肯定。但普魯東說得好，任何一個具有卓越的體力、才幹或勇氣的人，都應該要知道，自己「現有的一切成就，都應歸功於社會，如果沒有社會，他就什麼也不是，什麼也不會。」（ibid.: 254）

所以，無論你是華爾街的金童、矽谷的工程師、諾貝爾等級的大學教授、跨國企業的執行長，或是達沃斯（Davos）論壇的菁英，你有今天的才能和成就，是整部歷史和社會全體所孕育的結果。而就在這個意義下，你的才能和成就並不屬於你自己。

> 無論一個人具有哪種才能，一旦這個才能被培養出來了，它就不屬於他自己的了。這個人就像一隻巧妙的手所捏製的原料那樣，他具有成功的稟賦，成全他的則是社會（ibid.: 156）。

這番話說得太好了。就算你是天縱英明，你的稟賦就有如「原料」，而社會就好比「一隻巧妙的手」，將你的稟賦「捏製」成大師級的傑作。既然如此，美國的那些高層菁英，憑什麼享有如天文數字般的報酬呢？普魯東質問，就譬如一個剛畢業的醫生，他固然支付了昂貴的學費和買書錢，但社會培養他的才幹和學問的成本，他償付了嗎？既然沒有，他憑什麼向社會要求較高的報酬？

不過，普魯東並沒有完全以「社會」來否定掉「個人」的努力和貢獻。他只願意承認，有才幹的人作為一種有用的工具，僅僅是此一工具的「共同佔有人」而非「所有人」。換個角度來說，有才幹者既是屬於自己的「一個自由勞動者」，也同時是「一筆累積起來的社會資本」。作為前者，他被分派去使用此一才能工具；但作為後者，此一才能工具是屬於整個社會的。因此有責任「利用這個資本，不是為了自己的利益，而是為了別人的利益。」（ibid.: 165）

綜合共產與私產的自由社會

討論至此，普魯東的訴求完全浮現了，他一方面否定貴族、地主和資本家賴以遂行支配的所有權，宣稱他們都只是「佔有人」而非「所有人」。另一方面，他則為無產階級請命，要求得讓他們因所付出的勞動，而享有一部分的所有權，以體現勞動財產權是平等的。

值得注意的是，普魯東從未因上述的論調而主張清貧、無產或共產。事實上，就如我們之前所討論的，他在某種程度上還是承認了私產、肯定了所有權。甚至到後來，在另一本書裡，他更明白地說，為了對抗國家，人民必須要有私產。

歸納起來，普魯東所承認的私產還不少。一來，勞動者在直接生產品上可以擁有財產權；二來，還可以領取根據勞動時間和費用來計算的工資；三來，針對著生產資料或生產工具——譬如土地，也能主張一部分的勞動權利，它或者可以用盈餘分紅的方式來呈現。

跳開上述所存在的矛盾，整個來說，他真正在乎的，應該只是要讓窮人過好一點的日子，而非廢除私產。對於後者，他毋寧很務實而有彈性。但他也不能不承認，如此一來，自己喊得響亮的那許多否定所有權的口號，就再也站不住腳了。尤其，他所聲稱的那十個「所有權是不能存在的」論題，批評所有權是無中生有、是殺人的行為、會讓社會自趨滅亡、是暴政的根源、是反對生產、是否定平等（ibid.: 172-238）。這些話如今讀起來，都覺得是普魯東在自打嘴巴。

這樣一個對私產態度的矛盾，即使發展到了普魯東最終的社會理想，依舊模稜兩可。他一方面繼續反對私有制，但另一方面又說不要共產公有。之前，他明白要求，在工資和報酬上必須純粹地「按勞分配」，不得考慮才能和績效；如今卻批評，共產公有的一個邪惡是，為了平庸而將卓越和能幹給犧牲了。

先來說為什麼不要共產公有呢？第一個理由是它的強制性，會使共享和互助不再是出於良心的自願。他相信，人們其實都很願意遵從責任的法則、為祖國服務、並幫助朋友，也喜歡工作和勞動。但前提是，這一切必須出於他的自由，是「根據判斷而不是根據命令」。即使要犧牲，也得「由於自愛而不是由於奴役性的義務」。以此而言，共產公有制的邪惡是「壓迫和奴役」，它違犯了良知的主權，約制了內心的自發性，結果，使得人們「最高尚的傾向、……最深切的感情」都消失不見了（ibid.: 273）。

第二個理由則是它的平庸性。人的生命、個性、才幹和一切能力，不僅都淪為了國家的財產，並且，在公共利益這頂大帽子下，為追求「虛假的和愚笨的一致性」而任由國家所利用。於是「勤奮的人不得不為懶漢工作，……能幹的人不得不為笨蛋工作。」最後的結果是什麼呢？「人拋棄了他的個性、自發性、天才、情感以後，就不得不在公共『法律』的權威和嚴格性面前，低首下心地自趨滅亡。」（ibid.: 271-272）這實在很反諷！從表面上看，共產公有追求的是平等，但其實它一點也不平等。或者說，它是齊頭式的假平等，扼殺了個性和才幹。

那又為什麼不要私有制呢？這在前面已經詳細討論過了，不再贅述。對比來看，私有制的不平等是「強者剝削弱者」，源自於強者享盡了競爭優勢，並得以遂行其暴力式的搶奪。那麼，公有制的不平等呢？則是

「弱者剝削強者」。它將平庸與卓越放在一個水平上；讓卓越的被硬是往下拉，以遷就平庸者的水平（ibid.: 272）。普魯東諷刺地說道，如果私有制由於「大家競相積累，而成為無法忍受的話」，那麼在實施公有制不久後，就會由於「大家爭相偷懶，而變成無法忍受」。（ibid.: 273）

普魯東最後的宣告是，自己所最期望的乃「第三種社會形式」。它既非共產公有，亦非私有（ibid.: 291）。他借用黑格爾的公式指出，在社會的發展上，共產公有乃「社會性的最初表現」，可以稱之為「正」；而私有制呢？則是「反」；至於自己的理想社會，即是「合」（ibid.: 270）。很遺憾，這樣一個黑格爾式的「合」，毋寧讓我們覺得很抽象、更困惑了。好在普魯東有進一步的詮釋。他說，「共產制與私有制的綜合，我們把它叫做自由。」（ibid.: 292）而政治，同樣被他形容為自由的科學（ibid.: 297）。

那自由又是什麼呢？普魯東曾歸納了幾個基本意涵，包括平等、無支配意志的統治、無限的多樣性、寬容異己，以及追求卓越和榮譽的充分發展空間（ibid.: 292）。但後來，他根本撇開了這些空泛的理念，回到了之前所主張的那一老套。

按照他自己比較細節的描述，在這樣的自由社會裡，一方面，因廢除私有制而杜絕了剝削和不公平。它只存在著佔有權；並且「只能用產品來購買產品」，而因為「交換的條件是產品的等值性，所以利潤是不可能的」。此外，工資所依據的計算標準一律平等；所有的勞動才幹和勞動工具，也都是集體的資本和財產。

另一方面，則因為拒絕了共產公有，而使得共享和互助出於高貴的良心自願；同時，也讓追求「功績的進取心和榮譽的競爭心」取代了平庸懶惰。它更以「秩序和無政府狀態的結合」取代了強制支配，故而，人們從法律和命令的壓迫中解放，社會卻仍井然有序（ibid.: 297）。

毫不意外地，普魯東宣稱，在這樣一個「第三種社會形式」裡，所有的貧困、奢侈、壓迫、邪惡、犯罪和飢餓，都會消失。不用說，這又是個一廂情願的烏托邦！比較起摩爾和溫斯坦萊，他的不同之處是不搞共產。同時，也不像盧梭的《社會契約論》那樣，將財產全數交給國家。但完全一致的是，都貶抑私產、追求平等；還有就是無一例外地超現實！

不過，烏托邦的本身其實無須苛責，畢竟人類的進步少不了夢想！甚至可以說，所有對現實的批判，很難不是超現實的。普魯東的主要問題，毋寧在於充滿曖昧矛盾的折衷主義。然而，整個來看，他的思想非常有原創性、也十分精采。遺憾的是，他在歷史中的價值一直被嚴重低估。馬克思本人就曾經承認，自己與普魯東的那本《什麼是所有權》有過長時間的對話。他固然也有不少批評，但仍給予高度的肯定，說普魯東對私有制的批判，以及對無產階級利益的代言，是一次帶有決定性的、科學的、革命性的進步。

11 馬克思：終結異化、消滅私人資本

◆工人生產的財富愈多，他的產品力量和數量愈大，他就愈貧窮。工人創造的產品愈多，他就變成廉價的商品。

◆每一個急難都是一個機會，使人能夠擺出一副格外殷勤的面孔來接近自己的鄰人並且向他說：……你需要什麼，我給你，而必不可缺的條件，你是知道的；你應當用什麼什麼樣的墨水給我寫字據，你也是知道的。

從整個歷史脈絡來看，經過了前述歐文、布朗克以及普魯東等的衝擊後，自亞當斯密以來的古典自由主義，以及蓬勃發展的近代資本主義，顯然面臨了巨大的修正壓力。而此後，更具影響力的財產思想家，就是大名鼎鼎的馬克思（Karl Marx, 1818-1883）了。他不僅給了近代資本主義沉重一擊，還超越了理論層次，具體實現為一種廣泛的政治形式。

毫無疑問地，財產幾乎是馬克思最核心的概念。首先，他對社會階層的劃分，就完全丟棄了家世出身、教育程度、或是職業聲望之類的指標，僅僅依據於財產的多寡，然後二分法式地區別為「資產階級」與「無

產階級」。

進一步地，他更以這兩大階級的鬥爭來解釋人類的整個歷史。在古代，是貴族與奴隸之間的階級鬥爭，然後是地主與佃農，如今則是資本家與工人。他認定，歷史萬變不離其宗；儘管主配角會換人，但從未改變的是這兩大階級之間的鬥爭。換言之，財產永遠是社會衝突和分裂的最關鍵因素。

從勞動的外化到異化：私產

對此，馬克思的一個論證起點頗為玄奧，他認定私有財產為「外化勞動」（alienated labor）的產物和結果（Marx 著，1980: 58）。這是一個讓人陌生的名詞。事實上，關於馬克思，中國大陸官方的許多譯法，不無可斟酌之處，但寫作本書，從俗還是必要的。

所謂的「外化」，簡單來說，就是脫開、疏離了主體，成為一個外在的對象；稱之為客體化也可以。馬克思將它用於勞動，指的是工人在付出心力之後，呈現在外部的勞動成果。譬如，某一件雕刻的成品，就是匠人付出心力之後的「外化」。它固然反映了匠人的心思和靈魂，也出自他的手藝和勞動，但畢竟已經脫開、疏離了匠人，屬於外在的另一個世界了。

這個勞動成果，馬克思堅稱，必須是屬於工人的私有財產，卻被資本家佔有了。在此，他說自己沿用了亞當斯密的觀點，認為財產不僅是由勞動所創造的，更有一個深層意義，即代表著勞動主體的一種自我延伸（ibid.: 71）。所以，財產當然是屬於勞動者的。

接著，馬克思控訴，當「資本一出現，就標誌著社會生產過程的一個新時代。」（ibid.: 193）它代表著勞動成果的商品化，此後，勞動一事就開始日愈由「外化」變質為「異化」（estrangement）了。工人不只被剝奪了勞動產品，還淪為資本所奴役的附屬物，被資本非「人」化了。即使工人自身，也變成了是資本和商品；而且還很不幸地，是一種廉價的、甚至最賤的可交易資本。

考究一下馬克思的「異化」概念，是源自於黑格爾（Georg Wilhelm Friedrich Hegel, 1770-1831）的辯證法，意指某一事物的發展在日愈增強之際，會隨而漸生某種反向的因素和力量，終而逆轉，成為其本身的對立物。

這其實並非什麼太玄妙的道理。就譬如對別人的美貌或才華，剛開始是羨慕並渴望親近；但若這種感覺愈來愈強烈，一種嫉妒和排擠之情就油然而生。在這裡，後者不正就是由前者發展而來的對立物嗎？

再譬如吃喝玩樂等嗜好，在日愈享受它們的好處之際，也隨而累積了愈來愈多的反作用和傷害。甚至可以說，每一次滿足都同時埋下了不滿足的種子；而若持續地給予更多滿足，反倒愈趨近於無可滿足的境地。

這正是所謂的異化；有點接近常說的「物極必反」。馬克思將這樣一個概念加以轉化應用。他針對當時資本主義下的經濟現象，以其來指涉一種與本質對立的悖離狀態，即愈生產反而愈貧乏；愈投身反而愈虛無；有自由的意識卻被物化；有原生的個性卻全被顛倒。

具體而落實地來說，異化所指涉的，即勞動者及其所創造的勞動產品和價值，在資本主義下的扭曲和剝削、壓迫和支配。

對此，馬克思又區分了四種異化。第一種是工人與其「勞動產品」之間的異化；第二種是工人與「生產行為」之間的異化；第三種是人作為一種「類存在物」（speices-being）的異化；最後一種則是人與人之間的異化。在以下的篇幅中，我們將一一探討，來作為理解其財富倫理的基礎。

工人與勞動產品之間的異化

首先，對於第一種異化。私有財產原本作為外化勞動的結果，它表現的形式就是勞動產品，也應當屬於工人所有。但在資本主義下，勞動產品所形成的外部世界，已經反過來統治和奴役工人了，成為一種異己的對立物。這就是馬克思的基本論證。而它又分別表現在兩個不同的方面，一個是發生在商品經濟的領域，另一個則發生在大自然的領域。

先從商品經濟的領域來看。馬克思認定，資本主義在高度競爭下，市場上的商品供給只會愈來愈多，甚至生產過剩；而這將導致價格下滑。此時，資本家為保持利潤，經常選擇的對策就是降低工資。換言之，當工人生產的商品愈多、市場愈是熱絡，勞動的價格反而愈便宜（Marx 著，1980: 15）。

馬克思批評，資本家總是從投資的眼光看待工人。「生產的真正目的不是一筆資本養活多少工人，而是它帶來多少利息，每年總共積攢多少錢。」並且他們非常清楚，「工資與資本利息之間的反比例關係」，通常，「只有通過降低工資才能增加收益」（ibid.: 64）。

甚至，在英國的國民經濟學看來，「工人完全和一匹馬一樣，只應得到維持勞動所必需的東西。」（ibid.: 12）因此，要給他們多少工資呢？這就好像其他「生產工具的保養和維修」一樣，愈節省愈好，只要能在生產線上保持運轉就夠了（ibid.: 64）。在此，馬克思所指的應該是李嘉圖。後者就曾明白聲稱，勞動的自然價格該怎麼衡量呢？答案是「讓勞動者大體上能夠生活下去、並不增不減地延續其後裔所必需的價格。」（Ricardo 著，1962：卷一，77）

那試問，在如此的吝嗇下，工人能因工資低廉而拒絕勞動嗎？不，他們都是被迫出賣勞動的。毫無疑問地，工資總是「決定於資本家和工人之間的敵對的鬥爭。勝利必定屬於資本家。」（Marx 著，1980: 5）

馬克思完全不相信，當勞動已淪為一種商品，它的價格會是「**自由交易的自由結果**」。因為勞動具有一項其他商品都沒有的特性，就是不能積累、不能儲蓄。今天沒利用的，明天就報廢了！套用一句通俗的話來說，勞動力只有一天不到的賞味期！這是個重要的原因，導致了勞動成為一種最不幸、甚至最賤的商品（ibid.: 16; 47）。

所以，即使是處在「**社會財富增進**」狀態中，基於市場競爭下商品供給的充足，反而導致「**工人的淪落和貧困化**」（ibid.: 11）。用馬克思的另一句話來說，「**工人的貧困同他的產品的力量和數量成正比**」（ibid.: 47）。「**工人生產的財富愈多，他的產品力量和數量愈大，他就愈貧窮。工人創造的產品愈多，他就變成廉價的商品。物的世界的增值同人的世界的貶值成正比。**」（ibid.: 48）在另一處地方，馬克思將這種異化講得更清楚了。

> 工人在勞動中耗費的力量愈多，他親手創造出來反對自身的、異己的對象世界的力量就愈大，他本身、他的內部世界就愈貧乏，歸他所有的東西就愈少（ibid.: 49）。

悲哀的是，窮乏尚不只如此！除了商品經濟的領域外，第一種異化也發生在大自然的領域裡。同樣存在著對工人的統治和奴役。原本，對於勞動一事，我們感官所知覺的自然界，提供了兩方面的「生活資料」（means of life）。首先，是讓勞動得以加工的對象和材料，譬如木材、金屬、煤和油。沒有這些東西，勞動就不能存在。事實上，許多生產工具也由此而衍生。其次，則是工人本身肉體生存所需的成分，譬如食物、空氣和水（ibid.: 50）。

但如今，這一切自然界的資源，在資本主義的私有制下已經被掌控了。以致人們若不投效他們的企業，就無法取得勞動所需要的對象和材料，於是「**工人就什麼也不能創造**」。同時，勞動者若不先成為他們的工人以賺取工資，則即使上述第二方面的生活資料也沒有了，人們就只好餓死。

既沒有勞動所需要的原料，也沒有溫飽所需要的工資！馬克思控訴，工人在這樣的情況下，「**愈是透過自己的勞動佔有外部世界**」，即感官所知覺的自然界，就愈在上述「**兩個方面失去生活資料**」；並因此，「**在這兩方面成為自己的對象的奴隸**」（ibid.: 50）。這番話有點艱澀。簡單地說，即當工人對勞動產品生產得愈多、愈完美、愈機巧，或所創造的商品價值愈大、愈有力量，反而愈助長了資本家對生活資料的控制，以致整個自然界就「**愈來愈不成為屬於他的勞動的對象，不成為他的勞動的生活資料。**」（ibid.: 50）

對馬克思來說，這同樣是一種由勞動產品的充足豐裕所帶來的異化。只是，在商品經濟的領域中，它導致了勞動價格愈來愈低廉，工人淪為了最賤的商品。而在自然界的領域中，它則導致了生活資料愈加不屬於勞動者，工人淪為「**自然界的奴隸**」（ibid.: 50）。

工人與生產行為之間的異化

接著，第二種異化。對此，有一點必須先說明。在馬克思的整個異化理論中，第一和第二種異化都是本質性的，其他方面的異化都源自於此。因此，它們是闡釋馬克思整個異化理論的基本起點。

第二種異化發生在工人的生產行為中，而與勞動的產品和結果無關。它屬於勞動的本身和過程。難怪，馬克思會將它稱為「**自我異化**」（self-estrangement）。至於前述的第一種異化，則是「**物的異化**」（ibid.: 52）。第一種異化，是工人愈勞動，愈喪失其勞動所產出的「**物**」；第二種異化，則是工人愈勞動，愈喪失勞動中的「自我」。

馬克思堅稱，勞動應該是工人內在自我的表現，反映的是他的本質和個性、心思和靈魂。因此，勞動行為的本身，應該是愉悅、自在和幸福的；很類似於一種活出真我、讓內在抒發的暢快。但如今，工人卻是為了餬口而被迫勞動；並且勞動所指向的最高目標，純粹是為了資本家的利潤。故而，工人總是機械似地、無聊、單調地勞動。在這種情況下，勞動完全是一件外於自我的事，是「不屬於他的本質的東西」，因此，

他在自己的勞動中不是肯定自己，而是否定自己，不是感到幸福，而是感到不幸，不是自由地發揮自己的體力和智力，而是使自己的肉體受折磨、精神遭摧殘。因此，工人只有在勞動之外才感到自在，而在勞動中則感到不自在，他在不勞動時覺得舒暢，而在勞動時就覺得不舒暢（ibid.: 51）。

而「只要肉體的強制或其他強制一停止，人們就會像逃避鼠疫那樣逃避勞動。」這不是像極了現代員工對放假的渴望嗎？馬克思還有一段話，更傳神地描繪了這種異化。他說，「在這裡，活動就是受動；力量就是虛弱；生殖就是去勢；工人自己的體力和智力，他個人的生命……就是不依賴於他、不屬於他、轉過來反對他自身的活動。」（ibid.: 52）

看了這些對「異己」現象的描述，許多現代人應該會心有戚戚焉。除了老闆以外，應該是少有人喜歡工作的；通常是為了五斗米折腰。即使收入不錯，仍一心渴望著放假的日子。忙碌又充滿壓力的工作，不僅對身心帶來巨大的耗損，更經常因聽命行事，而深陷自我的疏離和虛無感。確實就如馬克思所說的，在職場上愈是戮力生產，愈覺得被「去勢」（譬如，回到家，都已經累到對老婆提不起性趣了）；當然，也就只有在不工作時，才會感覺到自在舒暢、找回自我。

類生活的異化：意識的枯竭

進一步地，對於第三種異化，馬克思跳躍到一個普遍性的存在層次，將人當作一個大「類」，探討人作為一整個「種」所具有的特性。他借用了費爾巴哈（Ludwig Andreas Feuerbach, 1804-1872）的概念，將人看作一種「類存在物」。

他說，動物不過是「生命活動」（life activity）而已，但人類卻能透過意志和意識，將自己從中抽象出來，讓生命活動的本身成為自己意志和意識的對象（ibid.: 54）。打個比方吧！動物就只是吃、喝以及性；人的「類生活」，卻是透過吃、喝以及性，來表達各式各樣的企圖和想法。

這就是人類的自由所在，即能夠對生命活動賦予意義。而當這樣的「類特質」表現在勞動生產上，區別也是很顯著的。馬克思相信，人類透過勞動的行為可以「改造對象世界」，並且按照人類的意志和意識，讓無機界「人化」，也就是成為人類意志和意識的外顯。

由此來對比，動物的生產活動，因為缺乏意志和意識，故而「只是在直接的肉體需要的支配下」進行著。人類的生產活動，則不僅不受肉體的需要所支配。甚至「只有不受這種需要的支配時，才進行真正的生產。」也就是透過意志和意識，將生產活動賦予主觀的企圖和想法，而非受限於只是為了滿足肉體需要（ibid.: 54）。譬如，原本僅是為了解渴的肉體需要，人類卻發展出不同口味的茶及飲料的生產活動；並且還為了便利性和藝術，搭配有各式各樣的茶具和容器。動物世界就絕對不會生產這些玩意兒！

所以馬克思會說，「動物只生產自身，而人再生產整個自然界。」即經由將生產活動賦予主觀的意義，人類改造了整個自然界；讓一個原本無機的世界「人化」了。

事實上，不只是賦予主觀的意義，意志和意識還給予人類超越自己這個「種」的能力；動物則再怎麼樣，都無法超越自己所屬的「**種**」。螞蟻的那幾招生產方式，狐狸永遠不會；蜜蜂再怎麼高明，也無法突破既有的模式，學到老鷹的招式。但人類「**卻懂得按照任何一個種的尺度來進行生產**」；也就是無論螞蟻、狐狸、蜜蜂和老鷹，牠們表現在生產方式中的所有智慧，都可以被人類利用來豐富自己這個「**種**」。並且，人類還可以從中超越，將自己內在對於生活的標準和渴望，譬如美感和精巧，表現在生產活動裡。人類「**懂得怎樣處處都把內在的尺度運用到對象上去；因此，人也按照美的規律來建造。**」（ibid.: 54-55）

但同樣地，如今在資本主義下一切都改變了。從工人們為餬口而被迫勞動，這已經顯示出，人類生產活動的本質，已淪為只是維持自己肉體生存的手段；並且在勞動的過程中，代表著自由和超越能力的意志和意識，都不再有作用餘地。試問，這與動物之間在「**類特質**」上還有什麼不同嗎？

工人們的悲哀是如此，那富人們的情況會比較好嗎？其實，他們為了牟利也淪為工作的奴隸。而金錢這帶有魔力之物，更有如神明般地主宰著他們的生活內容和作息。在資本家的世界裡，「**一切激情和一切活動，都必然湮沒在發財欲之中。**」他們也不惜犧牲「**一部分生命和人性**」，因為全部可以「**用貨幣和財富補償給你**」（ibid.: 94）。

對此，馬克思刻意區分了「**富有**」（wealth）與「**富有的人類**」（the rich human being）。他批評國民經濟學追求的是前者；而自己的理念卻是後者。前者的腦袋和生活只有財富；後者所渴求的，卻是作為人的完整生命表現（ibid.: 88）。這裡所意指的，不就是能夠在生活上表現出「**類特質**」的真正的「人」嗎？

資本主義創造了富有，卻使得富有者作為「人」的「**類特質**」被扼殺了。其實，人該追求的最終目標不是富有，而是富有之後仍是個「人」。

難怪馬克思會說，一種真正的共產主義，其核心是「**對人的本質的佔有**」（appropriation）；而這種對人性本質的重新恢復，則必須以否定資本主義的私有制為中介（ibid.: 98）。為什麼呢？因為資本主義的那一套「佔有」實在太庸俗了，讓富人變得極其「愚蠢而片面」。私有制強烈地灌輸他們，任何一個對象，「只有當它為我們擁有的時候（have it），……當它對我們說來作為資本而存在，或者它被我們直接佔有、吃、喝、穿、住等等的時候，……才是我們的。」（ibid.: 83）

富人的悲哀就在這裡！他們以對物質的庸俗「擁有感」，取代了人的自然情感；並將人的本質都全然物化為吃、喝、穿、住等等的生物性需求。至於可以帶來自由和超越能力的意志和意識呢？則只有邊緣的地位，甚至是毫無作用，過著純粹消費主義的日子。

那該怎麼辦呢？馬克思的答案是，必須消滅富人和資本家的財產，將他們壓縮到「絕對貧窮」的地步，如此才能讓他們免於異化，並產生對外在世界的「內在富足」（ibid.: 83）；也就是回歸自己作為人的「類生活」。原來，剝奪富人和資本家的財產，是為了讓他們恢復成為「人」！批鬥他們，是為了讓他們重生！

對馬克思而言，這整個情況正是當前人類的哀歌！無論是辛苦勞動的工人或一心牟利的富人和資本家，「類生活」都被奪去；而勞動或工作的對象世界，也被人以外的另一種物質力量給佔領。原本，透過意志和意識來將自然界「人化」的理想，不僅被束之高閣，人的自身更反倒是被物化了。人不僅表現不了作為「人」的主體性，還異化為「物」的奴隸。

人與人的異化：榨乾你的錢

上述的第三種異化，明顯不是原生的。它是馬克思基於工人在勞動產品和勞動行為兩方面的異化，而進一步做出的帶有普遍性的抽象推論。至於第四種異化，也同樣不是原生的。馬克思明白指出，它是前面三種異化下的綜合結果，即人與人之間的互相異化。

它的普遍抽象性更高了，推論到整個社會關係。扼要來說，即在資本主義下，人與人之間已經異化為「物與物」的關係；整個社會淪為不過是市場、功利和交易關係。更明白地來講，一切都是為了錢！從人際之間的日常互動中，馬克思生動地描繪，在商品經濟的大環境裡，人通常會怎樣看待他人呢？不過就是商品售賣的對象罷了。因此，

> 每個人都千方百計在別人身上喚起某種新的需要，以便迫使他做出新的犧牲，使他處於一種新的依賴地位，誘使他追求新的享受方式，從而陷入經濟上的破產（ibid.: 91）。

這番話非常寫實。透過各式各樣的廣告、行銷和包裝，環繞在你周遭的人，似乎腦袋中唯一想的，就是將你口袋的錢榨乾。對此，馬克思解釋了其中的心理機轉，即「**每個人都力圖創造出一種支配他人的、異己的本質力量，以便從這裡面找到他自己的利己需要的滿足。**」（ibid.: 91）也就是營造一種支配的依賴關係，讓你不斷地掏錢買單。

這就好像你愈是依賴 iPhone 所營造的系統來處理日常事務，譬如，以 FaceTime 視訊、加入 Apple Music 會員、使用 iWork 來撰寫文件，或透過 Apple Pay 來支付消費，你就愈無可選擇地得跟著不斷更換昂貴的新機，甚至，為了使用上的整合效益，還去購買 Apple 家族的筆電和 iPad。這固然是一種滿足，但何嘗不是「果粉」們在依賴關係下的一種無奈？之前討論過的盧梭，不是也這樣說嗎？依賴終究帶來奴役。

更有趣地，馬克思形容，商品經濟下的生產者和生意人，就好比「工業的宦官」。過去在君主身邊被去勢的宦官，他們常幹的就是「**下賤地向自己的君主獻媚，並力圖用卑鄙的手段來刺激君主的麻痹了的享樂能**

力，以騙取君主的恩寵。」而工業體制下被去勢的宦官呢？則針對消費者，「更下賤地用更卑鄙的手段來騙取銀幣」（ibid.: 92）。

這些作為「宦官」的，諂媚的本質都一樣！而且諂媚所訴諸的，都是人性最病態的那一部分——享樂和慾望。傳統的宦官只毒害君主一人，工業的宦官則毒害廣大的顧客。他們最擅長的是，「投合消費者的最下流的意念，充當他和他的需要之間的牽線人，激起他的病態的慾望，窺伺他的每一個弱點，然後要求對這種殷勤的服務付報酬。」

從馬克思來看，在商品經濟下，所有的生產都是為了賺錢所設下的誘惑；而一切的殷勤體貼，也都是針對人性弱點所包裝的虛偽。「每一個產品，都是人們想用來誘騙他人的本質即他的貨幣的誘餌；每一個現實的或可能的需要，都是把蒼蠅誘向黏竿的弱點。」

最虛假的是，即使你陷入了危難和傷痛，工業的宦官都視為一個難得的生意機會。他們不會有內在的真正同情；而所有的殷勤體貼，也只是為了賺你的錢。對此，馬克思傳神地嘲諷：

> 每一個急難都是一個機會，使人能夠擺出一副格外殷勤的面孔來接近自己的鄰人並且向他說：親愛的朋友，你需要什麼，我給你，而必不可缺的條件，你是知道的；你應當用什麼樣的墨水給我寫字據，你也是知道的（ibid.: 92）。

這就是馬克思所控訴的第四種異化。在資本主義的商品經濟下，已經使得人際之間異化為市場、功利和交易關係了。甚至，所有的互動就是為了將你當作顧客、賣東西給你；人的本質淪為了只是商品售賣的對象。而接下來呢？那還用說！「既然我給你提供了享受，我也要敲詐你一下！」（ibid.: 92）付大錢吧！

貨幣拜物教：商品化的結果

當然，此一異化最核心的表現在於貨幣。馬克思清楚指出，在商品經濟下，貨幣注定成為一切的焦點。因為它「**具有購買一切東西、佔有一切對象的特性，所以是最突出的對象。**」此外，貨幣更扮演了最關鍵的媒介角色，它「**是需要和對象之間、人的生活和生活資料之間的牽線人。**」（ibid.: 109）

但很糟糕地，貨幣「**唯一強有力的屬性**」是「**貨幣的數量**」（ibid.: 91）。因為在商品的交換中，反映一切品質差異的，就只是價格的高低。換言之，其中只會有貨幣「**量的差別**」（Marx 著，1972: 50）。在商品的交換中是如此，在人際之間何嘗不也是如此？衡量一個人的價值，變成了但問你有多少購買力。而既然只是貨幣量多少的問題，於是「**無限制和無節制成了貨幣的真正尺度**」（Marx 著，1980: 91）。這句話的意思，不僅指著資本主義下的無限利潤心，也同時控訴著，人與人之間對於誰比較有錢，那沒完沒了的競逐。

馬克思很特別地以「**拜物教**」（fetishism）來形容此一異化。這是原始社會的一種宗教，將日月、星辰或雷火，當作是支配人類命運的神明。藉此，他延伸指出，當社會關係已淪為市場、功利和交易關係時，人們會因貨幣所具有的神祕魔力而加以供奉和膜拜。結果，不僅每個人都有旺盛的「**發財欲**」，更為此而讓「**一切變成可以出賣**」（ibid.: 94-96）。

透過拜物教這個概念，馬克思還想表達的是，貨幣不單純為物質，它也是具有位格的神祕力量；它可以被感覺卻又超越人的感覺之外（Marx 著，1972: 87）。並且，它獨立於持有者之外、而遂行其懾人的魅惑。

很多有錢人都忽略了，錢財是凌駕於自己之上、有如神明般地一股巨大的異己力量。就譬如資本家們，「**既是自己的財富的奴隸，同時又是它的主人。**」固然，他們總是將財富看成自己的力量，並表現為揮霍放縱；卻往往未能察覺，自己為了財富，已經變成了何等的卑鄙和邪惡。馬克思警告這班人，在傲慢於自己的富裕之際，其實根本還沒有真正體驗到，「財富是一種凌駕於自己之上的完全異己的力量」（Marx 著，1980: 100-101）。這不正是許多富人的問題嗎？他們只看見財富是握在自己手中的力量，卻沒有能夠醒覺，財富同時也是一種異己的力量。它雖然可以讓你壯大，卻也可以將你扭曲、並支配你。

馬克思一再強調，金錢能夠扭曲並支配一切，並且其力量之大，超乎想像。他說，貨幣能將所有事物的「個性」顛倒為「它們的對立物」；貨幣能將一切事物的本質都予以「混淆和替換」（ibid.: 114）。為了說明這一點，他藉由莎士比亞的一首詩，詮釋得非常傳神有趣：「**貨幣的力量多大，我的力量就多大。貨幣能購買的東西，就是我——貨幣持有者本身。**」因此，「**我是什麼和我能夠做什麼，這絕不是由我的個性來決定的。**」而是由我所擁有的貨幣來決定的。譬如，

> 我是醜的，但是我能給我買到最美的女人。……醜的嚇人的力量，被貨幣化為烏有了。我……是個跛子，可是貨幣使我獲得二十四隻腳；……我是一個邪惡的、不誠實的、沒有良心的、沒有頭腦的人，可是貨幣是受尊敬的，所以，它的持有者也受尊敬。貨幣是最高的善，所以，它的持有者也是善的。……我是沒有頭腦的，但貨幣是萬物的實際的頭腦，貨幣持有者又怎麼會沒有頭腦呢（ibid.: 111-112）？

在這一段幽默的話中，馬克思所要指陳的，已經不只是貨幣在市場上的購買力，更是面對一種在本質上的醜陋和無能時，貨幣如何將它們轉化為美麗和全能。而他相信，這正是扭曲並支配一切的異化力量。確實，在資本主義社會裡，我醜陋、無能、邪惡或沒頭腦，那又怎樣？反正老子有錢，我的貨幣會將這一切異化為完全相反的東西。

嘲諷了此一異化力量後，馬克思總結了貨幣的兩個特性。第一、「**它是有形的神明**」。靠著貨幣，可以讓一切化腐朽為神奇，顛倒任何的本質和個性。它「能使冰炭化為膠漆，能迫使仇敵互相親吻。」（ibid.: 112-113）為了經濟利益，人們不是常幹這種事嗎？

第二、「**它是人盡可夫的娼婦**」（ibid.: 112）。在商品化的世界裡，人際之間不必再談愛、信任和情感，也無所謂貞節和道德。一切都只是你情我願的金錢交易；並且，什麼人都可以來交易，也可以交易一切。而就基於此，貨幣成為了「**人們和各民族的普遍牽線人**」。

它在人際之間扮演著一個關鍵的媒介角色。不僅是聯結所有關係的「**一切紐帶的紐帶**」；並且它對於「**任何紐帶**」都有巨大的權力，能夠任其意志來選擇是要解開、或是繫緊（ibid.: 112）。這不就是俗話所說的「有錢才能做人」嗎？

異化批判之後呢？共產革命

馬克思完成了上述的異化批判後，那下一步呢？不少人以為，答案應該就是提高工人的薪資和福利、縮減工時，或是改善勞動的環境等等吧！這些不就是我們今天經常聽到的改革之音嗎？但他卻認為，一來，這毋寧是與虎謀皮！因為，在資本主義的生產方式下，「**不是物質財富為工人的發展需要而存在**」，相反地，是「**工人為現有價值的增殖需要而存在**」的（Marx 著，1972: 681）。工人不過是手段和工具，資本家根本不必妥協讓步。

二來，它們也違逆了資本主義的內在邏輯。資本主義為了積累、再生產和擴張，因而存在著一個無法改變的「本性」，即「絕不允許勞動剝削程度的任何降低」、或「勞動價格的任何提高」（ibid.: 681）。簡單來說，提高薪資和福利、縮減工時，或改善勞動環境，都與資本主義的本性矛盾。

三來，即使它們得以實現，這些「行政上的改良，……絲毫不會改變資本和雇傭勞動的關係。」（Marx & Engles 著，1995: 57）工人仍是為了工資而被迫勞動，地位依舊是奴隸，也還未「獲得人的身分和尊嚴」（Marx 著，1980: 59）。換言之，即使薪資提高、福利變好了，人們在資本主義下的勞動，仍因異化而帶來的一切扭曲、顛倒和對立。

歸結而言，馬克思認定，資本主義是無法修修補補的！它不僅基於其本性以及資產階級有恃無恐的地位，而與工人之間存在著無可化解的矛盾；更重要地，異化勞動所帶來的一切剝削、壓迫和支配，在資本主義所引致的政治暨社會結構下，根本是無解的。

從馬克思的著作全面來看，他的訴求其實很一貫而明確，就是要徹底解決由資本主義衍生的整個異化問題。歸納而言有兩方面，第一、讓人們在沒有雇傭關係、沒有老闆下，為自己而自由地勞動，也享用自己勞動的成果；第二、藉此進一步實現全人類從異化中超越，促成社會生產力從剝削、壓迫和支配中解放。

那麼，實踐之路呢？馬克思的答案是，必得透過「工人解放這種政治形式」（ibid.: 59）；也就是採取具體的革命行動。第一步是要使「無產階級上升為統治階級，爭得民主」。接著，則由無產階級利用自己的政治統治，「**一步一步地奪取資產階級的全部資本**」，並掌控所有的生產工具（Marx & Engles 著，1995: 48）。

在這裡，我們清楚看見，馬克思選擇了一個全面而激進的立場。除了訴諸革命手段外，他所討伐的對象，也已經不只是作為一種生產方式的資本主義，還擴及到統治地位的鬥爭。馬克思信誓旦旦地宣告，不單單是資本主義，並且由它衍生出的社會關係、道德和宗教，以及法律和統治結構，全都要隨著無產階級革命，徹底地顛覆和翻轉。

財產上的階級地位決定一切

為了論證這樣一個全面而激進革命的必要性，馬克思很精緻地揭櫫了其經濟決定論。簡單來說，它就是一套理論，用來解釋經濟支配如何演變成政治、社會，乃至於文化的全面支配。

從馬克思一開始在討論意識形態的時候，他就已經聲稱，屬於精神層次的「意識」，不過是「**被意識到了的存在，而人們的存在就是他們的實際生活過程**。」（Marx & Engles 著，1956: 29）這段話的意思很簡單，即人們的意識只是在反映日常生活的一切。馬克思用了兩個在當時很摩登的比喻，形容意識形態就好比照相機中倒現的影像，又有如物像出現在視網膜中的倒影，都是從人們生活的歷史過程中所產生的（ibid.: 29-30）。

接著，馬克思將此一原理運用到經濟上，指出人們在發展「**自己的物質生產和物質交往**」時，會隨著這些東西的改變，而造成「**自己的思維和思維的產物**」的改變（ibid.: 30）。這個話講白了，就是將人完全當成經濟上的存在，所思所想不過是反映了經濟需要。他因此又說，「**以一定的方式進行生產活動的一定的個人，發生一定的社會關係和政治關係**。」（ibid.: 28-29）

這就是馬克思著名的所謂「**生活決定意識**」，而非「**意識決定生活**」（ibid.: 30）。它強調各個人在不同的經濟階級下，從事著不同的生產活動，發展著不同的生產關係，進而衍生不同的思想意識。或許，我們可以寫成一條更簡單的公式，即經濟上的「存在方式」（what I exist）決定了一個人的「所思所想」（what I think）。

這其實很有道理。譬如你是個一般臣民或員工，你就會有一套屬於芸芸眾生的生活方式和觀念；而反過來，若哪一天你躋身統治階級或老闆了，一切也會跟著改變；包括出入的場所、交往的朋友，還有你的嘴臉和想法。套句通俗的話來說，這不就是換個位置以後，腦袋也跟著換了嗎？

進一步地，馬克思跨出了個體的領域，將整個生產方式和生產關係，稱之為社會的「**下層結構**」（infrastructure）。然後宣告，它同樣決定了「**上層結構**」（superstructure）的全部內涵，包括政治、法律、道德、宗教和文化等各個方面的表現。用另一個話來表達，這就是「**支配著物質生產資料的階級，同時也支配著精神生產的資料**。」（ibid.: 52）而反過來，若要消滅意識，也不能單靠精神批判，必得先消滅它所依存的社會關係和物質生產方式（ibid.: 43）。

循著這樣的邏輯，馬克思相信，在資本主義社會中，握有一切生產力量的資產階級，必然全面掌控了社會資源和精神力量；包括了教育體制、傳播媒體、法律規範、道德價值，以及宗教和文化等等。而資產階級也理所當然地成為具有真實統治地位的階級。

對此，馬克思有一段很繞口的話，但意涵卻很深遠。他說，所謂「**佔統治地位的思想**」，不過是「**佔統治地位的物質關係**」在「**觀念上的表現**」；或者，它是「**表現為思想**」的「**佔統治地位的物質關係**」（ibid.: 52）。這兩句話的意思一模一樣，都在表達支配物質力量的階級，同時也支配了精神力量。有錢就是一切！

無疑地，此一史觀流露了非常冷酷的現實。因為，經濟的力量就是如此地有決定性，凌駕於一切之上。說穿了，歷史不過是一場又一場的奪取財富的階級鬥爭。而最悲哀的是，贏者全拿。這就是說，握有財富的贏家，拿到的不只是經濟的優勢地位，還包括了整個政治、法律、道德、宗教和文化等的支配權。這就是為什麼只有「**廢除全部現存的佔有方式，才能取得社會生產力**。」（Marx & Engles 著，1995: 38）反觀對資本主義生產方式的修修補補，那絕對是無濟於事的！

整個看來，這樣一個經濟決定論非常好用！它不僅解釋了在財產上的階級地位如何演變成政治、社會，乃至於文化的全面支配；更也揭示了無產階級採取全面而激進革命的必要性。

兩種私有制，不能混為一談

事實上，經濟決定論的效益還不只如此，它同時也告訴了共產主義的追隨者，在無產階級革命後的社會裡，其首要而核心的任務，就是奪取並佔有對物質力量的支配權。因為這會決定一切！無怪乎馬克思會歸結似地宣告，**「共產黨人可以把自己的理論概括為一句話：消滅私有制。」**（ibid.: 41）因為資產階級賴以**「生存和統治的根本條件」**，即資本在私人手裡的增殖和積累（ibid.: 39）。

不過必須提醒，在消滅私有制與異化勞動之間，有一層因果關係是不容混淆的。既然**「異化勞動是私有財產的直接原因」**，那麼只要解放工人、消滅掉異化勞動，則私有制也就**「必然衰亡」**了（Marx 著，1980: 59）。換言之，消滅私有制，對馬克思來說，毋寧只是一個屬於外在的自然結果。終結掉將一切扭曲和顛倒，並代表著剝削和支配的異化勞動，才是他最渴望剷除的邪惡。真正的大敵始終是，雇傭關係下為資本增殖而存在的異化勞動。

這就是為什麼「消滅私有制」竟然有個但書。馬克思很奇怪地說，共產黨**「並不是要廢除一般的所有制，而是要廢除資產階級的所有制。」**（Marx & Engles 著，1995: 41）到底，這兩者有什麼差別呢？

簡單地說，前者是**「個人掙得的、自己勞動得來的財產。」**後者則是在雇傭關係下、因異化勞動而被資產階級佔有的財產。前者是**「構成個人的一切自由、活動和獨立的基礎的財產。」**（ibid.: 41）後者則摧毀了無產階級全部的自由、活動和獨立。

在後來的《資本論》中，馬克思重申了此一區別。前者又稱為「個人所有制」，是**「以自己勞動為基礎的私有制」**。後者則稱為**「資本主義私有制」**，它雖然形式上是以自由勞動為基礎，但實則在剝削他人的勞動。馬克思更還控訴，後者如今已經將前者給排擠掉了（Marx 著，1972: 829-831）。

歸結而言，前者不是異化勞動的結果，它是出於自主的勞動。它不是雇傭關係下為資本增殖而生產的，它是自由地為己生產。它的勞動產品和成果，更非由資本家所有，而完全屬於勞動者。

據此，我們可以確切地說，從始至終，馬克思所要消滅的都是後者，即在雇傭關係下、因異化勞動而被資產階級佔有的財產。他過去所謂「私有財產是異化勞動的結果」，所針對的也只是這種財產。至於由「個人掙得的、自己勞動得來的財產」，馬克思則明確承諾「絕不打算消滅」（Marx & Engles 著，1995: 42）。然而不幸的是，如今「工業的發展已經把它消滅了，而且每天都在消滅它。」馬克思大惑不解，竟有人聽說共產黨要消滅私有制，就驚慌了起來。其實，在現存社會下的真相，不是「私有財產對十分之九的成員來說已經被消滅了」嗎（ibid.: 41-43）？

這樣看起來，很弔詭地，馬克思反而是一個私有財產的捍衛者了。只不過，他所要捍衛的，是那種出於自主勞動、又為己生產的「個人私有制」，而不是雇傭關係下為資本增殖而生產的私有制。並且，他之所以要消滅後者，正是為了能恢復前者。

進一步地，馬克思將此一區分和論調，融入了他自己的那一套歷史辯證法。他好像先知般地宣稱，邪惡的「資本主義私有制」是「第一個否定」，否定了「對個人的、以自己勞動為基礎的私有制」。但由於資本主義的必然崩潰，「造成了對自身的否定。這是否定的否定。」這裡所指的即無產階級對「資本主義私有制」的推翻。那「否定的否定」的結果又是什麼呢？馬克思的答案是兩句我們不可或忘的關鍵之語，就是在「生產資料的共同佔有的基礎上，重新建立個人所有制。」（Marx 著，1972: 832）

論證至此，我們更清楚明白了。原來，共產主義的使命竟然是，要經由消滅「資本主義私有制」來「重新建立個人所有制」。但再一次很弔詭地，這樣一個指向自主勞動、又為己生產的私有制，其賴以建立的「基礎」，卻是「生產資料的共同佔有」。

馬克思的這一套論說，真是讓人驚訝。一來，他竟然在捍衛某種形式的私有制，這與許多人的印象大相逕庭。二來，令人費解地，既然生產資料是公有的，又如何說是私有制？到底馬克思在想什麼？或許，我們應該嚴肅地來叩問，要如何在「生產資料的共同佔有」的基礎上，重新建立一種指向自主勞動、又為己生產的所謂「個人所有制」？而其具體的方案或綱領，又是什麼呢？

股份？自由人聯合體的真相

馬克思在這些方面的論述很艱澀，讀者恐怕會頭昏眼花。然而，它卻是本書在主題探討上，無法不面對和釐清的重大課題。對此，許多學者都提及了一個重要線索，就是在《資本論》的第一冊裡，馬克思曾譬喻魯賓遜漂流記，並談到一種所謂「自由人聯合體」的構想。

它一方面「用公共的生產資料進行勞動，並且自覺地把他們許多人勞動力當作一個社會勞動力來使用。」很明顯地，這就是共同佔有生產資料，並且集體勞動。但另一方面，它與魯賓遜的「個人所有」又大不同，因為「這個聯合體的總產品」是社會的。其中有，「一部分重新用作生產資料；這一部分依舊是社會的。而另一部分則作為生活資料由聯合體成員消費。因此，這一部分要在他們之間進行分配。」（Marx 著，1972: 95）

似乎，此一「自由人聯合體」的構想，正是馬克思前述所追求的那種理想。它一方面共同佔有了生產資料；另一方面，則也讓成員分配到了消費品，屬於各自的個人所有。

有趣的是，後來有不少人主張一種奇特論調，認為近代的企業股份制正符合了所謂的「自由人聯合體」。因為，它一方面在股權上是分散的、屬於社會大眾；它不再是私人資本，而是社會資本。另一方面，它對盈餘的分配，不是也很類似於「**自由人聯合體**」的那種方式嗎？莫非這正體現了馬克思所謂的「**重新建立個人所有制**」？

這種類比當然是誤解！但令人訝異的是，晚期的馬克思竟回答了此一問題，從而揭露了更多自己對於「**自由人聯合體**」的真正立場。基本上他同意，股份公司「**直接取得了社會資本**」而與「**私人資本相對立**」（Marx 著，1974: 493）。他因此認定，股份公司是在「**資本主義體系本身的基礎上，對資本主義的私人產業的揚棄。**」（ibid.: 496）以此而言，私人資本家不再能壟斷和支配了。

馬克思甚至聲稱，企業股份制所呈現的，「**不再是各個相互分離的生產者的私有財產，而是聯合起來的生產者的財產。**」（ibid.: 494）這樣看起來，它確實有點像是眾多自由人聯合起來的一個整體。

然而，馬克思到頭來並不肯定企業股份制。從表面上看，所有權與經營權是分離了；而經由股權的分散，個別資本家也不再能壟斷公司、並佔有全部利潤。但其實，它一方面代表著整個社會資本更大程度的集結；而藉此，企業規模在「**驚人地擴大**」後，就更容易造成產業的壟斷（ibid.: 495）。

另一方面，股份制度的真相，毋寧是對經營者「信用」的大幅擴張；讓他們以遠超過自有資本的方式，來支配一家公司的全部資產。譬如，某些經營者可能只擁有一兩成的股權，卻對公司的全部資產，包括現金、土地、廠房、設備、原料、產品和人員，以及各種法律上的權利等等，都握有最高的使用與決斷權。

馬克思指出，這是一個嚴重的問題。因為這些經營者所取得的，是「**對社會資本而不是對自己資本的支配權**」，這反而讓他們間接「**取得了對社會勞動的支配權**」。如此一來，他們就毫無忌憚地更加投機和冒險了，因為所花用的是社會大眾的錢，不是自己的財產（ibid.: 496-497）。

不只在公司的經營上，發行股票和股票交易的本身，更被馬克思視為「**一整套投機和欺詐活動**」。他傳神地描繪道，透過此一誘人的金融遊戲，「再生產出了一種新的金融貴族，一種新的寄生蟲，一種發起人、創業人和徒有其名的董事。」最糟糕的是，由於「財產在這裡是以股票的形式存在」的，而此一「信用」形式，使得這一小撮人「愈來愈具有純粹冒險家的性質」。於是，「它的運動和轉移，就純粹變成了交易所賭博的結果；在這種賭博中，小魚為鯊魚所吞掉，羊為交易所的狼所吞掉。」（ibid.: 496-497）

對照我們今天的社會，上述每一句話都是千真萬確的！馬克思另一個不肯定股份制的原因，是它「並沒有克服財富作為社會財富的性質、與作為私人財富的性質之間的對立。」（ibid.: 497）這就是說，資本家剝削社會以遂其財富積累的本質，完全沒有改變；而資本家與勞動者之間的矛盾對立，也依舊存在。簡言之，雇傭關係下的異化勞動，並沒有因為股份制而有所不同。

他比較肯定的，毋寧還是「工人自己的合作工廠」。因為「資本和勞動之間的對立，在這種工廠內已經被揚棄」了。並且，「工人作為聯合體是他們自己的資本家」，他們利用自己的「生產資料，來使他們自己的勞動增殖。」（ibid.: 497-498）

明顯地，這會更接近馬克思所期待的那種指向自主勞動、又為己生產的所謂「個人所有制」。然而，工人自己的合作工廠就是共產主義的最後答案嗎？不！在馬克思看來，它以及股份企業制，都還只是「轉化為聯合的生產方式的過渡形式」而已（ibid.: 498）。

進一步地，如果不是企業股份制，也不是工人自己的合作工廠，那麼，馬克思在這裡所標榜的「聯合的生產方式」，或者之前所說的「自由人聯合體」，又到底是什麼呢？對於馬克思此一語言之謎，比較普遍的見解是，在生產資料上實行公有，包括了勞動所需的資源、對象、材料和工具；至於私有的部分，則僅限於個人的消費品，譬如食物、衣服、日用品和住宅。

從表面上看，這似乎有點類似普魯東的主張，即生產品（譬如耕種的收穫物）是私有的，而生產資料或生產工具（譬如土地）則是公有的。前者是因為對「勞動價值」的肯定而給予你的，但並不連帶地將後者一併奉送。馬克思由此衍生過來，同樣要求土地、農場或工廠必須是屬於集體的、由公家來經營管理，但生產出來的食物、衣服、日用品和住宅，一部分「重新用作生產資料」，它們「依舊是社會的」；另一部分「則作為生活資料由聯合體成員消費」，而它們就是由個人所佔有的了。同樣地，私有的這一部分反映的是對「勞動價值」的肯定。馬克思很關鍵性地指出，它們是「個人掙得的、自己勞動得來的財產」。

但在這裡，馬克思面對了一個難題。個人所分配到的食物、衣服、日用品和住宅，既然是私有的，那它們不就應該可以轉讓、出租、繼承和買賣嗎？答案顯然是否定的。

至此，我們終於恍然大悟，原來，馬克思要的是，一方面透過「生產資料的共同佔有」來確保自主勞動和為己生產；另一方面，生產出來的東西則僅供消費、並不存在著真正所有權的「個人所有制」。總結來說，到底還是共產！而這就是所謂「自由人聯合體」的最後真相。

共產主義好像也不賴？彌爾

馬克思的魅力無可擋！再加上其他社會主義的戰友，在聲勢上可以說持續大有斬獲。即使在英國，自休謨、亞當斯密、馬爾薩斯和李嘉圖以來的古典自由主義，都面臨了巨大的修正壓力。約略與馬克思同一個時代的彌爾（John Stuart Mill, 1806-1873），即是一個典型的代表人物。他在申言古典自由主義之際，就相當強烈地做出了許多偏向社會主義的調整。我們可以將他當作一個插曲，放在馬克思此一章節中，來一窺共產主義在當時的影響。

首先，對於私有財產制，彌爾說，其好處是對於個人經由「自己的勞動和節省所獲得的成果提供的保護」（Mill 著，2009：上冊，167）；此外，在一般情況下，它的勞動效率也會比公有制來得高。但問題是，一來，私產制的起源和發展，卻與這兩個用來辯護的好處毫無關係。既不是為了保障勞動和節省的成果，也不是為了勞動效率。

從最早的時候開始，對於財產問題的仲裁和判決，就只是為了「鎮壓暴行和制止紛爭」；也由此很自然地，會對於最初的佔有行為，賦予法律上的保障（ibid.: 161）。即使發展到了現代歐洲，其所形成的社會秩序，也是源自於對私產所有者的「征服與掠奪」，從來不是什麼所宣稱的「公平分配和按勞取酬所形成的結果」（ibid.: 167）。

換言之，前述為私產辯護的那兩個理由，不過是「後話」！在歷史上，私產制度形成的真正因素，根本與它們無關。但就筆者來看，即使如此又何妨呢？任何一個制度，在歷史緣起上的「肇因」（cause），與它被辯護的「理由」（reason），本來就是兩回事！這好像兩個人最初走入婚姻是因為激情，但多年後在面臨是否分手的抉擇時，即使激情已經不再了，還是會考慮到婚姻在實際上的許多好處。

彌爾上述的第一個質疑，其實並沒有對私產制度構成什麼挑戰！（ibid.: 166）但進一步地，二來，他指責私產制往往流於不平等和不公正。私產制口口聲聲說，可以保障每一個人勞動和節省所獲得的成果，但事實卻相反，經常是「產品的分配幾乎與勞動成反比」（ibid.: 167）。他還指出，歷史證明了一件事情，即許多有關私產的法規，絕非一視同仁。它們「對某些人設置了重重的障礙，而對另外一些人則給予了特別的優惠。」甚至，「它們有意地製造不公平，妨礙所有的人站在同一起跑線上進行競爭。」

然而有趣的是，他並不反對私產制，只是要求必須滿足三個條件，以避免不平等和不公正。第一、每個成年男子或婦女，都能自由使用和發揮其體力和腦力；第二、生產手段、土地和工具，都要公平地分配，以使任何人都擁有相同的條件、處於同一起跑線上。第三、要對天賦的缺陷給予補償，讓身體較弱的社會成員在分配上享有優惠，足以使他們保持與其他成員同等的地位，進而維護社會的平等（ibid.: 161）。

上述的觀察非常精準，可以說完全抓到了重點，堪為實踐私產制的指導典範。其中的第一個條件，要求的是以不受限制的充分自由為前提；第二個條件，要求機會或立足點的平等；第三個，則是對弱勢者予以額外的保障，來確保實質的平等。

那麼，其次，對於共產主義呢？許多人批評，它會使人逃避理應擔負的工作，使人偷懶、效率低。彌爾則認為，逃避工作毋寧是普遍的人性，關鍵其實在於，是否有利害關係者不斷地予以監督。而在這一點上，他認為共產主義倒是比較有優勢。因為在集體農場或工廠中，「**每位勞工不是在一位主人的監督下，而是在整個社會的監督下工作的。**」對於那些不盡責工作的人，可以發揮規範作用（ibid.: 163-164）。

此外，他相信，純粹為一己利益而工作的勞動者，其實很少。而共產主義在這一方面的缺點，也不算嚴重。自利心固然是經濟成長的動力，但別忘了，人類可能具有的「**公共意識**」比許多人所想像的要強得多。

更重要地，人們對公共利益的情感是可以被培養的；並且彌爾認定，「**最適宜滋生這種情感的土壤，莫過於共產主義社團**」了。他更聲稱，歷史的經驗已經證明，人們不僅可以為自己的利益而勤奮工作，也可以為了得到他人的認同和贊許而表現出一種「**盡最大的努力開展競爭所具有的力量**」（ibid.: 165）。

看起來，彌爾對共產主義是偏愛有加的。但他還是提出了一個技術性的質疑，即該如何「**在社團成員之間公平地分配勞動**」呢？勞動的種類那麼多、差異性也很大，該以什麼標準來衡量，才是公平呢？

從現實來說，這幾乎完全不可能！於是，共產主義者乾脆就要求輪流從事不同的勞動。你這一週在農場種田、下一週去蓋房子、下下週轉到工廠；反正大家輪流的週期都一樣，所以就似乎很公平。彌爾對此大唱反對。他說，這將重創一個社會的專業分工，大幅降低勞動生產力；並且也根本不平等，因為每個人的體質和才智不同，以致「**相同數量的勞動將成為不相同的負擔**」（ibid.: 165-166）。

整個來說，由於共產主義在當時只是新興的思潮，還缺乏足夠的現實經驗，因此，彌爾在私有與公有之間搖擺觀望。但畢竟私有制的弊病在當下是歷歷在目的，故而他不時認為，目前的私有制不如共產主義；更對社會主義寄予許多同情（Chernyshevsky 著，1984: 16）。只是，他在另一方面卻又說，人類當前的主要目標，並非「**廢除私有制度，而是改進私有制度，並且使每一位社會成員，都能夠分享到它所帶來的利益。**」（Mill 著，2009：上冊，173）。

到頭來，彌爾作為自由主義的大師，其核心信念是從來沒有任何搖擺觀望的。他說，最重要地，究竟在這兩種制度中，哪一個「**更適合最大多數的人類的自由與自主的發展**」呢？這才是抉擇的關鍵點。

就當時的社會狀況來看，他批評，私有制在此一方面是完全不及格的。因為歐洲大部分的勞工，都沒有選擇職業或變換工作地點的機會，甚至在意志上，還處在類似於奴隸的被支配地位。那共產主義這一方面呢？彌爾認為，目前還無法就其社會後果做出正確的評價。不過，他還是提出了質疑和挑戰，要求我們必須弄清楚，共產主義體制是否適合人性多樣化的差異、帶來多面向的發展？他說，自己絕對不能接受，為了換取舒適或財富而被控管行為，或者為了實現平等而放棄自由此一「**最高貴的品性**」（ibid.: 168）。

上述的整個立論，讓人不得不聯想到普魯東。雖然，彌爾從未鼓吹一種「**共產制與私有制的綜合**」，卻也同樣在私有與公有之間搖擺觀望。而最後決定性的堅持，則都是自由。包括了平等、無支配意志的統治、無限的多樣性、寬容異己，以及追求卓越和榮譽的充分發展空間。筆者要說，這樣的堅持是一種最深刻的睿智和洞見！而令人好奇的是，如果彌爾與馬克思合體，不知道歷史會怎麼發展？

12 每筆財富都是大夥的：克魯泡特金

◆幾百萬人不停地勞動著，創造出來我們現在所誇耀的文明。……無一不是過去和現在所產生的公共財產。……誰有什麼權利來佔有這無量數的財富中的一小部分，而這樣地說：「這是我的，不是你的」呢？

談過了彌爾的插曲，回到「輕看財富、貶抑私產」的論調，在馬克思之後，接著就由巴枯寧（Mikhail Bakunin, 1814-1876）以及克魯泡特金（Peter Kropotkin, 1842-1921）接替了。他們承繼著普魯東的無政府主義，卻在財產立場上表現得更為激進。

巴枯寧一方面攻擊私有財產為「強凌弱」的制度。另一方面，也不保留地批評，說「**共產主義不可避免地終必將一切財產集中在國家手裡，……奴役人們、壓迫人們、榨取人們、以及破壞人們。**」（Catlin, 1939: 429）他要公有制，卻不要「公有」在國家的手裡。因為政客比私有制更可怕！從歷史來看，這確屬真知灼見。政客總是打著國家的名號，遂行一己的超級大私有。

無政府主義的最核心立場，就是絕對不相信政客、不相信他們那張臭嘴所講的一切國家利益。政客只會是剝削的「新」階級，不會是無產階級的救星。只不過，這樣的方案是否就真的更高明呢？讓我們來析論最有代表性、也最激進的克魯泡特金。

他曾經在一九〇二年出版的《互助論》中，從一個相反的角度，重新詮釋了達爾文所謂的生存競爭。他指出，所有一切將「**個體間的競爭縮減到最小限度，使互助的實踐得到最大發展的動物的種，必定是最昌盛、最能不斷進步的**。」反之，那些「**不合群的種是注定要衰退的**」（Kropotkin 著，1984: 260）。坦白說，這番話很難被駁倒！真正在生存上有競爭力的，確實不是能力最強的，而是最懂得互助團結的。

進一步地，他從蒙昧人的部落、野蠻人的村落公社、村落聯盟、中世紀的城市和行會組織、乃至於歐洲的農民公社中，洞見了一種不斷展現在歷史裡的社會形式，即將勞動、消費和分配都緊密結合在一起的互助模型。這正就是克魯泡特金所最嚮往的。它不是以分散的個人為結合基礎的國家（ibid.: 261），而是以自由合意、互助互惠為基礎的聯盟。

不只政客和國家因剝削壓榨而是落伍的，他同時指出，相對於個人主義所標榜的自利，互助在進步上已經證明了「**具有壓倒一切的影響力量**」。在人類歷史中，每一次，當「**以互助傾向為基礎的制度，獲得最大發展的時期，也就是藝術、工業和科學，獲得最大進步的時期**。」（ibid.: 262）

尤其在道德方面，互助是道德觀念的真正基礎。無論在原始的佛教和基督教中，伊斯蘭教的先知著作中、初期的宗教改革運動中，特別是在十八世紀和當代的道德以及哲學運動中，克魯泡特金相信，人類都日益拋棄了以公正、平等或正義為基礎的「**報復的觀念**」，而代之以更崇高的「**勿冤冤相報**」和「**對鄰人要厚施薄取**」的倫理。他聲稱，此即人類向著互助——不是互爭——而進化的歷史證據；同時，也是將來得以「**更高尚的進化的最好保證**」（ibid.: 264-265）。

整個來看，在《互助論》一書中，並沒有直接碰觸到財產課題，它毋寧是克魯泡特金的一個思想總結。

它藉此肯定一種以自由合意為基礎的互助模型，同時表達了對個人主義和國家主義的拒斥。但早在一八七六年，當他從俄國逃亡到西歐後，就陸續寫了許多重要著作，闡揚其廢除私產的激進思想。特別是在一八九二年出版的《麵包與自由》，非常具有代表性。它可以說是前一部著作《一個反抗者的話》的續篇。

所有的勞動都是協同互助的

在這兩本著作中，克魯泡特金揭櫫了一個基本立場，即所有的勞動都是協同互助的；而其創造的財富，當然屬於社會集體。不僅勞動所生產的品項是如此，生產工具也是如此；一概都是「**偉大的全體的一部分**」，是「**種族全體的共同財產**」。

表面上，這個財富是你的，那個是他的；但其實一切的財富都有長篇的歷史，是許多無名英雄日積月累地用眼淚、血汗、聰明和勤勞換來的。就以都市的文明為例，它是靠著一代又一代居民的合作，才慢慢發達而成熟。其中的各種住宅、工場和倉庫，都是「**那死亡了埋葬了的數百萬工人的積蓄的勞力所創造的**」。而到了如今，它們的價值也靠著許許多多民眾的勞力付出才能維持。

> 幾百萬人不停地勞動著，創造出來我們現在所誇耀的文明。又有幾百萬人不停地勞動著來維持這文明。……無一不是過去和現在所產生的公共財產。……也無一不是由知名的與不知名的，死於貧困之中的千萬發明家所協力完成的。

即使是最標榜個人主義、獨立創作的作家、詩人和學者們，他們固然不斷努力來增進知識，消除謬誤，使我們有今日這樣可驚的文明進步。但同樣地，在他們的一生中，「身心兩方面都受著各種勞動者和工匠的支持與培養，他們的原動力也是從環境中得來的。」（Kropotkin 著，1989: 39）

任何一部機械和發明也都是如此。在各自的長篇歷史的紀錄中，「有許多不成眠的長夜，有貧困，有幻滅，有歡喜，有無名工人世世代代所發現的部分的改良。」而就基於上述的這一切，克魯泡特金結論道，「一切都是共同勞動著的。無論任何一種發現、任何一種進步、任何一種人類財富數額的增加，無一不是出於過去的和現在的心身兩方面的勤勞。」即然如此，那麼「誰有什麼權利來佔有這無限財富中的一小部分」，並且聲稱「這是我的，不是你的」（ibid.: 40）呢？

而最讓許多無殼蝸牛窩心有感的，恐怕是接下來這番話了。他指出，「所有權」絕不應該擴張到房屋上面去。一來，房屋是由那些領取最低工錢的勞動者建築和裝置起來的；二來，屋主所花費的金錢不是由於他的勤勞、而是剝削而來的；三來，更重要地，房屋的價值，或者說增值的利潤，來自於它所處在的都市，而那是幾百年無數人的勞動和付出結果。譬如，在巴黎價值一百萬法郎的房屋，「並不是因為造這所房屋所費的勞力值得一百萬法郎，不過是因為這所房屋是位置在巴黎罷了。」

> 由於幾百年間的無數勞動者、藝術家、思想家及學者文人的貢獻，才使巴黎成了工業、商業、政治、藝術與科學的中心；而且因為巴黎有著它的過去的歷史；又因為靠著文學的力量，巴黎各街市的名稱遍傳於國內和國外；又因為這是五十代的法國國民在一千八百多年間的勤勞的結果，——這樣才使巴黎的房屋能夠有很高的價值（ibid.: 105-106）。

這番話讓人聯想起，炒房高手們常說的那一條購屋鐵則：「Location, Location, Location」。這固然是投資房地產的獲利之道，但從克魯泡特金來看，其因「Location」而來的增值效益，是屬於古今以來的全體人民的。

炒房根本是自私自利的掠奪，不值得被大家羨慕到流口水！華人的媒體總愛標榜，某某人很有投資房地產的眼光，賺了多少錢。但筆者實在很想說，這是典型的「將羞恥當成榮耀」！一來，這是不勞而獲；二來，你的快樂是建立在別人的痛苦上。

整個來看，克魯泡特金上述的立論，明顯地源自於無政府主義的老前輩普魯東，即認為任何一個人的才幹，都受惠於集體的勞動協作，也因此是集體的財產。迄今，這樣一種立論的影響是極為深遠的。即使來到二十一世紀，股神巴菲特在反對廢除聯邦遺產稅時，也仍訴諸此一理由，他針對有錢人而指出，「**他們會那麼富有，都是因為有這個社會。**」

如果他們認為一切都是靠自己賺來的，那麼就讓他們重新投胎，誕生在西非的馬利共和國……，只有挨餓受怕的母親撫養他們，長大後被送到象牙海岸的可可園當奴工，看他們能變得多有錢、多成功（Schroeder 著，2008: 722）。

巴菲特這番話是有道理的。但很遺憾，一切已成為事實。克魯泡特金控訴，當前所有的社會資源和生產工具，都已經被少數人強佔了，從土地、礦坑、機械到鐵路，無一例外。這一小撮強盜根本不顧社會全體的需要，滿腦子想的都是佔有者的投資利益。而代表國家的教育、法庭、裁判官、行刑官、警察和獄吏，則都是為了維持這種特權而設立的（Kropotkin 著，1989: 42-43）。

國家可以除暴安良嗎？不！它只是剝削和自肥的幫兇。對此，克魯泡特金大聲疾呼，社會不能坐待滅亡。「生產的工具既然是人類的協同工作的結果，生產品就應該為種族全體的共同財產」。換言之，「萬物是為萬人所有的」！個人的佔有不僅是不當的，更是有害的。任何人只要有工作能力，就有「權利來正當地分配萬人所生產的萬物」（ibid.: 44）。

造成匱乏的在經濟上的原因

克魯泡特金由此進一步呼籲，要求實現「萬人的安樂」，並且堅稱這絕非夢想（ibid.: 44）！從一開始，他就質疑道，隨著工業革命和生產力的爆發，明明「我們是富裕的。然則為什麼還有那許多的窮人呢？」（ibid.: 37）他還批評那位「中產階級經濟學的教主」馬爾薩斯，說他的人口論恰與事實相反。因為財富的增加其實與生產者的人數成正比；「一個地方的人口愈稠密，他們的創造財富力的生長便愈速。」

譬如，英國從一八四四以迄一八九〇年，其生產力的增加就兩倍於人口增長率。而法國的人口即使增長最遲緩，但過去八十年間，小麥生產量的增加卻有四倍之多，工業的生產更增加到十倍以上。至於美國，從歐洲移入了大量過剩的工人，結果財富反而因此增加了十倍（ibid.: 45-46）。

既然如此，那為什麼富裕沒有惠及大部分的窮人呢？克魯泡特金提出了兩個答案。第一、那些被少數人佔有的極大量生產工具，為了追求更大利潤，都被用去生產奢侈品了，以致窮人的生活必需品供給不足。第二、資本家刻意限制了生活必需品的產量，好讓它們能在市場上賣個好價格。也就是說，寧可供給不足，也拒絕因充分供給而讓售價低落。

這其實不是兩件事，而是一件事。將大部分的產能移往高消費族群所追求的奢侈品，既可以從有錢人那裡獲取更高的利潤；也避免了生活必需品因供給過剩而價格下跌。總而言之，資本家在兩頭都賺了大錢。

對此，克魯泡特金指證歷歷。一方面，「**那些專門供富人吃的牡蠣，寧可一車一車地拋在海裡，只為了免得它變成平民的食品。**」同時，無數的礦工很願意來天天挖煤，但通常三分之一在一週內不能做工到三天以上，因為「**老闆要維持煤炭的價格，不願因煤的出產加多而使其價格減低。**」還有許多紡織機、數百個熔礦爐、幾千所工廠休息著不開工、或只做半天的工，造成二百萬以上的失業工人。而這一切現象的背後只有一個原因，就是「**直接的有意的限制生產**」（ibid.: 46-47）。

另一方面，業主則是將「**人類的勞力耗費在製造絕對無用的，或僅能滿足富人的虛榮心的物品上面。**」譬如，有錢人家的養狗玩馬、交際應酬的新奇流行，或是庸俗的低級趣味。克魯泡特金相信，如果將這種浪費完全用來生產有益的物品，那麼，全國的財富會增加一倍以上，而現在三分之二的國民所缺乏的物品，又會充滿在商店裡了（ibid.: 47-48）。

最邪惡的是，資產階級還編造了生產過剩的假象和謊言。然而，就以出口最旺盛的英國為例，只有一件民生必需品「**或許超過了社會需要——這便是棉花。**」只是很奇怪，全英國的居民卻還高達有三分之一的人口穿著破爛衣服（ibid.: 199-200）。這充分證明，原本應該有的「**萬人的安樂**」，已經被刻意限制生產和改去生產奢侈品所剝奪了。

有趣的是，這樣的論調與此前的休謨和亞當斯密恰恰相反。他們認為，奢侈品的消費其實可以帶來普遍富裕。這一點留待第三章時再討論。但無論如何，克魯泡特金基於他的論證，始終堅稱「**萬人的安樂並不是夢想**」！當然，在上古或較傳統的時代，還無法達成此一目標，但現在的情形已經不同了。因為有了發動機，只要用少量的鐵和幾包煤炭，就能夠運轉複雜的機械，帶來驚人的產能。唯一的障礙在於制度的不良！

當一切「莫大的資本」都變成了「由少數壟斷者自由支配的私產」（ibid.: 49），怎還能指望有「萬人的安樂」呢？但無論如何，克魯泡特金基於他的論證，始終堅稱「萬人的安樂並不是夢想」！當然，在上古或較傳統的時代，還無法達成此一目標，但現在的情形已經截然不同。因為有了發動機，只要用少量的鐵和幾包煤炭，就能夠運轉複雜的機械，帶來驚人的產能。唯一的障礙在於制度的不良！當一切「莫大的資本」都成了「由少數壟斷者自由支配的私產」（ibid.: 49），怎還能指望有「萬人的安樂」呢？

萬人安樂的實現：全面充公

那麼，解決之道又該如何？克魯泡特金非常激進，主張進行一個徹底的社會革命，讓所有一切生產工具和私有財產全部「充公」（ibid.: 49）。對此，最需要釐清的是充公的範圍，抽象而原則性地來講，舉凡「能夠使人（不管是金融家、工業主或地主）壟斷他人勞力的產物的一切東西都應該充公」（ibid.: 74）。乍看之下，這似乎只包括了生產資料，而不包括勞動的產品或成果。其實不然。他要求的是，將私人手中的一切資本，以及「生產所絕對必需的東西」全部充公（ibid.: 118）。

具體地來考察其項目，克魯泡特金的意思就更清楚了。他說，要以民眾的名義去佔有穀倉、衣店、住宅和「保證萬人安樂的一切必要物品」，俾能確保社會中所有的衣食和住各種維持生存的必需品，都得以沒有差別地分配給萬人（ibid.: 53-55）。其中，對於食物，在革命地區的人民要收歸自己管理（ibid.: 85）。對於衣服，要佔領一切出賣和貯藏衣服的店鋪倉庫，然後打開給一切的人自由取用（ibid.: 115）。對於住居，則要將所有房屋充公，並且宣布對房屋不收租金，也就是房屋共有，讓每個家庭都有適當的居住權利（ibid.:

三）。

在這裡，克魯泡特金特別對比了自己與其他共產主義的不同。他指出，有些人主張，只要將生產工具充公就夠了，至於「消費品（食物、衣服、住宅等）則應該視作私有財產」（ibid.: 78）。這明顯指的就是馬克思的主張；即在所謂「生產資料的共同佔有」基礎上，重新建立一種侷限在消費品上的「個人所有制」。對此，克魯泡特金批評其中的觀念混淆不清。因為要將生產資料與消費品區別開來，是大有問題的。食物既是消費品，也是生產者不可或缺的物品；居室讓勞動者得以休息，也是儲蓄明日工作所需體力的地方。它們雖然是消費品，卻也是生產上的必需品（ibid.: 78）。坦白說，此一批評薄弱了點！但這並不重要，因為它只是為了導向克魯泡特金所預設的結論，即全部一切都得充公。

或許我們會問，何必如此激進而徹底地充公呢？克魯泡特金的回答訴諸了一種全體主義，即文明社會中的一切事物都互相錯綜、彼此影響。因此，「不去變更全體只來改良一部分，這是不可能的事。所以我們攻擊私有財產的時候，……我們應該攻擊到全體。革命的真正成功便靠著這一點。」（ibid.: 77）

再也不發薪水了，只有公庫

進一步地，對於否定私有財產，克魯泡特金更徹底之舉，則是要求將工資制度也一併取消掉。此後，人們所需要的一切生活品項，都去公庫領取或配給。這其實已經時光倒流，回到摩爾和溫斯坦萊那種讓金錢和買賣完全消失的烏托邦了。

其中的基本原則是，對於那些稀少的和常缺乏的物資，需要平均分配。其餘的，則都由各個人「自由取

用，沒有定額，也沒有限制。」而如果儲存量不足以平均分配時，則「**感覺最大需要的人，便可得到最多的量。**」（ibid.: 91-92）這些原則看起來是多麼地誘人啊！既實踐了平等、也可以自由地各取所需，同時又顧念到了最需要的人。

但相較於無政府主義的前輩普魯東，這會不會太激進了？他可從來沒有要求廢除工資制度，而只是要求在計算標準上一律平等，都得根據各自生產品所內含的勞動時間和費用。

不過有趣的是，這兩個人各自所訴諸的理由竟然差不多，都是勞動的集體協作性，以及衍生而來的財產集體性。在這一點上，克魯泡特金沿襲了普魯東。他同樣認為，任何一個人的才幹，都受惠於集體的勞動協作，也因此是集體的財產。而在這種情況下，「**對於這萬人的力量所積蓄下來的財富**」，我們「**怎樣能夠計算出來其中各個人所有的實額**」呢（ibid.: 56-57）？也就是說，每個人的貢獻該領多少工資，這完全是計算不出來的！勞動和生產作為一種集體協作，根本就「**無所謂價值（一般人誤稱為交換價值）的正確尺度**」（ibid.: 188）。

克魯泡特金精采地譬喻，在勞動的集體協作中，誰是最重要的那一位呢？是在礦坑中挖煤的人？還是那個在下面發信號的小孩？或是計算礦脈的工程師？誰又該拿到最高的報酬呢？是火車頭的發明家？還是那個提議用枕木來代替石頭的紐卡斯爾的工人？是火車的司機呢？還是那個執紅綠小旗叫火車停止或前進的打旗號的人（ibid.: 189-191）？

他呼籲我們應該換個角度來看，將人的「**需要（欲求）放在工作之上，不管工作如何，只管需要如何。**」無論勞動的成效如何、各個人的貢獻又如何，每個勞動者都可以享有「**生活的權利**」以及「**安樂的權利**」（ibid.: 189）。因此，無論勞動了多少時間、又有多少生產力，每個人都有權利從社會的財富中，取得所需要的食物、衣服、日用品和住宅。甚至將來，還可以享有科學和藝術的高等快樂。

克魯泡特金更大膽地指稱，這其實已然是當前的一種社會趨勢。即當你有需要時，社會就照顧你。整個社會是按「需」分配，而不是按「勞」分配。因為，基於人與人之間的緊密依存，將你照顧好了，就等於照顧了社會。

這便是供給各個人的需要時，並不較量這個人過去和現在對於社會所盡的力如何。我們開始把社會看作一個整體，它的各部分是互相密切地結合著的，所以為著一個人盡力便是對全體盡力（ibid.: 59-60）。

進一步地，為凸顯勞動報酬的難以估算，克魯泡特金還分析了社會主義陣營的各種不同的工資制度。其一、英國初期社會主義者採用「勞動券」制度，憑券可以向國有商店購買一小時勞動的肉、十分鐘的火柴、或三十分鐘的菸草。其二、中產階級經濟學家們則主張，專門或技術的勞動所得的報酬，應該比單純的勞動所得加倍，因為這種勞動需要長時間的學習。其三、馬克思主義的追隨者則認為，醫生或教授的八小時勞動，與礦工或清道夫的八小時勞動在價值上是相等的。其四、還有些人則說，愈讓人厭惡的骯髒工作，應該比那些愉快的勞動有更多報酬；譬如，清道夫勞動一小時，等同於教授兩小時的勞動價值。其五、另有人聲稱，應該依各產業組合的勞動總額付給報酬，然後再根據勞動時間和生產力分配給各個成員（ibid.: 180-183）。

面對這幾種估算工資的標準，試問，哪一個才是正確的呢？天知道！確實，這些爭論是絕對不會有答案的。克魯泡特金因而完全避開了它們，直指工資制度的弊害。首先，只要工資制度還存在，它就成為整個社會在財產公共化上的一個大缺口。工資作為個人可以自由支配的一種財產，它終將會讓廢除私有制的革命大業歸於失敗（ibid.: 187-188）。而國家如果實施共產主義，卻不廢除工資制度，這不過是以國家來代替個人的雇主罷了！工人因此只是從「資本家的奴隸」變成為「國家的工錢奴隸」（ibid.: 86-87）。其中被奴隸的地位和命運，何嘗有所改變呢？

其次，因為工資必然有高有低，它會帶來社會的不平等。克魯泡特金認定，無論是醫生、科學家或工程師，如果他們比別人領取更多報酬，就是利用他們自身的資本在壟斷和要特權；而此一行徑的邪惡，就如同「雇主利用他的工廠，貴族利用他的門第爵位一樣。」（ibid.: 185）這些傢伙都忘了，自己所擁有的一切資本，都是屬於社會的集體財產。

自由勞動者最有工作的熱情

對於克魯泡特金的這一套，最常見的質疑是，如此一來，誰還要努力工作呢？從普遍的人性來看，「無論誰也會把他的勞動的責任，放在別人的肩頭上。」（ibid.: 162-163）也就是讓別人多辛苦一點，而自己可以悠閒一點，反正沒有工資，而且公庫會無條件配給一切。對此，他直接提出質疑，以工錢為目的而勞動，其效果真的會更好、生產力會更高嗎？或者反過來問，勞動若是出於自願，其生產力就會遜色於為工錢而勞動嗎（ibid.: 163）？

傳統以來，對於鼓勵勞動的標準答案，總是認定它必須靠「飢餓的威脅」。甚至還有一種看法，說「不用鞭笞，黑奴便會不勞動的。」或「農奴要是不受主人的監督，便不去耕田，而任其荒廢。」但克魯泡特金反駁，事實真相已經否定了這些標準答案。譬如，俄國的農夫在革命解放後，就「以他們所獲得自由之程度為比例，而努力從事工作」；而「解放了的黑奴，也比較他的祖先更加勤勞地努力工作。」

他堅定地相信，「最自由的農夫，便工作得最勤苦，最熱心。在田地屬於他自己的地方，他便不顧死活地勞動。」（ibid.: 163-164）反觀那些「工錢勞動者」，他們總是無精打采、冷淡漠然。只有那些能夠自由勞動、自由選擇職業，又知道自己財富的增加會隨努力成正比的人，才會熱情地投入工作（ibid.: 164-165）。

還有，許多老闆和經理階層，總愛說工人懶惰。但講這個話的人別忘了，自己是因為特權而得以選擇輕鬆愉快的工作，並且，通常是在衛生條件良好的環境中工作，所以做起事來比較不會感到疲乏。回過頭來看工人，懶惰常常是因為勞動條件惡劣、工作的單調無聊，以及沒有成就感；或者，是在被迫勞動下對於工作的技能根本外行，甚至心理上有排斥的情緒所致。換個位置做做看！只要當上了老闆和高管，很少人不是幹勁十足的！

當然，克魯泡特金所寄望的，從來不是老闆和高管去改善工人的勞動條件和環境，而是全面的社會革命。他堅稱，只有在革命後的社會，人們才能都在「自由合意的共同事業體」裡面工作。這當然是自願又自由的勞動，其中沒有「現在的奴隸制、農奴制、工錢制的鞭笞」，每個人都清楚，自己愈努力，愈能創造自己和鄰人的福祉；每個人都知道，自己不會「永遠釘在貧窮上面」，而且有一個「將來的安寧和奢侈的希望」（ibid.: 166）。

在這裡，每個人都自覺是老闆和高管。勞動「不會再是命運的詛咒了；它將恢復它的本來面目，而成為人的全部才能之自由的行使。」（ibid.: 168）也就是每個人的精力和智慧會完全發揮，整個社會的生產力隨而爆發。

自由合意：廢除議會和國家

對於上述一切改造行動的實踐，克魯泡特金完全排除了議會和國家的介入。他要求民眾自己「**組織起來從事拯救飢餓，填補缺乏，應付一切需要。**」（ibid.: 53-54）在他眼中，議會和國家本身就是最需要被改造的對象。那些議員口口聲聲代表人民，其實代表的都是資產階級的利益。他認定議會的緣起和本質，只是他們用來反抗王權以保持自己權利的手段，同時「**還用它來辯護並且擴充他們支配勞動者的勢力**」（ibid.: 179）。至於國家，則更不能信任了。就如之前提過的，舉凡教育、法庭、裁判官、行刑官、警察和獄吏，都是為了維持資本家的特權而設的，都是剝削和自肥的幫兇。

克魯泡特金不客氣地質問，有錢人的財產是從什麼地方來的？答案是「**從貧民的窮苦中來的。沒有窮人的地方，也就沒有掠奪窮人以自肥的富翁。**」而從美國到歐洲，這正是「**得著國家幫助的大規模的欺騙的結果**」（ibid.: 68; 71）。

許多人總是對我們說，只要勤勞和積蓄，就可以致富。但真相是，你得靠政客和國家的幫助，給你特權，給你法律的通融和方便。只是，很可悲地，政客和國家經常裝扮成打擊特權的正義使者、或是客觀公正的第三方。於是，當面對既得利益者時，一種誘人的論調就跑出來了，聲稱「**要消滅這種掠奪，國家的干涉便是必要的呵！**」（ibid.: 151-152）

譬如，對於交通運輸的問題，當遇到異常固執的人或特權份子，以致無法達成共識或實踐共同利益時，就會有一些人跳出來呼籲，需要一個中央政府，來擔任客觀公正的協調和仲裁，同時導向對公共利益的追求。對於這些論調，我們現代人再也熟悉不過了。但結果呢？克魯泡特金要我們別忘了歷史的教訓！長久以來，不就是「**國家製造出無產階級來交在掠奪者的手中**」的嗎？這些人的手法很簡單，即政商勾結。許多大財團和企業所享有的獨佔權，不「正是那個自稱為我們的恩人的國家所給予的」嗎（ibid.: 152）？

這番話太真實了！壓迫不僅是資本的結果，還要靠國家的幫助。國家幾乎永遠站在資產階級那一邊，從來不是窮人的朋友。它最擅長的就是裝扮成公正的第三者。因此，克魯泡特金將改造的希望，轉而投向一種以「自由合意」為基本精神的民間聯合會。

這樣一種自由的結社，基於互相合意的契約來行事，而不是依法行政。整個社會中，沒有政府，只有一個又一個「自由勞動者的集團」。他相信，從歐洲鐵道的經驗，這個模式是可行的，根本不需要鐵道大臣、鐵道議會或什麼管理委員會，「萬事皆由自由合意而成」（ibid.: 151）。

長久以來，人們總是期待政府作為「社會的公僕」，但它經常幹的事卻是「壓迫個人使之服從」。而解決這個矛盾的唯一方法，就是取消它；代之以自由結社的民間聯合會。讓他們「以互相合意來代替法律；……以共同的目的和見地，來調節個人的利害。」

克魯泡特金更聲稱，這正就是時下的社會趨勢。即「逐漸限制政府的活動範圍，而增加個人的自由。……減少政府的干涉以至於零；實在就是要消滅那不公道、壓迫、獨佔三者的化身——國家。」同時，它還會是將來的世界面貌。即「維繫個人之間結合的，不是法律」，而是建立在人際互助及合作上的「社會習慣」（ibid.: 62-63）。它當然是表現在自由結社的民間聯合會裡。具體而言，克魯泡特金所指的，就是自治公社以及各產業團體的自由聯盟。譬如，歐洲的農民公社、萬國郵政聯合會、鐵道聯合會，或是學會之類的各種學術團體（ibid.: 65）。

這無疑又是一個天堂新樂園！克魯泡特金在重新解釋達爾文時，明明承認了生物也有生存競爭的自私面向；但在開展自己的理論時，卻又將之給丟棄了，好像人際之間只會有互助合作，而不會有自私對立。如此一來，在他所編織的新社會裡，從生產、消費到分配，當然一切都極其美好了。

此後，抱持類似的立場的，還有索雷爾（Georges Eugene Sorel, 1847-1992）的工團主義（Syndicalism），以及主張基爾特社會主義（Guild Socialism）的科爾（George Douglas Howard Cole, 1889-1959）。他們都一方面倡言廢除私產，另一方面則反對國家，認為國家會箝制自由和壓迫，還總是與資產階級狼狽為奸。他們寧可選擇自治，並將財產交給以勞動者為主體的工團或基爾特（帕米爾書店編，1977: 52-56; 27-42）。

但這樣的論調畢竟不切實際，甚至有點天真！儘管國家此一形式可以拋離，但總要有一群人來扮演統治、領導和管理的功能吧？任何形式的勞動分工，都一定要有職權上的階層秩序。否則就是烏合之眾。而這一群扮演統治、領導和管理功能的人，無論是自治公社、產業團體的自由聯盟、工團或基爾特，試問，他們就不會箝制自由和壓迫、不會與商人狼狽為奸嗎？天底下絕對沒有道理說，取消了國家，剝削和壓迫就不會存在。

※

對於「輕看財富、貶抑私產」的論調，本章探討至此，該收筆了。從阿里斯托芬、柏拉圖、犬儒學派、伊比鳩魯、斯多噶主義、聖方濟各、摩爾、溫斯坦萊、盧梭、普魯東、馬克思、彌爾，到克魯泡特金，雖然無法完整而窮盡，但已經夠清楚明白、而且有代表性了。接下來，讓我們進入另一章，看看其他的論調吧！

第二章

夠用就好、財富的小康之樂

從上一章洋洋灑灑、各式各樣的論調，我們可以歸納出大師們「輕看財富、貶抑私產」的兩種理由：其一，是將財產視為美德或靈性的障礙，因而主張要盡可能地從人生中予以排除。其二，是將私產視為自私自利或不平等的起源，並帶來了社會撕裂、或剝削和壓迫，因而主張某種形式或不同程度的共產公有。

對許多人而言，這種將私產完全排除的立場，毋寧是有所偏執的，或過度理想化、不切實際。畢竟在人生中，財產和經濟是每天都會面臨到的最現實需要；而物質的擁有也與我們有最密切的關係。另一種想要予以制衡的論調於焉而生。這就是我們接下來在本章所要探討的第二條財富倫理路線——「夠用就好、財富的小康之樂」。

簡單來說，它就是主張私產有其必要，有錢也並非壞事；該受譴責的不是私產，而是貪婪、自利和浪費，以及拒絕分享和施捨。只不過，私產也不能太多，應該以小康為限度。

對大部分人們而言，此一論調應該是最熟悉的，甚至經常掛在嘴邊，也普遍能夠接受。因為它看起來很平衡而中庸。從表面上看，這似乎只是之前第一種立場的「微調式修正」。因為對於私產的擁有，不過是從「沒有」增加到了可以擁「有一點」！並未從對財富的「徹底否定」進展到「積極肯定」。

但即使如此，它仍代表著一種完全不同的生活方式和社會選擇。因為在其中，我們再也看不到清貧度日和禁慾苦行了；而一種共耕土地、吃大鍋飯的集體共有制度，也徹底消失。至於對富人和資本家，以及對社會不平等的控訴，不只變得溫和許多，更經常轉為只是道德式的規勸而已。我們不能不說，與前一種立場比較起來，這仍是巨大的差異，並堪稱為財富倫理上一種不同的「典範」（paradigm）。以下，就讓我們挑一些代表人物來加以探討吧！

1 小康帶來一切的美好：亞里斯多德

◆自私固然應該受到譴責，但所譴責的不是自愛的本性，而是那超過限度的私意。
◆寬宏必須有財產可以運用，在一切歸公了的城邦中，人們就沒法做出一件慷慨的行為，誰都不再表現施濟的善心。

首先，亞里斯多德（Aristotle, 384-322 BC）對財富的立場，在此一論調中非常有代表性。我們可以從他作為一個起點。記得在前一章中，曾提到柏拉圖在《法律篇》中已經放棄那種為權力消毒的共產公家庭了；只是他仍堅持著善與財富之間不相容的立場。因此，他雖然承認了私產，但對於財富的數量和用途，還是予以嚴格把關；土地仍禁止買賣，工商依舊被視為賤業。

亞里斯多德雖在多方面批評他的老師，但對於私產和工商業卻有不少同調之處。事實上，柏拉圖在《法律篇》的結束，正是亞里斯多德的起點。但不同的是，柏拉圖出於對人性的無奈而妥協，他最鍾情的，到底還是統治階層的共產公家庭。至於亞里斯多德，卻在對財產的地位評價上，肯定了它有善的面向。而這一點是柏拉圖不可能接受的。

不過，亞里斯多德有點弔詭，他在肯定財富有其善的面向之際，也同時承認了其有變成惡的可能。對他而言，「財產既是倫理上的善，同時也是潛在的惡（Property is both an ethical good and a potential evil.）。」（Nelson, 1982: 61）這與柏拉圖鮮明的「本質」（nature）主義立場顯然不同。亞里斯多德為財產保留了中庸的空間，它固然有變成惡的可能，但這並非因為其本身就是惡；事實上，在某種條件下，財產還可以是善的。

這就是我們以下要探討的核心主軸。試問，在什麼情況下，財產是「倫理上的善」呢？而又在什麼情況下，財產會變成「潛在的惡」？我們千萬不要以為，亞里斯多德只是將財產當作中立的工具，端看擁有者怎樣去使用財產。他的論證別開新徑，訴諸的是取得財產的方式，以及擁有財產的數量。為了說明這一點，我們有必要從他的經濟學談起。

家戶經濟學的兩種致富之道

首先，他說經濟乃一門關乎「家戶」（household）管理技術的科學。而如何獲取財富，正是其中所衍生出來的一個基本課題。他稱此為「致富之道」（chrematistics），指的就是獲取財富的方式。對此，他進一步區分出兩種類型。一種是「自然的致富之道」。它追求一個家戶在生活上不可或缺的物資，譬如食物、衣服或工具等。這種財富在總量上當然是有限的，因為它只去滿足自然需求。它包括有「遊牧、農耕、劫掠、漁撈和狩獵」（shepherds, husband-men, robbers, fishermen, and hunters）等方式（Aristotle 著，1983: book 1, ch. 8）。

另一種獲取財富的類型，則是腐敗的、「非自然的致富之道」。它不再是追求家戶在生活上不可或缺的物資，而是以貨幣交易來牟利了。就以製鞋為例，有的是為了穿在自家人的腳上，這是「自然的」；而有的則是為了在市場上售賣，這就是「非自然的」。那如果只是以物易物呢？亞里斯多德說，「這樣的交易既然不是獲得金錢的致富方法，那就不是違反自然的。」但隨著貨幣的出現，交易方式開始發生巨大變化了，連帶地產生了牟利導向的「販賣」。

原本，這也還算單純！但在一段時日的演變後，人們「發現了在物品供求兩方之間如何獲取最大利潤的方法」，於是，對擁有財富的觀念，就「從物品轉向錢幣」了。此後，「致富的途徑就是聚斂錢幣，……而積儲這些錢幣正是財富了。」（ibid.: book 1, ch. 9）

這就是亞里斯多德的最大憂心所在！人們不再以獲取自然的物品為其家戶經濟的對象，而改以聚斂錢幣為最大目標。更糟糕的是它有個特色，即「以販賣而得的財富沒有限度」、永不滿足；因為其基礎並不建立在自然需求上。而既然是為了獲取最大利潤，所努力追求的，當然就是用來積累的非必要財富了（ibid.: book 1, ch. 9）。

他還控訴，此一致富之道的根源，不只是對慾望滿足的毫無節制，並且在滿足的手段上，也同樣毫無節制。對於亞里斯多德這麼一個極端重視倫理學的人，這可真的「是可忍也，孰不可忍也」！尤其是放貸取息（未必是高利貸）一事，他最為痛恨，認為在獲取財富的一切形式中，它是「非自然」之最。

從長遠來看，此一痛恨的意義非同小可。它等於是否定了工商貿易所最需要的融資。事實上，不只是亞里斯多德，之後的整個中世紀、以迄十七世紀許多天主教國家，在對《聖經》的保守詮釋下，也同樣對放貸取息予以抨擊，嚴重影響了經濟發展所必要的資金活水。

但無論如何，回顧我們之前一開始的提問，答案已經出來了。在什麼情況下，財產是「倫理上的善」呢？即經由「自然的致富之道」所獲取的。而又在什麼情況下，財產會變成「潛在的惡」呢？即透過「非自然的致富之道」所賺得的。前者不只在目的上是為了維生，屬於一種自然需求的滿足；而且在獲取的手段上，同樣取之於大地、得之於自然。至於後者，不只在目的上是為了慾望，手段上也是透過非自然的貨幣交易，並不斷地以無限積累來滿足其貪得。對亞里斯多德而言，此即在倫理上的一種敗壞。

要滿足的，是需求不是慾望

值得一提的是，亞里斯多德將需求與慾望區別開來，這大概是中庸論調最常見的手法了。前者是靠大自然的資源來滿足，後者靠的卻是商品在市場上的貨幣交易。更具慧眼地來看，自然物資是用來滿足需求，而慾望卻是被五花八門的商品所激發。一言以敝之，物品滿足需求，而商品創造慾望。

對於這一點，現代人應該最能體會了。經常，我們在需求上已無所缺，但在逛了百貨公司或精品名店後，頓覺自己還有好多想要的東西。原來，在接觸這些商品後，再加上廣告和行銷，一種不滿足和渴求被激發出來了。

以此而言，亞里斯多德說得對！慾望的滿足確實是「非自然的」。它們不是基於人的本質需要，而是被刺激和誘惑後所衍生創發的，並因此是一個怎麼填也填不滿的無底洞。

讀者不難發現，這種將需求與慾望予以區別的論證方式，在前一章的盧梭和馬克思那裡，也都有類似的手法，只是角度和說詞有所不同罷了。

盧梭區別的是「對物的依賴」抑或「對人的依賴」，前者只仰仗大自然來供給生活必需品，人僅需要在眾多的「物」中做選擇。後者則是進入文明狀態後，發展了各種以人際互動為基礎的制度，於是開始「人人相比」，並衍生出了對慾望的無止盡追逐。

至於馬克思，在談到物品的「使用價值」時，同樣是以人們的自然需求來界定的；譬如食物用來果腹，房屋用來遮避。而「交換價值」呢？則被他認定為商品拜物化以後，所呈現的一種很類似於宗教「**幻境**」的「**虛幻形式**」（Marx 著，1972: 89）。這同樣是指向慾望而非需求的滿足。

雖然這兩位大師並未聚焦於貨幣交易，但將需求與慾望區別，顯然非常好用。前者指向回歸自然的基本滿足，而後者指向競爭、墮落和貪婪。但問題是，人到底並非純粹生理性的自然存在；還有在精神層面上的渴望，以及社會關係上的需要。因此，窩在家裡孤獨地吃一條魚，與邀約朋友在度假別墅吃一條魚，其滿足是截然不同的，甚至對健康的效益也有別。

這種對「非自然」的情感和社會性需要，是難以否認的。即使馬克思在批判商品之際也同樣指出，勞動者所必須的最低生活標準，會牽涉到那個國家「**歷史的和道德的因素**」，絕非純粹只是生理層面的需要。

對此，亞當斯密曾舉過很好的例子。他說，所謂的生活必需品，不僅包括維持生命所必需的東西，還包括那些「**社會習俗認為有傷風化**」之物。譬如一件亞麻襯衫，希臘和羅馬人覺得不必要，但在當時大部分的歐洲，「**沒有亞麻襯衫，一個講究體面的臨時工，都會羞於在公共場合露面。**」同樣地，在英格蘭，竟會將皮鞋視為生活必需品（Sen 著，2001b: 28; 31）。

這提醒了我們，當我們在控訴慾望所帶來的競爭、墮落和貪婪時，是否不自覺地帶有濃濃的「生理主義」傾向呢？將人對於財富的需要侷限在生存所需上，這毋寧是對人性本質的一種窄化與曲解。

亞里斯多德在討論「**自然的致富之道**」時，似乎沒有警覺到這一點。但在後續對小康的探索中，則又明顯跳開了。對此，我們在後文再討論。

小康的第一面向：批判共產

進一步地，他在肯定「自然的致富之道」，以及需求與慾望的區別之後，可想而知地，他成為了一個小康論者。而幾乎所有的小康論者都有個特色，就是一方面批評共產制度，為私有財產辯護，但另一方面，又要求私產不能太多，以免帶來禍害。亞里斯多德也不例外。他首先指出，「人人都愛自己，而自愛出於天賦，並不是偶發的衝動。……自私固然應該受到譴責，但所譴責的不是自愛的本性，而是那超過限度的私意。」（Aristotle 著，1983: book 2, ch. 5）

換句話說，自愛是「自然的」，但過頭了就變成自私。而共產主義卻將焦點搞錯了！因為禍害的真正根源，始終是人內在的邪惡性，而非外在的財產問題；即使採行了公有制也沒用。亞里斯多德相信，要改善人類的罪惡本性，最好的途徑是靠教育，由人的內在來著手；豈可天真地「信賴財產公有的方法，想憑以使城邦達成善德」（ibid.: book 2, ch. 5）？

更糟糕的是，共產制度強制地剝奪人們的財產，不只本身不正義，還導致一種嚴重後果，即扼殺掉人們培養慈善、濟助朋友、招待賓客等美德的能力。他說，人們在施捨的時候，對朋友、賓客或夥伴有所資助後，會感到無上的欣悅；然而「只有在財產私有的體系中才能發揚這種樂善的仁心」。確實，沒有私產，怎麼施捨和資助別人呢？「因為寬宏必須有財產可以運用，在一切歸公了的城邦中，人們就沒法做出一件慷慨的行為，誰都不再表現施濟的善心。」（ibid.: book 2, ch. 5）

這一番話很有道理！私產強調的是擁有的權利，而共產的訴求則是分享和互助。或許有些人會問，擁有比較快樂呢？還是分享和互助比較快樂？當然，每個人的看法不同。但無論如何，都得先擁有，不是嗎？如果自己一無所有，如何分享和互助呢？這正是亞里斯多德的邏輯。若囊袋羞澀、家徒四壁、一貧如洗，這樣的人怎能施行慈善、幫助朋友、招待賓客呢？

這是他將財產視為「倫理上的善」的另一個重大理由。相反地，共產制度的悲哀也在這裡。它標榜分享和互助，卻訴諸強迫！不管你有沒有內在的意願、有沒有真正的關愛或憐恤，反正充公就是了。這怎麼會有美德的成分呢？

從現代人來看，這番論證似乎有說服力，但它在政策實務上可行嗎？管理眾人之事，可以將強制性丟到一邊嗎？譬如繳稅，這當然是強迫的；少有人是出於自願的分享和互助情懷而繳稅的。徵稅這檔事，即使經過了議會同意，而議會又真實反映了人民主權，也都與慷慨的美德扯不上關係。政治作為分配正義的一個衝突和競爭場域，亞里斯多德卻訴諸於自願的美德，這是典型的將政治倫理化；在實務上通常會困難重重。既然如此，那麼，在私產的具體制度上，也可以如此倫理化嗎？

對此，亞里斯多德曾提出了對財產的「私有而公用」。所謂的公用，當然不是共產公有，但是否經由徵稅或其他強制手段呢？他並沒有多加著墨。他只舉了斯巴達的例子，說財物有一部分用來滿足朋友的需要，另一部分用來支持同胞們的公共福利（ibid.: book 2, ch. 5）。但還是那個老問題，完全不訴諸於強制性，只靠慷慨的美德，可能嗎？或許，巴克（E. Baker）評論得對！對於亞里斯多德，美德較之公用重要多了（Baker, 1959: 284）。他有可能只是想假借公用的理念來培養美德吧！

小康的第二面向：有限財富

回過頭來，既然慷慨的美德需要先有私產，那可否進一步推論，認定私產愈多愈好呢？因為隨著財富增加，慷慨的能力不也同時會增加嗎？看起來好像是如此，但亞里斯多德可不以為然。為此，他強調了小康論的第二方面特色，就是要求限制財富的數量。

他先是引用了蘇格拉底有關財富合理數量的看法，然後修正地指出，限制的標準應該是，**「足夠維持其素樸（節制）而寬裕（自由）的生活」**，也就是既不奢侈又不寒酸，既不吝嗇又不浮濫。他說，要將此一對立的兩組概念聯合起來，俾能**「畫出我們應用財富的邊際」**。因為，兩者如果分開的話，**「寬裕（自由）將不期而流於奢侈，素樸（節制）又將不期而陷於寒酸。……唯有既素樸而又寬裕，才是合適的品性。」**（Aristotle 著，1983：book 2, ch. 6）

這段話很中聽，卻有個糟糕之處，就是它的抽象籠統，無法給出一個對小康的衡量標準。試問，怎樣才是既素樸又寬裕，既節制又自由呢？而所謂生活**「合適的品性」**，毋寧只是一種自我感覺式的道德尺度！不過，至少在這裡，亞里斯多德沒有將財富侷限於生存所需，而將它擴及了精神層次和人際關係的需要。很明顯地，他在這一方面並沒有掉入我們前面所提到的「生理主義」陷阱。

那麼，推廣到整體的城邦層次，又該以什麼具體措施來達於小康呢？為此，亞里斯多德探討了當時幾種主流的見解。有的是對城邦的地產總面積做出限制，並要求平均分配；有的是只容許個人財產最高增加五倍；有的是規定每一個公民只能擁有兩棟分離的房屋；還有的則是要求公民的地畝要一律平等，一方面避免有人因無資產而起盜心，另一方面也讓人不致因資產豐裕而思淫欲。

對於這些具體措施，亞里斯多德一一評論，並提出若干修補意見（ibid.: book 2, ch. 6-7）。但他不改其模糊，仍沒有什麼定論；反而一直強調，無論是均產原則或合適定額，都未必能將世事處理得盡善盡美。因為**「人欲沒有止境。除了教育，別無節制的方法」**。他始終寄望從人的內在來著手。他堅信，如果內在沒有節制的美德，則外在訂出任何的財富限額，到頭來只會是徒勞無功！

事實上，這也正是一個重要的理由，為什麼他批評柏拉圖倒因為果。因為人總是先有滿足自我之心，然後才去追私有的；並不是因為私有才變得自私。而只要自私之心尚存，就會擴散到一切可佔有之物。

至於許多人愛強調的財富平等，更不是亞里斯多德所關心的。對他來說，小康絕非平等，而是「適度不平等」。當平等具有過大支配力時，是十分危險的。財富分配一定要考慮到每個人的才能不同，從而有所差異待遇；千萬不能演變成「良莠不分兮賢愚同列」（ibid.: book 2, ch. 7）。譬如，有些人喜歡將「同工同酬」掛在嘴邊，這其實是個天大的錯誤。因為每個人在工作上的努力和品質，就是良莠不一，豈可賢愚同列！小康理想，雖然痛恨貧富懸殊，卻絕不因此而演變成均平主義的訴求。

小康經濟下的中產階級政治

進一步地，亞里斯多德更將其小康論，發展為著名的中產階級理論。基本上，他是一個徹頭徹尾、死心塌地的中庸（golden mean）大師。他堅定地相信，所有在倫理上的美德，都來自於達成兩個極端之間的平衡點。譬如「勇氣」，是恐懼與自信之間的平衡點；「節制」是放蕩與呆板的平衡點；「忍耐」是暴躁與麻木的平衡點。「友愛」是諂媚與冷漠的平衡點。而「慷慨」呢？則是揮霍與吝嗇之間的平衡點（Russell 著，1976: 199）。

這就是一切幸福的關鍵——避免過或不及。他又宣稱，人生最佳的善德「完全應當以（毋過毋不及的）中間境界為最佳。處在這種境界的人們最能順從理性。」而最表現出這種「中間境界」的人，就是中產階級、小康之家（Aristotle 著，1983: book 4, ch. 11）。

他更盛讚小康人士有近乎完美的政治性格。許多最優秀的立法家也都出身於中產家庭，譬如梭倫（Solon, 638-558 BC）以及斯巴達的來古格士（Lycurgus, 700-630 BC）。他們沒有野心，不至於危害國家；既能服從，又知道如何為政；他們不像富人傲慢，又不像窮人嫉恨；他們不會貪戀別人的家業，別人也不會垂涎他們的財產。亞里斯多德因此做出了一個結論。他說，就一個城邦各種成分的自然配合來說，「**唯有以中產階級為基礎才能組成最好的政體**」。

> 中產階級比任何其他階級都較為穩定。……最好的政治團體必須由中產階級執掌政權；……公民們都有充分的資產，能夠過小康的生活，實在是一個城邦的無上幸福（ibid. book 4, ch. 11）。

除了政治性格的好處外，他還聲稱，強大的中產階級可以消除黨派之爭，避免內鬨。中產階級能在富者與貧者之間，扮演平衡和橋樑的關鍵角色。他挑戰性地質問，為什麼大多數政體若非流於民主、就是淪入寡頭呢？首要的原因就在於中產階級的人數不夠多。通常，「**有產者們和平民群眾兩個對立部分，其中任何一方倘若佔了優勢，他們就壓迫中產階級，把政治制度拖向他們自己所主張的方向。**」（ibid. book 4, ch. 11）

小康政治的好處是可以展現其平衡性。一來，它兼顧了寡頭的「質」與民主的「量」。前者包括了自由身分、財富、文化（教育）和門第（貴族出身）；後者則是指參與政治或投票的人數多少（ibid.: book 4, ch. 12）。二來，小康政治能扮演貧富之間的協調和仲裁者。通常，這兩個階級是水火不容的，也總是互相猜忌。在這種情況下，如果「**要取得兩方最大的信任，必須有一個中性的仲裁，而在中間地位的人，恰好正是這樣一個仲裁者。**」（ibid.: book 4, ch. 12）

這一套看似有道理，只不過，歷史經驗真的是這樣嗎？很遺憾，大部分的中產階級都緊抱著有錢人的大腿，而頻頻與窮人劃清界線、保持距離。因為他們最害怕的是向下流動，而最渴望的是躋身富貴。亞里斯多德在這裡所說的，恐怕只是想當然耳的理論假設罷了！

財產多數決：超現實的中庸

接著，他延伸了中產階級政治的主張，構築一種很特別、甚至有點奇怪的設計。他提出一個很實際的問題，如果富有階級和貧窮階級發生爭議或衝突時，該如何解決呢？答案是，將最終決定權委諸於「**既是人數多又兼財產多的這種多數的意志**」（the will of a majority of persons who are also the owners of a majority of property）（ibid.: book 6, ch. 3）。

這個講法令人費解。簡單來說，即擁有財產總額優勢的那一群意見相同的人，他們的意志就是該議案的最終決策。對此，筆者寧可譯為「**擁有多數財產者的多數意志**」，似乎更為準確。首先，它將意見相同的人們聚合為一個個的群組；但接下來，它並不比較各個群組的人數總額，而是去比較各個群組的財產總額。財產總額最多的那一個群組，他們的意見就是最終決策。

這個奇怪的設計從未在歷史中出現過。但對亞里斯多德而言，它毋寧又是一種值得驕傲的中庸智慧，兼顧了寡頭的「質」與民主的「量」。為什麼它有寡頭的「質」呢？因為，愈富有的階級所支持的意見，顯然愈容易勝出；這代表了菁英的品質和智慧。那又為什麼有民主的「量」呢？因為，抱持某一相同意見的人愈多，他們所累積的財產數量總額就愈多，其意志愈容易勝出；這代表了愈多數人的共識。

不過，亞里斯多德在此恐怕太一廂情願了。他似乎忘記了一個道理，就是臭味相投、耳濡目染！同屬於一個階級的人們，往往屬於同一個腦袋。也就是說，資產上的階級在許多立場上呈現出同質性。他們經常抱持著相同的世界觀以及類似的政策立場。結果演變成，他們聚合為一個擁有最多財產總額的大群組，從而支配了絕大部分的決策。

人類的歷史充分證明了這一點。所謂「寡頭鐵律」不是沒有道理的。但無論如何，此一設計確實是與中產階級理論互相呼應的。試問，若一個社會存在著龐大的中產階級，那麼，他們所代表的不正是「**擁有多數財產者的多數意志**」嗎？當然未必絕對是如此，但勝出的機率肯定非常之高。

至此，實在不得不令我們驚訝，小康作為亞里斯多德的財富主張，竟然也是其倫理學上中庸之道的延伸應用，更在其政治思想中扮演如此重要的地位。可以說，他所呈現的正就是「小康式的政治經濟學」。而從財富倫理的角度來看，他最可貴的是，揭櫫了一個影響深遠的重要立場，即財富為美德的前提條件。讀者將會發現，它幾乎出現在本章所討論的每一個大師的腦袋裡。這樣一個立場，真是非同小可的突破！因為，它與前述第一章中再三出現的立場——財富為美德的障礙、或貧窮為美德的前提條件——顯然形成了強烈對比。

2 富則驕、貧則憂：儒家的階層分配

◆惟救死而恐不贍，奚暇治禮義哉？——孟子

◆大富則驕，大貧則憂。憂則為盜，驕則為暴。此眾人之情也。——董仲舒

到底財富為美德的前提條件？抑或是障礙呢？對於此一課題，除了亞里斯多德外，儒家在討論上更有深度和代表性。它幾乎完全沒有鄙視財富、或以貧窮為美德前提條件的想法。相反地，還認定貧窮為美德的障礙。

對此，孟子（372-289 BC）的養民論是最明顯而強烈的了。他將物質的溫飽放在道德教化之前。確實，就如我們一般常識所理解的，處在貧窮線下的人們，往往難以保有自覺的尊嚴，而這卻正是道德實踐所不可或缺的心理狀態；甚至許多人，就是因為迫於眼前的基本匱乏而作奸犯科。

孟子因而強調，在溫飽的前提下才易於將百姓「**驅而之善**」；相反地，若「**惟救死而恐不贍，奚暇治禮義哉？**」（孟子．梁惠王上）以此來看，貧窮不僅不是美德的前提條件，還會導致寡廉鮮恥；而養民既是統治者的仁政，更是人民賴以實踐美德的物質基礎。

對「制民之產」的迫切呼籲

就出於這樣的基本立場，孟子在當時追求富國強兵的潮流中，孤獨而高亢地訴諸人道主義，要求統治者必須「制民之產」，讓百姓「仰足以事父母，俯足以畜妻子，樂歲終身飽，凶年免於死亡。」（孟子．梁惠王上）他的主張毫不含糊，清楚規劃了養民的目標，要求國家「不違農時……數罟不入洿池……斧斤以時入山林……使民養生喪死無憾。」而且，「五畝之宅，樹之以桑，五十者可以衣帛矣。雞豚狗彘之畜，無失其時，七十者可以食肉矣……黎民不飢不寒。」（孟子．梁惠王上）

孟子還提出了稅制改革的主張，要求市場儲物的貨棧不徵稅、通關口只稽查而不徵稅、農民改按井田制下的助耕公田者不徵稅，同時，也廢除土地稅和勞役稅（孟子．公孫丑上）。這一切就是為了節省人民的負擔。看起來，上述的整個立場很類似管子（723-645 BC）所說的名言——「倉廩實則知禮義，衣食足則知榮辱。」（管子．牧民）但究其淵源，恐怕還是源自於孔子（551-479 BC）。孟子只是更急切而具體罷了。

孔子就曾多次要求，統治者應「節用而愛人，使民以時」和「時使薄斂」（論語．學而；中庸．第十九章），顯然就是針對貧窮。他還對魯哀公呼籲，「政之急者，莫大乎使民富且壽也。」（孔子家語．賢君，卷三）而對於經濟富足與道德教化之間，孔子同樣主張要先富足而後教化。所謂「富之，既富，乃教之也。此治國之本也。」（說苑．建本）又說，「既富矣，又何加焉，曰，教之。」（論語．子路）

那荀子（313-238 BC）呢？由於處在民生嚴重危機的戰國時期，他對經濟富足的主張也十分強烈。他說人性本來就「欲多而不欲寡」。並且，人不只要求「食欲有芻豢，衣欲有文繡，行欲有輿馬。」還希望累積財富，這就是「又欲夫餘財蓄積之富也」（荀子．榮辱）。進一步地，荀子相信，統治的原理在於，利用人性中對欲望滿足的渴望來遂行賞罰。因此，善政中最優先的，就是要讓百姓擁有財富。所謂「不富無以養民

情，……故家五畝宅，百畝田，務其業而勿奪其時，所以富之也。」（荀子・大略）

他也一如孟子，為減輕人民生計而倡言稅制改革，主張田畝只徵收什一稅、通關口不徵稅；至於樹木和湖泊的魚，則根據時令採伐捕撈而不徵稅。他很弔詭地辯稱，國君之所以要求賦稅、管理萬物，最終目的不就是要「養萬民」嗎（荀子・王制）？這番話說得太正確了！徵稅的最終目的，毋寧就是讓人民過好日子。怎麼可以愈徵稅，人民愈窮呢？

要藏富於民，不是充實府庫

荀子最特別的是，提出了革命性的「富民」概念。藉此，他將一個國家府庫的盈滿，與人民家產的富裕對照化了。在他眼中，這兩者是互相消長的；當國庫愈富裕，人民就愈貧困。因為前者都是從人民那裡徵取、搜刮和壓榨而來的。他更說了一句很漂亮的話，「取民者安，聚斂者亡。故王者富民，霸者富士，僅存之國富大夫，亡國富筐篋、實府庫。」（荀子・王制）

在這裡，荀子排列了幾個對比。首先，真正的仁君王者，追求的是「富民」。其次，作為強權的霸主，選擇的是讓軍士富足。再來，若是「富大夫」，即肥了官僚，則國家僅能勉強存活。而最下等的是「富筐篋、實府庫」，那根本就是國之將亡的徵候了。

如此一個「藏富於民」的高度期待，對於經濟思想有深遠的影響。在後來漢朝的《鹽鐵論》中，代表儒家的文學賢良就提出了類似觀點，用來反駁桑弘羊（152-80 BC）將錢幣和鹽鐵收歸國營的政策。所謂「民人藏於家，諸侯藏於國，天子藏於海內。故民人以垣牆為藏閉，天子以四海為匣匱。……是以王者不畜聚，下

藏於民。遠浮利，務民之義。」（鹽鐵論，禁耕）

這番話不只反駁了桑弘羊所謂「國富」可以帶來「民富」的論調，更也拒斥了以官僚為主導的國家資本主義。那一批儒家大臣看得很清楚，「**富筐篋、實府庫**」只是肥了國家官僚。漢武帝（157-87 BC）在桑弘羊的主導下，展開了一系列由國家官僚取代商人資本的政策，結果，這些主其事者卻一個個成為了「新」的資產階級。

他們「**攘公法、申私利、跨山澤、擅官市……執國家之柄以行海內……威重於六卿，富累於陶衛。**」與過去那些富商比起來，這些國家官僚毋寧才是真正的「肥貓」。所謂「**權利深者，不在山海，在朝廷；一家害百家，在蕭牆，而不在朐邴。**」（鹽鐵論，刺權）在這裡，「蕭牆」指的是宮室內部，「朐邴」則是一位民間的富商，也就是現在常說的資本家。

漢武帝揮舞著國家的大旗來打壓富商，將他們的既得權益收歸朝廷。但其實，這「**猶食毒肉愉飽而罹其咎也**」（鹽鐵論，非鞅），即吃有毒的肉來充饑。表面上，那些資本家被打倒了，但公眾所受的毒害卻更深了。最肥美的利益都轉而落到朝廷手裡，人民反而比以前更貧困。

上述的這些論調，像極了前章討論過的普魯東和克魯泡特金。只是，儒家並未由此導向無政府主義，而是拒斥了以官僚為主導的國家資本主義。對他們而言，國家府庫的充實並不值得追求。國家富裕的真諦，就是各個百姓的富裕；而每一個人民的富裕，加總起來就是國家真正的富裕。這看起來已經很接近西方古典自由主義的「利益調和論」了，即社會利益乃個人利益的加總。當然，儒家在這一方面的立場，還是與古典自由主義有所差異。譬如，它完全沒有對市場供需平衡法則的信念，更未能對經濟行為的重大基礎——人的自利心——予以完整的支持。

整個來看，可以確定的是，儒家不僅沒有鄙視財富、或以貧窮為美德的前提條件，更還認定，貧窮會因尊嚴和安全感的喪失，而導致道德教化的困難。據此，儒家肯定了財富的必要性。更可貴地，雖然缺乏對自利心的完整支持，但他們對於財富的肯定，卻始終建立在個人所得上；也就是所謂的民富而非國富。

富裕時好禮，而貧窮時固陋

對於儒家上述的財富立場，許多學者都會同意。然而，卻不時出現一種雜音，認為儒家只是允許一般人可以求富而已。至於士人或所謂的「君子」，則應「志於道」，並滿足於清貧簡樸的生活。

這種論調似乎有其根據。譬如孔子就認為，士君子經由對「道」的委身所獲得的滿足感，不僅優位於富貴，更可以超越匱乏所致的窘境。所謂「飯疏食飲水，曲肱而枕之，樂亦在其中矣！」（論語．述而）相反地，對於那些聲稱「志於道」卻熱中於土地、田產和華宅、或「恥惡衣惡食者」，孔子則不假辭色地予以非議（論語．里仁；憲問）。

孟子同樣高調聲稱，「無恆產而有恆心者，惟士為能。」（孟子．梁惠王上）這個話似乎在說，有沒有恆產，對士君子沒差！大可以效法顏回的清貧，「一簞食，一瓢飲，在陋巷。」（論語．雍也）此處所謂的「恆產」，未必是房地產，應該是廣義的，泛指固定的收入。

至於荀子的講法，則更讓此一論調更振振有詞了。他說，禮義的效用和目的，就是為了追求資源在分配上的最佳化，即讓最大多數人在有限資源下獲得最大可能的滿足。這正是所謂的「使欲必不窮乎物，物必不屈於欲，兩者相持而長，是禮之所起也。故禮者養也。」（荀子．禮論）藉此，荀子指出，財貨確實是不能沒有的，但欲望卻得受到「禮」的規範！而這才是養欲之道。

進一步地，他相信，以禮養欲，正就是士君子有別於一般大眾的責任和歷史使命。「**君子樂得其道，小人樂得其欲。以道制欲，則樂而不亂；以欲忘道，則惑而不樂。**」（荀子．樂論）這樣的論述予人一種強烈印象，即大眾可以追求財富，從而「**樂得其欲**」；至於士君子，就該清貧度日，經由「**以道制欲**」來「**樂得其道**」。因為欲望和財富這些玩意兒，對他們已經相對不重要。

如此一來，貧窮不就是可以提升道德的一樁好事嗎？但此即儒家對士君子在欲望和財富上的真正立場嗎？其實，儒家所真正表露的，毋寧只是「道」重要於欲望和財富的基本心態。或者說，他們只是反對為了追求欲望和財富而對「道」有所犧牲。用荀子的話來說，即「**士君子不為貧窮怠乎道**」（荀子．修身）。

這就是指，道德必須有絕對的主體性，無論你的景況是富裕或貧窮。此處所謂的「主體性」有個特質，即它不是在反對某一事物或對象的本身，而是要求相對於該事物或對象的「優位性」。同樣地，儒家也不是在反對欲望和財富本身，而是要求道德相對於欲望和財富的優位性。

儒家對士君子的真正立場，毋寧是在富裕時要好禮，在貧窮時要固陋。畢竟，每個人的際遇都充滿了偶然。但無論如何，若富貴顯達，要「**泰而不驕**」、「**無眾寡，無小大，無敢慢。**」（論語．堯曰）並樂善好施。若貧困潦倒，則要效法顏回，即使在最惡劣的物質條件下，仍充分體現道德光輝；萬萬不可「**窮斯濫矣**」（論語．衛靈公）！

考諸孔子和孟荀的一生，他們都曾付出了漫長歲月、風塵僕僕，透過顯達的追求以自我實現，何嘗像前章中的第歐根尼、伊比鳩魯、愛比克泰德、或聖方濟各那樣，去追求清貧、野放和禁慾呢？

事實上，自孔子以來的儒家教育理念，就是培養一批士君子以德致位。借用錢穆的話來說，儒家這樣的「上傾性」始終很濃厚（錢穆，1976: 66）。他們絕非一如墨家那樣，代表著身分卑賤的貧民或野人，並過著節衣縮食、枯槁不舍的生活。甚至，在一個最符合儒家理想的階層秩序下，由於「**賢者在位，能者在職。**」

（孟子．公孫丑上）因此會呈現出一種「祿隨位、位隨德」的狀況。如此一來，士君子反而理應享有最豐厚的社會報酬了（葉仁昌，1996: 254）。

或許，孟子和子貢（520-446 BC）這兩個人，就是士君子也可以致富的好例子。前者享有「稷下先生」的尊貴地位，並經常「後車數十乘，從者數百人，以傳食於諸侯。」（孟子．滕文公下）而後者呢？則「結駟連騎，束帛之幣，以聘享諸侯。」還不斷地藉此財富優勢來宣揚儒學。

只不過，富貴顯達到底是可遇不可求。唯一能夠掌握的，只有自己內在的心性。面對仕海和際遇的浮沉，儒家選擇了立根於人格和心志的因應哲學，就是「志於道」。用孟子很經典的話來說，「士窮不失義，達不離道……得志，澤加於民；不得志，修身見於世。窮則獨善其身，達則兼善天下。」（孟子．盡心上）

歸結而言，儒家的立場應該很清楚了。不僅一般人可以求富，即使是士君子也可以求富。作為一個「志於道」的士君子，清貧可能是一種經常的際遇，它必須被面對並在心靈層次上超越，但絕不是像犬儒、斯多噶或聖方濟各那樣，將清貧當作追求的目標，或視之為實現生命志節的前提條件。儒家只不過是在提醒，無論是貧抑富，士君子的最高使命和自我理解，始終只有一個真正的挑戰，唯「道」而已！

要得之以道，並且小康最好

進一步地，「道」相對於財富，若要展現其主體性，其中的倫理規範又為何呢？前述的泰而不驕、窮而固陋，或窮不失義、達不離道，畢竟都只是抽象的理想。對此，儒家提出了兩方面的重點。第一、致富的方法或手段。即無論財富或顯達的獲取，都必須得之以道。所謂「不義而富且貴，於我如浮雲。」「富與貴，

是人之所欲也；不以其道得之，不處也。」（論語．述而；里仁）孔子在這裡表明了手段正當的重要性。

孟子也曾為自己辯護，說他的富泰乃得之以道。若「**非其道，則一簞食不可受於人；如其道，則舜受堯之天下，不以為泰。**」（孟子．滕文公下）事實上，不僅是對於富貴的追求，即使是窮人為牟求基本的餐宿，也必須在合乎道德的前提下取得。

第二、財富的合理數量。即使得之以道，儒家也從道德主義的角度要求限制財富的數量。他們和亞里斯多德一樣，期待的始終是中庸和小康，而非地主和富商那種大富。其中主要的差別在於，大富因擁有許多「無用之物」而具有奢華和墮落的更高可能性。

這種對大富的排拒心理，同時也導致了儒家十分厭惡以牟利和擴張市場為目標的商業。他們唯一能接受的是，基於調節多餘生產的所謂「**通鬱滯**」（鹽鐵論，本議），這肯定是很小規模的民生用品交易。當然，儒家的抑商還涉及多方面考慮。但最關鍵地，對於唯利是圖的經商手法，以及其所創造的巨大財富，儒家始終很擔心，顧慮它會間接促成一個驕暴社會。屆時，人心在功利主義和物慾橫流的情況下，將難以避免地會淪入腐化驕恣。

對此，董仲舒（179-104 BC）有一段非常經典的話。他說，「**大富則驕，大貧則憂。憂則為盜，驕則為暴。此眾人之情也。**」（春秋繁露，度制）從這裡，我們看到了儒家一種心理上的掙扎矛盾。他們一方面希望人民能夠富足，至少樂歲終身飽；但另一方面，又顧慮過度的滿足會帶來道德腐敗。在光譜的一個極端，是饑寒起盜心；另一個極端，則是飽食思淫慾。

固然，脫離貧窮有提升道德的效果，但它的邊際效用卻總是遞減的。甚至，當愈來愈有錢之際，寡廉鮮恥反而增加了。尤其是那些短期致富的暴發戶，不正是經常行事乖張、言語粗俗嗎？

儒家因此寧可取其中道、選擇小康；既不至於因饑餓而寡廉鮮恥，也不至於因富足而腐化驕恣。

明顯地，貫穿其整個財富倫理的，乃一種極為濃厚的道德考量。他們之所以肯定小康，是將它當作美德的前提條件；而之所以拒斥大富，是認定其為美德的障礙。從頭到尾，儒家所最在意的都是道德；而小康的結論，就是這樣在悖德的害怕擔心下「左擠右壓」出來的。

財富多寡？決定於階層地位

那麼，儒家在訴求於小康後，對於財富的合理範圍，有什麼具體的衡量標準呢？許多人想當然耳地認為，既然他們期待的只是不虞匱乏，那麼，財富的合理範圍，應該就是維持基本生活所需的財富數量吧！這種理解很類似於我們俗話常說的「不多不少、夠用就好」。

此一理解不算錯誤！但深究之下，恐怕過於簡單化了。畢竟每個人的生活條件和需要，存在著高度差異性。譬如，作為一位文人或教授，其生活必需品就顯然與工人和農民截然不同。他可能需要購買大量的書籍、寬敞的書桌，並藉由旅行和藝術等「文化消費」來培養視野和見識。而這一切對工人或農民來說，卻可能屬於所謂的「無用之物」。

除此之外，由於社會的變遷和進步，生活必需品的界定也日新月異。比方說汽車，過去是有錢人的享受，現在則是代步的普遍工具而已。

無怪乎前述的亞里斯多德，在界定財富的合理數量時，也只能提出很抽象的倫理原則：所謂既素樸又寬裕；既節制又自由。對此，儒家似乎也有同樣的了悟。老實說，要在生活必需品與「無用之物」之間訂出一個標準，既困難，也沒有意義。

之前，不是也提到過馬克思和亞當斯密嗎？對於所謂的最低生活標準，其中一個說，這牽涉到各個不同國家「歷史的和道德的因素」；另一個則要求，還應該考慮到社會習俗。

儒家在這個問題上，比起亞里斯多德、馬克思和亞當斯密高明許多。它別出心裁地提出一種見解，將財富的合理範圍界定在社會階層的等級線上。即各個人可以合理擁有的財富，要與自己所屬的階層地位和身分相稱。

譬如，作為一個庶民或農人，只要有鍋碗瓢盆、農具、瓦屋和溫暖的衣服就夠了。但士君子則還要有能力支應必要的階層禮儀和文化開銷。從平民的角度來看，這些幾乎都是多餘的浪費；但對於士君子，為了扮演其在階層秩序中的角色，它們卻是不折不扣的生活必需品。

而如果是君主或王公大人呢？那就更不用說了！高規格的威儀、排場和品味，都該算是生活必需品了。荀子說得好，所謂「不美不飾之不足以一民也；不富不厚之不足以管下也。」這一切完全是基於階層角色的需要。因此，在君王或王公大人的日常生活中，耳朵聆聽的，得是「撞大鐘，擊鳴鼓，吹笙竽，彈琴瑟；」眼目鑑賞的，得是「雕琢刻鏤，黼黻文章；」口齒品味的，得是「芻豢稻粱，五味芬芳。」（荀子・富國）

儒家特別強調，即使如此講究，仍是一種「中庸」！因為一來，這是基於階層角色的需要，不是為了滿足個人私慾；二來，在這些方面的支用有其消費限度。譬如，對孔子而言，周禮舊制就是很重要的參考依據。若在消費和生活上超過了自己的階層和身分，即是一種不合乎「禮」的僭越。當然也就違背了中庸。

有趣的是，如果我們延伸推廣這一層意義，那麼，一個教授開幾百萬的高級名車、普通員工出手闊綽的奢華消費、或公職人員卻住豪宅又全身昂貴精品，對儒家來說，恐怕都是一種沒有財富教養的「驕暴」了；因為這一切已經逾越了各自的階層和身分。

報酬分配作為一種社會誘因

儒家這樣一種界定在階層等級線上的小康論調，確實很有特色！但其中隱含了一個非常重要的考慮，即他們要將財富從「生活需用」的層次拉高，轉變為一種實踐其道德理想的「社會工具」。

實際的做法有兩個要訣。首先，要求那些想爬升到高位的人們，必須德能兼備。即「論德而定次，量能而授官。」（荀子．君道）「賢者在位，能者在職。」「尊賢使能，俊傑在位。」（孟子．公孫丑上）接著，則是提供豐厚的社會報酬給那些已經爬升到高位者，以作為一種肯定和誘因。綜合起來說，即「德必稱位，位必稱祿，祿必稱用。」（荀子．富國）

內含於其中的精神，就是將「德能」設計為取得高位所需的前提條件，而後以報酬的高度差異化，來鼓舞社會成員「嚮往作君子而棄小人」。所謂的「士大夫益爵，官人益秩，庶人益祿；是以為善者勸，為不善者沮。」（荀子．彊國）正就是此意。有人在乎的是爵位，有人渴望是俸祿，有人想要的只是糧餉，但治理的原則都一樣，就是要用它們來作為獎懲工具。

荀子還辯稱，基於「重色而成文章，重味而成珍備。」同樣地，「聖王財衍，以明辨異。」（荀子．君道）意思就是說，聖王會藉由財物的豐饒多寡，來區分臣民的上下等級關係。明顯地，這些話都是將報酬分配當作治理上的一種社會工具。

這樣一個設計十分有效！通常，報酬的分配愈明確和不平等，則人們追求高位的企圖心就愈旺盛和普遍；而對於獲致高位所需要的條件，也會愈成為許多人生涯中的優先選擇（葉仁昌，1996: 106）。就好像中國過去的科舉制度，只要金榜題名，就雞犬升天了；於是，熟讀四書五經、作一個讀書人，自然成為了許多人趨之若鶩的志業。儒家就是應用了這樣的人性原理，而將財富的合理範圍界定在階層的等級線上。他們洞悉到，財富的意義和價值並不只是滿足生活需用，更可以作為一個誘因，用來實踐期待中的道德理想國。

值得一提地，若這樣一個理想國能夠實現，那麼，德能兼備的士君子恐怕是欲窮而不能了。難怪！孔子會說「**邦有道，貧且賤焉，恥也；邦無道，富且貴焉，恥也。**」（論語．泰伯）因為在理想國裡，德必稱位，位必稱祿，故而「**貧且賤焉**」是一種恥辱！它證明了你無德無能，無法被重用。反過來，你在亂邦卻「**富且貴焉**」，就證明了自己的悖道和不義。這個話是沒錯的！歷史的證據歷歷在目。敗亂之國的普遍特徵，就是小人當道。

階層化分配：儒家的反平等

明顯地，儒家是反平等的。它與社會主義背道而馳。當時的許行（390-215 BC）和墨子（479-318 BC），就在這一點上跟儒家大唱反調。他們主張的是「均」和「同」，而儒家所提出來的，卻是意味著差異化的「別」——「**貴賤有等、長幼有差、貧富輕重皆有稱者也。**」並視此為「**養天下之本**」（荀子．富國）。

基本上，儒家有一個出發點，即資源有限、而欲望無窮。如果大家要分得一樣多，結果就是不夠分；要求齊頭式的均富，最後難免會變成均貧。那麼，在「**養人之欲、給人之求**」之際，要怎樣才能「**使欲必不窮乎物，物必不屈於欲，兩者相持而長**」呢（荀子．禮論）？或者，換個方式來理解，即該如何才可以讓最大多數人，在有限資源下獲得最大滿足呢？

對此，墨家的答案是社會主義式的。他們要求透過「**節用**」、「**節葬**」和「**非樂**」來為社會留下更多的剩餘財富；而後再將它們向下重分配，即「**有餘財以相分**」（墨子．尚同上），來達成萬民的常飽、常暖和常安。儒家的答案，卻是透過「禮」的設計，依照每個人不同的角色和德能表現，來獲取高度差異化的社會報酬，享有不同貴賤輕重的生活。

或許有人會反駁，孔子所說的「不患寡而患不均」（論語．季氏），不就是追求均富的平等思想嗎？但這毋寧是誤解。按照朱熹的注釋，其中的「寡」指的是「民少」，而非財貨或所得的稀少；並且「均」也不是指財貨或所得的平等，而是公卿大夫在統治上要各安其分，政理均平。

即使孔子另有所謂的「均無貧」（論語．季氏），其訴求也只是在追求報酬的差異化之際，不能以犧牲社會底層為手段。對此，徐復觀詮釋得很好。禮義之分雖是一種差別待遇，但「還有一個共同的基數以作一般人民生活的保障」（徐復觀，1982: 458），就是對百姓在生計和基本尊嚴上的照顧，此即「無貧」。

這絕非可等同於追求均平。儒家核心的要求始終是中庸，即合理而適度的不平等。它的基本原則是，只要在報酬分配的差異化上夠明確，足以辨貴賤、別輕重、並因而有激勵的效果，這樣也就夠了。絕對禁止搞到有人窮困潦倒、卻有人「淫泰夸麗」的地步（荀子．富國）。簡單兩句話，一來，不要均平！要拉大差異到有激勵效果；二來，要以中庸為度，更絕不能犧牲底層的溫飽足樂。

歸結來看，儒家在財富與道德之間，始終調和得很均衡而中道。一方面，他們將貧窮視為道德的障礙，一般人或士君子因而都應有其財富；但另一方面，則從道德來規範致富的手段，並將財富的合理範圍指向中庸。而什麼又是中庸的財富呢？儒家更高明而少見地將之界定在社會階層的等級線上。並且，還從這裡突破了生活需用的層次，將財富發展為一種社會工具，誘導人們「嚮往作君子而棄小人」。筆者可以很肯定地說，作為一種中庸論調的財富倫理，儒家的別出心裁和高明精緻，可以無愧地坐穩第一把交椅！

3 早期基督教：財富管家和愛的使命

◆因為你們的財寶在那裡，你們的心也在那裡。——耶穌

◆敬虔加上知足的心便是大利了。——使徒保羅

離開儒家，回到西方來。繼亞里斯多德之後，穿越了犬儒主義、伊比鳩魯和斯多噶主義的「輕看財富、貶抑私產」，另一個值得探討的中庸論調，是早期基督教的財富倫理。包括了從耶穌以來的《新約》時代到第四世紀的若干早期教父。

首先，耶穌在這方面最常被引用的話，是與一位少年官之間的對白。這位少年官殷切問道，自己該做什麼才可以「承受永生」呢？耶穌要他守摩西的十誡。他回答說從小就都遵守了。接著，耶穌提出了最高的呼召，「你還缺少一件，要變賣你一切所有的，分給窮人，就必有財寶在天上。你還要來跟從我。」少年官聽見這話，就甚憂愁。因為他很富足。耶穌看在眼裡，繼續說道，「**有錢財的人進神的國，是何等的難哪！駱駝穿過針的眼，比財主進神的國，還容易呢！**」（路加十八18-25）似乎，這段話揭示了基督徒的財富準則，即為了施捨窮人，應當完全無產，並將之視為承受永生的前提條件。

類似的論調，還有另外一段，「不要為生命憂慮吃什麼？為身體憂慮穿什麼？因為生命勝於飲食、身體勝於衣裳。……你們只要求他的國，這些東西就必加給你們了。」在這裡，祂的立場更為強烈了，甚至表達出對日常經濟生活的鄙視和忽略。只要追求神的國和神的義，就將一無所缺。而就緊接著這段話之後，耶穌再一次對門徒提出了清貧的要求，即「變賣所有的，賙濟人。」理由是「你們的財寶在那裡，你們的心也在那裡。」（路加十二20-34）

確實，財寶最是人心之所繫。但有必要拋棄一切嗎？耶穌的答案是「你們不能又事奉上帝，又事奉瑪門。」（路加十六13）在此，「瑪門」用來形容錢財不只是中立的工具或媒介而已，它甚至不是無生命的死東西！錢財具有一種人格化的魔力。它要佔有你的心思意念、並支配每一個追逐它的人。講得更明白一點，錢財根本就是與上帝為敵的一種「偶像」。似乎，拋棄它，理所當然地是作門徒的先決條件。

除了耶穌上述的直接教導外，另一處最常被引用的經文，就是初代教會曾經實行過的公社和共產經驗。在西門彼得（Simon Peter, 1-67）和其他十一個使徒的領導下，至少有三千人以上團體的規模，「信的人都在一處、凡物公用。並且賣了田產家業，照各人所需用的分給各人。他們天天同心合意恆切的在殿裡、且在家中擘餅，存著歡喜誠實的心用飯。」（使徒行傳二44-46）

其他門徒的相關教導，還包括了年邁時的約翰（John the Apostle, 6-100）所說的，「凡有世上財物的，看見弟兄窮乏，卻塞住憐恤的心，愛神的心怎能存在他裡面呢？」（約翰壹書三17）雅各（James, son of Zebedee, 5 BC-AD 44）也同樣指出，「那清潔沒有玷污的虔誠，就是看顧在患難中的孤兒寡婦。」（雅各書一27）這兩段話都是針對著賙濟窮人而說的。

至於最富盛名的保羅（Paul of Tarsus, 5-67），則立場似乎比較溫和。他聚焦於對錢財不要貪，而非變賣所有的。他說，「你們存心不可貪愛錢財．要以自己所有的為足。」（希伯來書十三5）他的門生提摩太

（Timothy, 17-97）也有一段很類似的話，強調「敬虔加上知足的心」即是人生的最大利益。「只要有衣有食，就當知足。」反過來，「貪財是萬惡之根」。他形容，那些想要發財的人，就陷在迷惑，落在網羅，和許多無知有害的私慾裡。」（提摩太前書六6-10）

比較特別的是，保羅曾經表達了一種歡迎富足的觀點，因為那可以增加基督徒賙濟窮人的財務能力；這就是所謂的「叫你們凡事富足，可以多多施捨。」（哥林多後書九11）但顯然，這樣的經文只是零星的，並非主軸。整個來看，除了保羅和提摩太之外，上述的一切似乎意味著，早期基督教的財富倫理就是「輕看財富、貶抑私產」。但很奇怪，耶穌和使徒之後的教父們，卻在立場和制度構想上，傾向了中庸論調。

特色之一：以分享化解墮落

他們所展現出來的第一個普遍特色，就是拒絕貪慾和揮霍，並以「愛的分享使命」來化解財富所帶來的墮落風險。他們一方面不斷流露出對財富的警告和輕看，聲稱財富是靈性、得救或委身的障礙；但另一方面卻指出，只要節儉知足，並將財富分享出來賙濟窮人，不只障礙能解除，甚至還可以有贖罪的效果。

這明顯意味著，財富倫理的重點，就只是該怎樣使用的問題。如果你只是將財富握在手裡、藏在金庫，或任意揮霍浪費，它就會成為靈性的攔阻、得救和委身的障礙。而如果你以賙濟窮人的方式來善用它，它則會成為你和窮人的共同祝福。

在這一方面的論述，或許典型的就是出現在第二世紀的《赫馬牧人書》（*The Shepherd of Hermas*）。作者赫馬（Hermas, freedman）的整個立場，一貫地帶有斯多噶禁慾主義的濃厚色彩。他從關心人們在受洗後是否有第二次悔改入手，而後延伸到一個巨大的挑戰，即那些聲稱自己也是基督徒的富人，他們可以得救嗎？既然之前耶穌已經明白宣告，財主要進神的國比駱駝穿過針眼還難！那麼，基督徒富人的靈魂，不就注定要下地獄了嗎？

赫馬首先指謫這些富人，說他們雖自以為是基督徒，卻「從不考察關心真理，也不探求有關神的事。」他們的日常生活「混染在事業、財富和異教徒朋友中，以及此世的許多其他工作裡。」可想而知地，「當他們將心思都投入這些事上，自然就無法瞭解神的寓意。因為他們被這些行事弄得昏黑和腐化，並且變得不結果子。」（Hermas, 1990: Mandate 10, 1:4）

換言之，這些有錢人在忙於事業和世俗化下，其宗教是虛有其表的。他們雖然也會偶爾讀經、聚會，但生命卻結不出仁愛、喜樂、和平、忍耐、恩慈、良善、信實、溫柔和節制這些聖靈的果子。「他們以誇張的傲慢穿戴自己、並變得心高浮誇，棄守真理而且不堅持公義，就只是隨同著外邦人的態度過日子。」（ibid.: Parable 8, 9:1）赫馬明白指出，這樣的人肯定難以進入上帝的國（ibid.: Parable 9, 20:2）。他認定，擁有巨大的財富，將會是靈性和得救的障礙。

但他話鋒一轉，卻接著聲稱，只要「將引領他們靈魂迷失的財富斷開，那他們對上帝將是有用的了。」（ibid.: Vision 5, 5:5; 5:6）在這裡，千萬不能誤會，所謂的「斷開」並不是要他們清貧，而是將財富與靈魂的迷失切割，大方地拿去賙濟窮人。他相信，濟貧可以讓富人的靈魂之途返轉！從踏向滅亡彎到救贖之路。

為此，赫馬還很特別地發展了一種富人與窮人彼此互惠共生的論調。一方面，「富人有很多財富，但他在主的事上是貧乏的。」而他若是去幫助窮人，將能獲得上帝的獎賞。另一方面，窮人則因受惠於富人的幫助，故而會很有能力地為富人代禱和感謝上帝。尤其，「窮人在代禱（及懺悔）上是富足的，並且其代禱帶有上帝的大能。」結果是兩全其美，都將上帝給的恩賜付出了，並在對方的缺乏和軟弱上互相服事。「他們

兩者都完成了他們的工作。」（ibid.: Parable 2, 1:5-7）

革利免：智慧使用財富之道

稍後的另一位教父，亞歷山卓的革利免（Clement of Alexandria, 150-215），同樣也關心富人怎樣可以得救，還為此少見地撰寫了一篇專文——*What Rich Man May Be Saved*，來力抗當時在新興環境下對富人的傳統偏見。這種關心反映了信眾背景的轉變。史學家指出，基督教的最初皈依者，多數來自卑微的平民、奴隸、自由人、手藝者和商人。但到了第二世紀後期，開始「在羅馬社會的上層中間急遽地發展」（Thompson 著，1997: 77）。耶穌所說的財主難進天國的那番話，恐怕在此時對不少有錢的信徒構成了困擾。

革利免在此一課題上比赫馬溫和多了。他叮嚀我們別污衊富人或避之唯恐不及。他要讓富人知道，得救是可及的，但得努力才能達成。他將財富視為中立的工具，認為關鍵完全在於如何善用。他說，「上帝要我們智慧地使用財富，而不是放棄它。財富的本身，既非好亦非壞，但我們可以將它安排為好的或壞的用途。」（Clement, 1987）

顯然，該被摧毀的從來不是財富，而是靈魂裡面的邪惡慾望；因為正就是這個東西，才導致了財富無法有更好的使用。革利免對於財富並非沒有負面指謫，但始終表達出一個立場，即可以透過善用財富而「從負轉正」。考驗完全在於能否「智慧地使用財富」！

他一再強調「財富不能是主人，而必須是奴僕。」會善用的，就是主人；否則就是奴僕。或者以另一個方式來說，對於錢財，我們在態度上，「若不是取用它，就是離開它。」（take it or leave it）；因為在結果上，若不是勝過它，就是被它毀滅（Clement, 1987）。這是沒有妥協的選擇。

「如果你可以擁有財富、但將它的力量轉向對自己極有節制的娛悅、操練自制、並且唯獨追尋上帝，這樣很好。」但相反地，「如果不能，就擺脫它」吧！因為此時，「錢財對你是一個敵人」；駱駝要穿過針的眼，都比你進入天國更有機會（Clement, 1987）。換句話說，不能善用錢財，那就寧可貧窮吧！

那又該如何善用錢財呢？革利免提出了兩個原則。首先是愛上帝。我們當珍愛祂，超過愛錢財。其次是愛你的鄰舍，同樣要超過愛錢財。當他們餓了時候，要給予食物；渴了時候，要給他們喝；要接待陌生的客旅；赤身露體的，要給他們衣服穿；生病的，要給他們藥；坐監的，要陪伴他們。

進一步地，革利免如同赫馬，也提到了富人與窮人之間的互惠共生。先從窮人這一邊來說，「如果一個人有錢，那是為了他的弟兄的緣故；而如果他沒有錢，他會好像有錢一樣地高興。」（Clement, 1987）何以故呢？因為富人的分享化解了窮人的憂愁。革利免相信，如此一來，不僅可以緩和貧富不均，甚至就不會再有窮人了。唯一剩下來的真正貧窮，反而是那些拒絕分享的富人了。他們雖然在表面上富足，卻有一種「在靈裡面的貧窮」（be poor in spirit）。

那富人這一邊呢？經由分享而得到的回報是什麼？革利免形容，富人對窮人的幫助，就好像是「為自己的靈魂聘雇了戰士和護衛」，可以為富人帶來上帝的寬恕，朋友的勸戒和代禱，又可以學習到救贖、信心和友善。因為在那些受到恩惠的窮人裡，「其中一個能取得上帝對你的寬恕，另一個能在你生病時給予安慰，第三個可以為你祈禱。其中一個能教導你有關救贖，另一個能警戒你要有信心，第三個可以勸告你要友善。」（Clement, 1987）

拉克坦提烏斯：仁慈的分享

到了第四世紀初期，被美譽為「基督徒的西塞羅」（Christian Cicero）的著名作家拉克坦提烏斯（Lucius Caecilius Firmianus Lactantius, 250-325），在此一特色上的立場也很類似。不過，他對於財富是否為靈性的攔阻或得救的障礙，並沒有多少著墨，只有談到貧窮不足懼（Lactantius, ANF07: Book 6, Ch. 12）。他比較關心的是財富分享的課題。為此，還發展了一套挑戰傳統正義觀的論證。他開宗明義地指出，

> 這是財富最主要而真實的好處：不是為了某一個體的個別快樂去使用財富，而是為了眾人的福祉；不是為了人自己的即刻享受，而是為了正義（ibid.: Book 6, Ch. 12）。

寫到這裡，讓我們想起他那一句膾炙人口的名言：「**沒有人是貧窮的，除非他需要正義。**」（**Nobody is poor unless he stands in need of justice.**）那麼，正義之職是什麼呢？他說，首要的是與上帝聯合，其次是與人聯合。前者稱為宗教或敬虔，後者名為憐憫或仁慈。當然，後者是從前者而來的；沒有與上帝聯合，就不會有真正的憐憫或仁慈。

進一步地，拉克坦提烏斯指出，上帝沒有將智慧賜給其他動物，但給了牠們自然的防衛本能，以避免危險的攻擊。而人類呢？卻是裸露的、並且缺乏自然的防衛本能；必須靠智慧來自我裝備。然而，比起智慧，上帝更特別的禮物，毋寧是「**仁慈**（kindness）**的情感**」，好讓「**人們會保護、愛、疼惜人們，並且彼此接納，也提供援助來對抗所有的危險。**」（ibid.: Book 6, Ch. 10）

他由此宣稱，「**仁慈是人類社會最偉大的紐帶**」。而正就基於此一「友愛情誼」（brotherhood）的關

係，上帝教導我們要去惡行善；更也囑咐我們，行善包括了提供幫助給那些受欺壓的以及困頓的人，還有，施予食物給那些赤貧者（ibid.）。而這一切就是富人的仁慈責任了。

針對富人的此一責任，拉克坦提烏斯提出了一種很類似於「社會聯結」（solidarity）的說法，強調人與人之間的相互義務和休戚與共。他說，**「如果我們不能援救別人脫離不幸困境，那脫離我們自己的危險，就不是我們該得的；如果我們拒絕提供幫助，我們就不該得到幫助。」**（ibid.）這種論調與赫馬和革利免的互惠共生，其實大同小異；都在強調富人與窮人的需要和利益一致；而形成共同體的關鍵，就在於富人的分享濟助。

最值得一提的是，拉克坦提烏斯批評過去的許多哲學家，在大談正義或清貧之際，根本罔顧這種憐憫的情感和仁慈的責任。確實，正如我們在前一章所瞭解的，無論是標榜清貧或共產公有，阿里斯托芬要的是平等；柏拉圖為的是讓統治權力去私；犬儒主義、伊比鳩魯和斯多噶主義，則是為了追求一種哲學式的道德或心靈境界。從來沒有一個是為了哀憐孤兒寡婦，或表現出對匱乏者處境的同情。

這其實不難理解。財產既然是拋之唯恐不及的東西，並且如窮人般地一無所有，又正是自己所追求的目標，怎麼可能會想要將這些「垃圾」送給窮人呢？試問，如果某樣東西被你視為罪惡或累贅，你會將它當作禮物和祝福，送給其他人去「享」用嗎？

然而，對拉克坦提烏斯來說，這種沒有憐憫情感和仁慈責任的清貧，正代表了對財富的錯誤使用。尤其是希臘化文明時期的那些傳奇哲人，他們清高自滿地丟棄了所有財產，卻未能將財富導向眾人的福祉。他因而呼籲，**「如果你對錢財有這麼大的輕蔑，使用它在仁慈和人道的行動裡，將它給予窮人；你打算要丟棄的這些錢財，可以援救許多人，使他們在經歷飢荒、或乾渴、或赤身露體時不必死亡。」**

由此，拉克坦提烏斯進一步指出，這些人真正丟棄的，其實是可以讓自己獲得「慷慨大方之榮耀」

（glory of liberality）的工具。而這就導致了他們在窮人中既沒有良善的美譽，對社會的「友愛情誼」和正義也毫無貢獻可言（ibid.: book 3, ch. 23）。

誰才是真正富有？屈梭多模

對於富人出於愛鄰舍的財貨分享，另一位著名的教父屈梭多模（John Chrysostom, 350-404）更是經典了。為了鋪陳整個立論，他別出心裁地揭櫫，我們必須重新定義貧窮和富裕；千萬別太早聲稱富人是幸福的、而窮人是不幸福的。他說：

> 富人不是聚集了很多財貨的人，而是對財貨少有需求的人；窮人不是一無所有的人，而是有很多欲望的人（the rich man is not the one who has collected many possessions but the one who needs few possessions; and the poor man is not the one who has no possessions but the one who has many desires.）。

所以，「若你看到某人貪婪很多東西，你應該將他視為最窮的人，即使他已經獲有了每個人的錢財。」相反地，「若你看到某人少有需求，你應該算他是最富有的人，即使他一無所獲。」（Chrysostom, 1984: 40）。

這番話實在太精采了！屈梭多模進一步解釋了其中的理由。就好像「我們不會稱一個總是口渴的人健康」，同樣地，有人住在泉源和溪水旁，任憑他再怎麼奢華地狂飲，豈能讓無窮的欲望解渴呢（ibid.）？在此，屈梭多模要表達的是，如果心裡有貪鄙之欲，富人即使擁有再多的資產，仍會像窮人一樣地始終感覺飢

渴。儒家不也是這樣講的嗎？所謂「川源不能實漏卮，山海不能贍溪壑。」（鹽鐵論，本議）

他還形容，這世界就好像一個劇院，每個演員都戴著面具，扮演某一個角色。有的扮演富人或統治者，有的則扮演窮人或被治者。但天黑之後，一切落幕了，每個人都要卸下面具，按著他們的舞台表現來被評價。至於扮演的角色是富人或窮人、國王或僕從，從來不是評價的依據。

這個譬喻很有意思。你有錢，只是因為在劇中分派給你一個扮演富人的面具罷了。窮人也是如此，不過是個戴上面具的一個角色而已。最重要地，人生的評價所根據的，絕非你被分派的面具角色，而是你在所分派的面具角色上，扮演得好不好！

屈梭多模相信，這一方面意味著，人的行為和性格才是真正的評價標準（Fitzgerald, 2002: 10）；而將這個道理運用在財富上，就是在挑戰我們，今生今世該如何善用金錢。另一方面也揭示出，在世上的富人或窮人都不過是在演戲！所以，演國王的該趾高氣揚嗎？而演窮小子的就可以被欺凌羞辱嗎？每個演員都要銘記在心，當天黑之後，**「面具卸下，那真正的富人和真正的窮人就顯露出來了。」**（Chrysostom, 1984: 109-110）真正的財富是擁有一個能將自己的面具角色扮演得好、健康而道德高尚的心靈性情（Fitzgerald, 2002: 15）。

不肯分享的人所面臨的悲哀

為了更清楚說明上述的立場，屈梭多模特別詮釋了耶穌所講的那段有關拉撒路（Lazarus）與財主的故事（路加十六19-31）。拉撒路是一個討飯的人，他渾身生瘡，被人放在財主的門口。而財主卻穿著昂貴華服，天天奢華宴樂。對於門口這個乞丐，他完全視若無睹。這正是屈梭多模所要控訴的。財主的罪惡與財富無關，而在於他對窮人的冷血。這完全不是一個馬克思式的階級剝削問題，而是心靈救贖的問題。

他傳神地形容，這位財主因拒絕餵飽窮人，以致讓自己的靈魂挨餓了。其實，拉撒路每天到財主的家門口，正是上帝每天給財主的一個機會，讓他學習美德和彰顯愛。但他卻漠視了此一可以得到救贖的方式（ibid.: 4）。屈梭多模以文學的口吻描繪了這樣一幅場景：

> 他（指拉撒路）就在你的入口，泥濘裡的珍珠，而你沒看到他？醫生就在你門口，而你沒接受治療？領航員就在港口，而你遭受海難？你餵飽寄生的食客，而不餵飽窮人（Chrysostom, 1984: 107）？

這就是不肯分享的富人所面臨的悲哀！沒有被醫治、被死神淹沒。

拉撒路窮歸窮，好歹有個名字！這位財主在故事中卻始終無名無姓。對此，屈梭多模嘲諷道，「**財富值多少？他連個名字都沒有。這是什麼樣的財富啊？**」（ibid.: 105）這番話說得真好。一個無名無姓的人是誰呢？不就是我們俗話所說的「nobody」嗎？無足輕重的人。傲慢自私的富裕者，總認為自己是VIP，孰知，在耶穌的眼中，其實是個nobody！

屈梭多模分辨得很清楚，這位財主的問題，不是因為他有很多錢財，而是他錯誤地使用錢財。財富的好壞取決於它如何被使用。如果不奢華、醉酒或用於有害的歡樂，財富對於擁有者是好的；若是很節制地享受一下，並將其餘的分給窮人，那更會是一件美事。但如果相反，則財富不僅於他無益，甚至會引領他掉入深淵裡（ibid.: 136-137）。

屈梭多模甚至有一種觀念，那位財主應該藉由財富的慷慨分享，來購買他自己的救贖（Fitzgerald, 2002: 3）。這倒不是否定了十字架在救贖上的唯一性和功效，而是將慷慨分享當作真實信仰的必然表現。對窮人冷血已經說明了一切！

富人若不肯分享，就是偷竊

進一步地，屈梭多模更引用舊約所說的「當納的十分之一」（瑪拉基書三10），直指那些不肯分享的富人是偷竊了窮人。即使他們的財富是正當地繼承自父親，也無論他們是用什麼方式合法地積累了財富，上帝都告訴富人，「他們持有了窮人的財貨」（Chrysostom, 1984: 49）。這裡的意思有兩方面，一來，許多財貨原本就是窮人的，卻被權貴在法律的包裝下巧取豪奪。二來，在上帝所賜予的財貨中，原本就有一部分是為窮人預備的，富人只是受託付管理而已！

這種扣上偷竊罪名的強烈立場，其實，或多或少出現在早期教父的著作中。譬如該撒利亞的巴西流（Basil of Caesarea, 330-379）就同樣聲稱，不肯分享財貨的人為竊賊。他說，如果拿走別人衣服的是竊賊，那有餘力卻不將衣服給沒衣服穿的人，為何不也是竊賊呢？富人扣留了應該屬於窮人的麵包，在衣櫥裡私藏了應該給窮人的外衣，又任憑將應該給赤腳者的鞋子放在家裡陳舊腐壞，這算不算是竊賊呢？

巴西流甚至認為，世上之所以出現飢餓和匱乏，主要原因就是富人不願與窮人分享。這一方面引起了上帝的憤怒，降災於世人；另一方面，它也讓財富無法向下流動，帶來貧富之間的均平（Gonzalez 著，2000: 224-226）。

不過，我們必須瞭解，這種強烈的控訴有其社會背景。因為當時存在著普遍而嚴重的貧窮。並且導致貧窮的原因，除了乾旱飢荒之類的天災外，更有許多人為的因素，包括了竊賊的偷取、盜匪的搶奪、商人的巧取豪奪，以及官吏的橫征苛稅和沒收充公。在巴西流和拿先斯的貴格利（Gregory of Nazianzus, 329-389）的著作中，都談到了這些問題。尤其經常被提出來的是，高利貸所導致的普遍貧窮（ibid.: 232; 221-223）。難怪！富人的錢財被認為是不義的，並且拒絕分享會被視為竊盜。

歸結而言，從上述這幾位教父的討論，我們理解了早期基督教在財富倫理上的第一個普遍特色，即他們都將重點放在財富的使用上，而非財富本身在道德上的邪不邪惡。如果濫用，財富將是靈性的攔阻、得救的障礙。而如果善用，則不僅福澤窮人，也會讓自己實現美德、得到救贖。

特色之二：不屬我也不共產

那麼，第二個普遍特色呢？簡單來說，就是一種在財產主權上的弔詭。早期教父們一方面強調，上帝才是真正的財產所有者，人不過是被託付的管家，藉此否定了個人私屬財產的至高無上。但另一方面，在否定之餘，又在本質上接受了私產制度，並刻意與清貧或共產公有劃清界限。

譬如，早在《十二使徒遺訓》裡，當談到施捨的必要性時，就已經說到了其中一個關鍵的理由，即私屬財產根本不是自己的。因此「不可伸著手領受，卻縮著手施捨。將你手裡所得的給人一份，好贖你的罪。……你不要拒絕貧窮的人，凡物都要與弟兄相共，不可說這是你自己的。」（章四）

亞歷山卓的革利免也同樣堅稱，「在你權力下的財富不是你自己的」。上帝才是資產的真正主權者。他還強調，賙濟窮人並非對一己財物的善良施捨，而是管家必須對上帝交帳的一種積極責任。這就是說，賙濟窮人不是因為你的「善」，你只是還債而已！將上帝託付你管理、原本就要給窮人的錢財還給他們。

既然不是施捨，而是交帳的責任，革利免因而呼籲，不要等待有需要的人來向你尋求幫助，主動去將他們給找出來（Seek them out）！「就好像一個商人熱切地尋找一個新市場，你也要這樣出去尋找有需要的人。」（Clement, 1987）在這句話裡有個深刻意涵，即對於分享財富，不要被動拖延，而該主動積極，就好像你熱切尋求致富一樣。

這可真是難啊！我們到處可見全心全意賺錢的人，可找不到幾個全心全意濟貧的人。

另一位教父屈梭多模，在這方面的立論更是明顯了。他說，即使我們的靈魂都不是自己的，更何況我們的世俗財貨呢（Fitzgerald, 2002: 15）？作為一個該交帳者，就好像「有人給你一本存簿託你保管，我不能稱你**富有。……因為你擁有的是別人的錢。**」（Chrysostom, 1984: 116）之前，他在指謫不肯分享即偷竊時，就是訴諸於這個基礎——「因為我們的錢財是上主的」；而一個人是否能擁有更多的世俗財富，也在於上帝主權的賞賜，從來不是你理所當然應得的。因此「當我們不能顯出憐憫時，我們將一如那些偷竊者被懲罰。」

屈梭多模還要我們記得，施比受更為有福。甚至分享得愈多，會獲得更多！並且，上帝給你以財富，本來就是為了要你去給予。「如果我們供給那些需要的人，我們將獲得更多。**這就是為什麼上帝允許你擁有比較多：不是為了給你去浪費……，而是為了給你去分給需要的人。**」（ibid.: 49-50）

進一步地，既然我們只是受託付的管家，那為什麼有人敢於濫用根本不屬於自己的東西呢（Fitzgerald, 2002: 15）？到時怎麼向主人交帳？在這裡，他所指的就是人們對財貨的奢華浪費。以我們常用的俗話來形容，這不就是慷他人之慨嗎？

屈梭多模又說，為什麼「你擁有屬於別人的，你卻沒有你自己的」呢？這句話的意思是，你手握的乃上主所託付的財富，卻沒有能經由善用它們，來換取屬於你自己的真正財富——美德和永生（Chrysostom, 1984: 116）。這就是那位財主在面對拉撒路時的愚蠢。他完全不懂得該如何利用上帝所託管的世俗財富，來創造屬於自己的永恆財富。直到有一天，世俗財富隨同性命都被真正的主權者收回了，才驚覺自己一無所有。真正的聰明人一定會懂，「要藉著那不義的錢財結交朋友，到了錢財無用的時候，他們可以接你們到永存的帳幕裡去。」（路加十六9）

寫到這裡，我們可以不必再多談了。因為這種藉由受託付的管家觀念來否定私屬財產至上的說法，幾乎遍佈了每一位早期教父的論述中。甚至可以說，它是整個基督教圈子裡對於財富的最基本共識。

還給上帝吧？既然不是我的

但我們必須轉而追問，此一基本共識可否再往前跨一步，走上對私產制度的否定？早期教父們是否因此而對清貧或共產有所期待呢？既然財富都不是我的，那就選擇清貧吧！將它們全部還給上帝。既然分享是如此重要的信仰責任，那何不共產呢？讓每一個人都公平地被分配到。

這個問題的答案有點分歧。確實有些早期的教父就由此延伸，發展出了對清貧或共產的肯定和期待。典型者就譬如米蘭的主教安波羅修（Ambrose, 337-397）。還有，就是在亞那他修（Athanasius of Alexandria, 296-373）筆下，那位屬於埃及苦修派的安東尼了。對於這位著名的代表人物，甚至超現實主義的大師達利（Salvador Dali, 1904-1989）還曾做了一幅畫，來描繪他面對世俗和榮華時的苦行禁慾（聖安東尼的誘惑，1946）。

只是，其他多數的教父卻走向另一條不同路徑。他們對於耶穌所說的「變賣所有的，賙濟人」、以及初代教會曾經實行過的「凡物公用」，反而在詮釋上刻意避開了清貧或共產公有。畢竟，拋棄了所有財產，同時也就丟掉了身為財富管家的神聖職責，不是嗎？若錢財根本被當成累贅，何必還去當它的管家呢？

事實上，耶穌並不樂見人們將財富原封不動地還祂！這毋寧是一種失職，是「又惡又懶的僕人」（馬太二五26）。祂要求的是，要以精明的理財來向祂交帳。選擇了清貧，就沒機會當財富的好管家了。至於共產公有，情況也很類似。它等於是將財富管家的神聖職責，從自己身上交出去給別人（國家或公社）代理。更糟糕的是，如此一來，財富就不再是一己的信仰考驗，也與個人的美德和救贖無關了。

或許就是基於這些考慮，再加上若干現實的理由，早期教父們傾向於將清貧或共產公有，小心翼翼地保留在修道院的圍牆裡，並且認為那只適用於少數蒙受特別恩召的人。在後來的發展，天主教則更明白地揭示，教會所主張的並非共產制，而只是一種「共用財富正義」，即秉持著正義和仁愛的原則來分配和共享（莊慶信，2011: 102-103）。

耶柔米（Jerome, 347-420）說得好，「變賣所有的，賙濟人」只是一種高標準的邀請，而非硬性的規定。它是上帝對那些想要當「完全人」、達到道德最高峰的信徒的一種額外預備（Gonzalez 著，2000: 248）。因此，對許多教父來說，「變賣所有的，賙濟人」以及初代教會「凡物公用」的經驗，是需要被重新正確詮釋的，並不能字面地簡單引用。

關鍵在心靈，不是外在財產

亞歷山卓的革利免就是抱持著這樣的主張。他針對耶穌與那位少年官的對話，直接挑戰了柏拉圖的共產公家庭。很有意思地，他的理由竟然與亞里斯多德一樣，即如果一無所有，如何分享和互助呢？他說，「如果上帝真的要基督徒放棄一切所有的，為什麼他還命令我們去餵養飢餓的、給赤身露體的穿上衣服呢？」

（Clement, 1987）

革利免進一步提出了亞歷山卓學派一貫的寓意解經，強調耶穌那段對話所真正著眼的，毋寧是內心層面對錢財的**「愛戀和憂慮」**，而不是真的要那位少年官追求一無所有的清貧。

> 救主並非命令他放棄財產，而是要他從其靈魂中，逐出對財富的錯誤觀念，即對它的愛戀和憂慮。耶穌明顯地不是說沒有財產就有永生。如果是的話，那街上的乞丐們，他們甚至還不認識上帝，就將是最棒的基督徒了（Clement, 1987）。

他又指出，在耶穌之前，就已經有很多異教徒追求清貧，難道他們也可以得救嗎？在這裡，所指的就是希臘化文明時期的那些傳奇哲人們。革利免的答案當然是否定的。如果只要拋棄財產就可以讓靈魂昇華，這未免太簡單、也太把人給「物」化了。救贖的關鍵，終究在於人的內在心靈層次，而非財產的任何外在形式。

他還質問，當耶穌聲稱**「駱駝穿過針的眼，比財主進神的國，還容易呢！」**為什麼門徒會驚訝地說**「這樣，誰能得救呢？」**（路加十八26）他們不都是已經拋棄一切來跟隨耶穌了嗎？難道他們也不能得救嗎？革利免相信，原因在於門徒瞭解這番話背後的意義，即除非從靈魂上清除對財富的愛戀和憂慮，否則，沒有人可以因拋棄財產就承受永生。阻礙救贖的，從來不是財富本身，而是對財富的愛戀和憂慮。

難怪！在接續的對話中，耶穌對門徒的回答是，**「在人所不能的事，在神卻能。」**（路加十八27）確實，若要從靈魂上清除對財富的愛戀和憂慮，這可不是「人」做得到的。但只要讓**「上帝與願意的靈魂同心協意」**（God conspires with willing souls），它還是可以達致的（Clement, 1987）。

是愛的團契，並非共產公社

另一位著名的教父特土良（Tertullian, 155-240），雖然也稱許初代教會中「凡物公用」的榜樣，但他卻一再強調，這可不能誤解！因為其中的捐獻完全是甘心樂意的；而甘心樂意的基礎，則在於基督徒團體中彼此互為弟兄姊妹的親密關係。它的核心精神是，信徒心靈的合一、自願性的分享，以及對匱乏者的愛。

特土良特別對比了在異教中所充斥的交易心理，即我們華人常說的「祭以祈福」——向神明獻上祭物，為了只是換取升官、發財、愛情或健康之類的福氣。但如此一來，金錢的捐獻不就變成了是與神明之間的一種「買賣價金」（purchase-money）嗎？

相反地，在初代教會中「凡物公用」的經驗裡，信徒的捐獻純粹是出於對窮人的愛和無私的分享。雖然，是有那麼一個儲存大夥兒獻金的共同銀庫，但「它不是由買賣價金所組成的，好像一個宗教是有價格似的」。這句話說得非常有對比性。上帝的祝福是沒有價格的！而或許，沒有價格的原因是，再大的價金都買不起上帝的祝福。

無論如何，「上帝的事物沒有任何形式的買或賣」。不只上帝拒絕被賄賂，信徒所捐獻的每一塊錢，更也都「必須是他樂意的、必須是他有能力的。」並且一切都是出於對匱乏者的愛。「這些贈與，正是敬虔的儲備基金。因為它們……將被用來資助和安葬窮人、供應那些沒有工作能力以及失去父母的孩子們的缺乏。」（Tertullian, ANF03: XXXIX）

進一步地，特土良承認，如此發展的結果，會使信徒之間形成一種「共有」的生活方式。因為，始終有一個基礎支撐在那裡，即信徒之間「在心思和靈魂是一體的」。所以，「我們毫不遲疑地，彼此分享我們在地上的財貨。所有的東西，除了我們的妻子，在我們之間都是共有的。」（ibid.）

從邏輯推理來說，確實是如此。既然彼此相愛、追求合一，在財物上就會不分彼此；你的就是我的，我的就是你的。情侶從相愛步入婚姻，不就是這樣嗎？剛開始只是分享，之後就變成某種形式的共有了。

但畢竟，這與我們在前章所討論過的共產公有完全不同。一方面，從動機來說，它不是訴諸帶有相對剝奪感的公平正義、甚至嫉妒和眼紅，而是出於彼此相愛的親密關係，尤其是對窮人的愛和憐憫。另一方面，從實務來說，由於它以樂意為核心精神，故而，參與其中的人捐獻出多少、何時中斷或停止捐獻，完全沒有規範和制度可言。它甚至被當作隱私、不公開披露。唯一的監督者，只能是良心和上帝。

很遺憾，許多人不求甚解。對於初代教會的「凡物公用」，每每喜歡強調那是一種共產公有的制度。但事實上，其中所謂的「**他們天天同心合意恆切的在殿裡、且在家中擘餅，存著歡喜誠實的心用飯**」，真正的意涵，毋寧是弟兄姊妹之間的一種「**團契**」（fellowship），而非公社。

特土良指出，基督徒的這種共食「**餐宴**」（*feast*）一如其名，在希臘文稱為「agapè」，指的乃一種溫暖的情感。它的真意應該是為了愛誼而餐宴。更確切來說，就是「愛宴」。在共同生活中，桌上的所有好料，並非朋友之間的美食享樂，它甚至不是為了友誼，而是為了愛和嘉惠窮困的弟兄姊妹。它就有如上帝在十字架上之所為，是對軟弱匱乏和卑微者的一種「**獨特尊榮**」（ibid.）。

而既然是團契，並非公社，那麼可以理解地，參與的信徒基於各自不同的經濟能力，提供了什麼菜餚或美味來照顧貧困的主內肢體，這完全是他人（包括教會、國家、公社和任何制度的管理者）所不容過問的，更別說是強制性的共產公有了。

我們絕不能或忘，愛心的一個重大特質，就是它不容他人要求和挑戰。它必然地會抗拒外來規範或制度的干預。它只對良心和上帝負責。任何人要不要捐獻、又捐獻多少，不僅不會有什麼外在的監督者，也不可能變成任何共產公有的分配制度。特土良在此對初代教會中「凡物公用」的解釋，非常接近事實，也很有說服力。

該拿掉的，不是婚姻和財富

除了特土良之外，拉克坦提烏斯在此一課題上則追隨了革利免，同樣否定柏拉圖的共產公家庭，將基督教的財富倫理與之劃清界線。不過，其批評所入手的，卻主要是正義這個概念。就如我們之前所曾提及的，他一再強調，正義之職首要的是，因與上帝聯合而衍生的對人的「**友愛情誼**」。如果沒有它，則人與人之間整體的「**協調和諧**」（concord）就根本不可能。

柏拉圖同樣也想透過正義，來追求一種協調和諧的整體幸福，但拉克坦提烏斯卻認為，他「**根本無知於其源頭**」！正義作為幸福國家裡一種各得其位的協調和諧，它必定「**全然被用在人的心靈裡**」（Lactantius, ANF07: book 3, ch. 22）。簡單來說，缺乏了慈愛和良善的「心靈」，就不會有蘊含著協調和諧的正義。緣此，拉克坦提烏斯講了一句很關鍵的話，「**正義不該是會朽壞之物的共有，而是心靈的共有**（it ought not to be a community of perishable things, but of minds.）。」（ibid.）

這裡所謂「**心靈的共有**」，指的就是透過人際之間的「**友愛情誼**」而實現的協調和諧。故而，他進一步指出，若想要讓人們平等，「**該拿掉的，不是婚姻和財富，而是自大、驕傲和優越感。**」關鍵從來不是共產公家庭，而是人心中的自私。這才是邁向心靈共有的真正攔阻。他並且相信，只要將自大、驕傲和優越感從富人身上拿掉，就會讓富人與窮人之間無所差異了。這時，即使各自所擁有的財富不同，仍會呈現出一種在「**靈性上的平等**」（equal in spirit）（ibid.）。

在此，拉克坦提烏斯的意思很清楚了。他期待的是，經由人際之間的慈愛和良善來實現靈性上的平等，絕非共產公家庭那種外在的平等。並且，只有從一顆敬畏上帝的心開始，往後才會產生這樣的正義結果。

他還嘲諷說道，柏拉圖自得意滿，以為找到了城邦的正義。但「**事實相反，他全然移除了它**。」為什麼呢？此刻，亞里斯多德的那一套論證再度登場了。拉克坦提烏斯說，柏拉圖要追求正義，並且將正義視為一切美德之母。然而，卻無知於「**當美德一個個被拿掉時，正義本身也就被顛覆掉了**」。

確實，柏拉圖就是幹了如此矛盾的事。一來，他不自知地拿掉了節儉和棄絕享樂的美德。因為這樣的美德，在一無所有者身上是不可能存在的。窮人的節儉並非美德，而是不得不然的現實。人必須有資產，而後選擇簡樸，這才是可貴的美德。二來，柏拉圖還不自知地拿掉了在性事上的自制和貞操，也拿掉了自尊、羞恥和莊重這些美德。因為在他的「公家庭」制度裡，那些素來被認為下流和丟臉的事，已經被當作是合法的榮耀了。

對比來說，拉克坦提烏斯並不否認，私有制也有其道德風險。它「**同時包含著美德和邪惡的質材**」（contains the material both of vices and of virtues）。但至少，它讓美德成為一種可能。而共產公有呢？則「**只會有恣意放肆的邪惡**」（the licentiousness of vices）（ibid.）。在其中，美德已經完全被扼殺、毫無可能了。它只有一個發展方向，就是邪惡。

只需去除多餘之物，非清貧

上述，談過了幾位教父對清貧和共產公有的反對，那最「金口」的屈梭多模呢？從表面上看，他致力於挑戰羅馬私有財產權的一個根本性質，即為所欲為的主權立場。財產既然是我的，就算是濫用又怎樣？對此，屈梭多模有一些話是主張財物共有的；但又有另一些話，偏向於一種嚴格侷限的私有制。不過，這兩者有一個共同特點，就是都限制了擁有者的權利，並要求更大的責任（Gonzalez, 2002: 209）。

其實，對他來說，財物的共有似乎只是上帝造物時最早的心意。而且在論證上，是由天空、太陽、星星、月亮、海洋這些「**大自然的一切**」開始的，而後才推展到土地財富的共有（ibid.: 204-205）。至於錢財呢？它沒有像陽光、水、空氣和土地那麼重要，上帝因此在這方面是允許人們私有的。「**為什麼呢？為了保護生命及美德。**」（ibid.: 207）

至少，屈梭多模對於「**變賣所有的，賙濟人**」這種清貧論調，是刻意保持距離的。甚至他所期許的，恐怕比簡樸還要更富足一些。有一次，他在講解《哥林多後書》九9時就清楚指出，「**我不是要引領你到徹底貧窮的高峰，只是此刻我要求你切除一些多餘之物**（superfluities），**渴求只要夠用**（sufficiency）**就好。**」

在此，他刻意區別了「**多餘之物**」與「**夠用就好**」。這讓我們再度看到了亞里斯多德的影子。而它們該如何區分呢？屈梭多模繼續說道，「**夠用的界限就是使用那些生活上非要不可的東西。沒有人要你排斥這些東西、也不會禁止你每天的食物。我說的是食物，不是宴會；是衣服，不是裝飾。**」乍看之下，此一答案似乎掉入了「生理主義」陷阱。但他其實並沒有那麼狹隘，還是顧及了在精神和人際上的財物需要。他的標準是，

> 讓人們能帶有活力並保有健康地被滿足，不要需索更多；……當我們即使沒有某一樣東西，也能活得健康和有尊嚴，那無疑地，增加那樣東西就是多餘之物（Chrysostom, NPNF1-12: XIX. 3）。

在這裡，有好幾個字眼是讓人印象深刻的。相對於清貧的寒酸、或簡單的素樸，他更充分肯定了要讓人們有尊嚴、「帶有活力並保有健康地被滿足」；唯一的只是不可貪婪和奢華罷了！這已經是不折不扣的小康好日子。它應該很接近亞里斯多德所說的，既素樸又寬裕，既節制又自由；可以讓人培養最「合適的品性」。

不過，此一小康立場未必是受到亞里斯多德的影響。因為早在《舊約》時代，類似的觀念就已經存在了。譬如在〈箴言〉三十8-9就說道，「求你……使我也不貧窮、也不富足、賜給我需用的飲食。恐怕我飽足不認你，說耶和華是誰呢？又恐怕我貧窮就偷竊，以致褻瀆我神的名。」當然，在思想上誰影響誰，一向是最難以斷言的。或許，小康論調本身就是一種最自然的普遍心態；它總是給人們一種中道和平衡的愉悅及滿足。

歸結：兩個與眾不同的標誌

討論至此，我們對於早期基督教的財富倫理，該做一個收尾了。歸結而言，雖然從《新約》時代的耶穌和使徒，以迄早期的教父們，始終存在著若干不同的立場，但仍展現出了兩個普遍特色。

其一，拒絕貪慾和揮霍，並要求經由愛的分享使命，來化解財富所帶來的墮落風險。面對財富的真正挑戰，唯獨在於善用。藉此，即使是富人，也可以「穿過針的眼」——救贖。其二，上帝才是真正的財產所有者，人不過是被託付的管家。緣此，既否定了個人私屬財產的至高無上，同時又在本質上接受了私產制度，並刻意與清貧或共產公有劃清界限。

這兩個普遍特色，對後來整個基督教的財富倫理，影響至為深遠。而最值得一提的是，它們標示出了與非基督教文明或陣營的巨大差異所在。先說其中的第一個，即經由愛的分享使命，來化解財富所帶來的墮落風險。這確實是一個與眾不同的鮮明標誌。

無論是阿里斯托芬的平等、柏拉圖的共產公家庭，以及希臘化文明下那些傳奇哲人所標榜的清貧，都不是為了哀憐孤兒寡婦，或表現出對匱乏者處境的同情。即使是亞里斯多德所主張的慷慨分享，也是為了實踐倫理上的善。它的本質是一種自我的美德成就，而非出於情感上對窮人悲苦的憐憫。

至於中國的儒家，則雖然存在著一種仁民愛物的惻隱之心，卻主要是說給國君聽的，要他們好好愛民、施行仁政。至於一般富人，儒家更多的是擔心他們帶來道德腐敗，很少責成他們要對窮人有一種出於愛的分享使命。不只如此，儒家又因有濃厚的家族倫理，以致省吃儉用的結果，總是將資產留給子孫。這明顯是為了光宗耀祖、家大業大。雖然也存在著若干賑災或接濟鄉親鄰里的大善人，但與前者比較起來，實在是少得可憐！

反觀基督教對於愛的分享使命，一來，它被直接當作宗教性靈最真實的表現，所謂「那清潔沒有玷污的虔誠，就是看顧在患難中的孤兒寡婦」。這意味著，信徒若沒有實踐愛的分享使命，則在宗教上是不虔誠的。二來，它還被視為愛不愛神的一個指標。所謂「凡有世上財物的，看見弟兄窮乏，卻塞住憐恤的心，愛神的心怎能存在他裡面呢？」這就是說，你有能力卻不憐恤窮人，那麼你說愛神是虛偽的！

進一步地，對於馬克思，基督教這種出於愛的分享使命，也同樣標示出了兩者之間的巨大差異。前者訴諸的是窮人對富人的相對剝奪感，並且其論證的基礎和訴求建立在階級鬥爭上。馬克思主義者更踏步在一條武裝革命之途，來追求屬於被剝削者的分配正義。但對後者而言，至少從《新約》時代到早期教父，財富倫理就只有愛的分享使命問題，而無所謂分配正義的問題。其實踐之路，更也始終是甘心樂意的分享，而非武力或任何強制方式的奪取、徵收或分配。

至於無政府主義，克魯泡特金口口聲聲說互助，卻是徹底訴求革命，強迫互助！普魯東不一樣，反對共產，強調互助必須出於良心的自願。然而，他們的整個重點，還是從勞動和財富的集體性，來控訴私產制的壓榨和剝削。其中的主旨和訴求，毋寧還是公平正義，而非愛的分享使命。

那麼，第二個普遍特色呢？即強調上帝才是真正的財產所有者，人不過是被託付的管家。這同樣是基督教在財富倫理上很獨特的鮮明標誌。首先，如果沒有對上帝的宗教信仰，就不可能有此一主張。財富管家的觀念，絕對是唯獨宗教信仰群體才會有的。難怪！在整個理性傾向的希臘哲學以及希臘化文明裡，都找不到它的蹤跡。屬於現世倫理的儒家，以及其他世俗主義所孕育出來的財富倫理，同樣也是如此。

其次，非基督教的宗教信仰群體呢？他們會有財富管家的觀念嗎？令人訝異地，除了與基督教同源的伊斯蘭教外，不僅沒有，還經常相反。也就是基於宗教的理由而拒斥或貶抑財富，將之視為靈性昇華的累贅。

以佛教為例。對於出家人而言，他們將財富視為一種纏累，寧可拋棄一切。佛陀本人就一生乞食，怎麼可能還要去當什麼財富的好管家呢？至於對未出家的信徒，佛教將財富視為「由布施福業而來」，根本不是神所賜予的。他們「不能信任神的恩賜，認為一切要依自己，自己的業力，才決定自己的福報如何。」（釋印順，2010: 247-248）在這種情況下，同樣也不可能存在著任何要向上帝交帳的義理。

既然如此，還何苦去當什麼財富的管家呢？

仔細探索，基督教出現財富管家的觀念其實並不尋常。耶穌的教導是最直接的來源，祂一再以管家的理財精明為比喻。而後，使徒們則將它應用在教會治理上。譬如，將教會的監督和執事當作是管家（提多書一7；哥林多前書四1-2）；而各個信徒在才幹上的付出，同樣被當作是管家（彼得前書四10）。

當然，管家和治理是同一件事。以此而言，則它可以更早溯及基督教特有的創造論。扼要來說，上帝從一開始創造之際，就要人類代表祂來管轄和治理萬物（創世記一26；詩篇八6）。這毋寧就是管家觀念的起始。但管家觀念延伸至財富的治理，另一個更直接的基礎，則是對上帝「普遍主權」的預設；即包括財富在內的萬物，都出於上帝主權的賞賜。因此，真正的所有者，當然不是自己，而是上帝。

相關的經文非常多。譬如，「祂使人貧窮，也使人富足；使人卑微，也使人高貴。」（撒母耳記上二7）「得貲財的力量是祂給的」（申命記八18）。「上帝賜人貲財豐富，……這乃是上帝的恩賜。」（傳道書五19）當約伯喪失一切時也同樣說「賞賜的是耶和華，收取的也是耶和華。」（約伯記一21）事實上，舊約時代之所以要求什一奉獻，就是認定財富的主權在於上帝；所以會形容那是「當納的十分之一」。我們可以確切地說，財富管家的觀念並不是偶發、零星的，它是基督教中整體義理的一部分。

總結而言，愛的分享使命和財富管家，絕對可以列為基督教在財富倫理上與眾不同的兩個鮮明標誌，代表著與非基督教文明或陣營的巨大差異。

4 — 原罪下的財富善用之道：奧古斯丁

◆Sin was foul, and I loved It. I loved to perish. I loved my own error — not that for which I erred, but the error itself.

◆金銀屬於那些知道如何去使用它們的人。……那些未能正確使用的人，並不能正當地擁有（legitimately possess）。

從《新約》時代以迄早期教父的財富倫理，來到了第四世紀，大環境已經發生了劇變。在君士坦丁大帝之前，從法律上來講，是沒有什麼教會財產的。但到了三一三年，「米蘭諭令」第一次在法律上承認教會財產，並將其財產數目加入了羅馬法。到了三二一年，法律更准許教會享有收受贈與、或轉移給教會作為基金的財產之權。而最為關鍵的是，教會被賦予了一種接受遺產的無限權力（Thompson 著，1997: 73-74）。

在這些因素的影響下，經過一段時日的發展結果，教會財富以驚人的幅度增加了，同時，神職人員也變成了既蒙寵幸又富有的階層；基督教再也不是當初那種窮人的宗教了（ibid.: 82-84）。

奧古斯丁（Augustine of Hippo, 354-430）就是屬於此一時期的著名教父。但他的財富倫理，就本質而言，還是承繼了主流的中庸論調，與同時代的屈梭多模和較早期的教父比較起來，其實並沒有太大改變。只是他很別緻的論證方式，卻十分有價值、也發人深省。更由於他的名氣和歷史地位，影響力較之前述的教父們更巨大而深遠。

原本，奧古斯丁深受摩尼教（Manichaeism）的影響，認定「惡」乃物質世界中原始又根深柢固的力量（Chadwick 著，1987: 16）。但在皈依基督教之後，他改而堅信，上帝所造的萬物都是美好的，「惡」毋寧是靈魂的不穩定所致。靈魂其實是一個戰場，它既始終保有上帝的形象、又兼具墮落的潛在可能；它會有軟弱並做出錯誤的抉擇（ibid.: 32; 45-47），以致出現對「善」的扭曲或濫用。

簡單來說，邪惡從來不是萬物被造時固有的屬性，而是人由於「自由意志」的軟弱所導致的扭曲或濫用結果。就譬如夫妻之間的「性」，它為了生兒育女而被神聖地創造，卻經常被扭曲或濫用，以致淪為只是縱情歡愉。奧古斯丁因而堅持，必須將性衝動（libido）導入生殖此一「正確而良好的用途」（ibid.: 137-138）。這就是他對許多事物的一貫立場。

譴責的不是財富，而是貪婪

那麼財富呢？當然，它在本質上也從來不是邪惡的；只有因為靈魂的軟弱並做出錯誤的抉擇，以致被扭曲或濫用時才是邪惡的。面對財富，真正需要的同樣是「正確而良好的用途」。奧古斯丁有一段話，就明確指出了財富在本質上的中立性，端看它是落在「善人」或「惡人」的手裡。他說：

你希望擁有金銀；我同意它們也是好東西，但只有在你讓它們有善的用途時才是。而如果你自己是惡的，你就無法讓它們有善的用途。因此，金銀對惡人，就是惡的；對善人，就是善的。它們被轉向善的用途，不是因為金銀使他們成為善人，而是因為他們提供了善給了它們（Augustine, NPNF1-06: XXII-4）。

這一段話清楚表明了兩個意涵：一來，金銀是善抑或惡，關鍵在於人的自由意志對金銀的用途做了怎樣的選擇？二來，當人心是惡時，手中的金銀就不會是善的。金銀在此時，對所有的人都會是一種傷害。

他在另一處地方則表示，自己所譴責的從來不是財富本身，而是對財富的貪婪；不是人的所有物，而是人對金錢和財貨的慾望。他還說，上帝不會拒絕富人的禱告，窮人也未必就更討上帝喜悅。窮人如果咒罵自己的貧窮，或在胸中燃起對錢財的熊熊慾火，那同樣也犯了貪婪的罪（Deane, 1963: 110-111; 294）。

奧古斯丁的此一立場，正是《聖經》中所說的「貪財是萬惡之根」，結果將是「陷在迷惑，落在網羅，和許多無知有害的私慾裡，叫人沉在敗壞和滅亡中。」（提摩太前書六 6-10）在此所針對的，都只是那些一心一意想要發財的人，而未必是富人或窮人。

這其實是一個很高明的洞悉，發現到貪婪是普遍於生命中的一種罪惡勢力。無論富人或窮人都不能豁免。貪婪的人絕不以得到錢財為滿足，他會進一步「貪」所有可以得到的東西。所謂「貪愛銀子的，不因得銀子知足；貪愛豐富的，不因得利益知足。」（傳道書五 10）這幾句話太寫實了。只要心中那個罪惡勢力沒被擺平，就算貪得了所欲求之物，還是會無止境地去貪其他東西。就在這個意義下，奧古斯丁相信，主張共產公有是沒有用的；主張清貧也是沒有用的。因為取消掉它們，不過是讓人們無「財」可貪而已！

為了說明這種內在的罪惡勢力，奧古斯丁精采地發展了其影響深遠的「罪觀」神學。雖然說，惡並非上帝所創造的，而是善的虧損、缺乏、扭曲或誤用，但這絲毫不意味著善惡之間有所模糊、或是非難分；更不能因此而天真地以為，惡的力量薄弱無依。

奧古斯丁很有代表性地提出了「原罪」觀念。許多人誤解，以為它是一種原始的惡；或者說，當亞當和夏娃被造之初，人性就有了罪。若是這樣，不就與前述的整個立場矛盾了嗎？既然上帝未曾創造惡，怎麼會存在著原始的惡呢？連帶地，如果原始的惡是存在的，那麼，財富恐怕也會被當作其中的一部分了。

不是因為缺乏，乃對罪之愛

正確來說，奧古斯丁所指的乃源自亞當和夏娃墮落之後的罪「性」。基本上，它有別於那些具體而微的罪「行」。它就是人因拒絕上帝而在自由意志的運作中所選擇的一種「對罪之愛」。這種罪「性」當然不是上帝創造的。它既非本來就已經存在，也不是必然會發生的。它純粹是在亞當和夏娃墮落之後，人的自由意志選擇了遠離上帝的結果。它表現為一種對罪無抗拒的擁抱渴望。

奧古斯丁相信，在始祖墮落之後，人們打從出娘胎開始，這樣的「對罪之愛」就已經作動了。他很經典地說道，「嬰孩的天真純潔，在於其肢體的軟弱，而非其意志的軟弱（Then, in the weakness of the infant's limbs, and not in its will, lies its innocency）。」對此，一個明顯的證據是，當嬰孩要求吃喝拉撒睡等的自我滿足時，其哭鬧是毫不客氣的，十足地自我中心（Augustine, NPNF1-01: Vol. 1. VII-11; VI-8）。還有，小孩子為了玩具而向媽媽鬧脾氣；甚至，因為嫉妒和爭寵而去傷害弱小的弟妹。

作父母的，如果看到孩子的乖巧單純而相信人性本善，奧古斯丁會覺得你跟孩子一樣幼稚！因為那不過是由於孩子還處在絕對依賴下。當他們逐漸長大，你會驚訝地發現，以前的乖巧單純不見了。延伸而言，許多人的循規蹈矩經常也是如此。他們只是還不夠強大、缺乏傷害的能力，而不是缺乏傷害的意念。反過來，權貴份子也未必就比一般人更壞，他們只是有能力落實傷害的意念罷了！

奧古斯丁回顧自己的童年，所有的鬥毆、叛逆和踰越規矩，都源自於心裡的喜歡、自豪、刺激和好奇心（ibid.: Vol. 1. X-16）。而當別人反過來如法炮製時，自己又絕不容忍。他質疑地挑戰，這就是「**童年的天真**」嗎（ibid.: Vol. 1. XVIII-30）？

他反省內在的動機，當自己偷竊時，並非出於缺乏，純粹就是「討厭德行、**貪愛不法**。」因為所偷竊的東西，自己原本就夠多了，而且還更好。自己根本不是為了享受「**竊得之物**」（what I pilfered），而是為了享受「**偷竊和罪的本身**」（theft and sin itself）。他還曾和一群朋友偷了鄰人梨樹上的果子，但結果並非飽餐一頓，而是拿去餵豬了。他形容，這一切正是出於「**做惡**」本身的吸引力，也就是典型的為做惡而做惡（ibid.: Vol. 2. IV-9）。

從整個罪觀歷史而言，奧古斯丁楬櫫了一個很獨特、也非常能代表基督教的立場，即做惡並非如柏拉圖所理解的，是出於對善的無知；也不是亞里斯多德所說的，缺乏節制或一時錯失；而是積極地與善為敵（Nelson, 1982: 75）；甚至，根本就是以對規範的違逆為樂。

從我們華人來看，犯錯其實不是什麼太嚴重的問題；正是所謂的「人非聖賢，孰能無過？」我們不是有一句諺語嗎？人有失手、馬有亂蹄，吃燒餅哪有不掉芝麻粒！奧古斯丁卻完全不以為然，他堅稱，「罪」的本質是人心刻意對善的挑戰和踐踏，同時也是對邪惡無抗拒的擁抱渴望。它絕非不小心、一時的迷誤或錯失。他很強烈地描繪了什麼是「對罪之愛」：

它是卑鄙的，我卻喜愛它。我喜愛墮落。我喜愛自己的錯誤——不是我犯錯所欲之物，而是錯誤的本身（It was foul, and I loved it. I loved to perish. I loved my own error — not that for which I erred, but the error itself.）（Augustine, NPNF1-01: Vol. 2. IV-9）。

這樣一種罪觀神學，讓筆者聯想到一種原生於蘇門答臘熱帶雨林的植物。它每隔幾年才開花一次，被稱為「屍花」（corpse flower）。它雖有著豔麗鮮紅的花朵，卻散發出像是腐肉般的臭味。這氣味吸引了尋找腐肉的蒼蠅和甲蟲，只是花朵裡面卻沒有食物。在奧古斯丁的筆下，罪「性」正有如腐臭本身的吸引力，無論是否真的有可供飽餐的腐肉作為回報，只要有腐臭，就會讓蒼蠅和甲蟲趨之若鶩。這就是「對罪之愛」。

而當「對罪之愛」表現在財富上時，正就是所謂的貪婪了。我們經常認為，偶爾貪個小便宜是無傷大雅的；也許，那只是一時的迷惑、無知或缺乏節制。但奧古斯丁卻會正經八百地告訴你，不！那正反映了一種可引發更大墮落的罪「性」。如果從罪「行」來看，貪污是大罪，而貪小便宜不過是小事一樁。但從罪「性」來看，卻一概是「對罪之愛」。內含於其中的本質，都是積極地與善為敵，並以「貪」為樂。

在此，奧古斯丁給我們的一個重大啟發是，對財貨的貪婪，從來不是缺乏所迫，甚至，讓「貪」者趨之若鶩的，也不在於財貨有多肥美，而就是輕視德行、拒絕知足、渴望優越。或者說，就是貪婪本身所帶來的成就和滿足感。財貨的缺乏或肥美，毋寧只是增強誘因罷了！

這樣的例證不勝枚舉。世上最貪婪的人幾乎無一不是權貴。他們何嘗有所缺乏呢？只是有個無底洞般的莫名渴望吧！而他們真正渴望擁有的，也未必是貪婪所得，而就是對貪婪此一本性的愛和滿足。奧古斯丁在罪觀神學下對「貪婪」的洞見，真是前所未有的深邃和突破。

如何正確使用呢？拒絕享用

進一步地，如果人的自由意志在面對財富時，經常因選擇貪婪而導致了惡，那麼，該如何才可以帶來善呢？奧古斯丁的答案很簡單，就是選擇正確地去「使用」財富。他明白地宣稱，「金銀屬於那些知道如何去使用它們的人」。

> 人只有能善用某物，才值得擁有它。相對地，那些未能正確使用的人，並不能正當地擁有（legitimately possess）。而如果那些未正當擁有的人卻宣稱擁有，……這就不過是一個無恥霸佔者的謊言了（Gonzalez, 2002: 216）！

這段話講得很強烈，直接否定了濫用或誤用金銀者的正當權利，甚至，要將他們的財富予以剝奪或沒收似地。在後文的討論中，我們將發現，奧古斯丁確實是如此主張的。

但到底什麼是「正確使用」呢？當然，從一個最簡單的意義上來瞭解，將財富拿來行善濟貧，就是正確使用；而揮霍宴樂，就是扭曲和誤用。只是奧古斯丁別出心裁，另外提出了一組有點囉嗦的概念來論證。他從日常的語言中刻意區別了「使用」（use）與「享用」（enjoy），並將兩者作為一種對照。他說，

> 那些作為享用對象的東西，讓我們快樂。那些作為使用對象的東西，在我們致力於快樂時，可以協助、也就是支持我們，好使我們能夠獲得那些讓我們快樂和安心無憂的東西（Augustine, NPNF1-02b: Book I-3）。

在這一段話裡，很清楚地，可以「享用」之物是直接與快樂連結的；而被拿來「使用」的東西，則只是獲得快樂和安心無憂的工具。更明確來講，所謂的「享用」，即它的本身讓我們快樂，而不涉及其他目的；而「使用」呢？則是為了它本身之外的一些目的，我們才企圖去追求它（Augustine, NPNF1-02a: Vol. XI-25）。

上述的區分其實不是什麼大道理，甚至讓人覺得有點多餘。但重要的是緊接而來的結論——財富必須歸屬於「使用」的範疇。它不可以拿來「享用」，不允許直接與快樂連結。奧古斯丁警告，絕不允許去「享用」那些應該拿來「使用」的東西。否則，將致使我們誤入歧途，並淪入低俗的滿足中而無以自拔。他說：

> 如果我們讓自己去享用那些我們該去使用的東西，我們將會在人生的方向上受阻、有時甚或偏離，以致纏繞在對低等滿足的愛好中；對於追求真正而合宜的享用對象，我們也會落後、甚至全然背離（Augustine, NPNF1-02b: Book I-3）。

或許，我們可以更精準地來講，「使用」意味著一種理性化的工具心態，它將錢財利用來達成那些高等的滿足，即「真正而合宜的享用對象」。而「享用」則是一種感官化的著迷，直接以錢財為目的價值，用來樂享「對低等滿足的愛好」。

在另一處地方，奧古斯丁又指出，「使用錢財，就如同客旅在客棧中使用桌、杯、壺和床一般，不是以保留它們為目的，而是置之腦後。」（Deane, 1963: 44）在此所隱含的，正就是上述的區別。客棧中的桌、杯、壺和床，都不過是旅途中供我們利用的工具；難道有人會因為著迷於對它們的低等滿足，而帶著這些東西纏累後續的旅程嗎？

他故而勸戒有錢人，別指望財富可以帶來什麼真正的享受。就正如《聖經》所提醒的，「你要囑咐那些今世富足的人，不要自高。不要倚靠無定的錢財，只要倚靠那厚賜百物給我們享受的上帝。」（提摩太前書六17）真正值得依靠的是上帝自己！有錢人的危機就在於，以物質上的財富代替了上帝，以致他們欠缺「**靈性上的富有**」。但其實，後者才是可以帶來高等滿足、讓人「**享用**」的真正財富。

奧古斯丁因此一再強調，富人未必是真正的富有（Augustine, NPNF1-08: CXXIII-8）。而反過來，「**當你被靈性上的富有所充滿，你怎麼會是貧窮的呢？**」他相信，在靈性的屋子裡所充滿的美德、正義、真理、慈善、信心和堅忍，它們才是真正的「**珠寶**」。讓我們攤開這一切的富有，去跟富人比一比，當「**信心**」拿到市場上去賣時，你願意付多少錢去購買（ibid.: XXXIV-14）？

更進一步地，不僅世俗的錢財不可以拿來「**享用**」，它還必須充當我們高等「**享用**」的工具。絕對不容將錢財拉高為目的，而「**享用**」淪為工具。對此，奧古斯丁有一段很傳神的話。他說，我們應當「**為上帝的緣故而花用錢財**」（spending money for God's sake），絕對不允許「**為錢財的緣故而敬拜上帝**」（worshipping God for money's sake）（Augustine, NPNF1-02a: Vol. XI-25）。這就是要將錢財當作「享受上帝」的工具，譬如，花用錢財在提升自己的靈性上。千萬不能反過來，將作為靈性享受的「敬拜上帝」淪為追求財利的手段，或以上帝為工具來滿足一己的欲求。

奧古斯丁還形容，人生在世有如一個在異鄉漂泊的客旅。我們想回到父家去「享用」一切的溫暖和飽足，卻又因貪圖此世的各種虛浮的美好，而猶豫耽擱、流連忘返。他殷切地呼籲，我們已經漂泊遠離上帝了！如果我們要返回父家，「**此世必須被使用，而非享用。**」（this world must be used, not enjoyed.）也就是要以短暫的、必朽壞的今生富裕為工具，去換取那靈性的、永恆的價值（Augustine, NPNF1-02b: Book I-4）。

惡人的財產：國家可以剝奪

循著上述的立場，奧古斯丁當然否定了清貧或共產！但他對私產權的肯定卻十分特別。他並不認為那是源於「自然」的，而是人們日積月累後「俗成」的結果。也就是說，私產權並非在「先天」就由上帝賦予的，而是屬於「凱撒」統管下的法律權利。它在本質上是世俗的，不是神聖的（Deane, 1963: 105）。

但即使如此，此一「後天」演變的產物仍有上帝的美意。一方面，從它有賴於統治權力的管轄和法律的強制而言，它是上帝對人類犯罪的「懲罰」。另一方面，從它有助於社會生活的秩序和安定來看，它則是對罪惡世界的一種「矯治」（ibid.: 96）。總而言之，基於人類的罪「性」，私產制度還是必要的。

而更重要的是，人們對於私產必須服從國家。畢竟世俗的權柄仍是由上帝所賜予（Gonzalez, 2002: 220）。因此一來，人沒有資格聲稱一己私產權利的不可侵犯；二來，國家有權予以管理和干預，甚至剝奪或沒收。

尤其，當人們因為「對罪之愛」而產生了對財產的邪惡使用時，國家有絕對的義務代理上帝出手，執行祂在財產上的最終主權。奧古斯丁講得很明白，對於那些壞人、罪犯或異端，國家基於《聖經》所委付的「賞善罰惡」的職責，應當剝奪或沒收這些人的財產（ibid.: 221）。

看來，他之前所說的那些話是認真的！「**金銀對惡人，就是惡的；對善人，就是善的。**」而惡人既然無法「**善用**」錢財，就「**不能正當地擁有**」；予以剝奪或沒收，實屬天經地義，不是嗎？相較於原本羅馬法典所堅持的、對個人財產權利的絕對神聖，這明顯有很大的差異。

值得一提的是，為什麼奧古斯丁對於財產必須「善用」有如此強烈的要求呢？甚至祭出予以剝奪或沒收的最後手段。可能的一個背景，是因為在當時的羅馬法典中，明訂「所有權是在法律所許可的程度內，對於物的使用權和濫用權」（jus utendi et abutendi re sua, quatenus juris ratio patitur）。

十九世紀的普魯東指出，人們曾經試圖為「濫用」一詞辯解，說它指的不是狂妄和不道德的濫用，而僅僅是絕對的支配權罷了！但這種辯解毫無意義。「濫用」一詞，其實非常精準地表達羅馬法典對所有權的界定。土地所有人可以將樹上的果實燒掉、可以把葡萄園變成荒地、可以在田裡灑鹽、可以將他的母牛放牧到沙地去、可以任其儲藏的食物腐壞（Proudhon 著，1982: 67）。絕對的支配權，正就是不折不扣的濫用權。

或許，奧古斯丁那麼強烈地要求財產必須「善用」，就是針對著羅馬法典中的「濫用」一詞吧！他唱了一個徹底的反調，認定「濫用」財產乃惡人之所為，國家必須代理上帝予以剝奪或沒收。當然，從羅馬法典的精神來看，如此則已經在本質上將私產權給摧毀了。

貧富不均的解決：慷慨捐助

進一步地，那對於私產制度所導致的諸多後果，譬如貧富不均，奧古斯丁的立場又如何呢？令人訝異地，他對此似乎並不在意，還多所辯護。他一方面認為，貧富不均是私產制度下無可避免的結果。因為每個人的努力和花費情況不同，從而導致了每個人的私產規模也不同。以此而言，它毋寧是很正常的現象。

另一方面，貧富不均是上帝所允許的，甚至有其美意，就是要讓富人與窮人互相造就。由於窮人的存在，富人才得以發揮愛心、學習施捨和行善。那窮人呢？則因受苦和缺乏而會更親近和依靠上帝。他說，「上帝造了窮人，以考驗他們裡面的人性；而造了富人，則藉由窮人來考驗他們。上帝合宜地做了一切，……而我們必須相信那是善的。」（Gonzalez, 2002: 218）

這種講法顯然源自於更早期的教父們。譬如赫馬、亞歷山卓的革利免，以及拉克坦提烏斯，都曾楬櫫一種富人與窮人之間的互惠共生論。當然，由於奧古斯丁的名氣和地位，影響更為深遠了。到了十六世紀下半葉以迄十八世紀的近代資本主義萌芽時期，許多清教徒同樣抱持著此一論調，認為貧富不均本是神意天命。一方面，窮人的日子固然不好過，但奈何許多剛硬悖逆的人，只有在窮困時才會順從上帝；另一方面，窮人的存在也為富人提供了行善施捨的機會（Weber 著，1991: 141）。

或許，奧古斯丁有個想法，即面對無可避免的貧富不均，只要富人能「善用」錢財、多多施捨，則窮人的困境是可以緩解的，無須太過擔心。換言之，唯一的挑戰始終在於，有經濟能力的人能否「善用」錢財去幫助貧困者，而非無可避免的貧富不均問題。

當然，這是對人性極大的考驗和難題。因為殘酷的真相是，富人總選擇了自私和貪婪。但對奧古斯丁來說，這不正就是人薄弱的自由意志必然要面對的挑戰嗎？去選擇善呢？抑或擁抱惡？只不過在他的悲觀基調下，將一切都寄望於上帝的救贖。即如果要讓人擇善棄惡，必得先成為基督徒，換一顆新心，以「love」取代「lust」。他相信，這才是薄弱的自由意志在面對挑戰時，不會選擇自私和貪婪的唯一原因。

按照奧古斯丁的罪觀神學，在亞當和夏娃墮落之前，人類有一種中性的自由，可以犯罪，也可以不犯罪；但此後，人類只有犯罪的自由，無法再自主不犯罪了。因此，他雖然一再強調要「善用」財富，但人若沒有悔改歸主，這根本是做不到的。簡單來說，惡人沒有「善用」財富的道德能力！

而如果真的如此悲哀，富人選擇了自私和貪婪，就將淪為「**地上之城**」的居民了。他們的生命特徵就是對「**自己之愛**」，更因虛榮自大而只「**追求從人來的榮耀**」。統治他們的，正就是自己心中的對「**統治之愛**」（are ruled by the love of ruling）。

相對地，富人若能多多施捨，就將成為「**天上之城**」的居民。統治他們的是心中對「**上帝之愛**」。他們與窮人之間會「**在愛中互相服事**」；並且因謙卑自省的美好靈性，而將上帝這「**良心的見證**」視為生命中

「最大的榮耀」（Augustine, NPNF1-02a: Vol. XIV: 28）。對奧古斯丁而言，這正就所有問題的最終答案。不只是該怎樣「善用」財富，也包括貧富不均的解決方案。至於其他的任何之途，都只會是治標而不治本，甚至緣木求魚了。

5 阿奎那：生活所需是上限也是下限

◆施捨給別人，甚至所剩下的東西不足以過適合自己地位和應付日常事務的生活，這是不對的。
◆在極端需要下，使用暗中取得的別人的東西，並不是偷竊。

在奧古斯丁之後，天主教會最具代表性的思想人物就是阿奎那（Thomas Aquinas, 1225-1274）。他所處的時代是天主教盛極而衰的轉折階段。在當時，由十字軍東征所帶動的東西貿易，還只是在萌芽階段，然而，亞里斯多德哲學卻隨之在歐洲復興，並促成了經院哲學。阿奎那作為其核心要角，自然在財富倫理上大致接續了亞里斯多德的小康立場；但相對於奧古斯丁，他則在為窮人請命的正義訴求上，有極為顯著的突破。

施捨給窮人的兩種例外狀況

對於財富課題，阿奎那所面臨的主要氛圍是，同時代的聖方濟各那種盛極一時的貧窮主義和行乞制度。

事實上，除了被譽為「灰衣修士」的方濟會外，當時還有道明會（Ordo Dominicanorum）的「黑衣修士」，以及聖衣會（Carmelite Order）的「白衣修士」，他們都是標準的托缽僧團。而無論穿的是灰衣、黑衣或白衣，都意味著一種在生活方式上的素樸決心——拋棄財產、誓志貧窮。相對於他們，那些活在世俗、並在錢財中打滾的人，恐怕都被當作是穿花花綠綠的「彩衣」了。

阿奎那自己雖是道明會的成員，但對於拋棄財產、誓志貧窮，並不感興趣。他說，「**這並不是慷慨者的行為，把自己的財物給予別人，甚至一無所餘。**」（Aquinas 著，2008：冊十：415）不過，他沒有否定這些托缽修會的清貧主義。他只是認為，那僅適用於修道院內，也就是蒙上帝特別揀選的少數人（Gilby, 1973: 71, 155-156）。這個講法很熟悉，顯然承襲了早期教父們的主流立場。

在談到施捨時，他更指出，對於所謂「**變賣所有的，賙濟人**」，其實有兩種例外狀況。第一、當你自己也有急需和缺乏之時，是不可以這樣做的。因為「**用如此所需要的東西去行施捨，就等於剝奪自己和自己的人的生命。**」第二、日常中有一些必要的東西，是維繫「**社會地位的生活**」所不可或缺的，它們同樣不該施捨。

綜合而言，「**抽取自己的東西去施捨給別人，甚至所剩下的東西不足以過一個適合自己地位和應付日常事務的生活，這是不對的。**」（Aquinas 著，2008：冊八：165-166）這番話的寬容度實在有夠大。既要「**過一個適合自己地位**」的生活，又要「**應付日常事務**」的需要，其中的溫和已經明顯與清貧主義背道而馳。

進一步地，阿奎那將施捨更狹隘地界定在有「**急需**」者。他一方面強調，慷慨雖然不是法律上的責任，卻在倫理上「**含有最低程度的義務**」（ibid.：冊十：423）；而對於那些有「**急需**」者，施捨更是一種「**命令**」，甚至「**有的時候，如果不行施捨就犯死罪。**」（ibid.：冊八：164）但另一方面，施捨者所分享出去的東西，又應當是目前自己不需要的多餘之物。無條件變賣所有的去賙濟窮人，這是阿奎那所否定的。從而，他對施捨訂出了一個重大原則，「上帝沒有命令要人救濟一切需要，只有命令要人救濟那些除非自己救濟，就無他人救濟的需要。」（ibid.：冊八：163）

從上述的種種，我們不難想像，阿奎那會與亞里斯多德和奧古斯丁一樣，舉起雙手來接受私產制度。對此，他還特別臚列了好幾項好處。譬如，私產制度符合人性。因為任何東西只要是大家的，結果就沒人在乎它。相反地，對屬於自己之物，我們總樂於為它奔走忙碌。當然，私有也因此增加了生產上的效能。人為了自己的東西和利益，總是會最賣力去耕耘和開發。還有，私產制度可以帶來人際之間更和平的關係。因為私屬的愉快經驗讓人滿足於一己的所有。相反地，財貨的共同擁有，卻往往是人際衝突的來源（Gilson, 1956: 313-314）。坦白說，上述這些洞見滿有道理的！

中庸的財富：日常生活所需

然而，阿奎那與奧古斯丁不同，他認為私產制度乃「自然」的，而非「俗成」的。這一點顯然接近於亞里斯多德。私產雖隸屬於「凱撒」管轄下，卻仍受到上帝的法則所規範；甚至，教會在財產上擁有比國家更高的權柄。但他和奧古斯丁都同意，私產制度就如同世俗的權力和民法一樣，它們對於人們的生活不只是必要的，而且有益處，完全不需要被推翻或替代。

當然，對這兩位大師而言，此一接受都不是沒有條件，或對現狀毫無批判的。私產除了不可以揮霍和積聚外，奧古斯丁還要求，統治者應懲逐邪惡的財產使用者。至於阿奎那則比較特別，他似乎受到斯多噶的自然法觀念所影響，發展出一種對財產的普遍權利訴求，來矯治私產制度的偏差。

他非常有突破性地將日常生活所需的中庸財富，既當作私產的上限，同時也是其作為一種自然權利的下限。一方面，每個人所擁有的私產範圍，不可以超過日常的生活所需，財貨的享樂和積聚是不允許的。另一方面，每個人也都有其自然權利，應當擁有維持生活所需的私產；因為這構成了其人身極重要的部分。

首先，對於私產不可超過生活所需這一點，他明白指出，追求財貨絕不容許無止境，「應按照某一種度量」。即「按照人適合自己情況的生活，需要這些外在財物的程度。」他更直接認定，「罪即在於超過這一度量」，而它正就是貪婪。「幾時一個人願意取得或保存財物，而超過了適當的度量，這就是所謂的貪婪。」（Aquinas 著，2008：冊十：427）

在另一處地方，阿奎那將財貨歸屬於「有益之善」的類別，即它對人的日常生活是有益處的；但它絕不屬於「可樂之善」的類別（ibid.：冊十：429）。也就是說，財貨不是用來讓人享樂的。既然如此，當然要以生活所需為財貨的上限。

其次，對於每個人都有其自然權利，應當擁有維持生活所需的私產這一點，阿奎那的講法，在範圍上似乎變小了。他回縮到只有食物和基本需求的生理層次。換言之，對於要足夠「應付日常事務」，以及安心過一個「適合自己地位」的生活，阿奎那並未將之視為自然權利的保障範圍。

那為什麼滿足食物和基本需求的私產，是一種自然權利呢？基本的理由是，他們乃構成人身不可或缺的部分（Gilby, 1973: 155）。阿奎那在這方面的論證，根據於《創世記》第一章28-29節。他認為，人因稟賦理性而唯獨被託付「治理這地」和管理萬物的責任；而上帝也因此賜人以「食物」來完成所託付的責任。

他相信，這意味著食物並不純粹只是為了溫飽，更是因為溫飽之後，才能治理這地和管理萬物。食物因而連結起來人的神聖使命。這樣看來，窮人淪喪的可不只是肚腹的滿足而已，還包括了作為一個人從上帝那裡領受的管家職責。茲事體大啊！貧窮讓他們喪失了成為一個好管家的基本能力。

窮困者的人權：無罪的竊盜

進一步地，他將之前教父們所常主張的「富人拒絕分享即是竊盜」，又往前推展到一個罕見的高點，強調窮人若是到了無以維生的地步，則可以有一種自然權利，即拿回富人所竊盜、該分享而未分享的食物和衣服。也就是說，窮人可以從富人那裡「正當地竊盜」生活必需品。

阿奎那認定，富人積聚財產、吝嗇或奢侈——即該分享而未分享——都是一種暴力行為，已經剝奪了窮人在基本需求上的自然權利。所以，窮人為生存而以竊盜方式取回其自然權利，這並不算是犯罪（Gilson, 1956: 315）。此一「無罪的竊盜」之論非常新鮮！按照阿奎那的定義，真正有罪的竊盜，是「**不義地取得、或保留別人的財物。**」（Aquinas 著，2008：冊十：433）而窮人的情況卻有所不同，他們只是取回應該屬於自己的東西。

對此，阿奎那提出了一套訴諸法律位階的論證。他說，按照自然法或上帝法，衣食之類的基本資產，就是為了供應人類生存。「**為此，依據人為法律的物質分配和佔有，不可以阻礙這一點。**」換言之，窮人擁有食物和基本資產，乃一種最高位階的自然權利，人世間任何法律都不得限制或剝奪。

所以「**凡是某些人有餘的東西，按照自然法，應該把它們作為救濟窮人之用。**」（ibid.：冊九：243）他同時又引用了早期教父安波羅修的話，「**你所保存的，就是飢者的食物；你所儲藏的，就是裸者的衣服；你所埋在地下的錢，就是使窮困人獲得自由的贖身之價。**」藉此，阿奎那表達了一個觀念，窮人經由竊盜所拿回之物，不過是富人因拒絕分享所竊盜之物。既然富人該分享而未分享，那麼，在情況「**明顯而緊迫**」時，由窮人去拿回應該屬於自己的東西，何罪之有呢？

特別值得一提的是，阿奎那強調，這已經是正義的一環了，不再是屬於慷慨的救濟。前者「**是把別人的**

東西給他」；而後者「則是把自己的東西給人」（ibid.：冊十：422）。並且，既然是正義的一環，則不只窮人自己可以這樣做，其他的人也應該幫助窮人這樣做。阿奎那毫不猶豫地肯定，這正是出於「愛德」的一種拯救窮人的義舉，其中完全不需要有犯罪的顧慮。因為，

> 在極端需要下，使用暗中取得的別人的東西，並不是偷竊。因為一個人為了維持自己的生命所取得的東西，因著這種急迫的需要，已成為他自己的東西了（ibid.：冊九：243）。

阿奎那的這種講法，破天荒地楬櫫了一個重要立場，即生活所需的基本私產是一種「普遍的」自然權利。它不能只是由某一些人擁有，每一個人對此都有一份不可剝奪的人權。而且，若是有一個人其私產超過了生活所需，就同時意味著，有另一個人的基本生活所需被剝奪了。

這一套論述似乎隱約透顯出，只要每個人的私產都不超過生活所需，就根本不會有窮人；而富人本來就承擔了消除貧窮的責任，即將他們「有餘的東西」分享給窮人，使其不虞匱乏。如此看來，窮人之所以受苦，都是富人的揮霍和吝嗇所害的了！

寫到這裡，腦海中聯想起雨果（Victor, Marie Hugo, 1802-1885）的名著《悲慘世界》。書中的主角尚萬強（Jean Valjean）正是因為偷了一條麵包救濟外甥而被判處重刑。這絕非只是小說的想像，而是雨果所控訴的社會真況。他其實有一層意涵，就是在捍衛窮人應該得到麵包的權利和正義。只是，當時標榜崇信天主教的法國，根本已經將阿奎那這一套丟得遠遠的。否則，不只尚萬強出於「愛德」而為窮人偷竊，即使窮人自己因挨餓而偷竊麵包，應該都是無罪的！

在國家中，期待幸福和道德

然而，就在這裡，阿奎那真正與奧古斯丁分道揚鑣。因為，對於私產制度所導致的貧富不均，後者認為其中有上帝的美意，富人得以發揮愛心、學習施捨和行善；窮人則可以因受苦和缺乏而更親近和依靠上帝。但阿奎那卻不以為然。他控訴貧富不均，並且要予以矯治。他根本認為其中存在的是暴力和剝削，而非上帝的美意。甚至以抗爭的手段來取回窮人的自然權利，反而才符合上帝的美意。

會出現這樣的巨大差異其實不難理解。奧古斯丁從他強烈的罪觀神學來看，政治社會全然是出於罪人對自利的需要；守法也不過是訴諸恐懼以維持秩序，其中並無道德的成分。國家雖是必要的，但到底還是虛榮自大和不義。他直接控訴，所謂偉大的羅馬，真相其實是腐敗和邪惡（Augustine, NPNF1-02a: Vol. II: 17-19）。

而就在這樣的控訴下，對於一個未能基督化的國家要實現公義和正直，奧古斯丁則完全不抱希望（ibid.: Vol. II: 20）。除了要求和平及秩序，他幾乎沒有任何政治暨社會的改造方案，好讓國家成為一個道德共同體。他強烈認定，除非透過信仰和教會，否則，美德和幸福根本無法在世俗領域實現。因此，對於國家的救贖之道，他的答案完全是宗教而屬靈的，即人人從罪惡中悔改，皈依基督，成為「天上之城」的居民。

可想而知地，面對貧富不均的問題，奧古斯丁的答案也是如此。只會有一個宗教性的、屬靈的回應——即透過教會的角色和教導，讓富人多多施捨給窮人，而窮人則多親近和倚靠上帝。

但反觀阿奎那，他則一如亞里斯多德將國家視為道德共同體；並且，社會的組成以及勞務的互相交換，都是為了追求善的生活。他更相信唯獨國家能對社會的「公共福祉」（the common good）做出貢獻（Sabine, 1955: 249-250）。更重要地，在政治社會此一世俗的領域裡，追求道德和幸福是有可能的，絕非緣木求魚。

整個關鍵就在於「理性」。一方面，「人所專有的自然傾向，是按理性行動。」另一方面，按理性行動

「**就是按德性行動。……因為每人的理性，皆命他按德性行動。**」（Aquinas 著，2008：冊六：44; 43）不僅如此，將人的「自然」之性聯結於「精神」靈性的，同樣也是理性。而人在社會暨政治關係中，只要追隨著理性的指導，其行為就會同時內含著自然和精神這兩個面向（Nelson, 1982: 92）。

依循著此一邏輯，阿奎那相信，在國家的場域裡只要追隨著理性的指導，則公義正直、公共幸福和秩序，都是可以被期待和實現的。事實上，上帝之所以賦予統治者權力，目的也正是為此。因此，當談到法律時，他說那是理性的產物，而且法律的目標還「**指向公共幸福**」（Aquinas 著，2008：冊六：12; 4）。他甚至將法律定位成「**為了公共利益所頒布的理性之命令**」（ibid.：冊六：7）。他也一如亞里斯多德，賦予了守法者一種道德價值，聲稱「**法律的功效，是使接受法律之人成為善人**」（ibid.：冊六：21）。

如此高度肯定國家和法律之「善」的論調，對奧古斯丁而言，完全是不可思議的！但阿奎那的立場卻十分清楚，國家的「**人為法**」享有一部分終極意義上的幸福和道德！它不僅可以依其符合「**道德理性**」的程度，而被斷定是否公平正當；而且也可以依照同一個標準，來看待它是否反映了上帝「**永恆法**」中的終極正義（Nelson, 1982: 92）。

社會的貧富不均？豈能容忍

緣此，當阿奎那宣稱基本需求是一種自然權利時，這正是道德理性的一種訴求。他更相信，人類社會有能力使用道德理性，來達成此一財富倫理的訴求。而國家的意義也在於此，即追求公義正直、公共幸福和秩序。所以，阿奎那不會像奧古斯丁那樣，雙手一攤，告訴你貧富不均是無可避免的，然後說「**上帝合宜地做**

了一切，……而我們必須相信那是善的。」相反地，他敲鑼打鼓地要求矯治和正義，對抗其中的暴力和剝削。

他堅稱，國家對正義的要求，並沒有因信仰基督而不見了。因為，「對基督的信德，是正義的根源和成因。……為此，正義的秩序並沒有因對基督的信德而被取消，反而更形強固了。」（Aquinas 著，2008：冊十：319）反觀奧古斯丁，他卻會告訴你，國家之於正義，簡直是個笑話！他只期待信仰的救贖。

阿奎那因此花了很多篇幅討論人世間的「義德」，並指出其核心意涵就是要「使各得其所應得的」（ibid.：冊九：143）。而當貧富不均已經走到絕對困境時，他相信，此刻，「義德」是必須被國家來堅持、承擔和履踐的。一方面，若富人所擁有的超過「其所應得的」、即生活所需時，他們應該將「多餘的東西」交給窮人；另一方面，若窮人所擁有的低於「其所應得的」、即生活所需時，他們有權利從富人那裡拿回所缺乏的東西。

對照來看，奧古斯丁是保守的。他對於窮人的方案，始終停留在富人的慷慨救濟而已，阿奎那則針對窮人的應得權益，揭櫫了一種正義訴求。他更將這兩者區分得很清楚，慷慨救濟「是人把自己的東西給予別人，可是他這樣做，是注意他自己修德的益處。」即只是為了一己的美德。而正義訴求呢？則「是把那屬於別人的給予別人，有如是在注意公益。」這裡指的就是公共福祉了。

不只兩者的動機有如此的差別，阿奎那還指出，正義訴求是「人人都可以實行的」；而慷慨救濟，因為得有一定程度的經濟能力，因此「不能普及於一切的人」（ibid.：冊九：145）。延伸這番話的意涵，協助窮人拿回「其所應得的」基本資產，這是人人都可以幫得上忙的「義德」。而慷慨救濟的美德，你卻得先是個富人。

在阿奎那所處的時代，上述的立場無疑非常激進。可以說，開創了窮人基本資產權的先河。而且，此一權利是根據「自然法」的，高於世俗的「人為法」。即使是國家的法律，都無權予以剝奪！這是真正有份量的第一次，基督教將財富倫理從「慷慨救濟」此一愛的分享使命，轉向具有自然權利意涵的「義德」訴求。至此，「分配正義」的觀念開始在基督教倫理中萌芽發旺了。

以前的講法是，富人拒絕分享即屬偷竊；現在更前衛了，急難者有一種人權，自行取回富人該分享而未分享之物。你不自願給，我就自己拿！窮人之所以偷竊，是因為富人先做了偷竊的事。

很遺憾地，在歷史中，這樣一個論調並沒有受到足夠的重視，至於發生了如何的影響力也難以評估。或許，它被阿奎那在其他方面的光芒給遮掩了。一直要到十七世紀，才在洛克的筆下以另一種方式重現異彩。這一點我們將在第三章中的相關部分再加說明。

6 ──用最小的錢財來愛鄰舍：馬丁路德

◆錢財是世界上最微末的東西，是上帝恩賜中最小的。……上帝通常是把錢財給那些得不到祂屬靈恩賜的人。

◆一位主人或公侯不應該、也不能貧窮，因為基於他的職務與身分，他必須擁有這些東西。

進入十六世紀，在這個風起雲湧的宗教改革時代，最核心的大人物當然就是馬丁路德（Martin Luther, 1483-1546）了。原本在王權與教權之爭中存在著一種論調，主張教皇對於財產握有「絕對所有權」（dominium）（Gilson, 1955: 423-426）。此時，它當然被馬丁路德徹底否定了。這固然有其神學上的理由（Luther 著，1957: 194），但最主要的因素，恐怕是教皇在生活上的奢華和財富上的貪婪。對此，馬丁路德的指摘和批評，簡直到了義憤填膺的地步！

教皇：財富倫理的最壞示範

首先是針對其奢華。他嘲諷地說道，教皇「所過的生活是那樣豪華奢侈，就令任何國王和皇帝都望塵莫及」，卻還自義為「最聖潔的」和「最屬靈的」。馬丁路德直接要求教皇悔改，說其奢華「是一種罪過，教皇為拯救自己的靈魂，應該摒除奢華。」（ibid.: 174-175）

而教皇奢華到什麼地步呢？那些最大的國王都只戴一頂簡單的王冠，教皇卻戴了三重冠。單單是教皇的祕書就在三千人以上，其他的職位更多得不可勝數。教皇即使只是出外遊樂，也帶著三千或四千騎驢子的隊伍，賽過所有的帝王。比起基督和聖彼得的步行，真是「耀武揚威」啊！教皇更是不以乘馬坐車為滿足，他還要人抬著，就「像一個偶像一般，彰顯聞所未聞的浮華」（ibid.: 175; 177; 180; 197）。

不僅是教皇的奢華，馬丁路德抨擊最力的是，羅馬教廷無所不用其極的斂財。他們的一切所為「無非是屬靈貨品——贖罪票，教區，修道院，主教區，牧職，教士俸祿，以及各種原為服事上帝而建立的東西——公開無恥的買賣。」而結果呢？「世界所有金錢和財富都被羅馬吸盡」了（ibid.: 82）。

其中最擅長的手法，就是巧立名目一堆律例，但真相不過都是「為得錢而佈置的一種網羅」（ibid.: 186）。馬丁路德對此一一指陳，包括有首年捐、贖罪券、禁諭、自擇聽認罪者許可證、吃奶油許可證、販賣職位，還有就是藉由高級聖職的按立，來侵佔教士俸祿和修道院財產（ibid.: 176-186）。

他痛心地控訴，這一切的邪惡和醜陋「不僅是公開的搶劫，欺騙，和地獄的專制，而且把整個基督教的身靈都毀滅了。」（ibid.: 187）他不只一次申言，「敵基督者必定要奪取全世界的財富」（ibid.: 112; 176）；而且他相信，這正就是教皇今日之所作所為，並已奪取在手了。

他並且還認定，這就是德意志信徒大眾在生活上陷入艱苦的真正原因（ibid.: 112），因為他們原本的財產，已經被羅馬教廷打著上帝的名號給剝削殆盡了。這充分意味著，正是信徒以自己的貧窮造就了教皇的富裕。馬丁路德在批評贖罪券時，就很不滿地指陳，「教皇的財富今日遠超過最富有者的財富」，既然如此，要建築一個聖彼得堂，教皇「為何不用自己的錢，而要用貧窮信徒的錢呢？」（ibid.: 11）當然骨子裡的真相，就是貪得無厭地對貧窮信徒再剝一層又一層的皮。

在整個宗教改革運動中，羅馬教廷的斂財，以及因巨大財富而來的奢華腐敗，始終是馬丁路德最核心的訴求之一。在他看來，那一班虛偽「神僕」的所作所為，正為財富倫理做了一個最壞示範。

但對教皇來說，自己的一切尊榮富貴之所以要高於國王，是因為自己所事奉的乃「萬王之王」。他並不承認是為一己的享受和貪婪。他堅稱，尊榮上帝的僕人，就是尊榮上帝。套用現代基督教圈內的流行語來說，教皇絕對是「成功神學」中事業最成功、最光耀奪目、也因此最榮耀上帝的神僕。但馬丁路德會質疑，神僕是否尊榮，豈可依據世俗的那一套標準呢？馬丁路德寧可抱持「十架神學」，即基督為了承擔我們的貧窮和軟弱，而在十字架上使祂自己成為了貧窮和軟弱。當然，他沒有走上聖方濟各的貧窮主義，但其中所內含的謙卑和犧牲卻是一致的。

上帝沒什麼給你，就給錢吧

或許我們可以揣測，羅馬教廷的斂財，以及因巨大財富而來的奢華腐敗，可能是一個催化劑，導致了馬丁路德在批評之餘，不自覺地流露出某種對財富的蔑視。這就好像我們在譴責政客的邪惡之際，往往同時也會將政治的本身描繪得十足醜陋。

而在此一方面，馬丁路德也確實有若干著墨。他就曾經聲稱，「金錢愈多，愛錢的心也愈發加增。」這就好像心靈患了水腫症一樣，喝了愈多水，反而愈口渴（Luther 著，2003: 113）。又說「寧願與上帝同在而貧窮，不願與魔鬼為伍而富。」（Luther 著，1959: 37）他還提到，「富有只足以使人驕傲懶惰」。甚至「財富是刺人的荊棘」，它帶來的更多是麻煩和傷害。「巨富和金錢都不能使人充飢，只足以造成更多的缺乏。」因為富人所到之處，總由於他們的揮霍和炒作，導致物價變得很昂貴（ibid.: 301-302）。

但最有代表性、最經典的，就是下面這段文字了。他說，與上帝的道、美麗和健康，以及理智的稟賦相比，「錢財是世界上最微末的東西，是上帝恩賜中最小的。」何以世人竟那樣熱中呢？

> 它和上帝的道相比，算得什麼呢？它和我們身體上的恩賜，如美麗和健康等相比，算得什麼呢？它和我們理智的稟賦……相比，又算得什麼呢？但是世人竟這樣熱中錢財，而不計任何勞力，痛苦，和冒險。其實錢財算不得什麼，……上帝通常是把錢財給那些得不到祂屬靈恩賜的人（ibid.: 307）。

這番話很強烈，還帶著一些調侃式的幽默。不只是「錢財算不得什麼」，而且上帝通常將「錢財給那些得不到祂屬靈恩賜的人」。這簡直是將富裕當成一種憐憫性的補償。上帝沒有給你智慧和才華，沒有給你美麗和健康，於是可憐你，給你錢財吧！若真是這樣，擁有愈多錢財，不就代表著在上帝眼中愈次等的地位嗎？

馬丁路德應該沒有這樣的意思，他只是在講說之際一貫地帶著挖苦的酸味罷了！或許，他暗指的正是那位全世界最有錢的教皇，其實根本沒有得到過上帝任何寶貴的屬靈恩賜。在他眼中，教皇真的是窮得只剩下錢！

正確而言，馬丁路德的立場不同於犬儒、伊比鳩魯和斯多噶，他從未將錢財當作是咒詛、美德或得救的障礙；他也沒有聖方濟各那種主張逃避錢財有如逃避魔鬼的態度。他至少仍肯定錢財是上帝的「恩賜」，只不過是「**恩賜中最小的**」！而此一「**最小**」的肯定，我們不當予以忽略。這就好像，富人沒什麼學問和美德，又老又醜，但想到自己還挺有錢的，心頭總算還有一絲快慰！錢財雖然是恩賜中「最小」的，卻不是件壞事，也值得稍微高興一下。

以此而言，我們絕對不能說馬丁路德主張貧窮，或他認為貧窮反而是得到上帝屬靈恩賜、蒙寵愛或被揀選的標誌。他的態度毋寧是比較性的。錢財既然是上帝恩賜中最小的，就不該為追求它而犧牲掉更大的恩賜，譬如上帝的道、智慧、才幹、美麗和健康等。當然，也必須為了實現更高的精神價值而來使用錢財，譬如慷慨分享、施捨和服務鄰舍。這才是馬丁路德那段經典文字的真意。

適合職務和身分的財富需求

在其他地方，馬丁路德則很明確地主張，私產是必要的。雖然他也曾針對初代教會的「凡物公用」給予肯定，卻認為基於人們的「貪欲心」，那是做不到的，應該調整為「不可傷害人之律」就夠了。具體而言，就是要發揮仁慈之心，教導那些「**有財物的人應當用契約來減少他人的缺乏**」（ibid.: 394-396）。可惜的是，馬丁路德並沒有進一步說明，富人該如何經由契約來減少窮人的匱乏。

但他在另一處篇章，倒是非常清楚，提出了類似於亞里斯多德的小康論調。他說，「**如果一個基督徒要**

奉獻某個東西，他必須先擁有這個東西。一無所有的人，無從奉獻。」（Althaus 著，2007: 176-177）給予的前提必須先擁有。當自己都在托缽乞食，哪有能力去實踐耶穌的教導、愛自己的鄰舍，給他們吃喝穿住呢？

馬丁路德進一步指出，世俗的國度不當逃避，若沒有其多樣功能，基督的國度便無法在這世界中存在。譬如，結婚生子提供了新的基督徒成員；政府則為教會提供了和平及秩序（ibid.: 109）。同樣地，雖然「金錢、財產、名譽、權力、土地和僕人」都歸屬於世俗的範圍，而非屬靈的事物，但「若沒有這些，世界不能持續下去。」因此，他清楚結論道：

> 一位主人或公侯不應該、也不能貧窮，因為基於他的職務與身分，他必須擁有這些東西。如果我們都成為乞丐或一無所有，這個世界就無法持續下去（ibid.: 177）。

這裡的講法十分雷同於阿奎那，都強調人需要一定程度的財富，來「應付日常事務」的需要、以及安過一個適合自己「職務與身分」的生活。也都很類似於儒家的主張，即財富應當與階層地位相稱。更重要的是，這一切並非出於個人的私慾和享樂，而是社會體制和秩序的需要。或者說，是基於「角色」在扮演上的需要，而非「私己」的樂趣。

值得一提的是，這種溫和寬大的人性化主張，不僅與清貧或共產劃清了界線，而且，比起俗話所說的簡樸或節儉，毋寧更具有實際的指引效益。畢竟每個人的生活條件和需要有所不同，要怎樣才算是簡樸或節儉呢？確實要考慮到職務、身分和社會地位的差異。

不過，馬丁路德所謂的「職務與身分」，其範圍算是最寬廣的。不只是作為「一位主人或公侯」，即使只是作為一個父親，若「什麼都沒有，他就無法供應家庭和僕人的所需。」（ibid.: 176-177）而如果再往下推論，作為一個兄長、主管、教授，何嘗不也是如此呢？都需要擁有相稱於自己「職務與身分」的私產，豈可抱持貧窮主義？

對此，馬丁路德在另一處篇章又說道，一方面，施捨所需要的資財，應當取之於「自己的需要以外有剩的」；另一方面，若有人向你借錢，但將來若未償還會導致你破產，那就不必出借。「因為你第一和最大的責任，是供給你妻室兒女和僕人的需要，你不能把他們所應得的分給別人。」（Luther 著，1959: 47）

財富的三種使用和分享之道

在辯護了小康私產的必要性之後，馬丁路德也與早期教父、奧古斯丁和阿奎那一樣，都將焦點放在財富的「使用」上。當然其中最重要的，依舊是所謂的施捨分享。

他直接指謫，惡人謬用財產的本質，他們只會不斷積聚財物，卻不肯分享給那些匱乏者。故而，這些人「所擁有的不只是死的和短暫的，也是邪惡和可恨之物。」（Althaus 著，2007: 176-177）他更進一步追隨了早期教父以來的主流傳統，將那些拒絕分享財富的人同樣當作是偷竊者。而「最大的賊」是誰呢？就是那些「剩餘得最多，付出的卻最少」的人（ibid.: 178-179）。這個話很嚴重。因為根據此一標準，我們許多現代人恐怕也都是不小的賊了。

那麼，在具體上又該怎樣分享呢？馬丁路德告訴信徒，世俗的財富只有三種合宜的使用方式；其他都不是追隨基督的人該選擇的。第一種，也就是最高級的分享，即「若有人要以暴力奪取……，我們不僅讓他奪去，而且他若多拿也任憑他。」（Luther 著，1959: 58）他在這裡所根據的，正是耶穌在登山寶訓中的一句話，

「有人想要告你，要拿你的裡衣，連外衣也由他拿去。」（馬太五40）馬丁路德承認，這是最困難的挑戰！因為我們遭受到的乃不公道的損害。但它卻有上帝的美意。而如果我們無法「任憑它們失去而不介意，……那麼要我們對俗世的財產保持純潔心，乃是不可能的。」（ibid.: 63）

其次，財富第二種合宜的使用方式，則是「將財物白白的給予那有需求的人」（ibid.: 64），亦即施捨。馬丁路德認為，這比較不困難，只是人們有一些壞習慣，阻礙了它的實踐。第一、我們習慣於「對朋友，對沒有需要的富人和有權勢的人送禮，而忘記了窮人。」也就是我們喜歡錦上添花，而輕忽雪中送炭。第二、人們通常不肯對仇敵施捨（ibid.: 65-66）。第三、人們習慣於捐贈很多「好看的、炫耀的」東西，來裝飾教堂、鐘樓、聖壇和修道院，卻忽略了窮人的需要。「以致有一百個聖壇和晚禱，卻沒有一個人肯為窮人備一席飯，更談不上將糧食供給一家窮人。」（ibid.: 67）

馬丁路德因而主張，寧可將聖杯和教會的各種物品全都熔掉，拿來救濟窮人。他批評羅馬教廷到處要人捐獻，並標榜「為上帝的緣故」而大興土木和美化聖堂，但其實這一切都沒有必要。因為將來在死亡和末日時刻，上帝不會「問你為教堂捐了多少」，但會對你說：「我餓了，你們不給我吃。我赤身露體，你們不給我穿。」（ibid.: 68-70）

最後，第三種使用財富的合宜方式，則是「情願並樂於無息貸款」（ibid.: 70）馬丁路德認為，這是最容易、也最起碼必須做到的。因為借貸出去之物還可以拿回來，毫無損失。他所要求的只是不取息罷了！除非是自己家人已經到了無以維生的地步，否則就是「可咒詛的重利盤剝者」（ibid.: 46）。

但僅僅是不收取利息，馬丁路德其實仍不滿意的。因為，既然可以將借貸出去之物完整拿回，這怎能算是分享呢？他要求，我們不只要無息借貸給那些能還款的朋友、富人和我們所喜好的人，更「也應該貸款給那不能或不願償還的人，如窮人和我們的仇敵。」（ibid.: 71-72）如此一來，這無異就等於是施捨了。因為很可能拿不回來。他要求貸款人必須有一個心態，借給人的「如果還來了，就照收，若不還，就把它當做禮物。」也就是要冒著作為一個真基督徒的風險，即借貸出去的東西，有可能變成給窮人或仇敵的禮物（ibid.: 46）。

上述這三種使用財物的合宜方式，歸結起來其實只有一個真正重點，即散盡錢財、任由他人取用。儘管馬丁路德曾經強調，施捨是一種有限度的道德責任，要保留下家人和適合自己「職務與身分」的生活所需。只是，一個認真的路德主義者，若確實照著上述三種方式來履踐的話，恐怕也難以不落得囊袋羞澀了。慷慨大方到如此的地步，與早期教父、奧古斯丁和阿奎那比較起來，絕對是有過之而無不及的。

商品售賣是為了愛你的鄰舍

除了財物的使用和分享之道，馬丁路德另外一個最在意的課題，就是商業交易中的牟利倫理；也就是在做買賣時，該怎樣衡量利潤才符合基督信仰的原則？

按照譚尼（R. H. Tawney）的看法，基本上，馬丁路德根本不歡迎當時在城市中新興的商業階層及其牟利行為（Tawney, 1958: 72-75）。而且，他用來顛覆天主教會的宗教個人主義，也未曾轉化為對經濟個人主義的支持（Poggi. 1983: 60-61）。他更毫無懸念地認定，世俗利益會疏遠人們對上帝的熱忱和委身（Tawney, 1958: 87; Sabine, 1955: 362）。這的確就是馬丁路德保守的一面。他的改教神學雖然多方面擁抱了奧古斯丁，並批評亞里斯多德；但諷刺的是，他對於商業交易中的牟利倫理，卻幾乎完全擁抱了亞里斯多德，並停留在十三世紀時阿奎那的立場。

阿奎那就曾經非常亞里斯多德地將交易區分為兩種。其一是物物交易或以金錢購物（買），這屬於生活所需；其二則是金錢交換金錢、或以物品交換金錢（賣）。這就「不是由於生活的需要，而是為了獲取利潤。這種交易或經營，似乎是專屬於商人的事。」（Aquinas 著，2008：冊九：339）

對於後者，阿奎那與亞里斯多德一樣，根本不予接受。他要求，經商者必須將「利潤導向一個必要的，甚或高貴的目的。」譬如為了維持家計或公共利益而追求「有限度的利潤」。並且更重要地，經商者要將利潤當作是「工作的一種酬勞」，而「不是把利潤作為目的」（ibid.）。

接著，阿奎那提出了徹底反對牟利的交易規定，擺明了不准賺錢！他認定，高於買價賣出，在原則上是不可以的。這意味著，公平的交易價格就是賣者當初的買價。除非「物品經過了改良再售賣，……或者，本來是給自己用，後來才拿去賣，這也可以。」（ibid.：冊九：340）如此一來，商業根本毫無空間。這完全反映了阿奎那引自卡西歐多魯斯（Cassiodorus）的一番話，「買賣是什麼？不是以賤價買進，以便以高價賣出嗎？……主從聖殿裡驅逐出去的，就是這樣的商人。」（ibid.：冊九：338）

對於上述的這些立場，馬丁路德幾乎大半接收了。首先，他要求根據於耶穌在登山寶訓中的「金律」──「你們願意人怎樣待你們，你們也要怎樣待人」和「你要愛鄰舍如同自己」──來作為商業交易的最高原則（Luther 著，1959: 73）。由此，馬丁路德結論出，售賣的意義並非賺錢，而是服務鄰舍，亦即所謂的愛人如己。

他批評，商人中間有一個共同的法則，作為他們一切刻薄的主要原則和基礎，即追求「盡可能以高價出賣我的貨物」。並且商人們「以為這是他們的權利。其實這是對貪婪讓步，又是進入地獄的捷徑。」（ibid.: 38-39）馬丁路德要求，商人應當改以只追求合理的利潤就夠了。

因為你的售賣是對鄰舍的一種服務，它就必須受法律和良心支配，叫你不加害於鄰舍，叫你多關懷鄰舍的損害，少注意你自己的利益（ibid.: 39）。

簡單來說，有賺就好！如果想盡可能多賺，就下地獄吧！事實上，在馬丁路德的眼中，商人的邪惡並不只追求高價出貨，還經常利用他人的需求增加時來提高物價；也就是當市場需求增加時提高售價。從我們來看，這不是很正常的市場邏輯嗎？但他卻斥責，這無異於趁人之危，已經違背愛鄰舍的聖訓了。因為，商人此時並「不是想解救他人的需求，乃是利用它牟利。……他的貪心使物價和鄰舍的需求成正比。」而「這不是反基督教和不人道的行為嗎？這不是出賣窮人的窮困嗎？」（ibid.）

寫到這裡，許多從商的讀者恐怕要跳腳了！但它也不是都沒道理。經常，貪心的一個最鮮明標誌，就是即使對窮人的荷包，也不客氣地想多撈一點！對此，筆者想到妻子的一次搭機經驗。她從洛杉磯要去紐約探視女兒，許多航班因遭逢風雪而停飛了。旅客於是紛紛更改航班到其他仍可正常飛行的時段。孰料，票價此時竟從兩百美元漲至五百，後來隨著停飛的航班增多，票價又漲至了一千五百美元。對航空公司來說，在商言商，不過是因應市場需求罷了，但對那些確有需求而經濟不寬裕的人，這不正是剝削嗎？

價格如何訂定？勞動＋風險

進一步地，既然不可以追求高價售賣，那又該怎樣定價才是合理呢？馬丁路德指出，最妥善的方法是由政府當局指派賢明公正的人士，先將所有的貨物評價，然後再行定價。其次的最好辦法，就是按照普通市場的物價或鄰近的習俗，來訂定售賣價格。但如果這兩種定價都缺乏或不足以參考，而必須由你自己來定價時，你就必須「憑良心去行，不苛索鄰舍，不貪得無厭，而只求維持適當的生活就行了。」（ibid.: 40）這就是責求商人要以合理的利潤為已足。

對此，他提出了一個具體原則，即「一個商人所收回的利潤，足夠補償他的操勞和冒險，就是公道合法的。」（ibid.）譬如，一雙鞋子總共用了三十小時製作完成，那麼，在扣除成本後，這三十個小時的工資，加上賣不掉或製作毀損的風險，就是這雙鞋子的合理售價了。

我們可以看出，馬丁路德在計價上的考量因素，除了風險以外，最重要的就是包含「勞力和時間」在內的勞動總量。他明白主張，商品價格的訂定，「最好是以你所付出的勞力和時間做估計的標準」，然後，

> 把它與勞工做工一天所獲的工資比較。在這基礎上你計算買貨和運貨花了多少天，費了多少力，冒了多少險。因為所費的勞力和時間愈多，所得的報酬也應愈大（ibid.: 42）。

此一主張非常有歷史意義，可以說真正開創了「勞動價值說」的先河，更早於普魯東、洛克、亞當斯密和馬克思。而值得注意的是，馬丁路德似乎有一種觀念，認為利潤「必須是、也只能是」勞動的一種報酬；它既不可少，但也不准多。一方面，它就好像《聖經》中所要求的，「工人得工價是應當的」（提摩太前書五18），「有誰當兵，自備糧餉呢？」（哥林多前書九7）報酬怎麼可以少呢？但另一方面，既然只是做工的得工價、當兵的領糧餉，又怎麼可以在勞動價值之外，還多貪圖一些什麼利潤呢？

不過，更精準來講，馬丁路德還是在勞動總量之外，再加上了風險因素。只是從現代人來看，這一切都違背了市場法則。而且就在之前的討論中，馬丁路德自己不是也說，定價時要參考普通市場的物價嗎？事實

上，他對於市場定價根本不能接受。在他的觀感中，當時新興的資本階級和貿易公司，就一直囂張地在市場中欺騙和剝削、哄抬和壟斷。

為此，馬丁路德剖析了商人在市場定價上的各種手段，並一概稱之為「**重利盤剝**」。歸納起來，包括了貨物以賒帳方式出售來提高價格；趁著供給不足時漲價，或刻意搜購某一貨品以囤積居奇；低價傾銷；聯合壟斷以哄抬價格；套利來賺取差價；趁人急需現金而殺價；經由產業公會定出高價；透過借貸以高槓桿從事買賣，虧賠後逃至修道院躲債；貨品灌水增加重量，或魚目混珠欺騙購買者等等（ibid.: 49–57）。

坦白說，這些現象在商場中司空見慣。但讓筆者訝異的是，馬丁路德對這些手段細節，竟會如此瞭解和關注！這或許間接印證了其之所以反商，真正的原因在於商人的「**重利盤剝**」，也就是在市場中的欺騙和剝削、哄抬和壟斷。他所期待的是，讓商品的交易價格回歸到「愛你的鄰舍」這樣一個信仰本質上。

讓人討厭的商業貿易：小結

嚴格來說，這些所謂的「**重利盤剝**」並非商業和貿易的本質，而只是手段層次上的敗德。奈何，馬丁路德卻全都混為一談了。他不僅控訴商人的欺騙和剝削、哄抬和壟斷，也全然視之為商業和貿易的本質。他因此從來沒有正面肯定過商業和貿易，也不願去理解它們在發展經濟上的正面意義。可以說，商業和貿易被視為在手段和本質上的雙重邪惡。

他首先從手段層次聲稱，在商品買賣時，基於其中所經常存在的欺騙和剝削、哄抬和壟斷，因此，賺取的利得愈少，則「**交易便愈聖潔、愈基督化。**」（ibid.: 82）他更指名道姓要「約束」當時的「**富格爾資本家**

和類似的公司」。因為他說自己無法想像，以這些人的手段，「怎能夠事事合乎法律，又同時合乎上帝的旨意呢？」（Luther 著，1957: 235）

史學家告訴我們，當時德國的南部諸城承繼了義大利的風華，確實在商業和銀行業方面相當繁榮。而其中首屈一指的大公司，正是馬丁路德點名批評的富格爾家族（Fugger）。當時，這些人「就已在經營中令人驚訝地運用現代商業壟斷的種種手段」了（Thompson 著，1996: 578-580）。

更邪惡的是，富格爾家族根本就是與教皇合作賣贖罪券的共犯。通常的手法是領主先從富格爾銀行取得貸款，來向教皇購買紅衣主教的職位，以及出售贖罪券的專營權。而所收的款項，則存入富格爾銀行在當地的分行。再進一步，則是將一半交給富格爾在羅馬的代理人，由他轉移給教皇的金庫；另一半則歸富格爾銀行所有，以作為紅衣主教先前貸款的分期還款。至於貸款的利息，由於教會禁止收取利息，故改以投資利潤的形式償還高於本金的款項（ibid.: 582-583）。

這些牟利手段真是讓人大開眼界，簡直是「機關算盡太聰明」！他們的整個腦袋都在精打細算怎樣可以撈更多錢，那有心思放在屬靈的事上呢？難怪！馬丁路德對商業和貿易的厭惡，會從手段層次發展為本質層次，認定它們從骨子裡就是會讓人腐敗墮落。

他因而毫不掩飾自己對農業的歡迎，以及對商業的排拒。他甚至引經據典說，上帝不讓以色列人「多經營貿易」，因為那不會帶給國家什麼「善良風俗」（Luther 著，1957: 234）。又聲稱「若我們增加農業，減少商業，一定更蒙上帝喜悅。」（ibid.: 235）並且基督徒還該用額頭上的汗水來謀生，即「從事農耕，從土地上去尋求他的財富。」（ibid.: 215）

在這裡，馬丁路德對商業和貿易的反感心理，固然可以理解，但與另一位宗教改革家加爾文對照起來，他毋寧反映了其教友和信眾的農民性格。但他似乎忘了，基督教從一開始就是城市的宗教。它的傳播是沿著水路，從一個城市到另一個城市；早期的信徒多是小手藝人、手工業者、店員、商人，而非農民；他們也都住在大城市的街區（Thompson 著，1997: 69-70）。我們或許該質問一下馬丁路德，作為一個城市的宗教，在財富倫理上，能夠不去擁抱工商貿易嗎？

整個來看，馬丁路德對於當時勃興的資本主義、商業貿易、錢財和牟利，在立場上都是十足保守的。在錢財方面，他雖然肯定那是上帝的一種「恩賜」，可讓人得以落實愛鄰舍的分享使命；只不過，錢財到底還是「**恩賜中最小的**」。但至少，他主張了一種基於「**職務與身分**」的私產需要。這看起來是一種寬厚的小康訴求。只是，若按照其所要求的三種分享方式去履踐的話，恐怕到頭來也難以不落得囊袋羞澀。至於商業交易，馬丁路德強烈地將之定位是服務鄰舍，並要求只能獲取一種基於勞動價值加上風險的合理利潤。他不僅抨擊在手段上的各種欺騙和剝削、哄抬和壟斷，同時也直接表露出，對資本家、商業貿易和牟利的濃濃不屑。

實在令人難以想像，這位挑戰教皇權威、在威登堡張貼《九十五條論綱》的劃時代巨人，其宗教改革的解放精神竟有如此「內向」的一面，完全沒有表現在世俗的財富和經濟領域裡。甚至在下一章的討論中，我們將會發現，馬丁路德在擁抱「近代資本主義精神」的新浪潮裡，全然缺席了。

但我們也不能因此而輕看其財富倫理的價值。譬如，他以追求「合理利潤」取代追求「利潤極大化」的主張，在很多時候就值得重視。經常，當筆者歪扭在收費停車場的狹窄空間時，就會想起馬丁路德。為什麼停車格要畫得那麼狹窄，以致車門即使半開都不能？若是腰椎不舒服或肚腹稍胖者，肯定會備感進出車門的艱辛。業主腦袋盤算的，不正就是盡量多畫一些車位來提高利潤嗎？如果業主在經商之際，能夠有馬丁路德的理念——服務鄰舍，讓車格畫得寬敞一點，不惜減少車位的總數量，如此，僅僅追求「合理利潤」，不是一件更公道的美事嗎？

※

本章探討至此，從亞里斯多德、儒家、早期基督教、奧古斯丁、阿奎那，到馬丁路德，也該告一段落了。進一步地，人類歷史中的財富倫理，除了第一章的「輕看財富、貶抑私產的論調」，以及本章的「夠用就好、財富的小康之樂」外，第三種立場又是什麼呢？現在，讓我們繼續往下走吧！

第三章

邁向資本主義的無限利潤心

從上一章各個大師的論調，我們可以歸納出以下四方面的共同特色。第一、財富不僅並非美德或救贖的障礙，更有其正面意義。該受到譴責的，並非外在的財富，而是內在的貪婪和自私自利。

第二、擁有私產者的主要責任，乃是如何加以善用。最起碼要避免奢華浪費；而更有意義的做法，則是分享和施捨。甚至，拒絕分享和施捨，就是一種竊盜。

第三、私產的合理範圍是中庸式的小康——既素樸又寬裕、既節制又自由；不匱乏也不積聚。有的說要與所屬的階層地位相稱；有的則說要適合自己的職務、身分和地位。

第四、他們都偏好農業經濟，也只接受小規模的民生必需品交易。至於為追求牟利、並以擴張市場為目標的商業和貿易，則一概被視為貪婪、敗德和自私自利。

這些共同特色，除了第四點外，都清楚標示出與第一種財富倫理之間的區別；也代表著截然不同的生活方式和社會選擇。無論是清貧、禁慾，以及各種形式或不同程度的共產，都在上述的共同特色中消失不見了。而對於富人和社會不平等的控訴，除了阿奎那比較激進外，其餘的大師則顯得溫和，更轉為只是道德式的規勸。

然而，就如我們在之前所指出的，它毋寧只是對第一種財富倫理的「微調式修正」罷了！從拒斥財富或私產增加到可以「有一點」，但並未進展到對財富或私產真正的「積極肯定」。

而之所以會出現此一侷限性，恐怕主要是這兩種立場都緣因於相同的時代背景。首先，是整個社會尚處於以農業為主的經濟格局，工商業並不發達，或只處在勃興的初階。雖然有些史學家聲稱，現代的那一套經營方式發端於十四、十五世紀。甚至更早在十一、十二世紀時，隨著十字軍東征的刺激，工商貿易的規模就日漸廣大起來了（Thompson 著，1996: 588）。但這毋寧也只是萌芽而已！

其次，大部分的人都談不上富裕，普遍處於勉強溫飽、甚或匱乏的狀態。理所當然地，人們所能接受的財富倫理，頂多是微調式修正——中庸式的小康；而對於窮人的分享和施捨，也確實是當時社會中經常而迫切的需要。

然而，從十五到十七世紀，隨著地理大發現，歐洲歷史展開了劇變。無論是直通印度新航線的開通、美洲大陸的發現，或是環球航行的成功，都大幅帶動了海外殖民和貿易，也高度提升了當時人們的生活享受。繼之而起的是，十八世紀中葉以後的英國農業革命、金融革命，以及第一次工業革命。

這是西方邁向繁榮富強的一個關鍵時代。它們帶動了布爾喬亞和商業的勃興、跨國和自由貿易的繁榮，以及近代資本主義的形成。很自然地，傳統的財富倫理不再適用，走到了一個歷史轉折點。

為了因應這樣一個新時代，錢財不可能還是美德或救贖的障礙；它必然地需要被賦予正面的意義。並且，私產的合理範圍也從小康中解放了。此後，對於財富的追求和積累，乃至於將利潤極大化當作目標的市場經濟，都日漸被接納為合理而正當。

財富倫理如此大幅度的轉變，其實很正常。思想本來就會因應大環境和人們的實際生活而不斷蛻變。在本章中，我們將探討此一蛻變新生的財富倫理——「邁向資本主義的無限利潤心」。

不過，可以附帶提醒的是，思想固然為時代孕育下的孩子，但反過來，思想也會影響、甚或創造一個時代。同樣地，財富倫理一方面反映了大環境和人們實際生活的變遷，另一方面，它也會對大環境和人們實際生活的發展，產生推波助瀾的作用。以下，就讓我們來討論這樣一個與時俱進的巨變吧！

1 新教倫理下的巨變：賺錢成為天職

◆新教徒寧願吃得舒服，天主教徒則樂意睡得安穩？

◆上帝接受的唯一生活方式，……唯獨是去實現加諸於個人在世上職位的義務。這就是他的天職。

宗教改革下的基督新教，是我們在本章可以拿來討論的第一個、也是最重要的對象。排除了屬於前一種小康論調的馬丁路德，在加爾文（John Calvin, 1509-1564）的影響下，約略從十六世紀下半葉、主要是十七世紀，以迄十八世紀中期，形成了許多與他關係密切的教派。其中包括有加爾文宗（Calvinist，又稱為歸正宗、或是改革宗或長老宗），還有源自於英國國教並力圖加以改革的清教徒（Puritan）、屬於浸禮宗的各派別（The Baptist Sects）、虔信派（Pietism），以及循道宗（Methodism）。這些教派的信眾十分廣大，足跡主要分布在瑞士、荷蘭、蘇格蘭、英格蘭、北美洲和部分德國等地。

乍看之下，很難想像這些虔誠的教徒與本章的主題有何牽連，但韋伯（Max Weber, 1864-1920）卻透過其精湛的著作《新教倫理與資本主義精神》（*The Protestant Ethic and the Spirit of Capitalism*），探索了他們如何發展出對近代資本主義深具影響的倫理。這一部大作很適合我們來分析財富倫理的第三條路線。不過挑戰很大的是，韋伯的整個論述既艱澀又龐雜，還經常被誤解。但基於它對本章的極端重要性，筆者在此責無旁貸地，得盡可能做出完整、細緻而清楚的探索。

新教與資本主義的驚人結合

韋伯一開始就將「理性化」當作是西方文明與眾不同的最大特徵，舉凡科學、藝術、音樂、建築、法律規章，以及科層組織（bureaucracy），都是如此。對於這一點，我們無暇多說。而他最想要探索的，是一種特殊形式的「經濟理性主義」，廣義而籠統地來說，即「我們現代生活中最決定命運的力量——資本主義」（Weber 著，1991: 16; 7-15）。

但弔詭的是，它竟然有著濃厚的非理性基礎（ibid.: 56-57）！對於西方近代資本主義的緣起，韋伯提醒，除了生產技術手段、法律制度和行政機關等的高度理性化成分外，那些非理性的「各種神祕的宗教的力量，**以及以他們為基礎的關於責任的倫理觀念，**」也都一直有著「至關重要的和決定性的影響」。非理性的力量和觀念，可能助長理性的經濟行為，也可能帶來阻礙。

韋伯因此對於探索不同宗教的經濟倫理，有著令他著迷的興趣。並且他還形容，這些倫理乃一種可以形塑經濟制度的「社會精神氣質」（ethos）（ibid.: 14-16）。他說，自己想要回答的一個核心問題是，為什麼在當時的西方，幾乎沒有什麼例外地，「工商界領導人、資本佔有者、近代企業中的高級技術工人、尤其受過高等技術培訓和商業培訓的管理人員，絕大多數都是新教徒。」這是一個非常有意義的問題，為什麼那麼高比例的新興布爾喬亞，都是新教徒而非天主教徒？

當然，部分可以歸於歷史因素，即在十六世紀時，古老帝國中大部分的富庶城鎮都轉向了新教。這使得新教徒在謀求經濟生存的奮鬥中處於有利地位。但這樣就又出現了一個有待回答的問題，為什麼那些經濟最發達的地區，同時也都特別支持宗教改革運動呢（ibid.: 24）？

對此，韋伯首先駁斥了當時一種流俗的答案，所謂「**新教徒寧願吃得舒服，天主教徒則樂意睡得安穩。**」這是一句帶著幽默的諺語，它意味著，天主教徒因注重來世、具苦行禁慾的色彩，從而使他們對現世的利益和福樂無動於衷。反觀新教徒，則因為將信仰世俗化和解放了，所以變得重視名利和物質享受（ibid.: 27-28）；而他們就是這樣淪為了經濟動物。

這種看法其實酸得很幼稚！它竟然將新教徒的入世精神，膚淺地解釋為世俗化；甚至認為，他們因此拋棄了禁慾清規，只圖吃喝玩樂！韋伯嚴正指出，真相完全相反！新教徒的苦行禁慾一點也不遜於天主教徒。他們雖然講求入世，卻絲毫「**不意味著解除教會對日常生活的控制**」（ibid.: 27-28），甚至，他們比天主教徒更強而有力地在對抗世俗化。

許多人以為，伴隨著宗教改革，僧侶在地位和生活方式上已經被消滅了，而信仰也從規條戒律中掙扎出來。但事實上，新教徒只是將苦行禁慾的實踐場域，從修道院改至了世俗的日常生活裡。面對著無時無刻臨到的各種世俗誘惑，它未必比較輕鬆容易。

韋伯特別指明了加爾文宗，就在他們盛行的那些經濟高度發達地區裡，包括十六世紀的日內瓦和蘇格蘭、十六和十七世紀之交的荷蘭大部地區、十七世紀的新英格蘭，以及一段時間內在英格蘭本土，都深刻地被這樣的「**入世禁慾主義**」所支配著。

他指出，當時那些蒸蒸日上的資產階級們，抱怨的從來「**不是教會對生活監督過多，而是過少**」。最鮮明的是，對於加爾文那種史無前例地在規條戒律上的「**清教專制**」，這些布爾喬亞不僅沒有阻擋，反而為保衛它而發展出了一種「英雄主義精神」（ibid.: 24-25）。這就是說，他們帶著一種英雄式的自豪和信心，來履踐此一近乎專制的規條戒律！新教徒怎麼會是「寧願吃得舒服」、重視名利和物質享受呢？這真的是酸得很幼稚！

除了駁斥上述的流俗答案外，韋伯還試著從一些外在的因素來解釋，為什麼那些經濟最發達的地區，同時也都特別支持宗教改革運動？譬如，新教徒繼承了較多的物質財富、擁有較多的所有權和管理地位。此外，天主教徒樂於選擇文科學校的人文教育，也更多一直待在本行的職業裡，不像新教徒較多投入工廠管理以及資本主義企業活動。還有，新教徒因為被排除於統治集團之外，故而，他們往往會以一種異乎尋常的努力來投入經濟行為（ibid.: 25-26）。

但對於這些解釋，韋伯都不滿意。他認為，還是應該回到家庭教育和宗教影響下的「心理和精神特徵」來尋找答案。因為，在「資本主義商業意識」與「支配著整個生活的極其狂熱的宗教虔誠」之間，它們結合得太強烈而明顯了，幾乎到一個「天衣無縫」的地步。

特別是「加爾文教派，無論它在什麼地方出現，總是體現著這種結合。」甚至，即使是西班牙人都知道，荷蘭人的加爾文教派促進了貿易。事實上，此一教派在各地的聚居地，都經常被稱為「資本主義經濟的溫床」（ibid.: 26; 28-29）。對於這一點，筆者發現，亞當斯密在《國富論》中是有間接加以證實的。他一再讚揚荷蘭和蘇格蘭的企業精神、商業和金融的進步和發達。而我們別忘了，這兩個地方正是加爾文教徒普遍聚集之處。

當然，韋伯也提醒，並非所有的新教派別，對於近代資本主義精神都具有同樣強烈的影響。譬如，路德宗（Lutheranism）在這一方面就遜色多了。相反地，貴格會（Quaker）、門諾派（Mennonites）和虔信派，則在「篤信宗教的生活方式」與「非同尋常的經商手腕」之間有著一種「驚人的結合」（ibid.: 29-30）。這是什麼道理呢？韋伯叩問，何以「艱苦勞動精神，積極進取精神的覺醒」，往往被歸功於基督新教呢？他想好好地解釋此一問題。

他相信，答案既不是那些常有的流俗見解，也與推動進步和現代解放的理性啟蒙運動無關。深刻影響近代資本主義精神的，反而是極端保守敬虔和固執守舊的「老牌清教」；他們可一點也不進步前衛、或符合啟蒙運動的標準！很弔詭地，我們必須從這些老古板們極為「純粹的宗教品性中」，去尋找推動近代經濟的答案（ibid.: 30-31）。

資本主義精神的意涵和大敵

以下，在展開整個討論之前，讓我們先來釐清一個基本問題，什麼是韋伯所謂的近代「資本主義精神」呢？藉由百元美鈔上那位美國革命之父富蘭克林（Benjamin Franklin, 1706-1790）的勸世格言，韋伯指的是，一種將賺錢當作「天職」（Calling）的使命感、一種在世俗職業上為完成上帝召喚而承擔的責任。

他特別強調，近代資本主義精神「不再從屬於人滿足自己物質需要的手段」，甚至，其中「完全沒有幸福主義的（更不必說享樂主義的）成分摻在其中」（ibid.: 37）。也就是說，它完全不是出於滿足個人需要或享樂的自利動機，而是一種要對上帝負責的倫理實踐。

自古以來，人類最不缺乏的就是貪欲。「在歷史上的任何一個時期，只要有可能，就必有置任何倫理道德於不顧的殘酷的獲利行為。」但近代資本主義精神的特徵，卻完全「不在賺錢欲望的發展程度」上。它不是為了賺錢，甚至厭惡為一己而牟利；它純然是為上帝賺錢。

韋伯指出，這才是當時「資產階級文化的最具代表性的東西」以及「根本基礎」。甚至在他看來，只要勞動者在牟利之際，缺乏一種將之視為倫理責任的自覺，就會構成對近代資本主義發展的一種主要障礙（ibid.: 38-41）。這是一句很嚴重的話！講得明白點，為一己而自私自利地賺錢，對於近代資本主義的發展，反而是一塊擋路的大石頭！因為在其中，肯定發展不出一種為上帝賺錢的神聖使命感。

除了自私自利之外，進一步地，韋伯申言，近代資本主義精神的另一個大敵是「傳統主義」；即一種懶得突破、因循苟且的生產方式和工作倫理。他舉了一個例子，按件計酬一直是可以獲致最大勞動量的好方法。但很奇怪，當提高計件工酬時，工人的勞動量反而減少了。因為工人抱持著傳統觀念，只想賺得跟以前一樣多、過著習慣性的生活。而反過來，當降低計件工酬時，工人的勞動量卻增加了。這導致了低工資反而生產量增加的現象。但低工資其實不是一件好事！因為它阻滯了工作品質的提升。尤其對於那些需要熟練勞動、或高度專注和創新精神的工作，它必定帶來失敗。

韋伯感觸道，這正就是近代資本主義企圖要「提高勞動強度」時遭遇的頑固抵制。那些抱持著傳統主義的工人，並沒有將勞動「當作一種絕對的自身目的，當作一項天職來從事。」他們無意突破、因循守舊。

然而，一種對工作和賺錢的神聖使命感，絕非天然的產物，也不是單憑提高工資可以刺激得來。「它只能是長期而艱苦的教育的結果」（ibid.: 42-44）。韋伯在這裡所指的，主要是家庭所提供的宗教薰陶。

他又舉了一個傳統主義的例子。雇用德國女工的業主總在抱怨，說她們既不能也不願放棄已經習慣的工作方法，甚至不願學習，也懶得使用大腦。卻唯獨虔信派背景的女工例外。她們願意學習新方法、專注用心，並且有一種忠於職守的責任感。韋伯相信，她們身上所展現的，正是「以勞動為自身目的和視勞動為天職的觀念」，而這又充分證明了「在宗教教育的背景下最有可能戰勝傳統主義」（ibid.: 45）。

當然，按照傳統主義來經營，同樣可以致富或過優裕的日子。譬如，傳統的商業模式、傳統的利潤率和報酬、傳統的工作量和勞動方式、傳統的調節勞資關係的方法，以及傳統的主顧圈和客群。但這一切絕不會帶來韋伯所指稱的近代資本主義革命！

對於這樣一場革命的動力，許多人以為是充沛的資金。但韋伯卻說，關鍵並非「源源不斷用於工業投資的新貨幣」，而在於近代資本主義精神能否普及發展。如果沒有對勞動和獲利的神聖使命感，資金再多，對傳統主義的改變也屬有限。這番話說得真確！資金從來不是問題，關鍵在於工作倫理。

還有許多人以為，革命的動力是那些投機商、經濟冒險份子以及大金融家。韋伯同樣不以為然。他說推動此一革命的，是一群「**節制有度，講究信用，精明能幹，全心全意地投身於事業中**」的新教徒（ibid.: 49-50）。這班人既虔誠又保守，對於世俗的權力和聲譽毫無渴求，日子也過得極其低調、儉樸而禁慾。雖然他們推動了一場影響深遠的革命，但背後唯一的動機，竟然只是為了榮耀上帝！

很難想像，榮耀上帝的宗教動機，曾推動了一頁輝煌的經濟史！相對而言，那些自私自利、貪婪、揮霍、狡詐的投機商、經濟冒險份子以及大金融家，反而正是近代資本主義精神的敵人。

世俗的職業就是蒙召的聖職

對於近代資本主義精神，韋伯認為起點是馬丁路德在將《聖經》譯成德文時，前所未見地將「Arbeit」（職業、使命）轉變成「Beruf」（天職、呼召）一詞。並且此一譯法，還普遍地被新教徒們接受。

原本在中世紀，領有俸給的神甫才是蒙上帝呼召的聖職，其他的都是俗職。但透過馬丁路德的新詮釋，卻將蒙召與世俗的工作或職業結合在一起了（ibid.: 172-174）。韋伯強調，這其中所「**體現的不是《聖經》原**

文，而是譯者自己的精神。」藉此，肯定了世俗工作或職業的神聖性。這是宗教改革所帶來的全新觀念，它使得「**日常的世俗活動具有了宗教意義**」。

馬丁路德的此一舉措是劃時代的，它推引出了「所有新教教派的核心教理」，即「上帝接受的唯一生活方式」，不是出世，而是入世。「**不是在苦修的禁慾主義中超越世俗道德，而唯獨是去實現加諸於個人在世上職位的義務。這就是他的天職。**」（Weber, 1992: 40）

在宗教改革的最初十年，馬丁路德還沒有掙脫阿奎那的舊思想，只肯承認，世俗工作或職業為人生提供了不可或缺的物質條件；而世俗活動的本身，則如同吃飯喝水一樣，在道德上都是中性的。但隨著日後的發展，他的立場逐漸激進化，轉而認為投身世俗工作或職業乃一種愛鄰舍的表現。他說：

> 修道士的生活不僅毫無價值，不能成為在上帝面前為自己辯護的理由，而且，修道士生活放棄現世的義務是自私的，是逃避世俗責任。與此相反，履行職業的勞動在他看來是同胞愛的外在表現（Weber 著，1991: 60-61）。

這裡所謂的「**同胞愛**」（brotherly love），就是耶穌所教訓的，要愛鄰舍如同自己。而一個離群索居、出世修道的人，很難不在此一職責上繳白卷。為了強調世俗的責任，馬丁路德因而給出了一個結論，「**每一種正統的職業，在上帝那裡都具有完全同等的價值。**」（ibid.: 60）不管你從事的是佈道和牧養的教會神職，或是經商、工農、醫生和管家的俗務，如今一概都是蒙召的聖職了。

不過，很遺憾，馬丁路德雖然對天職概念做出了最大的開創貢獻，卻完全不具有韋伯所說的近代資本主義精神。因為，他強烈地將商業交易定位成愛鄰舍的一種服務，並要求只能獲取一種基於勞動價值加上風險的合理利潤。他不僅抨擊放貸取息，以及商人透過市場在定價上的各種欺騙和剝削、哄抬和壟斷，同時也直接表露出濃濃地對資本家、商業貿易和牟利的厭惡，以及對農業的傾羨。

韋伯看出了這一點，同時還為此提出了解釋。他說，馬丁路德一方面受到《舊約》的傳統主義所影響，主張「**人人都應當安守自己的生活現狀，讓不信神的人去追求物質利益。**」畢竟，金銀財貨是恩賜中最小的。另一方面，他還受到保羅的末世觀所影響。既然主就要再來了，最好的選擇就是「**保持住上帝的召喚給他安排好了的世俗職業，並像過去一樣地勞動。**」目的是自食其力，別讓自己成為施捨的對象，給同胞們增加負擔（ibid.: 62-64）。

從這兩方面，韋伯認定，「**路德的職業觀念依舊是傳統主義的**」。他雖然肯定了世俗工作不低於神職和修道，但到頭來，還是該敬虔度日、安於既定的世俗工作或職業角色。無論在工作或職業的心態、倫理和方式上，都應如往常一樣；安過適合自己「**職務與身分**」的生活，等候主的再來。

顯然地，馬丁路德根本不認為自己所主張的入世精神，存在著可以「**透過工作導向救贖的可能性**」（ibid.: 64-65）。也就是說，世俗的工作和職業再怎麼被肯定，都不會具有任何救贖上的意義。

在預定論下空前的內心孤獨

由此，韋伯轉向了路德宗以外的其他新教宗派，來探討近代資本主義精神的形成和意涵。他改從加爾文宗著手。他的整個研究焦點在於，宗教的信仰和活動產生了怎樣的「**心理約束力**」（psychological sanctions），而後其又如何指導了「**日常行為並制約個人行動**」（ibid.: 75）。

首先，韋伯認定，從歷史過往的影響來看，楬櫫在一六四七年《西敏斯特信仰信條》（*Westminster Confession of Faith*）中有關救贖的「預定論」（**predestination**），是加爾文宗最核心的教義。其中，強烈凸顯了上帝在救恩上的絕對主權，以及蒙揀選是為了活出見證，並結出美德善行的好果子來榮耀神。

雖然此一預定論在馬丁路德那裡早就存在了，但並沒有佔據主導地位，並且愈往後期，它反而逐漸退居次要。確實，馬丁路德不喜歡談預定論，只將它當作是上帝的奧祕。更關鍵的是，路德宗相信，蒙揀選的恩典雖可能會失去，卻也可以透過悔罪重新獲得。加爾文宗則堅稱，那些被遺棄的人「**永遠不可能獲得**」蒙揀選的恩典；而反過來，蒙揀選的恩典也「**永遠不會失去**」（ibid.: 79-81）。

這就是一次得救、永遠得救；而既未蒙選召，就永遠死定了。如此一來，加爾文宗的信徒在心境上可慘了！它意味著一切的努力和作為，甚至包括悔罪、祈禱與服事上帝，都是徒勞無功的。得救與否的命運早在創世以前就已經決定了。

韋伯相信，這帶來了一個嚴重後果，即在得救此一事上，「**個人所感到的空前的內心孤獨**」。每一個存在的個體，「**只有獨自一人走下去，去面對那個永恆的早已為他決定了的命運，誰也無法幫助他。**」不僅至親好友的關懷、支持和代禱，無法幫助他；自己所有的努力、善行和功德，即使哭泣悔罪，也不能幫助他；還有，牧師、教士以及任何神職人員的代贖和獻祭，同樣無法幫助他；或者，透過教會、儀禮、聖事、聖像以及對聖者遺物的崇拜，還是不能幫助他。

而最慘的是，「**甚至上帝也無法幫助他**」，因為，耶穌在十字架上是只為那些已經被預定選召者而死的（ibid.: 81）。如果你在創造之初就未蒙揀選，則十字架的功效也莫可奈何。對於最後這一點，或許今天的許多教徒會感到訝異！耶穌的血不是為一切罪人而流的嗎？《聖經》不是說願萬人得救、不願一人沉淪嗎？怎麼十字架的功效是有侷限性的呢？然而，無法否認地，按照加爾文宗的「有限度救贖」（Limited

Atonement），確實就是只有蒙選召的那一部分人能得救，即使十字架都幫不上你！

排斥情感成分的理性化倫理

進一步地，不只是內心空前的孤獨，韋伯指出，預定論還導致了加爾文宗出現一種特有的「理性化倫理」。原本，天主教有許多儀禮、聖事、聖像以及對聖者遺物的崇拜，各自發揮著不同程度的神祕力量，以及情感昇華的作用。但在加爾文宗的預定論下，這些魔幻和情感全部因為「無助於得救」而被排除了。它們重新被歸類為不過是「平添些感傷的幻想、和偶像崇拜式的迷信」。

此外，至親好友之間婚喪喜慶的往來，也同樣被排除了。因為那是一種人情世故，而且在許多儀禮中，總在歌功頌德，標榜人的榮耀。更糟糕的是，有不少儀式，譬如向死者行禮或跪拜、供奉遺物，難免帶有迷信的成分。因此，韋伯指出，

> 真正的清教徒甚至在墳墓前也拒絕舉行宗教儀式，埋葬至親好友時也免去輓歌及其他儀式，以便杜絕迷信、杜絕靠魔法的力量或行聖事的力量來贏得拯救這種想法（ibid.: 82）。

這種對至親好友和人情世故的疏遠，還來自一個重要的信仰基礎，即唯獨耶穌！唯獨追求上帝的榮耀！耶穌不是明白說過嗎？「愛父母過於愛我的，不配做我的門徒；愛兒女過於愛我的，不配做我的門徒。」（馬太十37）追隨上帝，本來就應該超過所有的至親好友！

很多人都忽略了，以為預定論只帶來了信徒對自己是否得救的焦慮。事實上，它一再表露的是，蒙揀選乃為了活出見證，並結出美德善行的好果子來榮耀上帝。甚至，它被歸結為一個答案，即「**整個塵世的存在只是為了上帝的榮耀而服務**」；而那些被選召的人，對恩寵的一個回應性責任，或者說，在塵世中唯一的任務，就是「**盡其所能地**（to the best of his ability）**藉由實現上帝的誡命來增加祂的榮耀**。」（Weber, 1992: 64）

在這裡，既然榮耀上帝是蒙揀選者唯一的任務，又必須在塵世中「盡其所能地」去實現，則所有對至親好友的委身和情愛，都要退居其次了。難怪！加爾文宗反覆地告誡人們，要與至親好友之間保持距離；甚至聲稱，所有對其他人的個人依賴都要受到譴責。

雖然「愛人如己」是耶穌的命令，但必須提防情感上的不知節制，以免至親好友佔據了我們的心靈。因為這樣便會「**妨礙了對上帝的愛**」、以及我們對上帝榮耀的全心全意追求。

在加爾文教徒的世界裡，「人情」不是一件好東西。因為它會讓信徒對上帝的委身和命令打折扣！甚至，「**任何情感性的，即不是以理性為動機的，……都會輕易地被懷疑為肉體崇拜**（idolatry of the flesh）。」（ibid.: 190）這裡所指的，就是對人的過度迷戀和依賴。它當然不討上帝喜悅！

最特別的是，對於同胞愛，加爾文教徒的因應方式，竟是拋棄其中的情感成分，將它當作一種義務而予以理性化來實踐。這其實也沒錯，《聖經》中的「愛」（agapé）本來就是一個命令，一種「給予的意志」（will-to-give），它確實沒有多少情感的成分。加爾文宗因而認為，「**同胞愛，……只能為了上帝的榮耀而使用**（Brotherly love, ……it may only be practised for the glory of God）。」（ibid.: 64）或者用另一個話來說，「**愛鄰舍的義務，藉由實踐上帝的誡命來增加他的榮耀，從而被滿足了**。」（ibid.: 183）

韋伯形容，「**這樣一種沒有人情成分**（impersonality）**的同胞愛，是生活唯獨定向於上帝意志的結果**。」也就是說，它是高度理性化的意志。然而，若因為疏遠了與至親好友之間的人情世故，譬如，在對他們的追思儀式中拒絕鞠躬行禮，結果傷害了彼此的情感，那可怎麼辦呢？加爾文教徒的答案是，在所不惜！因為人生中唯一重要的，始終是「為上帝的榮耀而服務」（ibid.: 182-184）。

與路德宗比較起來，加爾文宗這種排斥情感的理性化特色更加凸顯。前者力求達到的最高宗教體驗，就是與基督在靈裡合一。韋伯形容，「這是一種真正吸收神性的感覺，一種神性確實進入了信仰者的靈魂的感覺。」它的特徵就是追求性靈的平安，其中當然也有若干神祕主義的色彩。

而加爾文宗呢？卻是「從一開始就棄絕了路德宗那種純內向的情感性虔誠」。他們認定，基於上帝的絕對超驗性，要神性深入靈魂是不可能的，有限不能內含無限。只有透過蒙選召者的順服、並以理性化的倫理來為上帝的榮耀而活，如此，「選民們才有可能與他們的上帝成為一體」。

由此，韋伯歸結出了非常重要的對比。路德宗的教徒將自己當作是「聖靈的容器」，其宗教生活傾向於主觀的屬靈經驗和情感性虔誠。加爾文宗則將自己當作是「神的意願的工具」，他們的宗教生活傾向於理性紀律，看重的是，日常生活中的行為對上帝榮耀的見證（Weber 著，1991: 88-89）。

征服和改造塵世的旺盛雄心

造成上述區別的因素，有一部分來自於彼此信眾的不同階層背景。路德宗的教徒多為農民，日常生活相對單純而素樸。而加爾文卻得面對日內瓦這個大城市的工商業和資產階級。他們出入的場所和經手的工作，無疑像是個大染缸，充滿了墮落和誘惑。對於教友身處在這樣的環境中，加爾文尤其看重在日常生活中對上帝榮耀的見證，這應該是可以理解的。

但除了信眾不同的階層背景外，更關鍵的因素，則在於彼此對「入世」神學的認知差異，熱誠之情也有所不同。馬丁路德雖然肯定世俗的工作，但並不主張積極改造塵世，而更多是分離而治，不容神聖與世俗兩相混淆和僭越（Althaus 著，2007: 111-112; 123）。他不斷強調，世俗治理也是上帝所設立的，並委諸於王權來履踐職責，其主要目的是維持法律和秩序。而最重要的是，它並不適用屬靈治理的原則。

對此，極具份量的路德神學家阿爾托依茲（Paul Althaus），對比得十分貼切，他說，「**屬世治理以刀劍掌權；屬靈治理則以神的話語掌權。**」各自有不同的依據和原理。「**在基督的國度裡，基督親自藉由祂的靈、以福音施行治理。屬世治理不需要基督、福音、或聖靈；由理性掌管一切。**」

這種講法強烈地有兩把「劍」彼此都不踰越、分離而治的味道。「因此，**人在屬世治理中要履行自己的職分時，不是到基督那裡尋求忠告，而是尋求當地法律的協助。**」（ibid.: 108）馬丁路德期待於基督徒的，毋寧更多是順服，甚至是鼓勵投身公職，協助執政當局維護法律和秩序（ibid.: 110; 120-122; 125）。

但反觀加爾文，則發展了一種可以稱之為「入世聖召」的神學；就是積極地征服和改造塵世。他自己更也曾在日內瓦，頗為「**清教專制**」、嚴苛地擔當過政教統領的角色。他還批評當時的重洗派（The Anabaptist）將「屬靈」與「屬世」分開的思想（Calvin 著，1978b: 242），視此不啻為失敗主義。他拒絕忍受一種逃避社會的宗教，並積極尋求在今生此世中活出基督的方法，以及與上帝國一致的社會改造運動。他因此積極敦促那些從事工商業，以及屬於資產階級的教友們，要透過日常生活中的行為表現來見證上帝的榮耀。幾乎可以說，這已經成為「救贖的外部手段」（external means of salvation）了（Sabine, 1955: 364）。

但問題是，積極參與世俗活動，必定充滿了墮落的誘惑。難道加爾文沒有信仰和靈性上的顧慮嗎？當然有！只不過，他始終抱持一個基本原則，即堅定地去面對，而後予以改造，將原本淪為罪惡奴僕的塵世，轉化為對上帝的榮耀。相反地，若從世俗的活動中逃遁，固然可以成就個人的聖潔，卻容讓了污穢和罪惡在他人和塵世中繼續為害；這毋寧是一種獨善其身的自私。

真正的途徑毋寧是如保羅所說的，迎面去「擄掠仇敵」！它不僅在消極上不容許世俗職業和活動繼續淪為「罪的奴僕」，更企圖積極地予以轉化，讓它們成為「義的奴僕」（羅馬書六17-19）。這就是加爾文征服和改造塵世的雄心。用接近韋伯脈絡的話來說，這當然不是「出世」（out of the world），但它也並非「屬世」（of the world），而是「入世」（in the world）。

在這裡，屬世即妥協，指的是一種「**對世界採取無條件肯定與適應的倫理**」（Weber 著，1989a: 296）。它並不從超越俗世的價值，來對今生此世進行對比式的全面改造，它通常是無批判性地予以肯定，或者只是針對其中的扭曲和錯誤，做出一些幅度不大的調適而已！但加爾文所標榜的入世，卻是按照著上帝的標準和價值觀，來對比式的全面改造，重新「**組織社會生活**」（Weber 著，1991: 85），好讓祂榮耀的名在全地的每一個領域、每一個角落得到傳揚。

對於此一征服和改造塵世的雄心，韋伯準確地描述道，「**不管這個『現世』在宗教價值上被貶得有多低，也不管因其為被造物界及罪惡的淵藪而遭到唾棄**」，在新教徒的心理上，今生此世更因此而被肯定為上帝展現其旨意、即個人天職的舞台（Weber 著，1989b: 85）。

這就是說，任憑世俗再怎麼污穢和充滿誘惑，都是加爾文教徒按照上帝旨意來改造以榮耀祂的教區。畢竟，上帝是為了祂自己的榮耀而創造世界的。因此，「**無論人生來有多麼的惡劣，祂都希望看到祂的榮耀藉著罪惡（可能也包括痛苦）的克服而得實現。**」（Weber 著，1989a: 307）

加爾文教徒就這樣走入了一條險路，即讓自己活在投身世俗活動所帶來的「張力」中（George 著，2009: 219）。雖然一不小心就可能因受到誘惑而墮落，但信仰的使命，卻是在這墮落的誘惑中向魔鬼誇勝。這有如走在一邊是上帝、而另一邊是魔鬼的生命鋼索上。它既是上帝與魔鬼之間的角力，也是個人生命中無時無刻的爭戰。

若從天主教的出世和修道主義來看，這簡直就是與魔鬼共舞，自陷在污穢和罪惡中！理應從一開始就遠離誘惑、不給魔鬼留餘地。因此，他們總是選擇隔離污穢和罪惡，讓自己活在一個無菌的神聖世界裡。離群索居的隱士生活，正反映了這種想法和態度。

而即使是肯定世俗工作和職業的馬丁路德，也一如我們前述所曾討論過的，因為主張「世俗治理」並不適用於「屬靈治理」的原則，從而欠缺了積極征服和改造塵世的雄心。

但加爾文教徒對於信仰使命的自我期許，卻是一種對今生此世的「**聖化**」雄心（Weber 著，1989a: 307），也就是要讓全世界和日常生活的一切都由上帝的屬靈原則來治理。或者用另一個話來說，即「**對整個生活全面基督教化**」的使命和壯志（Weber 著，1991: 98）。為此，加爾文宗選擇了在聖潔與罪惡之間的「張力」中，來從事對今生此世的改造和轉化；而不是像出世或修道主義那樣，選擇以逃遁或疏離，來消解掉其中兩難的「張力」。

我雀屏中選嗎？困擾和焦慮

進一步地，對於近代資本主義精神的宗教基礎，韋伯來到了一個最核心點，就是作為一個加爾文宗的教徒，在絕對的預定論之下，如何確知自己得到了上帝的選召？確信已經享有得救的恩典？

對加爾文本人來說，這個問題是不存在的。他深具信心，感到自己是上帝揀選的僕人，也確信自己的靈魂得救。但對廣大的一般信徒而言，這個問題卻成為了惱人的困擾和焦慮。因為無論在哪裡，「**只要預定論**

受到推崇，是否存在一個絕對的標準，來衡量誰是上帝的選民的問題，就無法迴避。」（ibid.: 87）上帝在創世之前預先揀選了誰，這就好像從未開獎的彩券，信徒怎麼可能不在乎自己是否雀屏中選呢？

面對許多信眾的此一困擾和焦慮，加爾文宗的牧師們通常只會勸誡，要他們有信心，「將所有的疑慮統統視為魔鬼的誘惑」。甚至，缺乏自信正是信仰不堅定的結果，也因此是「不完整的恩寵的結果」（ibid.: 87）。這意思就是說，你愈是懷疑自己有無得救，就愈證明了你並沒有被上帝揀選。因為從預定論來看，即使是信心，都乃上帝對蒙召者預先所做的工。

只不過，這一套說辭的效果恐怕非常有限。因為強調信心的結果，其實是將他們繼續丟在之前韋伯所說的「空前的內心孤獨」裡。一般教徒固然無從反駁牧師們的勸誡和說辭，但在依靠「信心」來自我說服之餘，往往還是渴望有某種得救的「確據」。

韋伯特別提醒，加爾文教徒的此一困擾和焦慮，在天主教徒那裡是不存在的。因為天主教會宣稱握有天國的鑰匙，並且透過儀禮、聖事、聖像以及對聖者遺物的崇拜，總為信徒們帶來了「贖罪的機會、恩寵的希望和恕罪的諾言。」而這一切都可以讓教友們「從那可怕的緊張狀態中解脫出來」（ibid.: 92）。

確實，天主教提供了好幾扇在救贖上的便捷之門，除了肯定善行和功德外，在短暫的告解、悔罪、聖事或行禮如儀後，又可以生龍活虎地回到世俗裡依然故我了。甚至，更簡單的方法就是去買贖罪券，以捐錢的方式了結掉一切的負罪重擔。

至於在路德宗那裡，對於自己是否得救的困擾和焦慮，固然也存在，但並不算嚴重。一來，因為他們對加爾文宗那麼強烈的預定論有所保留。他們相信，雖然上帝的預定是絕對的，但被揀選的恩典有可能會失去，卻也可以經由真誠的悔罪失而復得。

二來，他們強調「在基督裡」的屬靈經驗以及情感性虔誠；所謂「聖靈與我們的心同證我們是神的兒女」（羅馬書八16）。以此而言，得救的確信並不高遠，就是聖靈在我們心裡的印證。並且，他們還將這個道理「與因負罪而產生的深重的卑賤感結合起來」。故而只要保持「恕罪所必不可少的恭謙和單純」，即真誠的悔罪，就得以在日常生活中不斷體驗到罪得赦免的釋放和喜樂（ibid.: 89）。

馬丁路德本人也處理過這樣的問題。他的回答是，先「為你所受的折磨而感謝上帝吧！」因為在上帝隱藏的旨意前戰慄不已，這正是被揀選者的特點。然後最好的解決之道，就是將注意力徹底轉移，定睛沉思為我們犧牲的基督，並從這裡體會上帝多麼愛我們（George 著，2009: 61-62）。這樣的答案，其實就是要信徒以親近基督和體驗上帝的愛，來避開讓人困擾、甚至可能會絆倒人的預定論難題！

但對於加爾文教徒，上述的一切緩解都不存在。他們沒有天主教會那種便捷好用、又「富於人性的循環：罪惡—懺悔—贖罪—解救—新的罪惡。」（Weber 著，1991: 92）也沒有路德宗教徒那種可以每天經歷基督的喜樂，以及體會赦罪之恩的釋放。確實，他們總處在困擾和焦慮之中，「只有獨自一人走下去，去面對那個永恆的早已為他決定了的命運」，無論是親友、教會、牧師，甚至是十字架上的耶穌，誰也幫助不了他。

入世聖召在心理的暗示效果

記得年輕時曾唱過一首聖詩〈奇妙揀選〉，歌詞是這樣的：

奇哉！主揀選我，主揀選我。
名錄生命冊上，永不塗抹。

揀選我，主揀選我，奇哉！主揀選我。

主啊！究竟為什麼，你這樣愛我？

今日驚覺，這首一九四六年的作品所描繪的，不就是加爾文教徒的心靈寫照嗎？歌詞的作者賈玉銘，正是改革宗長老會的神學背景。他對於上帝的預定選召，做出了一個讚嘆式的提問，為什麼自己可以如此地蒙愛？明顯地，在提問的背後，並不存在著對自己是否得救的困擾和焦慮；相反地，是對自己被揀選的確信。但試問，這個確信是怎麼來的呢？

對此，韋伯相信，當所有釋放的出口都被封閉時，加爾文教徒出現了一種心理機轉，就是「**憑借一種有助於增添上帝的榮耀的基督徒行為**」，來作為自己得救的證據。即信仰「**必須以其客觀效果來加以證實**」，俾能衍生出自己獲得選召的確信（ibid.: 89–90）。

最關鍵地，這種心理機轉之所以能出現，主要得力於加爾文的入世聖召教義。因為，既然聖徒的蒙召是為了活出見證，並結出美德善行的好果子來榮耀上帝，那麼反過來，一個人若能在此一使命上有成功的表現，當然就是被揀選的聖徒了。

從嚴格的教義來說，這個邏輯是站不住腳的。固然，已蒙選召的聖徒會有好行為；但反過來，有好行為者未必就已蒙選召。但即使如此，對於一般教徒而言，它仍具有心理上的強烈暗示效果。這就有點像高貴人士總穿戴著昂貴的名牌精品，那麼反過來，總穿戴著昂貴的名牌精品，似乎就是高貴人士了。這個邏輯雖然同樣站不住腳，但從滿街暢旺的昂貴名牌精品來看，不就證明了它在心理上所具有的強烈暗示效果嗎？

韋伯說得好，這些加爾文教徒為榮耀上帝所做的一切，絕對達不到得救的標準，「**但善行是必不可少的，是成為選民的標誌。**」善行固然不是用來換取救贖的，卻是一種必要的「**技術性手段**」，可以消除因擔心未蒙選召而「**罰入地獄的恐懼**」（ibid.: 90）。當然，這種標誌和技術性手段，絕不符合加爾文本人的教義。他毫無疑問地會斷然否認，任何榮耀上帝的好行為可以視為得救的證據。

韋伯的上述之論，其實很大一部分是對加爾文教徒的一種心理學上的揣摩推敲。從他的整個方法學來看，正是一種「**基本心理動機的推斷演繹**」（"deductions" from fundamental psychological motives）（Weber, 1968: 496）。在這裡，韋伯就像是一個精神分析師似地，在解剖加爾文教徒對得救與否的困擾和焦慮。

進一步地，他還觀察到一個現實上的發展狀況，即美德善行固然不能換取救贖，但它的重要性卻愈漸突出。從原本僅僅是暗示性效果，表面化為好像就是教義的一部分了；並進而直接認定，只要活出榮耀上帝的好行為，就是選民的標誌、得救的證據了。

畢竟，在《聖經》中有不少章節可以支持這樣的暗示性效果。最直接的應該是〈雅各書〉所說的，「信心因著行為才得成全。……人稱義是因著行為、不是單因著信。」（二 22-26）耶穌也曾以葡萄樹為比喻，強調在行為上結好果子的重要性（約翰福音十五章 1-2）。可想而知地，這些經文都可以隨手拈來，證明美德善行就是選民的標誌、得救的證據。韋伯指出，這種思想一再地被加爾文教徒公開主張，儼然成為正統教義的一部分。

他甚至不反對時人的一種講法，即「**加爾文教徒自己創造了自己的救贖**」，或者說，「**創造了對得救的堅定不移信念**」（Weber 著，1991: 90）。這番話有點挖苦！指的是加爾文教徒創造了這種教義，又基於自己努力實踐此一教義，他們因此相信自己確實得救了。但上帝真的有選召他們嗎？誰知道！

此一發展當然引致許多爭論。譬如，路德宗就再三指責，說這種思想已經回到天主教那種以善行獲得拯救的老路。乍聽之下，這個指責似乎有點過頭，畢竟他們仍堅守著「因信稱義」的改教立場。但無可否認地，已經在實際上出現不小的模糊地帶了。

在日常生活中的全面性修行

不過，這個路線之爭並非我們所關心的課題。重要的是，從得救與否的困擾和焦慮，引致了加爾文教徒一種什麼樣的行為結果呢？很多學者直接聲稱，加爾文教徒之所以努力在職場上勤勞賺錢，就是為了克服對於自己是否得救的困擾和焦慮。但這種講法實在是太簡化了！

正確而言，是它與加爾文的另外兩個神學完美結合，並匯聚成一種為了榮耀上帝、而在日常生活中全面實踐宗教修行的入世禁慾主義。其中的一個是排除情感成分的理性化倫理，另一個則是呈現出征服和改造現世雄心的入世聖召。它們的意涵在之前的討論中已經談過，不再贅述。

韋伯為了說明這一點，更詳細對比了天主教的禁慾主義。他指出，中世紀的修道士並不只是出世而已。另一個重大特色是，其善行（或更為廣義的功德）的偶發性和片面化。通常，他們的功德善行是「**用來滿足偶然需要**」的。譬如，為了最近發生的某一特殊罪孽（通姦或偷竊）來贖罪；或者，在生命快要結束的時刻，以功德善行換取個人得以上天堂的保險。

更重要地，它們未能「**形成一個有聯繫的生活體系，起碼是沒有理性化的體系，而只是一系列單獨的行為。**」也就是說，它們是在一己或親友有需要的時候，才偶發性或隨機地出現功德善行；並不是環繞著一個核心目標，有條有理地全面性實踐。

加爾文教徒的情形則不然。他們是為了榮耀上帝此一明確目標，而追求實踐「**一輩子的善行**」。並且，這種善行不是偶發或隨機的，它對現世生活非常有雄心地表現為一種「**全面系統的自我控制**」。他們要求的是，在「**每一時刻、每一行動中的全部生活意義**」，都要指向上帝的榮耀。從日常的工作或職業，到社會和文化的活動，乃至於食衣住行，都要如此。最難以想像的是，甚至夫妻之間的性交，都要為了榮耀上帝；絕對禁止追求享樂，更別說什麼性高潮這種骯髒的東西了。

難怪！與加爾文教派系出同門的循道宗，給自己的命名，就是意指著終其一生的「循規蹈矩者」（Methodists）。這樣的稱呼絕對不是偶然的。韋伯還驚訝地發現到，在當時，為了「**對整個生活全面基督教化**」，加爾文的那一句「all for glory of God」的格言，從來沒有如此全面而嚴格地被奉行過（ibid.: 90-93）。

這正是一種最典型的禁慾主義。它表現為針對著一個明確的目標，理性而有條不紊地對日常生活的全面性修行。而且從各方面來說，它較之天主教的禁慾主義，都有過之而無不及！一來，它將傳統的修行生活和方式，從散漫的來世性和荒謬的自我折磨中解放出來；二來，它為修行提供了一個至高無上的新動機，不是為了自我的靈性昇華、或某種宗教的體驗，而是蒙召喚走入今生此世，為了上帝在全地的榮耀和見證。

過去，「**能夠出色地過這種宗教意義上理性生活的人**」，只會是天主教的僧侶。而且，他們愈是熱中於禁慾主義，就愈遠離日常生活；因為他們最神聖的職責，被認為就是超越世俗的倫理，並將此視為聖潔和享受神。但如今在加爾文宗裡，「享受神」的概念被「榮耀神」所取代了；並且，禁慾主義轉而展現在世俗的日常生活中。

韋伯精采地指出，這樣一種新形態的宗教改革，其驚人的意義在於，「**現在，每一個基督徒必須終生成為僧侶**」了（ibid.: 95）。此後不再有任何聖俗之別。無一時或片刻須臾，也無一處或毫末之地，聖徒可以逃遁不成為一個為上帝榮耀而活的修行者。

一個有趣的發展是，韋伯形容，這樣一種入世僧侶，因壓抑了非理性的衝動和情感，故而在日常生活中，推崇一種平靜自制的美德善行。迄今，這仍是最典型的英美紳士特徵。並且，加爾文宗的許多主要人物，最喜歡信守的就是《舊約》裡的道德格言。因為其中所呈現的，正是他們生活態度中所最肯定的，「**那**

種既畏懼上帝而又完全冷靜的智慧」。他們還會為了監督自己的美德善行而準備一本「宗教記帳簿」。每天在紙本上填寫、反省悔改，就好像是要通過各種美德善行，來償還欠上帝榮耀的債一般（ibid.: 94; 97-98）。與路德宗的教徒比較起來，這群人雖已脫下僧袍，走入繁華世俗，卻仍顯得嚴肅、陰鬱，並矜持於道德戒律，缺少自發性流露出來的開朗和自由、單純和熱情。即使是對於弟兄姊妹和鄰舍的「愛」，他們都低調而冰冷地當作一種義務而予以理性化來實踐。他們給人的感覺可一點都不「溫暖」，完全像個修行的戒律機器！

相反地，路德宗教徒雖有「好性子或自然隨和」，許多主要人物卻「常常因為酗酒和庸俗而名譽掃地」。他們一點都不像個修行者。對韋伯來說，造成此一差異的原因很容易理解，就是「路德宗中禁慾主義對生活的滲透程度，不如加爾文宗中那麼強烈。」（ibid.: 100-101）

從禁慾主義到資本主義精神

接著，韋伯在討論過加爾文宗後，轉向了基督新教的其他教派，來探索近代資本主義精神的宗教基礎；包括了虔信派、循道宗以及浸禮宗諸派。只是，對於之前所論證的禁慾主義，他不再有什麼新觀點了。基本上，他在分析中所再三呈現的，乃一種兩相對抗的拉力。一方面，這些教派的某一部分教義或領袖，會去強調主觀的宗教經驗，靈恩、或是情感性虔誠，因而減弱了理性化的禁慾主義強度。但另一方面，又因為某些因素，理性化的禁慾主義還是被保留了下來。當然，在這兩方面之間，上述的幾個教派，又各自有不同程度的組合及特色，至於其中的諸多細節，應該沒有必要在此多加討論。

比較重要的毋寧是韋伯最後的結論。他說，包括加爾文宗在內的這些教派，「儘管在不同的教義中獲得恩寵的方式不同」，但都認定了一個大原則，即取得恩寵的唯一可能途徑，就是在日常的生活方式中，「有條有理地監督自己行為」，展現出勝過血氣和肉體的好見證來（ibid.: 122）。

而最特別地，它雖然要求「人的整個一生必須與上帝的意志保持理性的一致」，卻不再需要出家隱世了。新形態的修行，不只召喚著每一個蒙揀選的信徒，也涵蓋了其今生的每一時刻、每一行動，以及此世的每一領域。從這裡，韋伯宣告，基督新教的禁慾主義，已經統治了當初修道院所棄絕的這個塵世。原本，大街小巷中的諸多人生，被天主教當作是污穢的、庸俗的，如今，卻改由基督新教以日常的生活戒律、插起旗幟來佔領了。

現在，它走出修道院，將修道院的大門「呼」地關上，大步跨入生活的集市，開始把自己的規矩條理滲透到生活的常規之中，把它造成一種塵世中的生活。

他更進一步區別分辨，「這種生活既不是屬於塵世的，也不是為塵世的。」（ibid.: 122）也就是說，它既非被人間世所同化，而是要求予以改造；更非為了人間世本身的價值，而是為了超俗世的上帝榮耀。道在人間，是為了改造人間；可不是變成附屬於人間的一部分！

末了，韋伯在總結了上述這些分析後，終而提問，那麼，此一入世的禁慾主義，在歷史中產生了什麼樣的後果呢？這個答案，可想而知地，就是我們在本節中從一開始就不斷談到的核心課題——近代資本主義精神的興起。由此，韋伯的探索和論證跨入了一個新階段，即對於近代資本主義精神的興起，新教徒的入世禁慾主義帶來了怎樣的影響？

在處理此一課題上，他首先建議，要超越個別的教派，不妨將「禁慾主義新教」看成統一的整體。然後，他從中挑選了英國清教徒來作為分析的材料。理由是他們「為職業觀提供了最融貫系統的宗教系統」。特別是巴克斯特（R. Baxter）這位極其注重實踐，又享有普遍聲譽的牧師，韋伯形容他的著作正「是清教倫理學最完美的概述」（ibid.: 123-124）。

對此，韋伯後續的探索和論證，是非常經典而重要的。只不過，他仍不改其龐雜和凌亂。筆者為了幫助一般讀者易於掌握，只得抽絲剝繭，自行歸納出四個具體重點，來解析禁慾主義新教對近代資本主義所產生的影響。

第一、對職業勞動的神聖使命感；
第二、對理性紀律和最大效益的強調；
第三、對節儉美德的要求；
第四、對財富和利潤心的積極肯定。

為榮耀上帝而在職場中打拚

首先，韋伯指出，清教徒對於職業召喚中的勞動，表現出一種近乎禮讚的提倡。這裡所謂的「勞動」，並非狹隘地只是體力勞動、或專屬藍領階級的工作，而是泛指所有在職場中的勤奮努力和付出。與此相對地，任何虛擲光陰、未在職場中勤奮努力和付出的狀態，則一概屬於應受譴責之列；包括了懶惰、懈怠、不務正業、閒談、社交和享樂，甚至睡眠太多（ibid.: 125; 229）。對此，清教徒講得很嚴重，直接認為那些「浪

費時間的人就是藐視自己的靈魂」（Weber, 1992: 231）。

巴克斯特要求信徒，在沒有直接服事上帝的時候，就要將一切光陰都全力投入各個人的世俗職業、並為此而辛勤劬勞（ibid.: 233）。因為，**「上帝維持我們的生命和活動，就是為了要我們行動。」**他特別強調了工作的本質意義，並聲稱，**「工作既是能力的道德目的、也是其自然目的（work is the moral as well as the natural end of power）。……最能服事和尊榮上帝的，正就是行動。」**（ibid.: 230）

那宗教性的玄思默想呢？這種被修道院和神祕主義教派視為「享受神」的高尚行為，巴克斯特並不反對；但應在操勞和正職勞務之餘才可以從事。他說，人類在職業召喚中的勞動，正是為教會和公共利益服務，而**「那些無視此事實而聲稱自己寧可祈禱沉思的人」**，其實是另一種偷懶。他們拒絕承擔上帝指派的**「最繁重的任務，卻轉而拈取輕巧簡單的工作。」**他們也因為需要靠別人供養，並沒有**「為自己每日的麵包而辛勞」**，其實已經違背了保羅自食其力的聖訓（Weber 著，1991: 230）。

即使那些不虞匱乏的富人，同樣不能例外。雖然他們無須靠勞動掙得生活必需品、甚至沒有任何外在壓力，但還是應該要像窮人一樣在職業中辛勤劬勞。因為，富裕只能使有錢人**「免於某些骯髒污穢的勞作」**，但人人必須各事其業，勤奮勞動，卻是上帝毫無例外的命令（ibid.: 233; 127）！不只是富人，清教徒還認為，救濟窮人的最好方法，是強制性地送去習藝訓練所，培養工作能力，而不是直接給他們錢財和食物。

此外，那些以特權享有經濟利益的貴族或殖民主、靠田產或房租而富裕的地主階級，還有以收利息為生、或基於繼承而得到家產的有錢人，也都因為缺乏真正的勤奮勞動，而被清教徒視為可恥（ibid.: 237; 233; 142-143）。清教徒從來沒有站在傳統的地主或權貴那一邊！他們給予肯定和自我期許的，始終是在工商業崗位上努力工作的新興布爾喬亞。

值得一提的是，相對於馬丁路德，清教徒在職業召喚上毋寧有很大的突破。前者雖然肯定了世俗職業有同等於神職的價值，但在工作的心態、倫理和方式上，還是屬於傳統主義的。因為目的不過是在追求滿足日常需求，以及適合自己職務和身分的財富，好讓各個人能無後顧之憂地敬虔度日。

但清教徒卻更往前跨一步了。他們積極地將職業視為「上帝向人頒發的命令，要他為神聖榮耀而勞動。」比較起來，馬丁路德欠缺了一種透過投身於各行各業，而以上帝的誡命來征服和改造塵世的雄心。在此一方面，清教徒最核心的突破是，將在職場中的辛勤劬勞與榮耀上帝結合起來。因此，他們會說，「虛擲一寸光陰，即喪失一寸為上帝榮耀而勞動的時光（Every hour lost is lost to labour for the glory of God.）。」

至於那些沒有實際勞動成分的「宗教性沉思和默想」，當然被邊緣化了。假若它還得以犧牲日常勞作來換取，肯定會遭到嚴厲的譴責。對此，巴克斯特說得很直白，既然禮拜日的安息已經為「宗教性沉思和默想」提供充裕時間了，那麼在其餘的時日裡，上帝會更樂於人們在其職業召喚中，積極踐履祂的意志（ibid.: 125-126）。週日，在教堂以崇拜來享受上帝；週間，則在職場（包括家園）以勞動來榮耀上帝。天天跑教會，未必討上帝喜悅！

工作是禁慾、也是人生目的

韋伯獨到地指出，巴克斯特之所以充滿激情地宣稱勞動的必要，乃基於兩種不同的動機。其一、在西方的教會歷史裡，「勞動是歷來所推崇的禁慾途徑」。無論是面對性慾的誘惑、宗教懷疑論或道德上的寡廉鮮恥，「盡忠職守」和勤奮工作，總被當成可以壓制情感衝動、虛無感和壞念頭的一種「特別有效地抵禦手段」（ibid.: 126）。

這一點在其他許多史料中是被證實的，並且，正是拉丁西方僧侶與東方埃及僧侶之間的重大差異之一。後者偏向於冥想、神學論辯和怪誕奇特的修行；前者則強調清醒、條理、實踐、勤勞和自食其力地工作（Thompson 著，1997: 179-181）。

不只巴克斯特，典型的敬虔派同樣認為，人類在亞當墮落之後，就不能不為敬虔而將自己投身於職業，因為**「盡忠職守有助於消除人自私的意慾」**（ibid.: 231）。而且愈是克盡厥職、不辭辛勞，這種消除的效果就愈好。事實上，加爾文本人也有類似的觀念。他說，上帝吩咐我們**「重視自己的職務，因祂知道人心浮盪，貪得無厭，內心是何等的徬徨。」**所以，上帝給每一個人**「分配不同的職務」**，為的是避免我們**「因自己的愚妄而捲入紛亂的漩渦」**（Calvin 著，1985: 188）。

在上述這些論說中，沒有例外地，投身職務儼然是一帖禁慾藥方，可以用來治療貪婪和飄泊徬徨。其中的道理並不難理解。就好像我們會說，人結了婚、有了工作以後，就會安定下來，也會有責任感。同樣地，當一個人專注於職務並勤奮工作時，他的心思、情感、慾望、甚至整個人生，往往就開始步入正軌了。

除了禁慾的效用外，其二，巴克斯特之所以肯定勞動，動機是為了將俗職工作視為人生的一個目的（Weber 著，1991: 126）。在當時，即使是非常強調宗教情感的敬虔派領袖親岑道夫（Nicoloaus Ludwig von Zinzendorf, 1700~1760）也同樣聲稱，**「人不僅是為生活而工作，也為工作的緣故而生活。**（One does not only work in order to live, but one lives for the sake of one's work.）。」（Weber, 1992: 235）

在這裡，針對的當然是俗職工作，認定它不只是生活的手段，同時也是生活的目的。雖然親岑道夫沒有明說其中的緣由，但至少，俗職工作被當作人生的一個目的價值，有其神聖性了；不再只是謀生的工具而已。親岑道夫和巴克斯特因此都要求，要將保羅「辛苦勞碌，晝夜做工」的榜樣，以及「若有人不肯做工，就不可吃飯」的原則（帖撒羅尼迦後書三8-10），無條件地適用於所有人。

韋伯指出，這種觀念相對於中世紀毋寧是一個重大突破。因為，阿奎那同樣解釋過保羅的那幾句話，結果，卻是將俗職工作視為一種手段和條件，只為了維持個人和社會的物質需要（Weber 著，1991: 126）。這明顯是一種消極的心態，在俗職上再怎麼勤勞都沒有神聖性可言。

難怪！阿奎那會認定，一種所謂的「靜思生活」（the contemplative life），在位階上更高於「行動生活」（the active life）。前者是沉思默想上帝的真理及其創造成果；至於後者，則是為了供應現世生活需要而所勞動的一切（Aquinas 著，2008：冊十二：101-113）。從這樣的對比看來，為俗職而「繁忙」，可真是庸俗啊！但對於清教徒而言，借用齊美爾的話來說，他們為積累財富而在工作上勤勉，「這時的勤勉已經不再是繁忙（negotium）了，而是其自身的最終目的（Mundung）。」（Simmel 著，2007: 167）值得注意地，這並不是肯定忙碌奔波的本身，而是在其中賦予了榮耀神的召喚。

不僅辛勤，還辛勤得很理性

接著，清教徒不只是要求對職業勞動的神聖使命感，他們還更往前跨進，在勞動的性格和思維上，發展了講究理性紀律和最大效益的精神。對韋伯而言，這正展現了近代資本主義中一種特殊形式的「經濟理性主義」。在其另一本將清教徒與儒家做出比較的書裡，他明白地說，只有清教徒才「將經濟的理性主義發揮到最徹底的境地」（Weber 著，1989a: 315）。

在這裡，所謂的「經濟理性主義」，韋伯有時廣義而籠統地泛指整個的近代資本主義精神，但我們應該要跳出其中的含混。精準來講，它其實包括有兩方面的特質。第一、是在勞動的性格和思維上的理性紀律。

它表現為有條有理、井然有序，並依據制度或規章的「**形式理性**」（Weber 著，1991: 14），來循規蹈矩地行事。跟著而來的一個結果是，它拒絕了在工作中的散漫和隨性，以及人情上的愛恨及好惡（impersonal）（Weber 著，1996: 26）。

無疑地，此一特質源自於之前所曾討論過的、加爾文宗特有的理性化倫理。即為了全然委身於上帝的榮耀而排除了人情世故。即使是同胞愛，都表現為一種不涉入情感的義務，或者說，是一種在意志上對上帝命令的實踐。宗教生活在這種情況下，當然流露出濃厚的理性紀律色彩。

而如今，韋伯指出，它已經高度表現在清教徒的世俗職業裡了。並因此使得強調自我控制和情感超然的理性紀律，成為了清教徒在勞動中的普遍性格和思維。譬如，貴格派的倫理觀就是一個典型。他們根本將職場人生視為禁慾道德的實踐；而其恩寵狀態在良心上的證據，竟然是在從事職業時所表現的一絲不苟和有條有理。

巴克斯特則更往前跨了一步，將理性紀律與正規專職和專業分工都結合了起來。他一方面指出，除非是從事於有固定場所和工作時間的正規專職，否則人就會流於散漫和隨性。這樣的人難免會和無業遊民一樣，欠缺「**入世禁慾主義**」所要求的一種「**井然有序、循規蹈矩的性格**」（systematic, methodical chracter）（Weber, 1992: 107）。另一方面，他則極力讚美了類似於亞當斯密的勞動分工，認為只有在理性化的專業分工體系下，才能使工作有條有理、井然有序地來進行。

明顯地，從歷史的進展來看，這已經是突破了！在過去，就譬如阿奎那或馬丁路德，他們總將社會的勞動分工看成是既定的已然，是自然法則或神意下的美好安排；而人的宗教責任，就是恪守既定的職位角色。這就是說，每個人的職位角色都是上帝預定的，都有祂的美意，你就老實勤奮地幹活兒吧！而這就是你所領受的責任。

反觀清教徒，他們雖然也承認經濟活動中存在著神意的安排，但更看重的是成效。而明顯地，分工體系的不同方式和專業程度，所帶來的勞動成效是截然不同的。他們因此會務實地主張，要從分工體系所產生的勞動「**果實**」（fruits）來看待神意的安排（Weber 著，1991: 128）。換句話說，上帝期待於職場勞動者的，並非在既有的分工下老實勤奮地幹活兒就夠了！祂更在意的是，在怎樣的專業分工、流程及整合下，可以帶來更大的勞動成效。

總結而言，韋伯說得好，上帝所要求的「**並非是勞動本身，而是人在職業中理性的勞動。**」（What God demands is not labour in itself, but rational labour in a calling.）（Weber, 1992: 107）這一句話非常重要，它傳達了清教徒的一個重大信念，即在職業中不僅要辛勤工作，更要辛勤工作得很有理性紀律。

不光是靠勤奮打拚、額頭上的汗水，或是雙手的苦勞實幹就夠了，還要選擇各自最專業、最有成效的角色來組成分工體系，同時追求一絲不苟、循規蹈矩、井然有序。明顯地，這不只能讓工作有更豐碩的「**果實**」，帶來更好品質和更大的生產效益，同時，它對於近代資本主義的技術發展，也是極為關鍵的一步。

實用理性下的效益主義原則

除了上述的理性紀律外，「**經濟理性主義**」第二個比較精準的特質是，透過衡量利弊得失、手段、機會和風險，務實而理性地來追求勞動的最大效益，為的是「**盡其所能地**」來榮耀上帝。

在另一處地方，韋伯認為，這樣的特質反映了清教徒自身的一種「**實用理性的生活態度**」所具有的能力和性向（Weber 著，1989b: 51）。但我們不禁要追問，此一生活態度又從哪裡來的呢？難道它和前述的理性紀律一樣，都是源自於入世禁慾主義中的理性化倫理嗎？這似乎太牽強了。因為，追求情感超然、有條有理和循規蹈矩，顯然與務實而理性地思考和抉擇，扯不上什麼關係。一個是在性格上講究超然和秩序；一個是在結果上要求務實和效益。

推敲一下，「**實用理性的生活態度**」的來源，其實不難理解。清教徒既然認定自己人生唯一的任務和「目的價值」就是榮耀上帝。那麼，相對於此，其餘的一切都不過是榮耀上帝的工具了。而既然定位為「工具價值」，就適合於實用理性。

當一個工具無效，就換另一個；不夠好，再找其他一個。各種工具總在試誤過程中不斷被換來換去，並且務實而理性地被評估、斟酌權衡，看看哪一個比較好用，或可以更有成效地達成目的。目的價值則不然！它是一種堅持和執著，甚至是可以為之生或為之死的委身。但若只是一種工具，則當然可以被一再替換、實事求是。

進一步地，既然「**實用理性的生活態度**」是如此的一種必然結果，那麼，為了「**盡其所能地**」榮耀上帝，韋伯清楚指出，清教徒在動機上抱持了「**純粹地實效原則**」（purely utilitarian），一方面追求勞動的分工和專業化，另一方面則致力於為「**公共福祉**」（the common good），也就是「**最大多數人的福祉**」而服務（Weber, 1992: 107）。

他們宣稱，上帝對整個宇宙的設計和安排，原本就是基於對人類的「**效用**」（utility）。因此，工作或勞動若是為了客觀的、「**非個人化的社會益處**」（impersonal social usefulness）而服務，不就增添了上帝的榮耀，也因此是祂所意願的嗎（ibid.: 64）？

然而，很有趣地，從表面上看，清教徒評價一項職業能否博得上帝的青睞，其衡量尺度應該是它為社會所生產之「**財貨的重要性**」（the importance of the goods）；但實際上，更為重要的，毋寧是那項職業對於

「私人的可獲利程度」（private profitableness）（ibid.: 108）。這樣的轉折其實很自然，因為「**最大多數人的福祉**」還是得從私人利益的實現來加以累積的。不努力追求私人利益，就甭談什麼社會利益了。

對此，可想而知地，有人會批評實在很庸俗！而對「效用」如此理性化的精於計算，難道沒有違背宗教倫理嗎？不會構成教徒在信仰良心上的掙扎嗎？至少，馬丁路德在這一點上會超級不高興！

其實，清教徒津津樂道於耶穌所說的一個比喻，就是有某位管家被託付了五千兩銀子，而後用它又賺了五千兩；相對地，另一位管家受託付了一千兩，卻原封不動地還給了主人。結果，耶穌稱讚前者是「又良善又忠心的僕人」，還要將更多的事託付給他管理。至於後者呢？則被說成是「又餓又懶的僕人」，還要將他「丟到外面黑暗裡」去（馬太二五14-30）。試問，這個比喻代表著什麼呢？按照清教徒的理解，即每個獲利的機會都是上帝基於你的才幹所給予的召喚，而信徒作為一個受託付的管家，理應服膺這樣的召喚，富有成效地來榮耀神。否則，不就成了「又餓又懶的僕人」嗎？

我們不可或忘，這種心態的背後有一個很關鍵的動機因素，就是「All for the glory of God」！藉此，清教徒們才會對「效用」如此理性化地精於計算，而不覺得有罪惡感。既然一切都不是為了擴張一己的享樂或奢慾，而只是為了以最大效益來榮耀上帝。那麼，以五千兩來賺取五千兩，毋寧是財富管家的一種精明和忠心，也是之所以能得到耶穌稱讚的「專業上的美德」。

從我們現代人來看，清教徒在賺大錢的背後，那種虔誠恐怕不太正常！因為，他們對於最大獲利的追求，純粹是為了榮耀上帝而做出的效益主義實踐。其中竟然沒有一絲絲成分，是想要將財貨和利潤當作目的價值來擁抱和貪圖，或飢渴地期待去品嚐其中的美味。

對此，韋伯幽默地指出，清教徒沒有「**老英格蘭**」那些土地貴族們在生活上的歡愉享樂。相反地，他們讓自己成為一個擁抱冰冷理性、無趣，又與世俗繁華隔絕的「經濟人」。說得好聽一點，他們是既蒙上帝恩寵的選民，又同時是循規蹈矩的好公民，他們「理性而守法地獲利」。但其實，對於「效用」如此理性化地精於計算，又不會享受生活樂趣，韋伯形容，這已經使得他們更像是「一部獲利的機器」（an acquisitive machine）了（ibid.: 119; 122; 114）。

整個來說，韋伯對清教徒「經濟理性主義」的論述，結合了理性紀律和效益原則，已經非常接近於科層組織了。雖然他並沒有明白地如此指稱，但無可否認地，科層組織就是以此為核心來建構的。試著想一想，如果沒有這樣的「經濟理性主義」作為工具，利潤的極大化有可能會實現嗎？而這正就是一個主要原因，為什麼韋伯會將科層組織當作近代資本主義的一個核心特色。

節儉美德所帶來的資本積累

進一步地，除了對職業勞動的神聖使命感，以及對理性紀律和最大效益的強調外，禁慾主義新教之於近代資本主義的第三方面影響，就是對節儉美德的要求了。

清教徒視此為一種不可或缺的「禁慾品行原則」。韋伯指出，他們竭盡全力所反對的唯一東西，就是無節制地享受人生的一切。舉凡通俗的娛樂活動、休閒放鬆，以及虛榮滿足，都被認為「會驅使人捨棄職守、背離宗教，因此理應成為理性禁慾主義的仇敵。」（Weber 著，1991: 133）

在這裡，韋伯以「仇敵」來形容是非常強烈的字眼；表明了其本質就是禁慾，而非只是適度的節制而已！他特別提醒，在此一方面，其實加爾文本人較之清教徒溫和許多。即使是「貴族式的優雅人生享受」，只要不違逆《聖經》，都可以心安理得地擁有（ibid.: 241）。

確實，加爾文曾經講過類似的話。他說，有些人矯枉過正，主張「**人們在物質上的享受不應超過生活上的必需**」，但這種忠告「**未免過於苛刻**」。他更否定那種聲稱只需要麵包和水的清貧主義。在此，他所指涉的應該就是希臘化文明的那些傳奇哲人了。加爾文相信，在節制而不放縱情慾的前提下，「**我們當立下一個原則，即善用上帝所賜之物，絕非錯誤。**」

> 上帝為什麼創造各種食物？……不但是為了我們的需要，也是為了我們的快樂。又比方在衣著方面，祂不但是因我們有此需要而施賜，也是為了維持禮節和威儀。花草，樹木，蔬菓，除了實際的效用外，也供給了清香美味。

因此，他要我們別相信那「**無人性的哲學**」，因為它只肯定基本的需要，卻否定了欣賞、享受和感覺，最後只會害我們「**成為無感覺、麻木不仁的木頭。**」（Calvin 著，1985: 185-186）說實在的，加爾文本人的此一溫和立場，讓我們有點驚訝！與他在日內瓦時那種嚴苛的「**清教專制**」頗有落差。而那許多追隨其腳蹤的清教徒們，顯然也沒理會他的這一套，反倒是擁抱了他的清教專制。

他們不僅排拒任何的人生享受，更「**對文化中不具備直接宗教價值**」的一切「**都懷有敵意**」。包括藝術、戲劇、繪畫、純文學、小說、抒情詩、民間音樂，以及個人服飾在內，只要是純粹世俗的品味嗜好，或帶有性感的解放，或是沾染有迷信的事物，全都在積極反對之列。清教徒抱持的理由並沒什麼大道理，就是認定這些玩意兒既浪費時間，又不榮耀上帝（Weber 著，1991: 133-134; 241-244）。

至於金錢的消費，同樣被歸屬於「**禁慾品行原則**」的範疇。他們不僅極端厭惡揮霍和奢侈，更要求力行節儉樸實。唯一慷慨的是對窮人的捐獻。對此，清教徒又訴諸了基督教一貫以來的財富管家觀念，強調所花費的每一個便士，都要對上帝這位主人有所交代，必須都是為了榮耀上帝。韋伯曾舉了個例證，說到一位富有的製造商，因消化不良被醫生要求每天吃幾隻牡蠣，他極不情願地照辦了。原本對他來說，吃牡蠣是奢侈的，並不榮耀神，但他的一生卻為慈善目的而極其慷慨地捐獻（ibid.: 245）。

從這裡，韋伯相信，財富管家的觀念，對清教徒帶來了如重負般的責任感。而且「財產愈多，為上帝的榮耀而完整保住它們並盡全力來增加，這樣的責任感就愈是沉重。」（Weber, 1992: 114-115）

加爾文自己也曾經援引了此一觀念。他說，「神以仁慈賜給我們這一切財物，好像是委託我們照料一般，將來將有算帳的一日。」我們必須將所經營的交代明白。「還要記得，那位要求交代這一筆帳的是誰？」「就是那喜歡節約，儉樸，和謙讓的上帝，……以及曾親口譴責那些使人心腐化和妨害正當認識的一切逸樂的上帝。」（Calvin 著，1985: 188）

這樣一個反對虛榮逸樂的節儉要求，韋伯聲稱，最終，它所帶來的「一個不可避免的實際效果」就是「資本的積累」。清教徒強加在消費上的各種限制，使得「資本用於生產性投資成為可能，從而也就自然而然地增加了財富。」（Weber 著，1991: 137）

為了證明這一點，韋伯引用了歷史學家的資料指出，在美洲的新英格蘭殖民地，由清教徒控制的北方，就因為有「禁慾主義的積蓄衝動」，總是有尋求投資的資本可供利用。荷蘭的情況亦然，在真正由嚴格的加爾文主義統治的地區，僅僅七年，就導致了資本的過度積累。反觀不屬於加爾文主義的羅德島，儘管有極好的港口，卻缺少有錢的商人和資金來發展貿易。

韋伯因此結論，「清教主義減少消費開支的觀念，迫使人們將餘款不斷地重新使用於投資。」而這樣一個「強迫性」，持續對於資本的積累發揮了一定程度的作用（ibid.: 137; 247-248）。

他還進一步將清教徒的這種資本積累與過去的形式做出對比。前者在動機上是為了「上帝的榮耀和人自己的職責」；後者則主要是透過基金會、家產和信託財產等方式，讓人在死後得以延續家族的榮耀和產業，它「**基本上是利己主義的動機**」，反映的是「**人類的虛榮**」（ibid.: 246）。

在此，我們不得不批評一下韋伯。其實，在清教徒之前的中世紀，由家族繼承所帶來的資本積累就已經遭到教會挑戰。相對於家族和人類的虛榮，為追求上帝和教會的榮耀，也早就加入財產的競逐了。

這是由於君士坦丁大帝後，教會被賦予了一種接受遺產的無限權力；許多信徒將此視為一件神聖光榮的事，故而剝奪了其家屬的財產繼承權。奧古斯丁就曾經在講道中鼓吹，作為一個忠實於上帝的基督徒，「**應把基督放在他們的子女中間來考慮，並使祂成為分得他們的遺產的一個人。**」（Thompson 著，1997: 83-84）之後更形成了一項傳統，就是人們在自己的遺囑裡，必須將財產的一部分給教會；而如果沒有嗣子的話，則必須將全部財產給教會（ibid.: 95）。

但撇開這一個批評，無論如何，韋伯還是很睿智地掌握到了重點，即出於什麼理由而節約，這會關係到近代資本主義能否形成；至少在效果上是會有差異的！他說，若將巨額資產留給子孫，恐怕幾代以後，他們就會丟失掉禁慾主義的所有美德，包括勤奮工作和節儉的品行。以此而言，這種類型的資本積累，在效果上無疑是短暫的，難以對近代資本主義做出多少貢獻。

財富是誘惑、也是信仰考驗

最後，除了對職業勞動的神聖使命感、對理性紀律和最大效益的強調，以及對節儉美德的要求外，禁慾主義新教之於近代資本主義的第四方面影響，則是對財富和利潤心的積極肯定。

從表面上看，清教徒對於財富和逐利有很多譴責和非難，按照韋伯的形容是「俯首即拾，無窮其多。」至於反對的依據，主要是認為擁有財富將導致驕傲和勞動懈怠，而享受財富會造成遊手好閒、並屈從於肉體享樂的誘惑（ibid.: 124-125）。還有一些清教徒神學家，甚至指出，「**熱中於追逐世俗財富者，藐視其靈魂。其原因不僅僅是他們忽略靈魂而崇尚肉體，而是因為靈魂也被運用來追求財富了。**」（ibid.: 228）

這種「以靈魂來追逐財富」的控訴十分嚴厲！但我們千萬不可混淆，這些譴責和非難所針對的，一方面是為自私而追求財富的貪婪和拜金；二方面，則是在使用財富上的浪費和放縱。然而，清教徒卻完全不是這樣！他們勤奮而理性地工作，節制而有度地消費，並為上帝的榮耀而賺錢和捐獻。如此積累而來的財富，當然是上帝的獎賞和祝福。

他們區分得很清楚。如果追求財富和利潤是出於自己的貪欲，並在使用上不知節儉，就將帶來靈魂的毀滅，這毋寧是上帝的咒詛。但若它是禁慾主義下所獲得的「**勞動果實，那麼財富的獲得便又是上帝祝福的標誌了。**」（ibid.: 130-131; 137）

對此，韋伯進一步引用了《浮士德》書中一句很弔詭又深奧的話，他說，禁慾主義是那「**總是在追求善卻又在創造惡**」（which ever seeks the good but ever creates evil）的力量（Weber, 1992: 116）。

如果我們要瞭解這句話，必須回到之前所曾討論過的加爾文入世神學。既然信仰的一項使命，是要將原本淪為罪惡奴僕的塵世，轉化為對上帝的榮耀，則財富和利潤心作為一種誘惑，其真正的意涵就變成了一種考驗。考驗什麼呢？考驗上帝的選民能不能在動機和使用上，將財富和利潤心轉化為對上帝榮耀的見證？

雖然財富和利潤心始終是很危險的，也經常在「**創造惡**」，但信仰卻給了上帝選民一項帶著墮落誘惑的考驗，就是要勝過它們，讓財富和利潤心轉而「**追求善**」。即從一種對美德和靈性的障礙，轉化成一種對上帝旨意積極實踐的工具。而就在這樣的體認下，無論財富的積累有多龐大、利潤心又有多旺盛，全都不是問題了。唯一的問題只在於，手握著財富並抱持著牟利雄心的信徒，能否通過上述的考驗？

很特別的是，對於自己能否通過考驗，清教徒總深具信心！無論在「罪」與「義」之間的張力會有多麼煎熬和危險，他們不僅堅拒一種退卻畏縮的失敗主義，並且還篤定相信，屬於上帝的選民在恩寵下的最後必然勝利。而就由於這樣一種自信和豪氣，韋伯因此形容，那是一個對「**自己因上帝恩寵而完美**」充滿感恩的「**資本主義英雄時代**」（ibid.: 111）。

最後，他講了一段很難解卻耐人尋味的話：禁慾主義新教的座右銘，是在「**賺取你應該賺取的**」（Acquire, thou shalt acquire!）此一積極的資本主義意涵上「**捨棄你應該捨棄的**」（Renounce, thou shalt renounce!）（Schluchter, 1996: 291）。

前面那一句指的是，財富和利潤心已經被正當化了。它們既是榮耀上帝的使命、是勤勞者的獎賞，也是蒙選召的祝福；後面那一句則在說，作為受託付的管家，財富並不是你的。它們是帶有責任的獎賞和祝福，當在使用上節儉並慷慨捐獻，俾能榮耀上帝。

試問，抱持著此一座右銘並身體力行的人，還需要對巨大的財富積累和旺盛的利潤心有任何罪惡感嗎？韋伯相信，這孕育出了近代資本主義最核心的一項內涵，即無限利潤心。它不僅拒絕了清貧和無產，也突破了夠用就好的小康格局。

寫到這裡，有關禁慾主義新教之於近代資本主義的影響，可以說告一段落了。整體而言，韋伯在前述四個方面——對職業勞動的神聖使命感、對理性紀律和最大效益的強調、對節儉美德的要求、對財富和利潤心的積極肯定——的分析，是非常精闢而有洞察力的。對本書而言，尤其有價值的是，若將它們拿來與前章的「小康論調」加以比較，正可以凸顯出這兩種財富倫理的差異所在、以及造成差異的關鍵原因。

首先，對於職業勞動的神聖使命感。小康論調者固然也都肯定要勤奮工作，但總以夠用就好為目標，從未能賦予世俗職業（尤其是工商貿易）一種經濟上的神聖使命感。就以儒家為例，唯一負有神聖使命感的世俗職業，就只有士人階層了。而其所指向的，卻是政治、道德和文化的改革，與商業和經濟扯不上任何正向關係。

其次，對於理性紀律和最大效益的強調。小康論調者即使口口聲聲主張理性、講求規矩，仍然普遍深陷於家族的人情、準親緣的倫理、宗教的信念或道德的強烈規範之中，以致在事業關係和職業團體裡，無法發展出一種客觀化、並真正屬於「經濟理性」的經營。

再者、對於節儉美德的要求。小康論調者當然也強烈要求節儉，但由於在動機上總是屬於「傳統主義的積蓄衝動」，即為了在死後得以延續家族的榮耀和產業。結果在繼承一兩代之後，子孫們往往丟失掉禁慾主義的所有致富美德；這導致了資本積累只有短期效果。

最後，對於財富和利潤心的積極肯定。小康論調者雖然肯定了基本財富的必要，但往往對大富有道德上的擔憂，因而總是採行「以道制財」的途徑。從未能像禁慾主義新教那樣，反過來抱持著一種「財以載道」的思維，也就是基於宗教或道德使命而去追求大富和牟利。

韋伯分析的框架：歸納總結

最後，對於韋伯整個對於禁慾主義新教與近代資本主義精神的分析，我們可以用下頁的示意圖，來做一個比較簡明的歸納整理。

扼要來說，禁慾主義新教一方面基於絕對的預定論，而衍伸出對自己是否得救的一種空前的內心孤獨和焦慮；同時另一方面，則搭配了排斥情感成分的理性化倫理，以及征服和改造現世的入世聖召，三者互相結合為一種入世禁慾主義，即為了榮耀上帝，而在日常生活中全面實踐宗教修行。

進一步地，這樣一種入世禁慾主義，在信徒的日常生活中表現出四方面的特質，影響並塑造了近代資本主義精神。它們分別是對職業勞動的神聖使命感、對理性紀律和最大效益的強調、對節儉的禁慾品行的要求，以及對財富和利潤心的積極肯定。

韋伯相信，藉由宗教修行的巨大支配力量，上述的四個特質，對於近代資本主義精神的形成，在效果上是非常深刻的。或許，我們可以帶著一種想像的「臨場感」來體會以下的場景。

這一群主要分布在瑞士、荷蘭、蘇格蘭、英格蘭、北美洲和部分德國的禁慾主義新教徒，他們既不是、也瞧不起傳統的貴族和殖民主、豪門和地主、投機商人和金融家；而是擁有高級的技術和管理能力，並投身工商製造業的新興布爾喬亞。

——他們抱持以最敬虔的宗教修行態度，戰戰兢兢地，投身於世俗的工作或職業，並為此辛勤劬勞、夙夜匪懈。深怕因虛擲了一寸光陰，而喪失了一寸為上帝榮耀而勞動的時間。

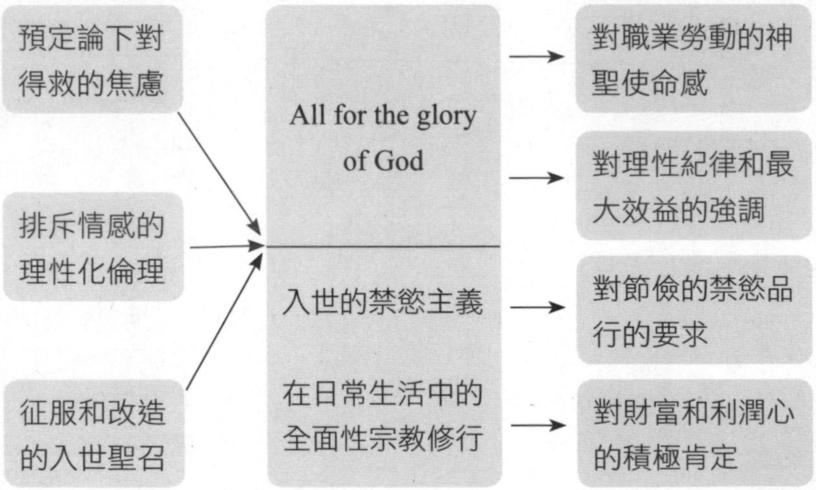

——他們抱持以最敬虔的宗教修行態度，理性超然地，讓自己在工作中表現出最高度的紀律。不僅排除人情，而且一絲不苟、循規蹈矩；同時也致力於讓分工體系有條有理、井然有序。

——他們抱持以最敬虔的宗教修行態度，精打細算地，在工作中務實而理性地追求最大效益，為的是盡其所能地來榮耀上帝；並且與前述的理性紀律結合，促成了一種科層化的組織性格。

——他們抱持以最敬虔的宗教修行態度，戒慎恐懼地，讓自己扮演好財富管家的職責，徹底反對一切的享受，力行節儉樸實，從而帶來了一種建立在「**禁慾主義的積蓄衝動**」上的資本積累。

——他們抱持以最敬虔的宗教修行態度，英雄使命地，要將財富和利潤心從「**創造惡**」轉化為「**追求善**」的力量；從一種對美德和靈性的障礙，轉化為一種對上帝旨意積極實踐的工具。

對韋伯來說，上述的整個析論，已經回答了他自己最早的提問，即為什麼加爾文教徒普遍聚集之處，總是近代資本主義發展的溫床？何以「**艱苦勞動精神，積極進取精神的覺醒**」往往被歸功於基督新教？又為什麼在「**資本主義商業意識**」與「**支配著整個生活的極其狂熱的宗教虔誠**」之間，結合到一個幾乎「**天衣無縫**」的地步？還有，為什麼在當時的西方，那些新興的布爾喬亞，絕大多數都是新教徒？

當然，這一切的發生既非禁慾主義新教刻意營造的結果，而此一文化因素，也不是帶來近代資本主義的唯一或決定性關鍵。對此，韋伯再三澄清，他一方面提醒讀者，千萬不要以為這些教派的代表人物們，關心什麼資本主義精神、或是將追求世俗的物質利益肯定為某種倫理上的價值。事實上，只有「**靈魂的救贖才是他們生活和工作的中心**」（Weber 著，1991: 67-68）。衍生出將賺錢和獲利當作天職的信念，這在很大程度上是他們「**未曾料到的，甚至是不想達到的。**」（ibid.: 68）

另一方面，韋伯則提醒讀者，近代資本主義作為一種經濟制度，也不能化約為就只「**是宗教改革的造**

物」。它絕對是一個複雜歷史過程的綜合結果。事實上，資本主義商業組織的某些重要形式，早在宗教改革之前就已經存在了（ibid.: 69）。換言之，促成近代資本主義的，還有一大堆新教倫理以外的東西。自己並非在搞什麼文化決定論或唯心論。

很遺憾地，許多聲稱推翻韋伯之論的學者，都將上述的兩個提醒視而不見。對於這些學者之論，由於並非本書的主題，筆者無意多加討論。但可以確切地說，韋伯的論證在許多批評下仍然是具有高度說服力的！

從財富倫理史來看，歷史就在這樣的軌跡下繼續走下去了。禁慾主義新教所帶來的劃時代改變，再加上重疊發生的理性啟蒙運動，還有布爾喬亞和商業的發達、跨國和自由貿易的繁榮，以及十八世紀中葉以後的英國農業革命、金融革命，以及第一次工業革命，這一切都使得財富倫理的主流，再也沒有走回傳統主義的保守老路。此後一直當家的，就是「邁向資本主義的無限利潤心」了。

資本主義精神的演變和悲歌

在上述整個論證之後，韋伯約略討論了整個禁慾主義新教的後續發展。而彷彿在回應馬克思似地，他特別提出了一些比較負面性的演變。他首先指出，禁慾主義新教的理想，在「強大的財富誘惑力」下逐漸發生了動搖。隨著社會地位的大幅上升以及財富積累的效果，清教徒一步步面臨了庸俗化的墮落挑戰。此刻，「尋求上帝的天國的狂熱，開始逐漸轉變為冷靜的經濟德性；宗教的根慢慢枯死，讓位於世俗的功利主義。」（Weber 著，1991: 138; 140）

對於這一點，清教徒的若干菁英人物其實是很清楚的。譬如，十八世紀的循道宗領袖約翰．衛斯理

（John Wesley, 1703-1791），就曾很經典地表達了其憂心。他說，「我擔憂的是，無論何處，當財富增加了，宗教的本質就等比例減少了。」

因為宗教必然產生勤勞和節儉，而這又不能不帶來財富。但是，當財富增加了，傲慢、惱怒和對世界一切種種的愛，也跟著增加了。……因此，儘管宗教的形式尚存，精神卻迅速地消逝。難道沒有辦法阻止這種純粹宗教的不斷腐敗嗎？

之後，約翰・衛斯理提出來的忠告是，要求信徒們在「盡他們所能地去賺取」（gain all they can）和「盡他們所能地去節省」（save all they can）外，更應當「盡他們所能地去給予」（give all they can），好讓自己獲得更多恩寵，並積財寶在天（Weber, 1992: 118-119）。

明顯地，在這裡，約翰・衛斯理一如早期的教父，期待以對財富的善用，即施捨分享，來化解掉財富所帶來的墮落風險。但在韋伯看來，這樣的忠告效果有限。這批「經濟人」雖仍不時會捐獻和聚會，但已不再是「尋求上帝的天國的孤獨的朝聖者」了。而所有美善的良知，也變成不過是「享受舒適的資產階級生活的手段之一」。

韋伯更不客氣地諷刺，十七世紀偉大的宗教時代留給後人的，是一種在獲取金錢上「善得虛偽的良知」（Weber 著，1991: 140）。這批人太聰明了！他們充分意識到自己蒙受上帝的恩寵和祝福，而只要外表得體、道德行為沒有污點，並在使用財產上不致遭到非議，他們「就盡可以隨心所欲地聽從自己金錢利益的支配」，同時還感到自己這麼做是在履踐天職、榮耀上帝（ibid.: 141）。

不僅如此，過去奧古斯丁那種將貧富不均視為神意天命的論調，藉由禁慾主義新教也再次被肯定了。就如同在預定論上的揀選是無可挑戰的上帝主權，同樣地，貧富不均也是出於上帝美意的安排。一方面，窮人的工資固然低落，但奈何許多剛硬悖逆的人，只有在窮困時才會順從上帝（ibid.: 141）；另一方面，窮人的存在也為富人提供了行善施捨的機會，考驗那些有經濟能力的人如何慷慨付出。

更可悲的是，清教徒對貧窮成因的解釋，以及看待窮人的態度。他們相信，財富既然是上帝因選民實踐禁慾主義而給予的獎賞和祝福，那麼反過來，怎麼會有窮人呢？答案當然是這些人既未蒙選召、也不實踐禁慾主義的結果。以此而言，他們其實注定了被遺棄。

清教徒因而經常有一種論調，認為貧窮是「**罪惡深重之懶惰的一個病症**」（a symptom of sinful slothfulness）。《聖經》不就說了嗎？「手懶的，要變貧窮；手勤的，卻要富足。」（箴言十4）窮人其實是咎由自取！還有另一種更令人髮指的看法，認為上帝老早就預知窮人沒有抵抗財富誘惑的品性（Weber, 1992: 258），有了錢就會亂花。既然如此，則貧窮反而是上帝對他們的一種保護和愛了。與其害你富而墮落，不如讓你窮而聖潔！

除了上述這些控訴，韋伯還提到了另一個負面的後續發展，即原本針對資產階級在職業中辛勤劬勞，以及夙夜匪懈的使命感，也被拿來合理化對工人階級的勞動要求，甚至是剝削了。因為工人們的最佳典範，被認為就是為了信仰而勞動。最起碼，與那些閒懶不工作的人比較起來，投身職場的工人「**儘管所得報酬甚低，也是最能博得上帝歡心的。**」（Weber 著，1991: 142）

許多新教背景的勞工，在宗派領袖的循循教誨下，就是如此地服膺於禁慾主義倫理。譬如敬虔派的親岑道夫，就十分崇尚能將勞動視為天職、「**不追求獲利的忠誠工人**」（Weber, 1992: 121）。巴克斯特則在自己牧養的大教堂裡，成功地以這一套忠誠至上的工作倫理來「**教導大眾去勞動**」。他更直接而公開地建議，應當優先雇用教徒為僕從。因為，他們會在對上帝的順從中服事你，就如同服事上帝一樣。最重要的是，他們不會斤斤計較工資，並且具備有「完成他們的責任的內在的良心」（Weber 著，1991: 250-252）。

韋伯相信，正是這樣的因素和情況，為近代資本主義提供了當時所迫切需要的、大量「為良心緣故可以接受經濟剝削的勞動者」。他們輕看個人利益，為上帝的旨意投入職業勞動；他們也願意為工作而犧牲掉傳統工匠在勞動上的樂趣和意義（ibid.: 141; 252）。如此的發展，肯定會讓許多一向崇尚清教徒的人們感到難為情。竟然他們在歷史中也有罪惡的一頁！而韋伯也好像是在呼應馬克思似地，對勞動剝削提出了控訴。

此外，他還睿智地觀察到，在自己所處的十九世紀下半葉和二十世紀初期，經濟秩序因為深受機器生產的技術和經濟條件所制約，已經不再需要宗教禁慾主義這樣的精神來支持了。他帶著感傷說道：

> 啟蒙主義——宗教禁慾主義那大笑著的繼承者——臉上的玫瑰色紅暈，似乎也在無可挽回地褪去。天職責任的觀念，在我們的生活中也像死去的宗教信仰一樣，只是幽靈般地徘徊著（ibid.: 145）。

而「當天職觀念已轉化為經濟衝動」後，結果，在美國這樣一個最資本主義的國度裡，財富的追求只與純粹世俗的情慾有關了。原本在清教徒那裡，財富和利潤心只是「一件隨時可甩掉的輕飄飄的斗篷」，如今注定了「這斗篷將變成一只鐵的牢籠」（ibid.: 144）。曾經，在那充滿著入世禁慾主義的英雄時代，清教徒渴望在職業召喚中投身工作，而我們現在卻因資產階級的貪婪而被迫工作。

韋伯的這些感傷，不是與馬克思對物質支配、貨幣拜物教以及勞動異化的控訴很相像嗎？而我們可以很肯定地說，在馬克思筆下所控訴的那一群後來的資產階級，已經不再有清教徒那種真正的宗教精神了。或許，他們有的就是在獲取金錢上「善得虛偽的良知」。

2 — 洛克：勞動創造私產，不糟蹋就好

◆一個人能耕耘、播種、改良、栽培多少土地和能用多少土地的產品，這多少土地就是他的財產。
◆誰都不會因為另一個人喝了水，牛飲地喝了很多，而覺得自己受到損害，因為他尚有一整條同樣的河水留給他解渴。

在韋伯所探討的禁慾主義新教中，洛克（John Locke, 1632-1704）不僅躬逢其盛，而且他自己正是英國清教徒的一份子。他就成長和生活在這樣一個孕育了近代資本主義精神的環境裡。

禁慾主義新教在肯定財富和利潤心時，當然是以私產制為預設的。對此，他們從來沒有懷疑過！但長久以來，社會對於私產制的批評聲浪，可也從來沒有停止過！譬如，我們在第一章中曾討論過的溫斯坦萊和掘地派，就在此一時期代表著一種基督教形式的共產主義。他們聲勢不小，要求廢除私產、取消工資制度、沒有買賣和貨幣、到公庫各取所需。

但不只克倫威爾鎮壓了他們，一六八九年的光榮革命，隨著英國國教和清教徒對抗天主教和法國的勝利，更象徵著近代資本主義、以及荷蘭和英國資產階級利益的大有斬獲。洛克就站在這樣一個時代的浪頭

上，提出了響叮噹的「勞動財產權」論說。藉此，他確立了擁有私產是一種天賦人權；並且只要不糟蹋，則對於財貨的高雅享用和無限積聚，都是正當、不容置疑的。

此一論說非常具有歷史地位。它上承了馬丁路德的勞動價值觀念、以及清教徒對職業勞動的禮讚，下啟了休謨和亞當斯密以國民私有財富為基礎的興商主張。後來，更成為法國普魯東的批判焦點、以及馬克思的一個很重要的論述基礎。

除了勞動財產權外，洛克還由廣義貨幣的使用，說明了追求財富的無限積累已成為歷史的必然。對於當時茁壯中的金融革命、以及財產日趨不平等的諸多現象，他同樣站在時代的浪頭上，擁抱了一種與禁慾主義新教互相呼應的近代資本主義特質。以下，就讓我們一一加以討論吧！

政府目的：保障既存財產權

首先，對於勞動財產權的論說，我們得掌握洛克的整個訴求緣起。他毫不掩飾地承認，自己的著作在為光榮革命辯護。其中的最主要意義是，對抗詹姆斯二世（James II, 1633-1701）所代表的君主專制舊勢力，並努力去鞏固光榮革命在人民權利上的戰果。而這樣一個目的若要實現，焦點就在於「私有財產權」此一課題上。

或許有人會覺得奇怪！既然如此，那何以洛克都沒有提到當時的溫斯坦萊和掘地派呢？這其實不難理解。因為他和禁慾主義新教一樣，將私產制當作不必懷疑的預設。所以，他關心的從來不是私產與共產之間的選擇問題。他急於為推翻君主專制的光榮革命辯護。

辯護什麼呢？辯護私有財產作為人民權利的表徵，它與生命和自由權都不可以被統治者剝奪；辯護它並非經由任何權威的同意才被賦予的；辯護它是在還未有政府之前就已經存在的自然權利。而且人民透過契約所成立的政府，就是為了要保障它（Locke 著，1996：下九，§124）。

歸結來說，洛克關心的是，整個相對於統治權威下的天賦人權課題，而將私有財產詮釋為一種自然權利，則是此一課題的代表性論證。辯護了私有財產權，就辯護了一切的天賦人權！這應該可以解釋，為什麼他對溫斯坦萊和掘地派沒有興趣，而是將菲爾麥（Robert Filmer, 1588-1653）爵士當作箭靶。因為，後者正就提出了一種君權專制的主張，從而否定了人民「立約或同意」以及生命、自由和財產等等的權利。

菲爾麥聲稱，因為「**人們生來就是隸屬於他們的父母的**」（ibid.：上二，§6），而父權又是一切王權的根源（ibid.：上七，§73），所以「**君主所有的權力是絕對的，而且是神授的。**」人民只有奴隸的地位，「**絕不能享有立約或同意的權利**」（ibid.：上一，§5）。不只如此，他更主張，人民的生命、自由和財產，也都沒有獨立自主的權利，必須完全由象徵父權的君王來支配和處置（ibid.：上二，§9）。

其實，除了菲爾麥上述的論調之外，洛克面臨的更大對手毋寧是老前輩霍布斯。因為他更強烈地申言君主專制，並且也否定了個人財產權。很弔詭地，在霍布斯所描繪的自然狀態裡，由於每一個人都是「**徹底而無限的自由**」，造成了人與人之間存在著「**永久戰爭**」（Hobbes, 1958: 174）。因此，對於佔有任何東西，一方面，誰都不能說那是我的；另一方面，誰也都能說那是我的；因為下一刻的衝突鬥爭可能改變一切。

這其中的理由很簡單！所謂的「財產」是否存在，必得先有一種「**權利**」存在（ibid.: 85）。但權利並非決定於自然法則，它決定於國家法律。而自然狀態中既然只有肉弱強食、優勝劣敗，那怎麼會有什麼「財產權」呢？唯一存在的，不過是當下所佔有的財物而已！

那麼，當人類透過契約，離開了自然狀態、建立政府以後呢？是否從此就擁有了財產權呢？霍布斯的回答依舊很弔詭。他說，雖然在國法之下，所謂的「權利」是存在的；但基於當初人們所簽訂的契約，全部的個人權利已經讓渡給主權者了。所以相對於主權者而言，人們還是沒有任何真正的財產權。但若是相對於主權者之外的其他人，則個人財產權卻是存在的，而且還獲有主權者所加諸的保障。

這樣的立場，當然與洛克背道而馳。他堅決地捍衛，任何屬於個人的財產權，都不需要經由象徵父權的君主、或霍布斯所謂「主權者」的同意和賦予。並且，國家的至高權威之所以存在，就是為了要保障包括財產在內的一切自然權利。這正是洛克所謂的為光榮革命辯護的一個真意！

我的勞動，創造了我的財產

那麼，對於個人財產權不需要國家的同意，洛克是如何鋪陳其辯護的呢？他提出的答案就是名聞遐邇的「勞動財產權」。簡單來說，你只要勞動，就創造了你的財產權；其他人都閉嘴吧！無權同意或不同意。

洛克開宗明義地表示，自己的一個主旨，就是在說明上帝給予人類「共有」的東西中，如何會有一部分變成了某些人的財產，而且「這還不必經過全體世人的明確協議」（Locke著，1996：下五，§25）。在此所指的即對財產的一種自然權利；它既非與他人協議後才產生的，也不需要經由任何權威的同意才有效。

洛克問道，既然大地的一切都是上帝賜予人類共有的，那麼，若沒有得到全體人類的同意，誰有權利將其中的一部分「撥歸私用」？而「這樣把屬於全體共有的東西歸屬自己，是否是盜竊行為呢？」（ibid.：下五，§28）沒錯！大夥共有的東西，怎麼可以竊為一己之私有呢？

洛克很務實地回答了這樣一個控訴。他說，如果採集一個果實來充飢、或墾殖一塊荒地來維生，都需要全體人類同意的話，「那麼，儘管上帝給予人類很豐富的東西，人類早已餓死了。」（ibid.）確實是如此！故而他相信，在還沒有政府的自然狀態中，必定存在著一種狀況，人們可以自由採集果實來充飢、墾殖荒地以五穀來維生，而不需要先與別人完成明確的協議。

他進一步要我們揣摩，當一個人自由採集果實來充飢時，無論它是橡實或蘋果，試問，這個東西「從什麼時候開始是屬於他的呢？」是在他腸胃開始消化的時候，還是在他吃下去的時候，還是他烹煮的時候，還是他把它們帶回家或撿取它們的時候呢？答案很清楚，是在「最初的採集」時候（ibid.）。

那「採集」到底有什麼特別的意義呢？何以藉此一動作，竟可使該果實與「公共的東西有所區別」呢？並且不需要別人的同意，該果實就成為了一個人的私屬所有物。洛克的答案非常經典！他說，毫無疑問地，每個人對自己的「人身」享有一種排他的、獨有的「所有權」。而將此一意義延伸，則「他的身體所從事的勞動和他的雙手所進行的工作」，其成果也就「正當地屬於他的」了（ibid.：下五，§27）。

洛克進一步解釋，當一個人加諸勞動時，就是加上了屬於「他自己所有的某些東西」。而就在此一狀況下，這件東西已經脫離了「自然所安排給它的一般狀態」，同時也「排斥了其他人的共同權利」（ibid.）。此一論證在後世被廣泛引用。包括亞當斯密和馬克思在內，都聲稱勞動是人的自我延伸；因而，人對於其勞動的對象，自然就擁有一種無須他人同意的財產權。此即人身所有權的延伸。

而就從這裡，洛克更明白宣稱了，正是我的勞動，使某些東西「脫離原來所處的共同狀態，確定了我對於它們的財產權。」（ibid.：下五，§28）譬如，泉源的流水固然是人人有份的，但誰能懷疑，盛裝在水壺裡的水是只屬於汲水人的呢？因為，正是「他的勞動把它從自然手裡取了出來，從而把它撥歸私用。」（ibid.：下五，§29）「儘管原來是人人所共同享有權利的東西，在有人對它施加勞動以後，就成為他的財物了。」（ibid.：下五，§30）

並且，此一自然權利的唯一侷限，就只是一己的勞動能耐。「一個人能耕耘、播種、改良、栽培多少土地和能用多少土地的產品，這多少土地就是他的財產。」這番話非常重要！因為根據於此，財產的數量是毫無限制的！你能耕耘、播種、改良、栽培和利用多少，那都是你的。唯一的是，你別爆肝累死就好了！

既無害又可以增加共同積累

不過在這裡，出現了一個問題。既然每個人都可以無限制地、盡一己所能去勞動，並且你所耕耘、播種、改良、栽培和利用的，就是屬於你的財產；試問，大地有這麼無窮盡的資源嗎？洛克的回答是肯定的！他毫無懸念地聲稱，勞動者無論多麼辛勤墾殖，在擁有其勞動成果後，總「還留有足夠的同樣好的東西給其他人所共有」（ibid.：下五，§27）。這無疑是一種「大地藏無盡、勤勞資有生」的預設。

他很生動地形容，任憑一個人喝水如牛飲，都沒有人會覺得自己受到了損害，「因為他尚有一整條同樣的河水留給他解渴」。墾殖荒地也是如此。即使眾多的勞動者一個一個都佔有了土地，然而，「這並不損及任何旁人的利益，因為還剩有足夠的同樣好的土地，比尚未取得土地的人所能利用的還要多。」（ibid.：下五，§33）

洛克甚至說，「一個人只要留下足供別人利用的土地，就如同毫無所取一樣。」（ibid.）這句話非常強烈，它幾乎等於是說，任憑一個人再怎麼勤勞擴張、積累了再大的財產，大地的資源依舊是無窮盡的，可以供給所有的其他人，以各自一生最大的勤勞擴張去無限佔有。

當然，從我們來看，這種論調是無可救藥地天真！他似乎不知道，很多資源不僅有限，還是稀有的。在經常乾旱的地區，為灌溉所需的水源，不總是你爭我奪嗎？世界的土地雖廣大，卻不都是宜居之處；而在群聚的村莊或城市裡，匹鄰而居，怎麼可能據為己有的行為，都不會損害旁人的權益呢？

但洛克的「天真」也不是完全沒道理的。我們不能忽略，他在論說勞動財產權時所舉的例證，都是體力的勞動、並指向日常的基本需求滿足，更都不是以貨幣形式持有的。這透露了他的一個預設，即由於體力、時間和生命的有限，也基於滿足一般生活的需求並不多，再者，囤積多了還會腐爛敗壞，因此，大地的資源絕對是夠所有的人來開發使用的！

他說，「沒有任何人的勞動能夠開拓一切土地或把一切土地劃歸私用；他的享用也頂多只能消耗一小部分。」（ibid.：下五，§36）確實，人的一輩子能用雙手耕作幾畝田、捕獲多少魚呢？又能吃掉多少果實、蔬菜、家禽、喝掉多少水呢？傳統的農耕和捕獵，為的是基本生活所需，囤積多了還會腐爛敗壞，幾乎不可能造成自然資源的枯竭。

洛克因而相信，任何人再怎麼以勤勞來佔有、並追求財產的最大化，都是無害的！或者說，「任何人都不可能在這種方式下侵犯另一個人的權利」。他要求我們千萬不能錯誤地以為，某甲取得了一筆財產，會造成某乙在未來失去一筆財產。因為，始終都「還剩有同樣豐富的東西，留給肯花費同樣勤勞的人們。」（ibid.：下五，§36-37）

上述這番話有個不可忽略的暗示，即我們真正要擔心的，只有懶惰、不勤勞！永遠不必擔心大地的資源不夠讓你致富。只要你付出的是「同樣勤勞」，就一定可以得到「同樣豐富」的收穫。

進一步地，勞動財產權不只無害，還大幅「增加了人類的共同積累」。因為土地經過耕種後，比起荒蕪不治的狀態「要多收穫十倍」（ibid.）。洛克強調，正是勞動，才增加了東西的價值。譬如，「麵包的價值高於橡實，酒的價值高於水，布匹或絲綢的價值高於樹葉、獸皮或苔蘚。」它們「都完全是由勞動和勤勞得來的」。

或者用另一個話來說，不經由勞動，上帝所賜的萬物就沒有「效用」可言！他相信，任何人只要計算一下就會同意，我們在世界上所享受的東西，其價值的絕大部分都是勞動所造成的（ibid.：下五，§40; §42）。而如果不是勞動，很多東西甚至是廢物！

整個來看，勞動財產權真是一件美事啊！一來、它讓每一個人都可以盡其所能、無限制地，經由勞動來追求財產的最大積聚。二來、沒有任何其他人會因此而受害。三來、它還大幅增加了人類的共同積累，並經由所創造的價值帶來社會的普遍幸福。

無限積聚的限制？善加利用

然而，這一件美事倒也不是完全沒有規範約束的。洛克要求，絕不能糟蹋上帝所厚賜的百物；也就是對於勞動生產品，不能任其腐爛敗壞。他說，上帝所厚賜的百物，固然是給我們享受的，但並非任何人都可以按其意願盡量佔取，必須以我們能確實「享用」的為限度。譬如，若自己土地上的草腐爛了，或所種植的果實因未摘採和貯存而敗壞了，則這塊土地「儘管經他圈用，還是被看作是荒廢的，可以為任何其他人所佔有。」（ibid.：下五，§38）

顯然地，原先因勞動而獲得的財產權，在這種情況下自然喪失了。洛克的意思很清楚，雖然你可以盡其所能、無限制地，經由勞動來追求財產的最大積聚，但不允許積聚了卻不善加利用。緣此，他為勞動財產權此一自然法則，又楬櫫了另一條同樣也是自然法則的「但書」：

> 誰能在一件東西敗壞之前，盡量用它來供生活所需，誰就可以在那個限度內，以他的勞動在這件東西上確定他的財產權；超過這個限度就不是他的份所應得，就歸他人所有（ibid.：下五，§31）。

進一步推敲，這個但書是怎麼來的呢？從表面上看，洛克的理由是，糟蹋上帝所厚賜的百物，就等於**「侵犯了他的鄰人的應享部分」**，甚至可以說，是對別人「應有而未有」的財產的一種掠奪（ibid.：下五，§37; 46）。但細究之下，其實是源自於洛克濃厚的基督教色彩。它不正是財富管家的觀念嗎？人作為上帝所託付的管家，若任由財貨腐爛敗壞，這顯然是失職的，如何向上帝交帳呢？

事實上，不只是向上帝交帳，洛克之論毋寧很接近於奧古斯丁。就如我們之前所曾討論的，這位第四世紀的大人物就強烈主張，**「金銀屬於那些知道如何去使用它們的人」**。相對而言，**「那些未能正確使用的人，並不能正當地擁有**（legitimately possess）。」洛克立基於同樣的出發點，並進一步轉而強調，若是你不能善加利用，就該留給別人去善加利用，並因而成為其財產。他相信，這就是**「自然的共同法則」**。（Locke著，1996：下五，§37）

從表面上來理解，這似乎是一種對勞動財產權的限制；限制你不能佔有太多，以致無法利用，出現腐爛敗壞。但我們可別被呼嚨了！這毋寧是一種障眼法。洛克對於讓每個人都得以盡其所能、無限制地，經由勞動來追求財產的最大積聚，這一點可是從來沒有任何動搖的！對財物的善加利用，毋寧只是一個體貼的叮嚀吧！提醒財產的擁有者要作一個好管家，別糟蹋上帝所厚賜的百物。而只要無負於此，就可以毫無罣礙地，盡其所能以勞動來追求無限的財產了。

難怪！在後續的論述中，洛克積極提出了兩個很實用的建議，教導人們如何在東西未敗壞前善加利用。一個是透過餽贈，將自己未能利用之物交給其他需要的人去利用。據此，富人若將自己用不完的東西施捨分享給窮人，顯然是應該的。另一個更聰明、而且不會有所損失的方法，則是透過以物易物。譬如，將隔了一星期就會腐爛的梅子，拿去換取能保持一年供他吃用的乾果；更可以拿乾果、綿羊或羊毛，去換取所喜愛的金屬、貝殼、閃爍的卵石或鑽石，可終身加以收藏。

對於後面這個方法，洛克頗為得意地聲稱，如此一來，不僅物品再無糟蹋和敗壞之虞了，而且，因為「**這些結實耐久的東西，他喜歡積聚多少都可以。**」（ibid.）這樣的表白，讓洛克心裡的意圖和傾向都洩底了！一來，他根本肯定對財物的高雅享受。富人們所喜愛的金屬、貝殼、閃爍的卵石或鑽石，洛克都鼓勵終身收藏。二來，他真正想要的就是無限積聚。對財物的善加利用，就有如清教徒的禁慾主義，毋寧是一種信仰的考驗。而只要通過了此一考驗，則無限積聚就無害了。

至此，我們恍然大悟！洛克對財物善加利用的要求，並非為了限制勞動財產權，而是一個可以讓無限積聚被合理化的道德條件。各位資產階級的大爺！你們只要無負於此一道德條件，就放手去創造無盡的財富吧！而且，此一道德條件與窮人的悲慘無關、也與財富的不平等無關，只與是否糟蹋上帝的賞賜有關。

洛克因此結論，財產的正當範圍，「**不在於他佔有多少，而在於是否有什麼東西，在他手裡一無用處地毀壞掉。**」（ibid.）無論富人的倉庫有多麼盈滿、或珍藏了多少奢侈品，也無論窮人如何匱乏或貧富不均，統統都是無所謂的！唯一要考慮的是，能善加利用、不毀壞掉就好了。

貨幣：讓無限積累擋不住了

洛克這種肯定無限積聚的心態，在其後續的論述中愈來愈明顯。他特別提到了歷史中一種廣受歡迎的發展，即包括金銀在內的廣義貨幣之使用。在他的描述中，這帶來了劃時代的改變。因為人們能夠將土地、果實和穀糧，交換為廣義的貨幣來儲藏。較之前述的餽贈給朋友、施捨分享給窮人，或是以物易物，它同樣可以避免糟蹋上帝所厚賜的百物。

> 貨幣的使用就是這樣流行起來的——這是一種人們可以保存而不致於損壞的能耐久的東西，他們基於相互同意，用它來交換真正有用但易於敗壞的生活必需品（ibid.：下五，§47）。

最重要地，這樣一個新的發展，給了人們「**以繼續積累和擴大他們的財產的機會**」（ibid.：下五，§48）。洛克形容，當一個人在其鄰舍中發現，可以使用貨幣或具有貨幣價值的東西來貿易或交換時，你將看到這個人「**立即開始擴大他的地產**」（ibid.：下五，§49）。

何以故呢？因為，腐爛敗壞的問題既已不再，則人們就開始有旺盛的動機，藉由墾殖更多的地產，來盡量積聚財富了。相反地，如果沒有廣義的貨幣可資貿易或交換，那「**窖藏多於他能使用的東西**」，不就是「**一件蠢事**」嗎（ibid.：下五，§46）？他相信，儘管土地再肥沃、取得再自由，人們都「**不願為他所享用不了的東西花費勞力**」（ibid.：下五，§51）。確實，何必辛苦了半天，最後卻腐爛敗壞呢？洛克由此指出，人類就是這樣，從維持溫飽走向了無限積累。

想想也有道理！在人類以外的其他動物，頂多會儲存食物過冬；至於貨幣交易，則是完全不存在的。牠們因此得一直按進餐的需要出外獵食，否則就會餓死。反觀人類卻可以有聖誕假期、以及退休後的養老積蓄，難道這不該歸功於貨幣交易所帶來的財富積累嗎？

明顯地，貨幣的使用真是一個巨大的里程碑！透過腐爛敗壞問題的解決，它誘發了追求財富極大化的動機，從而使人們更勤奮勞動，墾殖更多的土地、創造了更多的價值，也進一步增加了人類的共同積累，並帶來社會的普遍幸福。

許多學者也都同意，貨幣是人類進步的要素，尤其金融業，更是人類能邁入繁榮高峰不可或缺的因素。譬如，義大利的文藝復興之所以能創造藝術和建築市場榮景、荷蘭共和國之所以能贏過哈布斯堡帝國，都得力於貨幣金融的發達（Ferguson 著，2009: 12）。

而就在這裡，我們驚訝地發現，洛克已經不是在回顧自然狀態如何走入政府狀態了，而是踏在時代的浪頭上，為新的演變大力辯護。史學家確實告訴了我們，在十六、七世紀，金銀貨幣的使用，比以前歷史上任何一個時期都更普及化。不只麵包師可以用錢幣向磨坊購買麵粉，磨麵人、農夫、肉販、紡織工人、車匠、染匠和馬夫，都開始用錢幣交易了。甚至付稅和繳什一教區稅，也都改成錢幣支付而不用農作物（Weatherford 著，1998: 122）。

對於這樣一個廣受歡迎的新發展，洛克承認，其影響所及是到處湧現了「**不平等的私有財產**」（Locke 著，1996：下五，§50）。而由於地產被大幅墾殖和擴增，過去那種「大地藏無盡，勤勞資有生」的美好情況，如今也已經不復存在了（ibid.：下五，§36）。

但對此，洛克並沒有流露出任何的不滿或批評，更張開了雙手予以歡迎。他指出，上帝是將「**世界給予勤勞和有理性的人們利用的**」（ibid.：下五，§34）；並且財產作為一種自然權利，是普及所有人的。這就是說，既然每個人都得以勤奮和才智來大幅墾殖和擴增地產，從而獲取無限的財富，哪還有什麼公平與否的道德問題呢？即使「大地藏無盡，勤勞資有生」的美好情況不再了，但在追求財富和利潤的競爭中，韋伯所指稱的清教徒倫理——「**勤勞和有理性**」——仍然彰顯了上帝的沒有偏私、一視同仁。

對洛克來說，這同樣才是窮人之所以窮困的真正原因。在這裡，禁慾主義新教的那套標準說辭又冒出來了！就是認定窮人乃剛硬悖逆的，他們既沒有實踐在工作上的辛勤劬勞，也未能力行一種經濟理性主義。想一想，這套論調可真是好用啊！即使到了今天也經常出現。窮人總是被認為不夠打拚、甚至懶惰；並且工作的方式缺乏紀律和效率。至於社會和體制的剝削、以及結構性問題，則好像都與貧窮不相干了。

邁向資產階級新時代的先鋒

歸結來看，「勞動」作為洛克最核心的概念，其實反映了一個深具意義的歷史演變。原本在馬丁路德那裡，它作為一種價值，只是在計算工資和利潤時最重要的考量因素。後來到了禁慾主義新教，勞動則被高度「倫理化」了，成為職場上的天職和責任；並且，基於勞動所獲得的財富，也被視為上帝的獎賞和祝福。

洛克作為一位清教徒，肯定受到了上述禁慾主義新教的很大影響。但他卻有一個突破，即率先將勞動予以「權利化」。他將勞動當作人身所有權的自我延伸，論證了勞動財產權無須別人的同意，也先於國家法律而有效存在。並且，此一自然權利是件好事，既不會損害別人的權益，還可以增加人類的共同積累，創造更多的價值和幸福。而基於契約所成立的政府，正是受託付來保障包括財產在內的一切自然權利。

進一步地，洛克不只將勞動予以權利化，還肯定了每個人都可以盡其所能、無限制地，經由勞動來追求財產的「極大化」積聚。至於對財物必須善加利用的要求，則根本不是為了要對財產的極大化積聚做出限制，而是一個可以讓它被合理化的道德條件。也就是說，只要不糟蹋，佔有得再多，都是正當的。

而當歷史進入貨幣普及化的時代，則追求財富的極大化積聚，更是無可阻擋的自然趨勢了。因為，只要將勞動生產品換成貨幣來儲存，對財物不得糟蹋的惱人困擾，從此一掃而空。

當然，這會導致私有財產的不平等、殘酷的市場競爭，以及更多人淪於貧窮。但洛克相信，一來，上帝的獎賞和祝福是公平的！任何人只要肯服膺「勤勞和有理性」這樣的禁慾主義倫理，都可以獲致無限的財富。二來，政府無論如何，都沒有正當權力去干涉人們經由勞動所做的一切致富努力。並且，人民透過契約而同意成立的政府，就是為了保障此一努力的所有成果。

整個來看，洛克擁抱了一種與禁慾主義新教互相呼應的資本主義立場。無論是對於財產作為一種自然權利、財產的無限積累，以及政府對於人民一切勞動成果的保障職責，他都立場鮮明地予以鋪陳建構。至於社會主義式的那一套訴求，譬如窮人的匱乏或經濟的公平正義，他都是無感的！

事實上，他對於光榮革命的辯護，並不僅僅是在對抗君主專制的舊勢力，同時還反映了輝格黨人（Whigs）的階級利益（Copleston, 1964: 140）。這一群人的主要份子，固然有不少在議會內結成家族集團的大地主，但更有許多在金融界和工商業的布爾喬亞支持著他們。別忘了，在史學家眼中，光榮革命不僅被描述為清教徒革命，也被稱為英國的布爾喬亞革命。

或許，他最不願意碰到的人，是不到兩個世紀之後的普魯東！因為這位大師提出了一個恐怕令他難以回答的問題，即為什麼那些最辛苦的勞動者，幹著最卑賤的工作，卻享受不到任何所有權？而又為什麼紈袴子弟、地主或資本家根本不勞動，只顧著悠閒享受，卻可以獲得辛苦勞動的窮人獲得不到的東西？

洛克時代的資產階級們，以勞動取得了財產權，但為何接下來的將近兩個世紀，普魯東所看到的勞動者、譬如佃農們，不能同樣以勞動來取得對所耕種土地的財產權？這無疑是勞動財產權在歷史中最荒謬的矛盾！何以勞動所有權的適用是如此地不平等？普魯東的此一挑戰，肯定會讓洛克感到尷尬！他大概沒想到，自己對資產階級的勞動成果所給予的辯護，後來卻成為其餘的人得淪為奴隸來勞動。

但洛克肯定難辭其咎！因為從一開始，他的勞動財產權說就沒有站在窮人那一邊。許多學者都同意，遍布在其著作中、口口聲聲的所謂「人民」，毋寧都只侷限於「gentleman」。對此，另一個可資參酌的證據是，他雖然聲稱，人民透過契約而同意成立的政府，是為了要保障既已存在的財產權。但奇怪的是，在他所期望中的文明社會裡，無產者卻不被允許擁有完整的政治權利（許國賢，1993: 59）。

但在上述的批評之後，筆者還是必須說，洛克的影響是十分驚人的。晚近的學者指出，光榮革命「創造出全世界第一套廣納的（inclusive）政治制度」，隨而使得「經濟制度也開始變得更具廣納性」。其中最重要的，即政府堅定地保障財產權，終止獨斷的徵稅，也積極維護工商貿易的利益（Acemoglu & Robinson 著，2013: 127-128）。洛克整個對於財產權的辯護、以及對資產階級利益的捍衛，肯定在這樣一個歷史進程中扮演了重要角色。

此外，隨著美國獨立制憲和法國大革命，作為自然權利主要表徵的私有財產權，也在全世界各地開花結果了（Sabine, 1955: 539-540）。而與此同時，一種肯定財產無限積累的資本主義精神，也跟著擴散開來。對於「邁向資本主義的無限利潤心」此一財富倫理，可以說，洛克在理論層次上扮演了最重要的奠基先鋒。

他揭櫫了一個支撐近代資本主義的核心信念，即每個人都可以盡其所能、無限制地，經由勞動來追求財富的極大化。你能勞動和利用多少，全部都是屬於你的。並且，這是一種完全不需要他人同意的天賦人權；它的正當性來自於至高上帝的簽名背書。

3 對商業和享受的全面性禮讚：休謨

◆人們的欲望則是勞動的唯一動機。

◆下議院的勢力和威望，基本上要歸功於商業的發展，正是這種發展，使得這麼多財富落入平民之手。

在洛克之後，整個對商業、財富和利潤心的肯定，遭受到來自盧梭的反擊。他以對原始自然的謳歌和浪漫文采，在當時發揮了很大影響力。而與他亦敵亦友的休謨（David Hume, 1711-1776）和亞當斯密，則代表者蘇格蘭歷史學派的陣營，在批判當時流於偏差的重商主義（Mercantilism）外，也一併對盧梭之論唱出了反調。

對於盧梭之論，我們已經在第一章中詳細探討過了。要而言之，他嚮往著自然狀態下的安寧而淳樸、沒有理性功利成分的憐憫心腸，以及只依賴物而不依賴人的孤獨勞動；並痛斥進入文明狀態後所衍生的各種以人際互動為基礎的社會制度。

雖然他在論述上所批評的，還只是農業社會下那種低度的勞動分工。但可想而知地，對於工商貿易發達下的高度勞動分工，他肯定更加厭惡！因為在其中，表現出最大程度的人際互賴。人無可避免地受到制度和市場裡的強勢者所壓迫，並走上悲哀的被奴役狀態。對此，休謨提出了完全相反之論。他從好幾個不同的視角，建構了對工商貿易的全面性禮讚。對資本主義在十八世紀的發展，有著極大的貢獻。

貧窮原因：供養君主的軍隊

休謨首先指出，從農業社會發展到工商社會是極其自然的。因為，土地的生產很容易「**養活一大批較直接從事耕作的人口數量要多得多的人口**」。這就是說，農業不難養活一大堆非農業人口。許多工藝匠人從而受惠，取得了維持生命的必需品。而如果他們能夠投入奢侈藝術和精巧手工藝，就將帶動工商業，並為日常生活增添許多用品、樂趣和享受（Hume 著，1984: 5-6）。

但為什麼這樣一個自然的過程，在許多國家並未發生呢？原因是，古來許多國君為了自己的利益，硬是將這些勞動力「**隸屬於他個人，利用他們擴充海陸軍，擴大版圖，增加領地。**」休謨考察了整個古代史，發現再怎麼小規模的城邦共和國，都招募供養著一支龐大軍隊，並且「**其人數之多，就是今天人口為其三倍的國家也供養不起。**」（ibid.: 7）

工商業的生機就這樣被斷送了。許多工藝匠人都入伍去；沒入伍的則為了溫飽而改行務農，不太可能再生產什麼奢侈藝術和精巧手工藝。事實上，除了王室貴族，整個社會也沒有這方面的消費力。

休謨進一步相信，在古代的城邦共和國裡，為了供養那麼龐大的軍隊，導致了「**人們的財產是十分均等的**」，基本上就只夠養活一個家庭吧（ibid.: 9）！因為，「**當君主招募一支軍隊時，隨之俱來的是什麼呢？**

征斂賦稅。這種賦稅迫使全體國民勒緊褲帶、減少維持起碼生活的必需品。」（ibid.: 11）

這個解釋真是讓人豁然開悟！原來，在君主專制時代的財富分配，正是基於此一現實的政治因素——為供養龐大軍隊而徵斂賦稅——才導致整個社會窮到只有基本必需品。無怪乎休謨會說，「老百姓的貧困乃是君主專制的必然惡果」（ibid.: 15）。這毋寧已經不是財富倫理，而是現實所迫了。它提醒我們，選擇溫飽或小康，未必都是出於道德因素的考慮。

事實上，休謨的這一個洞見並不是最新鮮的。之前的摩爾也做過類似的表述。他先是引用了哲人的話，「一個必須維持一支軍隊的國王，不管他的錢怎樣多，總是不夠的。」接著指出，問題並不只是供養一支軍隊的龐大開銷而已。統治者的心理經常認定，人民要愈窮困才會愈乖順聽話；王權賴以鞏固的保障，在於「老百姓不能從有錢有自由而變為犯上作亂」。

老百姓一旦又有錢又有自由，就不肯接受苛刻而不公道的政令。相反地，貧困可以磨折他們的志氣，使他們忍受，使受壓迫者失去高貴的反抗精神（More 著，1996: 38）。

摩爾的這番話，可以說與休謨異曲同工，結論是一致的。然而，休謨呼籲，歷史已經發展到議會政治和人權潮流了。君主們不該倒退到那種「過於暴戾、不太合乎天理人情」的政策，要順乎自然規律，因循著人民渴望過好日子的心理，而不是妄求以暴力強制改變百姓的期待。

他相信，當前「立法者最妥善的做法」，也是國家真正的富強之道，乃讓勞動力投入奢侈藝術和精巧手工藝，並促成工商貿易的蓬勃發展。他帶著說服的口吻力言，「工業、貿易和藝術，就是當今按照事物發展的最合乎自然規律的進程，來提高君主的權力，增進臣民的幸福。」（Hume 著，1984: 9-10）這是一番高明的遊說之辭。休謨一方面勸告統治者，要放棄造成老百姓貧困的君主專制；另一方面則利誘統治者，曉以發展工商貿易能夠增進臣民幸福，從而提高君主的權力。

商業讓人更勤勞、也更節約

但在此，我們要問，何以休謨會說，發展「工業、貿易和藝術」是「最合乎自然規律的進程」呢？他有一個基本認知，即人們普遍渴望過好日子。人性所期待的，絕不只是基本的溫飽，還要能有各式各樣的享受和樂趣。而這一切就使得工商貿易必須暢旺才行。

這就是人們勤勞工作的最強烈理由。工商貿易愈是發達，市場可交易的物資愈豐富，人們就愈願意加倍勤勞工作，以賺取更多的錢來過好日子。反過來，在農業社會裡，市場冷清，可交易的物資缺乏，人們的勤勞就會自我設限在賺取基本生活所需，沒有意願加倍努力。譬如在法國、義大利和西班牙的貧苦農民，他們「一無牲畜農具，二無財產」，卻習以為常。原因就在於，農業社會下沒有什麼誘人享受的工藝或商品，故而人們「對於自己的勞動要求不高，只求得一最起碼的溫飽。」（ibid.: 15）

這擺明了商品的誘惑、過享樂的好日子，是勤勞的真正動機。由此，休謨下了一個斷言，他說，世界上的每一樣東西，都要靠勞動來購買，而「人們的欲望則是勞動的唯一動機」。換言之，沒有欲望來驅動，就不會有勤勞。「既然他們不能用那部分剩餘物，換回那種可供他們消遣或滿足他們虛榮心的商品，他們的生產情緒低落，也就不會有興趣去提高勞動技能。」（ibid.: 10）

以此而言，貧窮和落後乃源自於一種停留在基本溫飽的低度慾望。倘若沒有享受和消費慾望，那何必勤奮努力掙錢呢？這樣的人當然不會有在職場中打拚的雄心，有的人甚至還會走上勞動怠惰。結果在不知不覺中，長期下來，他們就很容易成為貧窮和落後的潛在人口。

不只如此，這些從事工商貿易者，對牟利的成就感，也會使他們更加敬業和投入，並且為了擴大獲利而處處節約。「特別是在每有所勞、利即隨之的情況下」，就會漸漸對這個事業產生熱愛，樂於不眠不休地委身，並且，將「眼看自己的財產與日俱增，當作人生最大的樂趣。」

基於上述的種種，休謨相信，「這就是為什麼商業擴大節約、為什麼在商人中守財奴大大超過揮霍者。」（ibid.: 46）他大聲疾呼，「商業能促進勤勞，……商業能發揚節儉。」而反觀那些傳統的貴族和地主，則往往好逸惡勞、奢華浪費。

在此，韋伯筆下那些從事實業的新興布爾喬亞，再次被拿出來與傳統的貴族和地主做出對比。只是在動機層次上發生了很大差異。韋伯所描繪的那一群人，輕看虛榮和享受的欲望，純粹是為了追求上帝的榮耀而勤勞節儉。而休謨所描繪的這一群人，其勤勞節儉和致富的雄心，卻是為滿足虛榮和享受。

不過，相同的是，他們都是獲利機器！他們都「愛利得之心勝過嗜逸樂之念」。即他們滿腦子想的，都是高度理性化的紀律，盡可能地賺錢，而不是逸樂。就這樣，這兩批生活在不同世紀的布爾喬亞，都「積聚了以勞動和商品形式出現的大量財富」。休謨由此認定，除了工商貿易外，「再沒有任何別的行業能增加貨幣所有者」了，即創造更多的富人。只有它「才能把錢幣聚集成大宗的資金，而要產生這種效果，必須依靠它所促進發揚的勤勞與節儉。」（ibid.: 47）

從今天來看，上述立場並不怎麼特別，但在當時卻是顛覆性的。傳統上，譬如前兩章中的許多大師，總認為只有從事耕作的農民是勤勞節儉的；而商人呢？則因為所賺的是不勞而獲的價差暴利，所以被視為取巧、懶惰，並且是揮霍浪費的。然而，休謨卻獨到地洞悉，在當時，那些從事工商貿易的布爾喬亞，毋寧比誰都更勤勞節儉。雖然他與韋伯的論證途徑不同，卻異曲同工地見證了此一歷史事實。

史學家也同樣告訴了我們，這一群人穿著粗毛料、努力工作，與那些戴假髮、穿蕾絲和綢衣的權貴們，形成強烈的對比。事實上，後者完全沒有勤勞節儉的需要或動機，因為以他們的高貴身分，從事工商貿易是多麼大的侮辱啊（Landes 著，1999: 181）！

讓大家都富起來：海外貿易

抑有進者，不只工商實業可以有上述效果，休謨還一再力言，隨著大航海時代而愈來愈蓬勃的海外貿易，同樣可以讓大家都富裕起來。

一方面，透過進口本國所欠缺的原料，可以製造出許多新興商品。因此，海外貿易總「**為國內製造業的幡然改造鳴鑼開道，並帶來窮奢極侈的享受。**」而無論是新開發的商品或舶來品，人們因為有一種別開生面的新鮮感，更渴望擁有和享受。

另一方面，透過出口，則可以將「**在本國售價低廉、難以脫手的剩餘貨物，拿到土壤或氣候不適宜於生產這種商品的外國去傾銷。**」這一種形式的廢物利用，無疑地是一種「**利市十倍的生意**」（Hume 著，1984: 12-13）。

上述這兩方面的好處加乘起來，休謨相信，不僅會強烈刺激人們的致富雄心，從而更加勤勞節儉；還會讓業者因為得面對外國競爭，而在經營觀念和能力上「**開竅**」了，並「**領悟到隨機應變和慘澹經營的祕訣**」。這種情形，就有如撤除貿易保護主義的效果一樣。隨之而來的，將會是一種在外部競爭下的旺盛成長

動力，「堅持不懈地進一步改進對外貿易和國內貿易的每一部門」。此後，

風氣一開，競相效法，各行各業，急起直追；於是國內製造業趕超外國，提高產品質量，精益求精，力求使所有國產商品達到盡可能完美的水準（ibid.: 13）。

如此發展的結果，當然就是大家都富裕起來了。市場上充斥著各式各樣新開發的商品和舶來品，各個產業也不斷在國際競爭下進化更新。社會中的每個人，既可以擁有自己勞動所帶來的財富，也能享受到豐富的生活物資和樂趣。對於這一切，休謨肯定地結論道，「總之，一個從事大量進出口的國家，比起另一個滿足於商品自給自足的國家來，其工業必然更加發達，在衣食住行各方面都更講究享受。」（ibid.: 12）

倘若我們有歷史的眼光，將會發現，對比於十八世紀此時的中國，這番話是千真萬確的！中國還停留在「滿足於商品自給自足」的狀態，並自豪地聲稱，華夏的一切不外他求！事實上，中西方之間在普遍富裕上的差異，此後就愈拉愈大了。

附帶一提的是，這樣一種由工商貿易的發達所帶來的普遍富裕，比起共產社會的「大家有飯吃」或社會主義的財富重分配，都來得好多了。一來，它不是靠對富人的強制分配、或民眾得負擔高稅賦；二來，它遠超過了基本溫飽，即使是基層的民眾，都可以享有各式各樣的生活物資和樂趣。

難怪！這位擁抱資本主義的休謨，會滿意地帶著社會主義的口吻指出，「正是這種平等十分適合於人類的天性，它增進窮人的幸福，卻絲毫無損於富人的幸福。」也就是說，它並不需要對富人剝削，就可以將財富分散在大多數人手裡，進而杜絕了貧富懸殊的問題、帶來平等（ibid.: 14）。這不正是資本主義一貫的標準答案嗎？右派之路——發展經濟——不僅更能解決窮人的困境，還不必以富人的幸福為代價！

普遍富裕可以帶來平等自由

不只平等，休謨還相信，工商貿易的發達，另外「具有一種維護（如果不是產生的話）自由政府的天然趨勢」。即它有利於政治的自由民主化。因為，在那些輕視工商貿易的國家裡，全部勞動都用於耕作上，整個社會只有兩個等級，不是土地所有者，就是奴隸或佃農。後者必然寄人籬下，而前者呢？則總是自封為土皇帝。因此，農業經濟下的社會模式，往往是君主專制的溫床。

相反地，在工商貿易發達社會裡，由於大家都富裕起來了，從而「贏得了第二流人物的勢力和聲望。這第二流人物正是自由社會最優秀最堅定的基礎」。休謨在這裡所意謂的，看起來很類似於亞里斯多德的中產階級，但其實是韋伯筆下那一批新興布爾喬亞。他們當然不是傳統的權貴、豪門和地主，而是韋伯所說的「工商界領導人、資本佔有者、近代企業中的高級技術工人、尤其受過高等技術培訓和商業培訓的管理人員。」他們就是當時投入工商貿易的實業階級。休謨形容，這批「第二流人物」們，

> 他們既不肯像農民那樣，由於經濟上的貧困和精神上的自卑，而屈服於奴隸制統治的淫威；也不希望像貴族那樣，騎在別人頭上作威作福；既然如此，當然也不打算像貴族那樣，拜倒在君主腳下，匍匐稱臣。

換言之，他們都是小有錢的人，很有自尊，既不會對平民傲慢，也無須對君主阿諛。更重要的是，「他們渴望人人平等的法律，以保障自己的財產不受君主以及貴族暴政的侵犯。」（ibid.: 25-26）這就是說，他們渴望民主法治下的自由平等，一方面，藉此以保障既得的財產；另一方面，還能進一步擴張經濟利益。

對於上述的論證，休謨指出，其中一個明顯的歷史證據，就是英國下議院當前的勢力和威望了。他說，「舉世公認，下議院的勢力和威望，基本上要歸功於商業的發展，正是這種發展，使得這麼多財富落入平民之手。」（ibid.: 26）這番話的歷史背景，應該就是一六八九年的光榮革命。此一推翻君主專制的劃時代事件，又被稱為英國的布爾喬亞革命。

其實，不只是休謨，這樣的見解也得到了亞當斯密的背書。他特別在《國富論》中指名道姓地予以讚揚，認同「工商業的發達」確實帶來一種效果，可以使人們「有秩序，有好政府，有個人的安全和自由。」（Smith，2009：篇三，章四，279）還有稍後的馬爾薩斯，也表達了類似看法。他說，「隨著貿易和製造業在英國的建立而給公民帶來了自由」。他所抱持的理由，與休謨所謂的「這麼多財富落入平民之手」大同小異，即此後「窮人能夠用某種東西來換取大地主的食物，而不是依賴大地主的施捨。」（Malthus 著，1996: 7）

對於此一課題，當時的這些大師們有如此高度的共識，絕對代表一個意義，即它是真的！是一個有目共睹的歷史事實。歷經了輝煌的大航海時代，歐洲對東方的海外殖民和貿易十分昌盛。繼之而起的是，十八世紀英國金融革命和第一次工業革命。這一切不僅帶動了布爾喬亞和商業的發達、跨國和自由貿易的繁榮，同時也讓英國步入了代議政治的新時代，呈現了前所未見的法律平等和自由政府。

這段歷史後來成為新自由主義（Neo-liberalism）①，以及若干政治學者經常拿出來的標準辯護，說它證

①此處所謂的新自由主義，筆者必須扼要說明，以免讀者覺得不知所云。它起自英國柴契爾夫人和美國雷根總統的推動，隨後踏著全球化的浪潮，又在 IMF、世界銀行以及 WTO 等國際機構的推波助瀾下，成形為具有代表性的「華盛頓共識」，並蔚為全球資本主義背後最堅定的信念。它追求自由化、私有化和市場化，否定社會主義以及國家干預。具體而言，主要包括的有市場和資本的開放流通、削減福利支出、停止補貼政策，以及對工資和勞動條件的市場化等。

明了經濟發展可以「和平演變」出自由民主。甚至聲稱，這兩者根本是一對孿生兄弟。找到了其中一個，必定會發現另一個；而拿掉了其中一個，必定會斲傷另一個。

享受在評價上的主觀相對性

回到休謨，在全面性地頌揚工商貿易的好處之後，他轉移到另一個相關課題，為繁榮富裕下的消遣和「享受」（luxury）辯護。他開宗明義地指出，「對於享受的每一步演進，都因時代、國家以及各人身分地位的不同，而有不同的評價。」換言之，它是主觀並且相對的。而到底怎樣的享受是善或惡，「較之別的道德問題，更難於確切劃定。」（Hume 著，1984: 17）這番話似乎在暗諷，許多道德家在此方面的輕率。本書在前兩章中所討論的若干大師，顯然在休謨眼中也不例外！

他相信，「人類對任何一種享受所給予的評價，取決於比較和經歷。」譬如，一個看門人會將錢花在「鹹豬肉和白蘭地上」，而一個朝廷命官則會將錢花在「買香檳和蒿雀」（ibid.: 24）。當比較的基準不同、或者經歷不同，則對不同的享受有怎樣的評價，就會跟著有所不同。既是這樣，那到底根據什麼來斷言，「滿足任何一種感官的需要，或一味考究衣著吃喝，本身就是一種罪惡」呢（ibid.: 17）？

他說自己確曾聽聞，有位僧侶因修行的斗室窗戶朝向著一棟貴族宅邸，就發誓永遠不將目光轉向窗戶，一輩子拒絕接受這樣的感官滿足。這實在很嚴重！華麗的貴族宅邸，不僅不當享住，即使多看一眼都是罪惡！如此一來，所有的感官滿足都被否定了。

事實上，譬如是縱酒狂飲，「如果有損於公正博愛這類美德，就絕對是罪惡」。或者，如果某個嗜好

「使得一個人傾家蕩產，貧困潦倒，淪於乞討，則是愚蠢」。然而，若為暢敘友情，闔家團聚，或接風洗塵，設宴壓驚，即觥籌交錯，開懷痛飲，根本無害可言（ibid.）。經常，道德家們也有這種消遣和享受，不是嗎？但嘴臉一翻，就開始罵人奢華腐化了。即使多看一眼豪華宅邸，都要借題發揮一下自己的清高。

休謨自認是一個中庸的人，既不對奢侈腐化大加讚揚，也不會像那些「古板道學的人」，「連最無傷大雅的享受也要橫加指斥」。但細究之下，他其實並不中庸，而是以最大的寬容來看待享受。

他整理歸納了自己對享受的兩個立場。第一、「享受隨著時代的進步而日益精緻，是人心所向極為正當的趨勢。」它不僅是人們所不可或缺的，而且既帶動、也反映了文明進步。第二、雖然「沉湎無度是有害的，不過，這種害處對於社會政治生活也許還不至於成為什麼彌天大罪。」（ibid.）這番話毋寧是比較性的。譬如，過分的享受總比遊手好閒、無所事事來得好。

理性啟蒙主義下的享受哲學

先來談第一個立場。休謨指出，人類的幸福表現在三個方面：活動（工作）、消遣（文化藝術等的精神生活）和悠閒（休息）。它們不僅都是不可或缺的，而且還必須以不同比例結合為一體。否則，不只會因操勞而疲憊不堪，更嚴重地，會因為無法滿足「正當欲望」反而孳生了「邪惡欲念」，也就是說，當欲望有了疏通的管道，人生反而會走在正途上（ibid.: 19）。

進一步地，這三者是交互影響、齊頭並進的。不能一個已經來到了十八世紀，另外的一個或兩個卻還停留在中世紀。休謨提出來的證據是，在歷史上「工業和機械技藝進步……往往促使文化藝術進步；」它們

「相輔相成、互相促進。」而產生偉大哲學家、政治家、將軍和詩人的年代，通常也「湧現大批技藝高超的織布能手和造船巧匠」（ibid.）。

而在當前的歷史進程中，文化藝術等的精神內涵，不僅是工業和機械技藝在發展上的一種消遣需要，它們還形塑出了對各行各業都產生影響的「時代精神」，讓人們的思想「從沉睡中覺醒，……幡然改圖，力求進取，給每項技藝、每門科學帶來進步。」（ibid.）

休謨在這裡所指稱的「時代精神」，正是當時在歐洲已日漸成氣候的理性啟蒙主義。對此，康德（Immanuel Kant, 1724-1804）曾提出了一個扼要精簡的詮釋，即「敢於求知！勇於運用你自己的理解。」但其實，除了理知外，它還代表了一個重要轉折點，就是以新的知識和科技來追求物質生活的幸福（Deaton 著，2015: 94-95）。用休謨的話來說，它一方面消除了阻礙技藝和科學的那種愚昧無知；另一方面，同時讓「人們在思想言行、以及精神寄託和物質享受方面，都享有理性人類的榮耀。」（Hume 著，1984: 19）

這一番話很關鍵！意指當時的理性啟蒙運動，同時發展著兩股「相輔相成、互相促進」的趨勢。既帶來了工業、機械技藝和科學的進步，也使得人們在各種消遣和享受上，表現出優雅和美感。對此，他生動描繪了當時城市社交圈中的一幅景象：

> 人們聚集到城市裡，熱中於接受和交流知識，顯示才智和教養，表明各自的情趣——無論是談吐的風雅，或生活上的愛好，以及對服飾家具的鑑賞力等。……到處都成立了各種社團和俱樂部，男士們和女士們濟濟一堂，無拘無束，怡然自得，人們的性格和舉止立刻變得溫文儒雅起來。

事實上，不只外表的溫文儒雅，內在的性情也跟著完善起來，表現出一種既勤奮工作、樂於求知，又富於仁慈善良的綜合氣質。如此，「人們不但增長了知識學問，提高了文化修養，……勤勞、知識和仁愛就這樣被一條牢不可破的鎖鏈聯結在一起了。」（ibid.: 20）

休謨對這一幅景象的描繪，讓我們清楚見識了在當時理性啟蒙運動下的社會氛圍，而其中所呈現的消遣和享受形式，正顯露出了他心目中所謂「理性人類的榮耀」。這怎麼會是粗俗、縱情之類的敗德行徑呢？尤其，它既然已經將「勤勞、知識和仁愛」連結在一起，當然不會伴隨任何弊害。休謨故而大膽地指出，「人們的消遣享受愈是考究，就愈不會沉湎物欲、放縱無度。」因為沉湎物欲和放縱無度，根本是對真正的消遣和享受的一種最大傷害（ibid.）。看來，消遣和享受是否為一種墮落，對休謨來說，關鍵就在於其中有多少理性啟蒙主義的成分。用一句通俗的話來說，就看文不文明？

在另一處地方，休謨同樣提到，有不少道德家搬出古羅馬為前車之鑑，並將羅馬的衰亡歸咎於從東方輸入的奇技淫巧、財富和奢侈。也就是說，享受毀滅了羅馬。對此，他駁斥道，這些人歸咎於百工技藝、富裕和享受，「完全是找錯了原因」。因為，帶來百工技藝日新月異的正是理性和勤勞，而理性和勤勞會讓享受、文化和藝術遠離荒淫無度。

循著此一邏輯，休謨堅稱，「在生活上講究享受和舒適，本身並不帶有引起貪污腐化的必然趨勢。」（ibid.: 23）真正的毒素，是來自於個人對理性啟蒙主義的偏離，將「勤勞、知識和仁愛」給裂解開來了。

休謨還以同樣的理由來為財富辯護。他說，沒有人不愛財富！而唯一真正「能夠約束和控制一個人的愛財之心」的，就是「榮譽感和美德」（ibid.）。但這又來自何處呢？答案是，它們必須「通過增進知識和接受良好教養的途徑」，才能得到發揚和活力（ibid.: 22）。很明顯，又回到理性啟蒙主義了。即只要在其支配下，人們的「愛財之心」就不會出問題；內在的「榮譽感和美德」會自發地跑出來，對貪慾加以約束和控制。

享受可以促進國家繁榮昌盛

進一步地，休謨辯稱，這種建立在理性啟蒙主義上的享受和愛財之心，不僅在私生活方面可以讓「個人富庶幸福」，也能在社會生活方面使「國家繁榮昌盛」（ibid.: 21）。因為愈多的財富用於消遣和享受，就愈可以刺激生產，並豐富社會的商品。而「它們在成倍地擴大滿足那些無害的個人欲望的同時，也增加了勞動（產品）的儲存。」（ibid.）

這裡所謂的「儲存」值得玩味，是一個不可忽略的重點。但休謨並沒有講得很明白。其實它不難理解。就好比說，個人的消遣和享受，必得建立在「剩餘財富」上；也就是你的口袋要有基本溫飽之外的閒錢，才能夠去講究消遣和享受。同樣地，國家的儲存必得建立在「剩餘生產」上；也就是百工各業能在滿足國民的基本溫飽之外，還有通常用於消遣和享受的額外生產。休謨的邏輯很簡單。沒有「剩餘生產」，國家就沒有儲存、府庫虛空；既缺乏物資、也無財力。

對許多抱持傳統主義的人士來說，「剩餘生產」根本是一種資源的浪費；它們屬於無用之物。而人們也不需要有什麼「剩餘財富」，浪費在那些消遣和享受上。譬如，在第一章中討論過的摩爾，就批評在私產制的社會裡，發展了許多「毫無實用的多餘的行業，徒然為奢侈荒淫的生活提供享受」。而其目的，就是為了讓有錢人得以在窮人面前炫耀誇示，以維持對自己地位、成就和能力的驕傲。

克魯泡特金也同樣質問，為什麼富裕沒有惠及大部分的窮人呢？因為，那些被少數人佔有的極大量生產工具，為了追求更大利潤，都被用於生產奢侈品了，以致窮人的生活必需品供給不足。他相信，如果將這些生產改投入到生活必需品，則全國的財富會增加一倍以上，並且，現在三分之二的國民所缺乏的物品又會充滿在商店裡了。

但休謨卻不以為然。他主張，社會一定要有豐富的「剩餘生產」，並且要將它們的一部分儲存起來。如此，當國家出現緊急狀況或有不時之需，就可以轉入為社會勞務。譬如，碰到敵人來襲、需要作戰時，所儲存的物資和財力，就能夠供養國家的海陸軍。再譬如，碰到農作物歉收或天然災害時，國家有愈多的儲存，就愈可以從容應付、度過難關。

這樣一個道理，不就跟人們平常的儲蓄是一樣的嗎？一方面，不能但求溫飽，甚至在消遣或享受之外，還得有「剩餘財富」；另一方面，則要將這些「剩餘財富」儲存起來，以備緊急狀況或不時之需。

而就從這樣的角度，休謨完全無法忍受一個社會不消遣、不享受，但求基本溫飽。因為如此的話，一來，人們就不會有追求更多「剩餘財富」的旺盛動機；二來，百工各業也不會有意願投入「剩餘生產」。最後的結果，當然就是國家沒有儲存、府庫虛空；既缺乏物資、也無財力。對此，他批評得很直白，「**如果一個國家不要求這種剩餘，人們崇尚清靜無為，對各種生活享受不感興趣，那麼，這種人對社會是毫無用處**的。」（ibid.）這番話實在講得十分強烈！

無論清靜無為、古木青燈是多麼崇高的情操和境界，休謨更在乎的是，文化、行為或措施的社會實效。試問，若國家既缺乏物資、也無財力，如何競逐為強權呢？冷戰時期的蘇聯就是最好的例證。它的人民貧窮、生產萎縮、經濟衰退，哪有能耐與美國進行軍備競賽？反觀富裕奢華的美國，在府庫飽滿的情況下，注定了在國家力量上遙遙領先。

相傳，舜藏黃金於深山，盤庚初遷到殷時住在茅屋，為的是遏貪鄙之俗而醇至誠之風！雖然這一切受到儒家的讚美，但結果，恐怕只會讓國家淪為弱小貧窮吧！歷史足以證明，從國家的繁榮昌盛來看，禁慾儉樸是可悲的！幾乎少有例外地，強權都奠基在極大量的「剩餘財富」和「剩餘生產」上。消遣和享受的盛行，即使是一種資源的浪費、甚或道德上的罪，卻可以創造一個在物資上豐富有餘的社會，從而帶來國家力量的強大。

對此，休謨還提出了證據。他說，所有歐洲國家目前的版圖和兩百年前幾乎一樣，可是這些國家的繁榮景象卻有天壤之別。這不能不感謝工商貿易的發達，也「不能不歸之於百工的技藝日進，克盡厥職。」就以法國為例，當初法王查理八世入侵義大利時，供養一支兩萬人的軍隊，就將法國拖得民窮財盡了。但後來的法國國王，卻有豐富的儲存和財力，去供養一支四十多萬人的大軍打仗三十年（ibid.）。

工商貿易的發達所帶來的國家富強，其效果真是驚人。而消遣和享受正可以刺激生產、活絡經濟。它們「哺育了商業和工業」（ibid.: 25），進而大幅增加了國家的儲存和財力。

即使是放縱無度，也無大罪

討論過上述兩個理由後，再來，讓我們進入休謨為享受辯護的第二個立場——即使沉湎無度的享受是有害的，它對於社會政治生活，卻不至於造成什麼滔天大罪。事實上，還有很大的益處。

在此，休謨首先延伸了上述那一套消遣和享受可以刺激生產、增加國家儲存的論調。他說：「聖誕節筵席上的一盤豌豆所耗費的操勞和辛苦，足以維持一戶人家六個月的溫飽。」墮落的享受固然不可取，但所帶動的商品消費和生產需要，卻可以讓其他人有工可作、有錢可賺。他還引用了當時的俗語，「沒有墮落的享受，雜役就會找不到雇主。」（ibid.: 27）確實，當有錢人在奢華享樂上縮手了，許多工人就跟著失業了。

休謨給了一個很特別的形容。他說，懶惰、自私和冷漠，都是人類習性中的天生缺點；但「享受」這玩意兒卻很特別，它「是矯正這類缺點的補救辦法，猶如藥物學上的以毒攻毒。」（ibid.）這番話看似奇怪，但其實意思很素樸。即縱情享受固然不對，確實是一種「毒」藥，它卻有一個當事人未預期的「善」果，就是刺激生產、創造就業，帶動工商貿易的發展，讓大家富裕起來。

休謨承認，此一論調有其矛盾性，它既在「議論一種罪惡」，又說這種罪惡「對社會有利」。但現實就是如此。經常，在意圖與結果之間，就是一種很弔詭的關係。譬如一個地方行政官，他不能訴諸動機層次的道德教化，「用勸人為善的辦法來處置每件罪惡」；他「往往只能以罪惡來矯正罪惡」，也就是在結果層次上用暴力來矯治罪惡。而既然總是處在此一兩難中，他就「只好擇其中對社會害處最小者而為之」（ibid.: 28）。

休謨在這裡強烈表達了其一貫的效益主義立場。通常來說，它就是根據行為在結果層次上的效益程度，來做出對行為的選擇和評價；而不是根據在動機層次上的道德情感。即根據後果，而不是根據意圖。但休謨特別的是，此處所謂的效益程度，指的是對社會全體的，而非對個人的好處。譬如，說謊是不符合道德原則的，卻可以保住自己的職位；這是對個人的效益。但官員「以罪惡來矯正罪惡」則不然；它雖然也不符合道德原則，卻可以帶來對社會全體的效益。

其實，早在其《人性論》一書裡，休謨就再三強調，正義並不能靠賴對陌生人的慈善，因為它太薄弱了！人性中唯一具有真正支配力的，就只是利己之心而已（Hume 著，1996: 532-533）。但我們不能因為「利己」這個罪名就予以批評否定。畢竟，個體的每一個單獨行為，其結果對於社會全體的影響，是非常複雜而弔詭的。許多時候，個人出於慈善的道德行為，其帶給社會全體的結果，卻是傷害、甚至是悲劇。這當然不是該行為者原先所預期的，卻為一個無可否認的社會事實。反過來，許多敗壞個人私德的行為，其帶給社會全體的結果，卻有很正面而可觀的比較利益。

明顯地，休謨承繼了清教徒所抱持的那一種「純然地實效原則」以及「實用理性的生活態度」。他相信，沉湎物欲和放縱無度也是這麼一回事。它固然是一種「毒」藥，卻有一個很好的「善」果。並且，相對於另一種毒藥，它有更好的比較效益。我們當「擇其中對社會害處最小者而為之」。以此而言，「過分的享受，固然是種種禍害的根源，不過一般來說還是要比遊手好閒無所事事來得好。」因為，前者可以刺激生產、創造就業，帶動工商貿易的發展；而後者卻無此效益，甚至還由於「遊蕩成風」，導致「缺乏教養的生活方式」流行，進而腐蝕掉社會的生產力（Hume著，1984: 28）。

簡樸阻礙了貨幣擴散和流通

那麼反過來，簡樸呢？這個被清教徒視為「禁慾品行原則」的美德，休謨同樣以其效益主義來看待。他明白地說，這個東西從其社會後果看來，是完全不足取的。一來，就如前述曾討論的，它讓人們沒有追求「剩餘財富」的雄心，也導致百工各業沒有意願去投入「剩餘生產」，最後搞到民窮國敝。二來，簡樸阻礙了貨幣的不斷擴散和流通，從而無法活絡經濟。

休謨的這樣一立場，主要表現在對重商主義的批判上。在當時，許多人根深柢固地以為，針對外國競爭者的貿易保護是必要的，因為貨幣要在國內積累得愈多愈好，如此才能帶來國家的富裕。這就好像一個人積累了愈多貨幣，大家就愈覺得他是有錢人一樣。

對此，休謨不以為然地指出，國家積累一大堆金銀其實並非好事。因為貨幣增加，物價和勞動力就會漲價；而當物價和勞動力漲價，結果就是將投資和工商製造業，趕到那些較為便宜的國家去了（ibid.: 30-31; 36）。真正重要的毋寧是，透過貨幣的不斷擴散和流通，來創造全體國民的財富。就像血液一樣，愈是均衡地擴散和流通到全身，每一個細胞和器官就愈健康。

而糟糕的是，一種「簡樸的生活方式」就在這個意義下「給社會造成損害」。因為它將「金銀禁錮在少數人手裡，妨礙了金銀的普遍擴散和流通。」相反地，當人們愈講究消遣和享受，就愈使得貨幣「無孔不入地在全國擴散，使它進入每一項交易和契約。」而如此擴散和流通的結果，就好像「消化後吸收入每一條血管，讓人人手裡都掌握一點金銀。」（ibid.: 39）進一步地，每個人手裡所掌握的金銀，又透過消遣和享受的支出，再度擴散和流通出去，讓更多人手裡掌握一點金銀。如此不斷地良性循環，經濟就被活絡起來了。

休謨這樣的論調，不正是經濟學上常說的「貨幣乘數效果」嗎？簡單來說，貨幣的數量及其社會流動性，會產生倍數擴張或收縮的效果。即使只是十塊錢，它透過消費流通十次，其所創造的效用，都遠遠大於一百塊錢儲存在床頭櫃裡。而就在這樣的意義下，簡樸扼殺了經濟活力，無法讓大家都富裕起來。

在此我們看到，洛克對貨幣普及的肯定，換了一個新的角度而被休謨延續下來了。他們都丟掉了亞里斯多德（包括阿奎那）那種對貨幣交易的反對。然而，他們兩者的立足點卻有所不同。洛克體會的是，只要將勞動生產品換成貨幣來儲存，則追求無限財富的最大障礙——財物不得糟蹋——從此就拋諸腦後了。而休謨則更往前一步，他所洞見的不再是貨幣的儲存效用，而是貨幣在擴散和流通上對活絡經濟的加乘效應。

而予以啟動的那一把鑰匙，就是盡情地消費和享受吧！在他心目中，真正健康的社會存在著一種良性循環。一方面，工商貿易和製造業的發達，使得每個人手裡都有一點錢去滿足虛榮和欲望；另一方面，這又反過來促進了工商貿易和製造業的發達。

或許，有人會感到奇怪，休謨之前不是在讚揚商業發揚節儉，並且說，比起土地貴族們，商人的「愛利得之心勝過嗜逸樂之念」嗎？怎麼一下子又改口，否定簡樸的生活方式呢？其實，他之前不過是在為布爾喬亞所從事的工商貿易辯護，強調這一批人並非揮霍荒宴之輩，而是勤勞節儉地追求致富。至於節儉作為一種禁慾品性原則或生活方式，則從來不會是他所喜歡的。

附帶一提的是，休謨對享受的肯定論調，明顯與禁慾主義新教背道而馳，到底孰是孰非呢？這並沒有簡單的標準答案。美國人奢華享受的生活方式，提供了全球最大的消費市場，確實是帶動全球經濟發展的巨大引擎。但反觀北歐和德國人所崇尚的簡樸生活，無可否認地，也為國家的各項支出儲存了龐大資金。

與新教倫理迥異的論證路徑

整個來看，休謨對工商貿易和消遣享受的全面禮讚，就傳統而言，絕對是深具顛覆性的。這當然與大環境和社會的發展有密切關係。就如我們在本章一開頭所說的，從十五到十七世紀，隨著地理大發現，歐洲歷史展開了劇變。無論是歐洲直通印度新航線的開通、美洲大陸的發現，或是環球航行的成功，都大幅帶動了歐洲對東方的海外殖民和貿易，也高度提升了當時人們在生活上的享受。休謨無疑非常忠實地反映了這樣一個變遷下對財富倫理的新需要。

值得注意的是，他的整個論證路徑，與禁慾主義新教倫理截然不同。後者經由對商業資產階級的工作神聖性，以及追求職業成功的使命感，在歷史中前所未見地第一次真正擁抱了布爾喬亞。休謨則在歷經了洛克對高雅享受和無限積聚的肯定後，進一步從理性啟蒙運動和效益主義的現實性分析，以更大的熱情再一次擁抱了布爾喬亞。而此一新的論證路徑，很特別的是，它不僅毫無禁慾主義的成分，相反地，還高調頌揚「墮落的享受」對社會全體的效益。

雖然他和禁慾主義新教一樣，都高度肯定了旺盛的致富動機。但後者是將致富當作一種要對上帝負責的倫理實踐，完全沒有追求幸福和享樂的成分。而休謨卻完全訴諸於人們對享受和樂趣的渴望，認為想要過好日子，是人們勤勞工作的最強烈理由。無論是倡言工商貿易可以促進勤勞和節約，或是能讓大家富裕並帶來平等自由，或是宣稱消遣享受會促進國家富強，還有刺激生產和創造就業，這一切全都再也不是什麼用來榮耀上帝的信仰責任了。

整個來說，對致富的肯定，已經從「道德化」走向一個「非道德」的不歸路了。它並非「反道德」，而只是拒絕考慮道德！這證明了韋伯的觀察，隨著時代的變遷發展，「**天職責任的觀念，……像死去的宗教信仰一樣，只是幽靈般地徘徊著。**」如今只剩下經濟衝動了。休謨之論所反映的，可以說就是這樣一個趨勢。

然而，我們並不能因此斷言，禁慾主義新教倫理在此時已經消逝過時了。因為在韋伯對它的研究裡，至少涵蓋到十八世紀中葉。而且，理性啟蒙主義作為禁慾主義新教的繼承者，許多核心觀念依舊保留了下來。最有可能的狀況是，禁慾主義新教倫理、洛克、理性啟蒙運動以及效益主義，在此一時代多方面交互為用，共同對「邁向資本主義的無限利潤心」發揮了影響力。只是，禁慾主義新教倫理的對象主要在從商的教友，他們分散在不同地區，為數頗多；而洛克、理性啟蒙運動以及效益主義的影響對象，則主要在人數較少的知識菁英，特別是在蘇格蘭和英國。

休謨還有一個重要的歷史地位，即他在許多方面深刻影響了好友亞當斯密，甚至頗有「英雄所見略同」的相似之處。而就在這一連串好幾波對布爾喬亞的擁抱下，可以說，「邁向資本主義的無限利潤心」此一財富倫理已經完全成熟了。接下來，就讓我們進入亞當斯密吧！

4 亞當斯密：從利己之心到普遍富裕

◆儘管他們的天性是自私的和貪婪的……。一隻看不見的手引導他們……，從而不知不覺地增進了社會利益。

◆一個窮人所有的世襲財產，就是他的體力與技巧。不讓他以他認為正當的方式，在不侵害他鄰人的條件下，使用他們的體力與技巧，那明顯地是侵犯這最神聖的財產。

眾所周知地，亞當斯密（Adam Smith, 1723-1790）被譽為經濟學之父，地位崇高、影響深遠。他於一七七六年出版了其名聞遐邇的巨著，一般簡稱為《國富論》（*An Inquiry into the Nature and Causes of the Wealth of Nations*）。顧名思義，探討的是國家財富的本質，以及帶來財富的各種因素。

初閱之下，這本巨著主要的內容，是對經濟專業的極大量分析，包括有分工、貨幣、價格、工資、利潤、地租、資本、稅制、貿易、銀行、利息等等，與我們所要探討的主題有一段不小距離。但仔細推敲爬梳後，卻可以發覺它對於財富倫理其實深具意義。亞當斯密只是在這方面的表達和比重上相對隱晦而已。畢竟，他對經濟專業的分析太搶眼了。在以下的篇幅中，筆者期望將這一個隱晦的面向呈現出來。

政府起源就是為了保護財產

首先，亞當斯密對於不平等以及財產權的論述，應該可以是個不錯的討論起點。按照休謨的看法，財產權並非像洛克所說的，是伴隨勞動而來的一種自然權利。它毋寧是一種類似於默契或共識的「人為措施和人類協議」的結果（Hume著，1996: 537）。講簡單一點，之所以會出現財產權，乃彼此出於互惠的一種妥協。

正如我們之前說過的，休謨一再強調，正義不能建立在對陌生人的慈善期待上，因為它太薄弱了。人性中唯一具有真正支配力的是利己之心。而譬如財產權這樣的正義訴求，它的緣起和前提，同樣地根本就是彼此在「利益計較」下的互惠性妥協，並非什麼慈善之類的道德情感。

他說，如果大自然的供應不虞匱乏，而且「每一個人對其他人都有一種慈愛的關懷」，那麼，「現在人類之間通行的財產和所有權的那些區別和限制，也就不需要了。」（ibid.: 535）這番話確實有道理。如果資源充足，而且彼此充滿道德和慈善，財產權根本就是多此一舉了。你的可以是我的，我的也可以是你的。

但問題是，面對資源的有限，人類的「自利情感」太強大，到了一個地步，「只有它本身才約束住自己」。相對而言，道德和慈善都不是敵手！然而慶幸的是，為了自利，自利心會「改變它的方向」。從原本的擴張自己，改變為約束自己，以實現真正有保障而長遠的自利。

那自利心又是如何約束自己的呢？很弔詭地，答案是承認別人的自利所得。用另一個話來說，就是「透過建立財物佔有的穩定這種規則，而約束自己。」（ibid.: 533）自利心會發現，如果我承認別人因自利而獲得的財物，同時對方也願意如此待我，那麼，我便可以安全而長久地保有一己的自利所得。就這樣，關於正義和財產權的「人類協議」出現了（ibid.: 536-537）。

對於休謨的上述講法，亞當斯密作為他的至交好友，少見地未予認同。基本上，他認為財產權是政府保障下的產物，而非什麼人類在自利心的作祟下彼此「**協議**」的結果。

他說，在狩獵民族的社會裡，幾乎談不上有什麼財產。即使有，也不過是兩三日勞動價值的財產罷了。這使得社會大致是平等的，因為「**普遍的貧乏，造成了普遍平等的局面。**」簡單來說，就是大家都窮得很均平。而當然，在這樣的社會裡，用不著固定的審判官，或經常性的司法行政機構（Smith 著，2009：篇五，章一，476; 474）。即無政府狀態是也！

此時，雖然某些人還是具有若干支配的權力，但一種命令與服從之間的劃分還不明確。其中的原因很容易理解，就是這時還不存在著巨大的財產上「**優越**」；只存在著個人資質、體力、容貌、敏捷、智慧、性格以及年齡等多方面的「**優越**」（ibid.: 475）。

不過，當發展到遊牧民族社會時，財產的數量開始出現了「**異常不平等**」，隨而「**由財產造成的權威，以這時為最大。**」同時，「**權威與服從的判分，也以這時為最確定。**」（ibid.: 476）。

在此，亞當斯密抱持了一個重要看法，即支配地位的不平等乃財富的巨大差異所致。故而他會說，「**有大財產的所在，就是有大不平等的所在。**」（ibid.: 474）譬如「**酋長地位，就是他的財富優越的必然結果。**」（ibid.: 475）

吾人務必謹記亞當斯密的這一個立場——貧富懸殊乃造成權力不平等的關鍵原因。此一觀念始終影響著他，並致使他念茲在茲地以追求「普遍富裕」為最終目標。

接著，高潮出現了。這種在財產上的異常不平等，爆發了一種階級衝突的景況；也就是有人眼紅了、充滿了忿忿不平的相對剝奪感。用亞當斯密的話來說：「**富人的闊綽，會激怒貧者，貧人的匱乏和嫉妒，會驅使他們侵害富者的財產。**」此時，富人如果沒有司法官保障庇護，哪能高枕無憂呢！他們隨時都被不可測知的敵人包圍著，縱使沒有激怒敵人，也不可能滿足敵人的覬覦和貪欲。故而，富人沒有選擇餘地，

> 他想避免敵人的侵害，只有依賴強有力的司法官的保護，司法官是可以不斷懲治一切非法行為的。因此，大宗價值財產的獲得，必然要求民政政府的建立（ibid.: 474）。

這就是亞當斯密的結論了，政府誕生！**「民政組織的建立，實際就是保護富者來抵抗貧者，或者說，保護有產者來抵抗無產者。」**（ibid.: 477）乍看之下，此一結論幾近於洛克，他們都認定，政府的存在就是為了要保障人民的財產。

但仔細推敲，兩者似乎稍有不同。洛克筆下的政府所要保障的是所有人民的財產，而亞當斯密筆下的政府，卻是保障富者免於貧者的竊奪。

不過，這樣的差異其實是表面的，洛克筆下的「人民」也是指布爾喬亞之類的「gentleman」。而從我們後續的討論來看，比起洛克，亞當斯密並沒有偏袒富者，對無產者的關心和請命也熱忱太多了。

他們的真正區別是，在洛克的理論中，財產權乃先於政府而存在；透過勞動的本身，就已經創生財產權了，並不需要經由統治者的同意。但亞當斯密卻無此論調。他沒有交代，在遊牧民族社會裡，那些**「異常不平等」**的財產有無權利可言！而從筆者的推測，在沒有政府予以保障之前，財產權應該是不存在的。

這樣一個差異提醒了我們，亞當斯密在著作中所提到的勞動財產權，其實與洛克稍有出入。雖然他也認為勞動所有權是**「最神聖不可侵犯的」**，還是**「一切其他所有權的主要基礎」**（Smith 著，2009：篇一，章十，97）。又說**「勞動是衡量一切商品交換價值的真實尺度」**（ibid.：篇一，章五，35）。**但他並沒有從這裡再往前跨一步，推論出洛克那種以勞動來創生財產權的觀點。**

為貧窮勞動者發出不平之鳴

不過，重要的是，亞當斯密的上述見解，不小心透露了他寫作《國富論》的部分心理動機。既然政府是為了保障人民財產而存在，當然有責任讓最大多數的人民保有最大的富裕。又由於造成一切支配地位的不平等，其主因是貧富懸殊，那麼，國家在追求普及於各個階層的富裕上，該如何扮演其適當角色呢？雖然亞當斯密曾明白地說，政府的建立是為了保障富者免於貧者的竊奪，但事實上，他從不偏袒富者，《國富論》的每一頁都可以證明，他追求的是惠及下層階級的普遍富裕。

寫到這裡，我們必須說，長久以來，亞當斯密被刻板化，並造成了很大誤會。他總被當作資本主義的開創先鋒，並因此是那些富商階級的利益代言人。許多控訴資本家對窮人剝削、壓榨勞工，以及貧富懸殊等的社會主義論調，經常都將矛頭遙遙指向了亞當斯密這位鼻祖。然而，他和休謨一樣，整個理論建構的出發點，都是為了解決貧窮，讓大家都富裕起來。休謨致力於倡導工商貿易的發展，亞當斯密則更細膩地析論，在一個工商貿易的時代中，國民富裕的關鍵和各種障礙。

對於貧窮問題，他甚至有許多直接的著墨。譬如，他就曾抱怨道，英國貧民一向是丟給修道院施捨的，後來修道院破毀，施捨就跟著中斷。政府雖幾經設法接手，但均無效果。到了一六〇一年，伊莉莎白女王（Elizabeth I, 1533-1603）終於頒布了第一部濟貧法，規定各教區對於所屬貧民有救濟的義務；並且通過了教區稅的徵收，以支應此一資金需求（ibid.: 107）。

然而，如何認定是否為所轄境內的貧民呢？紛擾了好久，直到一六六二年，才由查理二世（Charles II, 1630-1685）的法令確定下來。只是，亞當斯密指出，由於法令本身的不合理、各教區的推諉和刁難，最後實施的結果，反而「妨礙勞動的自由移動」。當貧民遷徙到另一個教區時，常因被視為負擔而遭遣返出生地。

他們好像是被「終身幽禁起來」了（ibid.: 107）。

在蘇格蘭或其他國家，貧民可以遷移到缺工地區，以賺取較高的工資。但在英格蘭，亞當斯密形容，貧民要超越教區的人為邊界，比超越國家之間的高山或海灣還困難（ibid.: 109）。這等於是宣告了他們永遠無法改善生活水平，只能繼續忍受本地的微薄工資。因為，貧民除非留在原先所屬的教區內，否則就不易取得居住權，更別說找得到工作機會了；景況可以說是十分難堪。

除了濟貧法的罪惡之外，更讓亞當斯密不滿的是，國家往往頒布對雇主有利的法令，讓同業者為壓低工資而互相聯合。相反地，「如果勞動者也成立一種對抗的結合，約定不許接受定額以下的工資，違者懲處，法律就將嚴厲地制裁勞動者。」（ibid.: 111）

亞當斯密指控，許多同業組合打的如意算盤，就是透過限制自由競爭，以阻止工資上升及利潤下降（ibid.: 98）。至於手段，其中常用的一招，是訂出各種規則來阻止技藝的養成以及勞動的自由移動；另外一個爛招，則是「締結一種祕密的同盟或協定，相約不得支給定額以上的工資，違者懲處。」（ibid.: 111）

很遺憾地，同業組合的這些如意算盤，通常都會成功。因為一來，「雇主的人數較少，團結較易。」二來，「他們的結合為法律所公認，至少不受法律禁止。」三來，在雙方的爭議中，「雇主總比勞動者較能持久」。他們以其既有的資本維持一兩年生活，並不困難；反觀「失業勞動者，能支持一星期生活的已不多見，能支持一月的更少，能支持一年的簡直沒有。」（ibid.：篇一，章八，59）

在這樣的情況下，勞動者當然處於被剝削的不幸景況。除了工資普遍低落外，有時找不到工作或無法轉業；而技藝的訓練養成也總是既無趣又漫長；更難以自由移動到缺工地區，以賺取較高的工資。對於這一切的現象，亞當斯密強烈抨擊，指稱它們是對貧民勞動財產權的侵犯和剝奪。他說：

一個窮人所有的世襲財產，就是他的體力與技巧。不讓他以他認為正當的方式，在不侵害他鄰人的條件下，使用他們的體力與技巧，那明顯地是侵犯這最神聖的財產（ibid.：篇一，章十，97）。

如此的控訴和用語，在亞當斯密的著作中是極為罕見的，幾乎感受到了他的憤怒。一般來說，他的文字風格總是紳士般地文雅和理性。在此，我們可以確定地說，將資本主義對窮人和勞工剝削的這筆帳，算在亞當斯密頭上絕對不公平。在他對國民財富的整個追求探索中，勞動者生活水平的改善是其中非常重要的一環。

為什麼勞動工資一定要優厚

而在各種對勞動者的剝削中，亞當斯密最不滿的是低薪。它一方面直接導致了勞動者必須拮据度日；另一方面，它其實也未必對雇主有利，並且還帶來了整個社會的人口停滯、貧困悲慘，以及不公不義。

他精闢地指出，對愈是屬於基層的勞工來說，他們的「勞動樂趣，完全在於勞動報酬。」這一句話講得太真切了！因此，若在長時間內不能得到這方面的滿足，「當然就對勞動有惡感」（ibid.: 97）。連帶地，也就別指望他們會勤奮投入勞動了。大老闆們總愛說，重要的並非薪水，而是對工作有使命和成就感。但這種話對愈是屬於基層的勞工，愈不適用。他們工作的最大樂趣和動機，幾乎就是賺錢來養家和吃喝。

至於報酬的標準，最起碼，工資「得稍稍超過足夠維持生活的程度，否則勞動者就不能贍養家室而傳宗接代了。」（ibid.：篇一，章八，60）這一句話看似稀鬆平常，但即使在今天的許多國家都未必做到。最值得一提的是，他竟然期待，勞動報酬要足以讓基層的人口敢於多生小孩。絕不能讓年輕夫婦對生育充滿戒慎恐懼。他相信，只要「勞動報酬優厚，多子女不但不成為家室之累，反而成為家庭富盛的源泉。」（ibid.: 62）這不只是因為養得起，所以敢多子多孫；更因為兒女長大後投入勞動，又可以增加家庭財富。

而就基於這樣的論證，亞當斯密宣稱，「一國繁榮最明確的標識，就是居民人數的增加。」（ibid.: 62）因為，其中存在著一種人口與富裕同時增長的良性循環。反過來，如果一個國家的人口出生率頻創新低，還在世界排名中遙遙領先，這不正就是低薪的一個惡果嗎？並且它會帶來惡性循環，讓這個國家在進一步的經濟發展中喪失「人口紅利」。

不只是人口增加，亞當斯密更力言，優厚的勞動報酬還可以帶來勤勉的美德。一來，「豐富的生活資料，使勞動者體力增進。」也就是營養好可以帶來健康和活力；二來，「生活改善和晚景優裕的愉快希望，使他們益加努力。」也就是對未來充滿希望，當下就更願意付出。三來，最重要地，「勞動工資，是勤勉的獎勵。勤勉像人類其他品質一樣，愈受獎勵愈發勤奮。」確實，當優厚的報酬是對勤勉的獎勵時，兩者就會互為因果，如同滾雪球般愈滾愈大。

基於上述三方面的理由，亞當斯密結論道：

> 充足的勞動報酬，鼓勵普通人民增殖，因而鼓勵他們勤勉。……高工資地方的勞動者，總是比低工資地方的勞動者活潑、勤勉和敏捷（ibid.: 69）。

後面那一句話其實表達得有點含蓄！講白一點，低工資下的勞動者，總是比較呆板、懶惰和遲鈍。而這就給了老闆理由，拒絕調高他們的工資。許多只願給低薪的老闆，對此一定很有體會。只是他們從來不瞭解，員工的呆板、懶惰和遲鈍，源自於低薪下毫無熱忱和幹勁！

進一步地，亞當斯密又指出，即使不考慮人口增加、以及激發勤勉的效益，僅僅是優厚工資所帶來的**「下層階級生活狀況的改善，是對社會有利呢，或是對社會不利呢？」**

明顯地，由於各種幫傭、勞動者和職工，幾乎在任何社會中都佔人口的最大部分，因此，當**「社會最大部分成員境遇的改善，絕不能視為對社會全體不利。」**而反過來，**「有大部分成員陷於貧困悲慘狀態的社會，絕不能說是繁榮幸福的社會。」**

不解！為什麼亞當斯密講這番話要如此拐彎抹角？但無論如何，它訴諸了效益原則，也就是優厚的勞動報酬符合了最大多數人的最大利益。

亞當斯密更還認為，這其實已經關係到所謂的正義問題。他說，每一個為社會全體提供衣食住的人，從**「自身勞動生產物中，分享一部分，使自己得到過得去的衣食住條件，才算是公正。」**（ibid.: 67）此一番話是極有道理的。自己生產了別人賴以維生的物品，結果自己卻無以維生，這豈非不公不義？

事實上，不只是優厚的勞動報酬，亞當斯密更要求，雇主還得**「聽從理性及人道主義的主宰」**，不該鼓勵工人過度辛勤劬勞；譬如沒有休假、超時工作或不斷加班。相反地，雇主**「應當要他們適度地工作」**即可（ibid.: 70）。當然，工人的勤勞和不斷加班，對雇主是一件好事，可以提高生產力。但別忘了，雇主有**「人道主義」**的責任，必須顧及勞動者的健康、家庭，以及多方面生活的平衡。

特別的是，亞當斯密認為，這同時也考驗了雇主是否有**「理性」**遠見。因為**「一個能工作適度的人，能夠繼續不斷工作，不僅長期保持健康，而且在一年中做出比其他人更多的工作。」**（ibid.: 70）這就是說，從中長期而言，適度工作的人其實比辛勤劬勞的人更有生產力；也因此對雇主更有利。

市場決定？工資高低的關鍵

那麼進一步地，在勞動者個人條件之外，讓工資能夠提高的社會因素是什麼呢？如果按照當前新自由主義的標準答案，工資應當由市場來決定。並且他們最喜歡說，只要將「餅」做大了，每個人可以分配到的就更多；只要整體的經濟能繁榮，勞動報酬自然就會跟著提高。這不就是今天很多上層菁英口口聲聲的話嗎？面對低薪問題時，幾乎都是這個答案。而大部分人們都相信，這應該也是亞當斯密的答案。

確實，他正是一再地如此主張。所謂「勞動報酬優厚，是國民財富增進的必然結果，同時又是國民財富增進的自然徵候。」反過來，「貧窮勞動者生活維持費不足，是社會停滯不進的徵候，而勞動者處於飢餓狀態，乃是社會急速退步的徵候。」（ibid.: 64）

講得更明白點，當社會沒有進一步的繁榮時，就別指望勞動報酬會提高，它將停留在既有的經濟水平線上。因此，亞當斯密斷言，「最高的勞動工資不在最富的國家出現，而卻在最繁榮，即最快變得富裕的國家出現。」這番話的意思很清楚，薪資是隨著繁榮的步伐而變動的。能夠「使勞動工資增高的，不是龐大的現有國民財富，而是不斷增加的國民財富。」（ibid.: 61）國家沒有新增加的財富，就不會有新增加的個人薪資。

亞當斯密特別以當時的中國為例。他說，中國一向是世界上最富有的國家，土地最肥沃，耕作最精細，人民最多也最勤勉。然而許久以來，它似乎成長停滯了。以致在許多旅行家的記述中，少有例外地，都報告了中國的「勞動工資低廉和勞動者難於贍養家屬」。亞當斯密甚至聲稱，「中國下層人民的貧困程度，遠遠超過歐洲最貧乏國民的貧困程度。」（ibid.: 62）

當然，其中的因素非常複雜，有許多剝削和制度上的問題。但亞當斯密相信，關鍵之一就在於成長停滯。當整個社會已經無法從既有的農業形式中突破，而工商製造業、乃至於海外貿易又未能創造新財富，那就別指望勞動者可以脫離貧窮、邁向富裕。

而如果是衰退呢？那就更慘了，工資會跟著節節下降。他說，在社會停滯狀態下，境遇是艱難的；而在退步狀態下，則是困苦的。只有「在社會處於進步狀態並日益富裕的時候，貧窮勞動者，即大多數人民，似乎最幸福、最安樂。」

對此，亞當斯密最後做出了一個小結論，「對充足的勞動報酬發出怨言，就是對最大公共繁榮的必然結果與原因發出悲嘆。」（ibid.: 69）

整個來說，無可懷疑地，對於勞動報酬的提高，亞當斯密是標準的市場派，即認為它取決於整體經濟是否「處於進步狀態並日益富裕」。看看今天快速成長的中國與停滯的台灣，就可以對比出其中的原理，以及亞當斯密所言不虛了。

然而，我們不可忽略，這只是原理。他不只一次指謫，在現實情況中，存在著許多對此一原理的人為破壞。就如我們在前述所討論過的，同業組合往往透過限制自由競爭，來避免工資上升、利潤下降。他們訂出各種規則來阻止技藝的養成以及勞動的自由移動；更「為使勞動工資不超過其實際工資率，隨時隨地都有一種祕而不宣的團結一致的結合。」（ibid.：篇一，章八，60）

這些現實情況豈可視而不見、而一味擁抱市場派的基本教義呢？亞當斯密自己就做了最佳示範。他在主張自由市場之際，同時控訴了政府對雇主的偏袒、對同業組合的縱容，以及對工人們「勞動所有權」這「最神聖的財產」的侵犯；並呼籲要給勞動者優厚的報酬，讓他們可以「贍養家室而傳宗接代」，甚至敢於多生小孩。

無怪乎！亞當斯密會講出下面這一段話。它看似稀鬆平常，但在仔細解讀下，恐怕會令許多市場基本教義派者訝異其中所隱含的意義。

他說，勞動工資固然反映了整個社會的經濟是否「處於進步狀態並日益富裕」，但到頭來的真正決定性因素，毋寧是勞資雙方各自在談判桌上的議價能力。

> 勞動者的普通工資，到處都取決於勞資兩方所訂的契約。這兩方的利害關係絕不一致。勞動者盼望多得，雇主盼望少給。勞動者都想為提高工資而結合，雇主卻想為減低工資而聯合（ibid.: 59）。

這就好像是一場拔河比賽。如果資方結合國家而展現強大支配力，勞動工資就會被剝削，低落於整個經濟繁榮進步的水平。反過來，如果勞方團結並展現強大的罷工和集體談判權力，勞動工資就會上揚，甚至可能超過整個經濟繁榮進步的水平。

對此，亞當斯密的立場毋寧是追求平衡的。期待無論資方或勞方都不可以扭曲市場，俾能讓勞動工資忠實反映整個經濟繁榮進步的水平。但他最可貴的是，絕不當一個空想的市場基本教義派，罔顧當時政府偏袒雇主、資方剝削勞工的事實。

至少在台灣，筆者始終強烈認為，這種對市場的人為破壞和扭曲，正是薪資低落的一個重大原因。譬如，高達六成五的員工超時加班卻領不到加班費，幾近每週工時白幹了一天半。還有，對於許多規避或違背勞基法的行徑，政府往往假裝沒看見、勞檢不力。這些情況不積極解決，豈可空言勞動工資的市場化？循著亞當斯密的邏輯，政府如果真正想要捍衛市場化，該做的是掃除人為的破壞和扭曲，讓薪資成長反映出整體GDP的成長；而不是一句「薪資交由市場去決定」的不負責任瞎話！

繁榮富裕的關鍵：勞動分工

不過話說回來，優厚的工資報酬固然重要，但對亞當斯密而言，還是得回歸到最根本的基礎，即促進整體經濟的繁榮進步。這毋寧才是邁向普遍富裕的王道。而這又該如何去做呢？亞當斯密的最大貢獻之處，是指出了工商貿易之所以能夠帶來繁榮，關鍵在於勞動分工此一機制。這對於現代化，絕對是最了不起的洞見之一。

他在全書開卷的第一句話就宣告，「**勞動生產力上最大的增進，以及運用勞動時所表現的更大的熟練、技巧和判斷力，**」都是勞動分工的結果（ibid.：篇一，章一，18）。它使得「**各個人都能以自身生產的大量產物，換得其他勞動者生產的大量產物。**」而就在大家都有錢可賺、需求也都能滿足的情況下，實現了「**普及到最下層人民的那種普遍富裕**」（ibid.: 19）。

他更也以勞動分工來解釋，若要促進國家的繁榮進步，為什麼該選擇發展工商貿易而非農業。答案就在於「**農業不能採用完全的分工制度**」。他相信，這正是「**農業上勞動生產力的增進，總跟不上製造業上勞動生產力的增進的主要原因。**」（ibid.: 19）由此，亞當斯密進一步指出，在富國與窮國之間，造成彼此富裕程度巨大差異的，正是製造業的勞動生產力大小，而不在於農業上的任何成就。

從歷史的脈絡來看，對於勞動分工在促進資本主義上的效用，當然，亞當斯密並非第一個有洞見的人。早在之前討論新教倫理時，韋伯就已經指出，巴克斯特曾極力讚美正規專職的分工體系，認為它能使人不致流於散漫和隨性。韋伯因此形容，清教徒在職業中不僅被要求要勤奮，更要勤奮得很有理性紀律！就是要選擇各自最專業、最有成效的角色來組成分工體系，並致力於讓工作和流程有條有理、井然有序地被分配和整合。

很遺憾，這樣一種理性紀律，亞當斯密並沒有直接提及。比較接近的概念，只有他經常使用的「精明審慎」（prudence）這個字。只是此一字眼，也始終沒有被用在勞動分工的論述裡。然而，亞當斯密對於為什麼勞動分工能帶來更大的效益，卻異曲同工地提出了三個很有價值的解釋。

第一、「勞動者的技巧因業專而日進」。因為勞動分工的結果，使得勞動者長期都「侷限於一種單純操作，當然能夠大大增進自己的熟練程度。」（ibid.: 20）而熟練程度增加了，操作速度就愈快。這是一般人最常理解的專業化效益。

第二、既然長期都侷限於一種單純操作，就完全免除了轉換不同工作項目所造成的損失。亞當斯密要我們別小看這種損失。因為轉換不同的工作項目，往往需要使用另一種工具，同時前往另一個工作場所。不只虛費許多時間，從結束一個操作到開始另一個操作之間，也經常想休息、喘口氣，出現閒懶和心不在焉。

第三、單一項目的操作，使得勞動者能將全部心力傾注在單一事物上。因此，只要工作性質上還有改良的餘地，勞動者不久就會發現一些比較容易而便利的方法，更有效益地來完成其工作。事實上，「用在今日分工最細密的各種製造業上的機械，有很大部分，原是普通工人的發明。」（ibid.: 21）這毋寧正就是操作單一化後的一個專業成果。而進一步地，當「許多簡化勞動和縮減勞動的機械」被發明了，就使得「一個人能夠做許多人的工作」（ibid.: 20）。

從表面上看，亞當斯密的這三個解釋，似乎與清教徒的理性紀律是兩回事，但其實在最核心的部分是完全相同的，即細膩分工下的專業化、有條有理的工作方式，以及由此所帶來的效益最大化。韋伯只是更強調其中的理性成分而已。

市場規模：分工完善的關鍵

講到這裡，或許有人會狐疑，即使許多較為傳統的社會，不也都存在著某種程度的勞動分工嗎？何以並未帶來繁榮富裕呢？這其實抓到了一個重點，亞當斯密自己就曾提醒，並非所有的勞動分工都足夠精細和完善化，而此毋寧是能否邁向普遍富裕的真正原因。經常可見的是，許多勞動分工很粗枝大葉，而且缺東缺西。有時，一個人還是得同時負責好幾項工作，或者，分工出來的技術專業也不夠多。

那麼，造成這種差異的原因是什麼呢？亞當斯密指出，關鍵在於市場規模。如果市場對商品和勞務的需求，在種類上夠多元、在數量上夠大，就會促使勞動分工走向精細和完善化。這就是為什麼在大都市裡有各式各樣的商品和勞務，而在小鄉村裡，很多事情都得親自動手。同樣地，水運比陸運開拓了更廣大的市場，推使了勞動分工走向更精細和完善化。

可以理解地，當市場對於商品和勞務的需求，在種類上愈多元、在數量上愈大，同時就意味著交易愈頻繁熱絡。而勞動分工愈精細和完善化，則又代表著各行各業都普及發展，並有著不錯的生產力、技術改良和創新。這當然會帶來一個結果，就是更多的人能「很有效益地」以自己的生產物，換得其他人同樣「很有效益」的生產物；既讓自己賺得了大筆利潤，也讓自己在需求上充分滿足。

上述的認知使得亞當斯密抱持一個信念，並貫穿了他的整個論述，即社會若要邁向繁榮富裕，有賴於盡可能地擴張市場規模，讓商品和勞務的需求，無論在種類和數量上都愈來愈蓬勃，如此才能促使勞動分工走向更精細和完善化，有著更大更好的生產力、技術改良和創新。

而顯然地，對此，之前休謨的那個答案——海外貿易——會有最佳的效果。亞當斯密同樣相信，利用這個辦法可以突破原本「**國內市場的狹隘性**」，從而使得任何工藝或製造業部門的勞動分工，都可以「**發展到**

十分完善的程度」（ibid.: 篇四，章一，300）。相反地，任何對擴張市場規模有所阻礙，或讓商品和勞務的需求無法增加，甚至萎縮的政策或法規，譬如獨佔、管制或課稅之類的貿易保護主義措施，則都應該予以廢除。

這無疑就是亞當斯密一再主張的自由貿易了。由此，他更進一步批判當時盛行的貿易保護主義。它除了會造成市場規模變小，阻礙勞動分工走向精細和完善化外，更糟糕的是，只有少數被特許的行業發達，少數有特權的人能以自己的生產物換得其他人的生產物。結果，只有一部分的階級和人群，能夠既讓自己賺得大筆利潤，又讓自己在需求上充分滿足。

它當然直接與邁向社會的普遍富裕背道而馳！對此，亞當斯密舉了一個典型例證。他說，經由好望角到東印度的新航線，開闢了一個比美洲新大陸更廣大的海外貿易市場。而中國、印度和日本這些東方國家，雖然沒有豐富的金銀礦山，但在其他方面都比墨西哥或祕魯更為富裕，土地耕種得更好，並且所有的工藝和製造業都更為進步。

然而奇怪的是，整個歐洲「從美洲貿易所得的利益，卻一向比它從東印度通商所得的利益大得多。」美洲貿易不只使歐洲「有機會實行新的分工和提供新的技術」；並且「勞動生產力改進了，歐洲各國的產品增加了，居民的實際收入和財富也跟著增大了。」（ibid.: 301）

試問，為什麼會有如此的差異呢？亞當斯密回答，兩者比較起來，唯一可解釋的原因是，「美洲貿易、即歐洲幾乎每一國家對其所屬殖民地的貿易，是其一切臣民可以自由經營的。」（ibid.: 301）也就是說，美洲新大陸是一個完全開放的市場。

反觀對東印度的貿易，先是葡萄牙壟斷了一世紀之久，任何貨物都得經由他們之手。接著，荷蘭人將全部東印度的商業交由一家公司獨佔經營。英國人、法國人、瑞典人和丹麥人隨後也都仿效他們的先例。最後的結果是，除了一小撮享有特權的人和行業外，歐洲絕大部分的階級和人群，都沒有從對東印度貿易享受到勞動分工精細和完善化的好處，即生產力的大幅提升、技術改良和創新，以及普遍的繁榮富裕。

利己之心：勞動分工的原因

談過了勞動分工的重要性，以及如何經由市場規模來讓它邁向精細和完善化，接著，亞當斯密更深入探索了一個非常核心的問題，即如此有效用、可以帶來繁榮富裕的勞動分工，是怎麼形成的呢？在這裡，他想要研究的，可不是外部的歷史因素，而是形成勞動分工的內在機轉。也就是說，他問的是「reason」，而非「cause」。

對此，亞當斯密的回答竟然說，那「**不是人類智慧的結果**」。儘管人類的智慧「預見」勞動分工會帶來普遍富裕，也「希望」利用它來實現普遍富裕，但它卻是「**不以這廣大效用為目標的一種人類傾向**」日積月累所造成的結果（ibid.：篇一，章二，24）。那又是什麼呢？答案是「**互通有無，物物交換，互相交易。**」（ibid.: 24）而它在生活中的一種具體表現，就是在彼此之間，透過「**契約、交換和買賣**」來得到各自所需要的東西（ibid.: 24）。

上述所言看似沒什麼特別，但亞當斯密的進一步分析，卻成為了他最膾炙人口的經典——那一隻「**看不見的手**」！他說，人類幾乎隨時隨地都需要同胞的協助，但沒有人可以一直依賴別人的善意和恩惠。於是人類出現了一種心理策略，就是訴諸對方的利己之心，讓對方在提供協助時，認為是在做對自己有利的事。如此，要達到目的就容易得多了。

做買賣時不就是如此嗎？「**請給我以我所要的東西吧，同時，你也可以獲得你所要的東西。**」亞當斯密聲稱，這句話正是所有「**交易的通義**」。而「**我們所需要的相互幫忙，大部分是依照這個方法取得的**。」即不是乞求別人的「**利他心**」，而是喚起他們的「**利己心**」。對此，他又說了一段廣被引用的話：

> 我們每天所需的食料和飲料，不是出自屠戶、釀酒家或烙麵師的恩惠，而是出於他們自利的打算。我們不說喚起他們利他心的話，而說喚起他們利己心的話。我們不說自己有需要，而說對他們有利（ibid.: 24）。

他相信，交易之所以會發生，就是人們發現，許多時候與其自己親手勞動生產，還不如與他人交換或買賣，來得對自己更有利。因為他人勞動所生產的物品，可能品質更好、數量更多或成本更低。

而這同時會帶給人們一個醒悟，就是為自己利益的緣故，應該要「**完全獻身於**」自己最擅長的工作（ibid.: 25），成為一個專業達人，俾能提供品質更好、數量更多或成本更低的商品和勞務。因為只有如此，別人才有意願持續與自己交換或買賣。正是如此的自利考量，鼓勵了「**大家各自委身於一種特定業務，使他們在各自的業務上，磨練和發揮各自的天賦資質或才能**。」（ibid.: 25）

歸結來說，勞動分工就是在上述的雙重利己心理下日積月累形成的。一方面，人們體認到許多時候，與他人交換或買賣比親手勞動生產，對自己更有利。另一方面，為了增加自己勞動生產物在市場中的價值、顧客的持續青睞，每個工作者都卯足了全力，來提升自己勞動的細緻和專業性。

在整個過程中，沒有人打算要去嘉惠別人，大家都只在盡量做對自己最有利的事，結果卻帶來了愈來愈細緻而專業的勞動分工，並因此創造了原本沒有預期的繁榮富裕。而之所以會有這樣的發展結果，其中一個關鍵的原因是，無論資本或勞動，都會自然地走向利潤較高、又是自己擅長的工作方式和行業領域去，勞動分工就這樣日趨完善化了。

迄今，亞當斯密的此一說法，已經成為市場基本教義派以及新自由主義的標準答案。即只要每個人都自由地按照自己的意願，去追求和擴張自己的經濟利益，就會自然而然地形成最細緻專業、也最有效能的分工體系，並帶來整個社會的繁榮富裕。如果不考慮現實的狀況，純粹抽象來說，上述的話是有道理的！筆者毫無懸念地相信，社會最有效率的分工，以及最大的生產力，有賴於每個人都去做自己認為最有利、又最擅長的工作。而非任何偉大政府或睿智學者的計畫和指導。

看不見的手導向了自由貿易

進一步地，這一套用來解釋勞動分工之所以形成的利己論調，亞當斯密也拿來解釋為什麼應該採行自由貿易。背後的原理幾乎一模一樣。他說，既然投資者和企業主都「**以牟取利潤為唯一目的**」，則他們總會選擇本國最有競爭力的產業；並且努力使自己的勞動生產物最有專業的品質，又「**能具有最大價值，……能交換最大數量的貨幣或其他貨物。**」（ibid.：篇四，章二，306）

那麼，投資者和企業主又該如何運用資本，選擇正確的產業呢？如何讓自己的生產物具有最大價值，得以賺最多的財富呢？對此，亞當斯密申言，基於利益之所在，投資者和企業主自己最清楚，不勞政治家或立法家來操心。而如果國家「**企圖指導私人應如何運用他們的資本**」，那不僅是自尋煩惱，並且是一種僭越。

很遺憾地，國家的主其事者總喜歡越俎代庖！他們經常自以為是地，去保護國內那些缺乏競爭力的產業、或要求某個產業必須獨佔本地市場，這一切不就是在「**指導私人應如何運用他們的資本**」嗎？

時下，美國總統川普（Donald Trump）就最愛下指導棋，要求用美國貨、雇美國人、要美國製造。而從亞當斯密來看，如此僭越的管制，「幾乎毫無例外地必定是無用的或有害的」（ibid.: 306）；必得回歸投資者和企業主自己的最佳理性選擇。

這些投資者和企業主一向非常清楚，對自己最有利的方法包括了兩個部分。首先，如果外國能提供比我們自己製造來得更便宜、品質更好的商品，我們就去向他們購買。何必要美國製造呢？又如果聘雇外國人更符合企業利益，何必要聘雇美國人呢？其次，將由此節省下來的資本和全部精力，集中使用到本國最擅長的產業上。如此一方面可以創造就業機會，另一方面，能取得相對於其他外國競爭者的最有利地位（ibid.: 307）。

同樣地，在這裡的整個考量中，都出於投資者和企業主對自我利益的盤算。沒有人想要圖利哪一個鄰近國家、或追求本國什麼「重返榮耀」之類的偉大社會利益。但就在自利心的如此主導下，一種基於相互貿易所創造的雙贏和繁榮富裕，就自然而然出現了。

亞當斯密生動地形容，在此一過程中，投資者和企業主就好像是「受著一隻看不見的手的指導，去盡力達到一個並非他本意想要達到的目的。」他們從沒有「打算促進公共的利益，也不知道他自己是在什麼程度上促進那種利益。」但奇特的是，並不因為這樣就對社會有害。甚至反過來，他們一心追求自己的利益，往往比那些刻意想要追求公共利益的人，能「更有效地促進社會的利益」（ibid.: 306）。

在此，所謂的那些刻意想要追求公共利益的人，亞當斯密所指的，就是當時的一些政治家和立法家。他們最喜歡搬出國家利益（譬如愛台灣或美國優先）的大旗，進而罔顧投資者和企業主為自身利益所做的最佳理性選擇。但試問，他們朗朗上口的「國家利益」又是什麼呢？亞當斯密說，很可笑地，他們竟然從「你消我長」的國際競爭角度來看待所謂的國家利益，認定自己國家的繁榮富裕，必得建立在鄰國的衰弱窮困上。

而反過來，鄰國在貿易上的利得，就是我們本國的損失（ibid.：篇四，章三，332）。

這樣的人不就是川普嗎？他每天都在盯著貿易逆差，並且看待一切都是「你長我消」下中國的錯！這些政客因此經常要去保護國內的某個產業，即使該產業根本缺乏競爭力。他們也總喜歡訂出一些阻礙進口的政策或法規，好讓某個國內產業獨佔本地市場。此外，就是滿口的政治指導棋，要美國製造、用美國貨、聘美國人；要根留台灣、要新南向。

結果呢？整個國家「**年產物的交換價值，不但沒有順隨立法者的意志增加起來，而且一定會減少下去。**」因為，「**國家的勞動由較有利的用途，改到較不利的用途**」去了（ibid.：篇四，章二，307）。也就是說，社會沒有能將全部資本和精力，集中使用到本國最有利、最擅長的產業上，以創造最大效益；反而聘雇了一大堆沒有競爭力的人，耗費在沒有競爭力的產業上。

這種錯誤的國家利益觀，絕對是有害的。亞當斯密力言，如果一項交易不是對雙方都有利，它就不會成立。而且，資本和勞動總是自然而然地，會流向利潤較高、自己又最擅長的領域。自由貿易就是建立在這樣的基礎上。它「**聽任資本和勞動尋找自然的用途**」，即自由地尋找對自己最有利的出路。而其結果呢？就是「**社會的資本自會迅速地增加**」（ibid.: 307），帶來繁榮富裕。

這裡面最奇特的是，沒有人在考慮什麼社會利益，「**各個人都不斷地努力，為他自己所能支配的資本找到最有利的用途。**」而社會的最佳利益，竟如此而往前跨步實現了（ibid.: 304）。由此，亞當斯密呼籲政治家和立法家，要改變過去對國家利益的狹隘想法，丟掉「你消我長」的觀念，以及杯葛和對抗的政策。讓那一隻「**看不見的手**」，透過自由貿易來創造彼此的繁榮富裕。

他說，鄰近有一個富裕的強國（譬如美國或台灣眼中的日本、德國或中國），固然對本國的某些產業是「**極危險的競爭者**」，但競爭卻因為可以降低產品的售價而「**有利於人民大眾**」。此外，富裕鄰國的大花費，還可以給本國「人民大眾提供良好的市場，使他們得利」。因此，面對鄰國的強大和富裕，需要的是開放、而非鎖國或保護。亞當斯密一再強調，「鄰國的富乃是本國可能獲得財富的原因和機會」（ibid.：篇四，章三，333）。

相對於如此大格局的長線視野，川普可真是超級小鼻子小眼睛！而台灣呢？又該怎麼看待中國的快速崛起和壯大？你消我長、持續杯葛和對抗嗎？抑或選擇資源和市場的兩相整合？歷史中經常出現的一個弔詭，是打著國家利益的招牌，結果變成另「一隻看不見的怪手」，重創了國家利益。

富人的享受讓財貨向下分配

除了解釋勞動分工的形成以及捍衛自由貿易，亞當斯密還進一步將「看不見的手」的論述，用來為大地主的奢華享受辯護，申言自利性的經濟行為可以促成社會利益的實現。此一論述出現在早期的著作《道德情操論》（*The Theory of Moral Sentiments*）中。他以十分文學的筆法指出，富人在生活上的各種享受，其實正為普通人們提供了工作機會，也因帶動消費而刺激了生產。

他說，「驕傲而冷酷的地主眺望自己的大片土地，卻並不想到自己同胞們的需要。」他的腦袋只打算獨享一切的收穫物。但就在他享受的過程中，還是不得不將「自己所消費不了的東西」分給了為他烹調美食的廚師；分給了替他建築宮殿的工匠；分給了幫他整理家事的僕人；也分給了提供他「各種不同的小玩意兒和小擺設的那些人」。

而最微妙的是，這些人之所以能夠分得生活必需品，就是因為這位大地主的「生活奢華和具有怪癖」。

了。

相反地，「如果他們期待他的友善心和公平待人，是不可能得到這些東西的。」（Smith 著，2003：卷四，章一，229）儘管富人們的天性是「自私的和貪婪的」，儘管其中的動機是「只圖自己方便」，又儘管「他們雇用千百人來為自己勞動的唯一目的，是滿足自己無聊而又貪得無厭的慾望」，但到底還是將收穫物分配出去了。

亞當斯密形容，這正是「一隻看不見的手」的引導，將大家的生活必需品，一如平均分配給全體居民般地，分配了出去。而就這樣，「不知不覺地增進了社會利益，並為不斷增多的人口提供生活資料。」最讓社會主義者不悅的是，他竟然說，上帝雖將土地分給了少數地主，但祂「既沒有忘記、也沒有遺棄那些在這種分配中似乎被忽略了的人。」透過大地主的揮霍享受，普通人們，乃至於窮人，也享用了所有生產物的一定份額。而「在構成人類生活的真正幸福之中」，他們「無論在哪方面」，所獲得的其實並不比那些大地主「遜色」（ibid.：229）。

在此，眼尖的讀者會發現，亞當斯密的論述，與之前的休謨似乎如出一轍。按照後者，愈多的消遣和享受，愈可以豐富社會的商品、增加消費和創造就業。而即使是沉湎物欲和放縱無度，固然對個人是禍害，卻可以刺激工商貿易的發展，讓大家富裕起來。

與休謨比較起來，亞當斯密比較偏重生產物的向下普及分配。雖然他並沒有直接談到創造就業、刺激經濟，或是增加國家儲存之類的效果，但箇中的意涵其實差異不大。

值得注意的是，在這裡，這兩位大師都採取了效益主義的論證途徑，即強調要根據行為在結果層次上的效益程度，來做出對行為的選擇和評價；而不是根據動機層次上的道德情感。並且此處所謂的效益程度，指的都是對社會全體，而非針對某一個人。

難怪！他們都不在意富人們是如何為牟利而自私，又如何奢華享樂。唯一著眼的是，這些行為所帶來的創造就業機會、刺激工商貿易，以及讓生產物向下普及分配的社會效果。

對於自利性經濟行為的道德控訴，他們都甩開了！但他們並不認為，這是不道德或反宗教的。而只是強調，自利性經濟行為更屬於社會利益——而非道德或宗教——的評價範疇。

可想而知地，這兩位大師都被社會主義者當成大敵！因為，他們不僅沒有控訴富人的奢華浪費，甚至還為那群敗類的自私貪婪而辯護。他們不僅藐視了分配的正義，還鼓舞了資產階級的無限積累。

但事實上，休謨和亞當斯密毋寧仍是關心窮人的，並確實想要解決貧窮問題。只不過他們所期待的，並非富人的道德情感或宗教愛心，更非揭竿起義式的社會主義革命，而是強調一條發展工商貿易的右派之路。這一條路，就是透過每個人的自利性經濟行為，來創造一種能夠惠及中下層的普遍富裕，從而讓整個社會脫離貧窮。

很多人都認為，這代表了一種私利與公利之間的自然調和論。即休謨在之前所說的，它「增進窮人的幸福，卻絲毫無損於富人的幸福。」一方面，富人可以繼續自利和貪婪，盡情無礙地去創造經濟利潤；另一方面，隨著經濟的繁榮昌盛，財富會自動向下流，分配到大多數人手裡。這可真是美好啊！既解決了窮人的困境，富人也比以前更幸福。

亞當斯密難題？自利或同情

然而，如此來定位亞當斯密，卻遭遇到一個待解的難題，我們不得不面對。即他不像休謨那樣，徹頭徹尾地肯定自利心。亞當斯密在自利心之外，還強烈主張要以憐憫或同情，乃至於良心這些道德內涵，來作為社會共善的一個基礎。這如何自圓其說呢？不禁令人質疑，亞當斯密真的與休謨站在同一個陣營，都擁抱著一種私利與公利之間的自然調和論嗎？

讓我們先來看看休謨。就如之前所討論的，他聲稱，為了實現真正有保障而長遠的自利，自利心會約束自己。即互相承認對方的自利所得，以此來建立起一種關於正義和財產權的協議。當然，這與慈善仁愛之類的道德情感無關！純粹是每個人的自利心彼此交織的共同結果。它一方面讓社會成員都感覺到一種對自己的利益；另一方面，它也被想像為全體所共有的利益。加總起來說，就是對你自己和對大家都有利！

並且進一步地，由於每個成員都有這種感覺，使得正義和財產權更被確立了。從原本的互相承認對方的自利所得，發展到了當自己做出正義行為時，會強烈期待其他人也照樣去做（Hume 著，1996: 538）。就這樣，日積月累地，一種利益共同體的精神形成了。對於私利與公利之間的自然調和，此即休謨所做出來的解釋。

然而，對比來看，亞當斯密並沒有這樣的人性預設和推理。在《道德情操論》一書中，他明白否定了人性中只有利己，強調還存在著憐憫或同情。他說，人無論怎樣自私，其天賦中還明顯存在著一種本性，就是**「關心別人的命運，把別人的幸福看成是自己的事情，雖然他除了看到別人幸福而感到高興以外，一無所得。」**而這種本性即**「憐憫或同情，就是當我們看到或逼真地想像到他人的不幸遭遇時所產生的感情。」**（Smith 著，2003：卷一，篇一，章一，5）

或許有人會辯稱，憐憫或同情只是將他人的不幸聯想到自己身上，想像如果是自己遭遇到的話，景況會有多悲哀。這毋寧還是一種自我中心，並非對他人有真正的關心。但亞當斯密反駁說，此一論調喜歡以**「自愛之心來推斷我們全部情感」**。然而，我們對他人的不幸所產生的感情，總發生在瞬息即逝的場合，不可能是**「從任何利己的考慮中產生」**的（ibid.：卷一，篇一，章二，4）。

這就好像我們看見一個小孩即將掉入井裡，會不假思索地衝上前去將他拉住！孟子就曾曉諭我們，其中並沒有利害計算的存在空間，純然是一種惻隱之心、一種道德情感的自發。亞當斯密也是如此看法，他將憐憫或同情視為一種直覺式的情感，就有如戀愛一般，是瞬間觸電的感覺。只有窮極無聊的人才會說，一見鍾情其實不過是自戀！

從上述之論，我們沒有任何空間，必須承認，亞當斯密根本否定了人性中只有利己之心。憐憫或同情，也被他視為人性中的重大成分。但就在此，一個重大的難題和爭議浮現了。即許多學者提出來的所謂「亞當斯密難題」（Adam Smith Problem），果真是存在的嗎？

這些人認為，在《道德情操論》與《國富論》兩本書出版的不同期間，亞當斯密對人性的立場發生了改變，即從主張憐憫或同情，改變為對利己之心的肯定。他們相信，這是一個難以自圓其說的矛盾。

如果真是這樣的話，那我們可就輕鬆了！我們大可不必理會亞當斯密對憐憫或同情的主張。因為在出版《道德情操論》後，過了十七年，他在《國富論》這本書中已經「悔改」了！自利心就是他不折不扣的主張；同時他也是一個私利與公利之間的自然調和論者。

但遺憾地，筆者必須說，這是一廂情願的嚴重曲解。一來，無論是《道德情操論》或《國富論》，都一直在增補修訂。前者的第六版，甚至到亞當斯密逝世的一七九〇年才出爐。後者則持續增補修訂到一七八六年。這清楚證明了一點，亞當斯密完全不認為它們有所矛盾，也不存在著所謂立場改變的問題，否則早就修訂成兩相一致了。

二來，《道德情操論》固然否定了人性中只有利己，還存在著憐憫或同情。但在同一本書裡，亞當斯密明明就使用了「**看不見的手**」這個概念來為大地主的奢華享受辯護，強調自利的經濟行為可以帶來財貨的向下普及分配。以此而言，所謂亞當斯密在前後兩本書的思想矛盾或立場改變，根本脫離了基本事實。

看不見的手，被過度放大了

正確來說，亞當斯密對人性的預設和推論，早在撰寫《道德情操論》時就已經完成了。此後既未曾改變，也不存在著什麼與《國富論》或「**看不見的手**」之間的矛盾。基本上，對於人性的內涵和成分，他的立場始終就是兼容並蓄的！

在《道德情操論》一書中，亞當斯密一方面強烈訴求了憐憫或同情，要求以它來作為社會共善的一個基礎；同時在另一方面，也使用了「**看不見的手**」的概念，來辯護大地主的貪婪自私。事實上，對於人性的內涵，他還提到了所謂「**公正的旁觀者**」（the Impartial Spectator）（Smith 著，2003：卷二，篇二，章一 & 二，96; 101）。這指的是，想像自己在他人處境中行為的合宜性，想像別人會怎樣評價自己的行為。它最大的意義在於，可以讓人跳出自我中心的偏頗，發揮類似於良心的作用（Wright 著，2004: 260-264）。而如果我們再進一步細究，亞當斯密對於人性的成分所指涉的範圍，還不只這些呢！譬如，對秩序以及「**條理美、藝術美和創造美**」的熱愛，也被他視為普遍的人性（Smith 著，2003：卷四，章一，230, 231-232）。

這一切充分顯示出，亞當斯密對人性的預設和推論，從一開始就是整全而有相容性的。當然，從某一個角度來看，其中存在著某種矛盾、某種有待化解的尷尬。不少人就曾試圖解釋其中的矛盾尷尬，說亞當斯密的真意是，在「經濟行為」所屬的市場交易中肯定自利心；而在「社會行為」所屬的人際關係中，才要求憐憫或同情，乃至於良心。這種講法看似合理，卻站不住腳。因為即使在經濟領域中，我們都看到亞當斯密出現不少對自利行為的批評，以及對憐憫同情和道德正義的期待。從頭到尾，他根本沒有在區分什麼經濟行為或社會行為。

另一種解釋則主張，亞當斯密固然肯定了憐憫或同情，乃至於良心，卻悲觀地認為，若要以它們來作為經濟賴以運作的法則，會不夠堅實和穩固。因為道德情感往往是短暫的！在激動過後，人總是回歸平靜的心情，去謀一己的生計、逐一己的快樂（陳正國，2004: 14-18）。換言之，常態性的利己之心，毋寧才是經濟活動真正可靠的原理。這種講法也看似合理，但同樣站不住腳。因為，亞當斯密可從來沒有認為，道德情感的效用是短暫的！相反地，他始終熱情地期待，憐憫或同情，乃至於良心，能夠成為整個社會在運作上的一個堅實而穩固的基礎。

其實，對亞當斯密來說，根本沒有什麼矛盾尷尬需要去解釋。一來，自利心以及憐憫或同情，乃至於良心，本來在人性中就是同時存在、交互作用的。他從來沒有像休謨那樣，輕看慈善和仁愛的作用、並認定人性是由強大的自利心所支配。

二來，他也從來沒有做出任何具有涵蓋性的通則，或建立一種放諸四海皆準的社會暨經濟法則，說人類一切出於自利心的行為，都會帶來對社會全體有利的效果。譬如，同業組合共謀來壓低工資，或權貴以特許而獨佔事業，或金主以極高的利息來放貸，對這些出於自利心的行為，亞當斯密明明都是強烈抨擊的，何嘗聲稱它們可以促成什麼社會利益？

正確而言，「看不見的手」從來不是一種普遍適用的理論，吾人不能過度放大！亞當斯密每一次提到它時，都有其特定的針對性。最早的一次是出現在《道德情操論》中，用來辯護富人奢華享受的分配效果。後來的兩次則出現在《國富論》中，分別用來解釋勞動分工的形成以及主張自由貿易。

這三種狀況，就是亞當斯密談到自利心時所唯獨指涉的對象。若有人要從這裡抽象出一項更高的普遍性斷言，聲稱他主張人性不僅由自利心來支配，並且一切出於自利心的行為，都會帶來對社會全體有利的效果，那就是過度推論了。而就在此一意義下，亞當斯密並沒有真正建構過什麼私利與公利之間的自然調和論。如果有的話，其適用範圍也僅限於上述的三種狀況而已。

真正熱情擁抱自利心，並主張自然調和論的，毋寧是休謨，以及後來的馬爾薩斯、柏克和邊沁。尤其是後面這三位人物，更是舉起了鮮明的大旗，一方面高調排除了憐憫或同情，以及道德正義的訴求，另一方面則倡言，社會暨經濟的運作，應回歸由自利心所支配的競爭法則。這一點我們將在後文中再行討論。

但無論如何，對比於第一、二章的財富倫理傳統，自利心至少在亞當斯密那裡被大幅解放了！隨著歐洲進入一個工商貿易和布爾喬亞的新紀元，它已經掙脫道德主義的牢籠了。從夠用就好的小康格局，更無礙地，邁向了資本主義的無限利潤心。雖然亞當斯密還是強烈期待，人們得去發揚憐憫或同情、慈善和仁愛，乃至於良心，來作為社會共善的一個基礎，但在某些狀況和一定範圍下，自利心已經被肯定和標榜，是可以帶來繁榮富裕此一社會利益的了！

重商主義的迷思：積累金銀

上述談過自利心的整個辯證後，接下來，亞當斯密為了強調自由貿易，進一步聚焦展開了對當時「重商主義」的批判。對本書來說，這別具價值！因為它不僅觸及該如何邁向繁榮富裕，還直接談到金銀的積累，以及判斷一個國家是貧窮抑或富有的真正指標。

重商主義其實是一個老古董。早在中世紀晚期就存在，卻盛行於十六、十七世紀。其主要特徵，就是國家對於商業交易一種很本位的想法。它直覺地認為，就像富人一樣，想當然耳地，所謂富國，就是擁有很多金銀貨幣的國家（ibid.: 289）。因此，留在國內的金銀必須不斷增加，不容減少。譬如洛克就主張，貨幣作為「**一個可靠的朋友，……若能使它不流出國外，就很不容易浪費消耗。**」（ibid.: 289）史學家魏德福（Jack

Weatherford）同樣指出，「在當時的經濟理念下，白銀與黃金被視為致富的關鍵，……擁有最多黃金與白銀的人，就是最富有的人，對國家來說也是如此。」（Weatherford 著，1998: 120）

一個有趣的插曲是，這竟然成為許多國家制定一大堆禁奢法律，以及鼓勵儉樸節約的理由。因為，消費增加了對進口的需要，這會造成金銀的流出到外國，致使他們變富，而本國卻變窮了（Thompson 著，1996: 681）。從我們現代人來看，這確實可笑。儉樸節約的理由，竟然不是出於社會風氣或道德的考量，而是為了保留更多的金銀在國內。

但就在這種流行觀念下，歐洲各國都管制金銀的輸出。這對商業發展當然造成了很大傷害。因為以貨幣來作為交易媒介，向來是最方便、最有效率的。而且貨幣的流通本身就可以刺激經濟。後來，幾經商人的陳情遊說，這些政府採取了新政策，改以貿易差額的管控來將貨幣留在國內。理由是，「當一國輸出的價值大於輸入的價值時，外國就欠它一個差額，那必然以金銀償還，從而增加國內的金銀量。」（Smith 著，2009：篇四，章一，290-291）用我們現在的話來說，就是貿易出超時會增加本國的貨幣量。

據此，貿易保護主義華麗登場了。它表現為兩個基本原則，即「獎勵輸出和阻抑輸入」（ibid.：篇四，章八，432）。至於具體的作法，則有各式各樣對進口的獨佔、管制、課稅，以及對特定無競爭力產業的出口獎勵金。當然，貿易保護主義總是雙向的。你來我往，彼此報復。而其最糟糕的結果是，扼殺了市場規模擴張的生機。彼此對商品和勞務的需求都無法增加、甚至萎縮。它完全與邁向普遍的繁榮富裕背道而馳。

不只如此，亞當斯密還控訴，重商主義所要獨佔、管制、課稅或補貼的產業，往往「都是有錢有勢的人所經營的產業。至於為貧苦人民的利益而經營的產業，卻往往被忽視、被壓抑。」（ibid.: 433）說穿了，一切都是政商勾結下的特權。

重商主義同時也犧牲了消費者的利益。因為一來，對進口的阻抑造成了該產品的市場價格上漲，進口商總將增加的成本轉嫁給消費者。二來，國家對出口的補貼，其財源總還是來自於消費者的賦稅（ibid.: 443）。

而最可議的是，重商主義所做的這一切貿易差額的管控，理由竟是為了將貨幣盡可能積累在國內，好像一個富人擁有很多金銀一樣，富裕的國家也要擁有很多金銀。對此，亞當斯密鞭辟入裡地批評，「**構成一國真實財富與收入的**」，不是積累在國內的貨幣數量，而是「**一國勞動和土地的年產物的價值**」（ibid.: 篇二，章三，236）。或者，所謂的「**利益或利得**」並「**不是金銀量的增加**」，而是「**土地和勞動年產物交換價值的增加**」（ibid.: 篇四，章三，329）。很明顯地，這番話所指涉的，正是自由開放的貿易成果。貿易愈頻繁和熱絡，所創造的交換價值就愈大。

亞當斯密的此一解釋是經典的，具有革命性的貢獻。它正是我們今天所謂「GDP」的源起。它內含了一個重要觀念，即同一筆金銀，經過不斷地買賣而流通，會創造出好幾倍的交換價值。譬如，木匠李四招待朋友到餐館吃飯，消費了一千元。接著，餐館老闆將這一千元交給女兒繳交了家教費。家教老師拿到錢之後，就到老張的雜貨店買了米糧。最後，老張因為要修理店裡的木窗，於是這一千元又回到了木匠李四的手裡。

在這個簡單例子中，從頭到尾都只存在著回流到李四的那一千元。但透過消費而流通後，卻創造了四千元的交換價值。李四招待朋友飽餐了一頓；餐館老闆的女兒繳交了家教費；家教老師買了所需要的米糧；老張也修好了店裡的木窗。試問，在此一小社群裡，真實的財富和收入到底該怎麼計算？是實際存在的那一千元鈔票呢？還是經由商品和勞務的交換，所創造出來的四千元產值？答案當然是後者，因為其中各個人的需求確實被有效滿足了。

這就是亞當斯密所要表達的，構成一個國家真實財富和收入的，不是擁有多少金銀，而是所有商品（包括土地產物）和勞務在市場上交換時所具有的產值。對此，他有時會用另一種方式來表達。基於「**勞動是衡**

量一切商品交換價值的真實尺度」，而商品的交換價值，就是所「**能購買或能支配的勞動量**」，因此，要判斷一個國家是貧窮抑或富有，必得以此來衡量，而不是看擁有多少金銀（ibid.：篇一，章五，35）。

亞當斯密的此一觀念其實並非新創，稍早時期的禁慾主義新教，譬如富蘭克林就已經明確表達這種想法了。他基於金銀之類的貨幣會隨其總量而升貶，因此認為一切商品的價值在於其內含的勞動量。所以他主張，「**一國的財富是由他的居民所能購買的勞動量，而不是由他們所擁有的黃金和白銀量來估價的。**」（Franklin 著，1989: 9）如此高度雷同的表達，是否亞當斯密有受到富蘭克林的影響呢？這一直是未定的爭議（Ibid.: x-xi）。

然而在此，比較重要的是，無論商品交換的價值，抑或所能購買的勞動量，它們都不等於國家某個定額的金銀量。只要貿易愈頻繁和熱絡，所創造出來的總價值，或所購買的勞動總量就愈高。隨而，金銀之類的貨幣量也就跟著增加了。這充分意味著，「**金銀增加，只是社會繁榮的結果，不是社會繁榮的原因。**」（Smith 著，2009：篇二，章三，236）

故而，亞當斯密勸告政府，只要採行開放的自由貿易，則貨幣是否留在國內，根本是無須煩惱的事。因為貨幣的流通會反映有效需求而自行調節。用他自己的話來說，開放的自由貿易會很可靠地按照我們「**所能購入或所能使用的程度**」，為我們提供「**用以流通商品……的全部金銀。**」（ibid.：篇四，章一，292）

尤其是「**金銀這種商品**」，它在反映有效需求而自行調節的作用上，絕對是「**最為容易，也最為準確**」的。因為它體積小而價值大，最容易從一處地方流通到另一處地方——從價廉的地方流通到價昂的地方；從超過有效需求之處，流通到無法滿足有效需求之處（ibid.：292-293）。因此，政府真正該煩惱的，絕不是要採取什麼政治手段，來將多少資金留在國內或出超抑入超，而是社會的繁榮程度能創造多少對資金的有效需求。有效需求愈大，金銀就跟著進來愈多！

節儉：資本增加的直接原因

不過，話雖如此，積累金銀倒也未必全都是錯誤。如果其出發點是為了個人積累資本，則亞當斯密會舉雙手贊成。重商主義的錯誤在於，他們抱持著一個偏差觀念，以致為了積累金銀而破壞自由貿易。

從經濟學的基本原理來看，增加資本的投入，就會增加對勞動的需求；這當然會提高就業機會。連帶地，所增加的商品和勞務，也能滿足更多人的消費需求。而這一切都會帶來經濟的繁榮進步。

亞當斯密更從利率的角度，提出一個實證的觀察。他說，在歐洲，現今的利率比古代低太多了。而且愈繁榮進步的國家，其利率愈低。這顯示出在愈富裕的國家裡，總有著充沛的流動資本。只不過，流動資本的充沛，與其說是富裕的結果，毋寧更是富裕的原因。

他並且相信，富國的居民「**由資本利潤而得的收入也比貧國大得多**」了（ibid.：篇二，章三，233）。這就是說，在富國居民的所得結構裡，資本利潤所佔的比例，遠遠高出貧國居民的情形。這的確是實情。通常，在愈貧窮的國家裡，居民的所得大都來自勞動工資，很少是資本利潤。

但問題是，該怎麼增加資本來創造更多利潤呢？亞當斯密首先指出，人們的全部資財，扣除消費掉的，剩下來的就是資本了（ibid.：篇二，章一，196）。因此，消費得愈多，資本就愈少；而由於消費的需要會不斷出現，資本隨而會一天天地減少。

答案在這裡出來了，就是要節儉。對此，亞當斯密發明了一組概念。他說，人們應該儘量將資財用在「**生產性勞動**」上，同時盡可能減少「**非生產性勞動**」。前者譬如是雇用製造業的工人；他們的勞動通常可以補還雇主所支付的工資，還有剩下利潤。後者則譬如是雇用家僕。他們的勞動只是侍候主人的生活享受，絲毫不能創造利潤，即使連支付給他們的費用都無法回收。

經由此一對比，亞當斯密結論道，「**雇用許多工人，是致富的方法，維持許多家僕，是致貧的途徑。**」（ibid.：篇二，章三，230）不只是家僕，君主以及他的官吏和海陸軍，更「**都是不生產的勞動者**」。還有演員、歌手和舞蹈家，也都屬之。亞當斯密承認，他們有些是很尊貴而重要的（ibid.: 230），但畢竟在本質上都是非生產性勞動者。所有花在他們身上的資財，都是屬於直接消費，也都會減少一國的資本。一言以蔽之，要將財富當作「資本」來使用，這比將財富當作「收入」去消費，更能帶來繁榮富裕。前者不僅能調動更多的勞動，而且所調動的勞動還創造價值。反觀後者呢？就是花掉了，什麼都沒有。

亞當斯密提醒，無論是生產性勞動者、非生產性勞動者或不勞動者，都同樣仰食於一個國家的土地和勞動的年產物；而此一年產物的總額卻不是無窮無盡的。他相信，「**用以維持非生產性人手的部分愈大**」，接下來一年的生產物就必然愈少。反過來，道理是相同的（ibid.: 231）。他進一步指證，在當前那些富裕的國家裡，用來雇用生產性勞動者的費用，在年產物中所佔的比例，就比貧窮國家的情況大得許多（ibid.: 233）。這充分意味著，愈是將資財用在生產性勞動，國家就愈富裕；反過來，愈用在非產生性勞動或直接消費掉了，就愈貧窮。

他更認為，這個比例有多少，甚至決定了「**一國人民的性格是勤勞還是游惰**」的。因為那些從事生產性勞動的人，通常都是勤勞、敬業的；而那些非生產性勞動者或不勞動者，則往往是游惰、懶散的（ibid.: 233）。譬如，商人和鄉紳就明顯不同。商人為追求一己的利潤而成為生產性勞動者，他們由經商而養成了「**愛秩序**、**節省**、**謹慎**（prudence）**等各種習慣**」。而鄉紳呢？他們通常是有土地的領主，只想滿足最幼稚的虛榮心，因此很少有流動資本。

鄉紳是一向奢侈慣了的，他只會花錢，從來不會想到賺錢。商人卻常用錢來經營有利事業，他用一個錢，就希望在這一個錢回來的時候，帶回一些利潤（ibid.：篇三，章四，279; 284）。

在這裡，「**prudence**」（應譯為精明審慎）是亞當斯密常用的概念；代表的是一種理性化的紀律。它一方面對於事情該怎麼去做，很精明睿智；另一方面，在處理每一個步驟和細節時，都有條不紊、審慎以對。值得一提的是，他對商人的這些描述，令人驚訝地，竟然與韋伯筆下那些從商的禁慾主義新教徒，幾乎一模一樣。他們都具有勤勞節儉、愛秩序、克己自律和精明審慎的性格，活得就像是「**一部獲利的機器**」。並且同樣地，韋伯也將這一群布爾喬亞，與土地貴族的揮霍闊綽區別開來。兩個人都還一致認為，這種節儉的品行帶來了資本積累的效果。

比起韋伯，亞當斯密其實說得更強烈。不僅「**資本增加，由於節儉；資本減少，由於奢侈與妄為。**」並且，無論是個人資本，或由個人構成的社會資本，都只能靠節儉來增加。他直接控訴，奢侈者就是濫用資本；這些人「**不量入為出，結果就蠶食了資本。**」奢侈者根本搶奪了「**勤勞者的麵包來豢養游惰者**」。奢侈者的所為，「**不但會陷他自身於貧窮，而且將陷全國於匱乏。**」（ibid.：篇二，章三，234-235）

亞當斯密如此的指摘，可能會讓許多人困惑。之前，不是才從「看不見的手」來為大地主的奢華享受辯護嗎？怎麼一下子翻臉、痛罵起奢侈者呢？其實，這種情形與休謨一樣，都只是針對不同目的而做出的不同評價罷了。之前肯定富人的奢華享受，是基於其所帶來的財貨向下普及分配效果；而此刻批評奢華享受，則是基於其所引致的資本流失和游墮品行。前者是為了辯護私利與公利之間一種自然調和的狀況，後者則是為了申言，藉由資本積累來進一步創造利潤的重要性。

那奢華享受到底好不好呢？在這裡，凸顯了同一個行為在社會效果上可能有不同的多面性。從某一個角度來看，奢華享受是對社會有利的，但若從另一個角度來看，則奢華享受是對社會不利的。這毋寧正是效益主義的一個難題。即社會效果經常是多面向的、甚至有其矛盾性。很多時候，並不是「兩害相權取其輕」就可以解決！

對於此一難題，亞當斯密毋寧會比較偏重節儉。因為將錢省下來投入生產性勞動，會進一步創造更多人的所得，而當這些新增的所得拿去消費時，同樣也會有促進流通和重分配的效果（Moran, 1901: 827）。不過，對於這一點，亞當斯密並沒有明講。他只是一味地追問，社會上無論如何就會有很多人奢侈妄為，不是嗎？那該怎麼辦呢？

他提出了一個不錯的見解，只要國家中一部分人的「儉樸慎重」，能夠補償另一部分人的「奢侈妄為而有餘」（ibid.: 237），那麼，整體而言，就還是可以持續性地積累資本。他相信，在當前那些資本充沛的富裕國家裡，情形就是如此。有人儉樸慎重，有人奢侈妄為。然而，在整體上，儲蓄大於開銷就可以積累資本了！

從道德規勸到追求普遍富裕

寫到這裡，我們對亞當斯密的討論該告一段落了。值得一提地，雖然他的整個題旨是在探討該如何邁向繁榮富裕，並且再三肯定了自利性的經濟行為，但他從來沒有一面倒向對財富的崇拜和追求。相反地，他就像禁慾主義新教的牧師一樣，有許多在這方面的道德規勸。譬如，他提醒那些羨慕富裕景況者，「追求財富的人們時常放棄通往美德的道路」。甚至，「通往美德的道路和通往財富的道路，二者的方向有時截然相反。」（Smith 著，2003：卷一，篇三，章三，76）他還說，「誠實和公正的人不會因得到財富而欣喜，他感到欣

喜的是被人信賴和信任。」（ibid.：卷三，章五，203）

亞當斯密又形容，權力和財富有如巨大的建築物，需要畢生的努力去建造。然而，「它們可以遮擋夏天的陣雨，但是擋不住冬天的風暴。」而且住在裡面的人，「有時比以前更多地感到擔心、恐懼和憂傷，面臨疾病、危險和死亡。」（ibid.：卷四，章一，228）

他更提出了一個非常經得起考驗的特別看法，認為「每個人的心情在或長或短的時間內，都會重新回到它那自然和通常的平靜狀態。」財富所帶來的滿足同樣是短暫的。在發財或購物之後，會愉悅一段時間，接著，總會回到最初的平靜狀態。以此而言，「貪婪過高估計了貧窮和富裕之間的差別」，真正的「幸福存在於平靜和享受之中」（ibid.：卷三，章三，180）。而就立基於這個角度，亞當斯密相信，「在肉體的舒適和心靈的平靜上」，所有不同階層的人都可以處於同一水平的幸福。譬如，「一個在大路旁曬太陽的乞丐，也享有國王們正在為之戰鬥的那種平安。」（ibid.：卷四，章一，230）

甚至，亞當斯密為了阻止人們愛自己超過愛別人，還刻意將社群的安居以及對鄰人的保障，優先放置在個人財產權之上。他宣稱，最神聖的正義法律，就是「那些保護我們鄰居的生活和人身安全的法律」；其次才是「那些保護個人財產和所有權的法律」（ibid.：卷二，篇二，章二，103）。

然而，儘管有上述的這些道德規勸，亞當斯密還是正面看待財富，認為積極地保持和增進財富乃「合宜的傾向」；而對它的關注用心，則是通常稱為「prudence」的「那種美德的合宜職責」（ibid.：卷六，篇一，272-273）。這就是說，財富乃人生中該抱持此一美德去面對的大事。

他不僅正面看待財富，更也肯定了人們在面對資本的使以及勞動分工時的利己之心；他甚至接受了富人的奢華享受，認定這些出於自利心的行為，帶給社會全體的反而是正面利益。雖然這種對自利心的肯定有其針對性，並不完整，但已經在當時及隨後的年代裡，讓自利心在經濟和財富倫理中解放了，大幅脫離道德主義的桎梏以及小康的格局。

進一步地，他不只在個人層次上肯定了財富和自利心，同時還力言，讓人民保有最大的富裕，也應該是國家的合宜職責。因為政府正是為了保障人民財產而建立的。可以說，這是一個延伸性的任務。

整個來說，《國富論》的撰寫和出版，應該就是在上述這兩重心理背景下醞釀和形成的。無論是個人或國家層次，以「prudence」這種精明審慎的態度，來積極地保持和增進最大的富裕，都是一種合宜的自然傾向，也是一種合宜的職責。

而最可貴的是，在這一點上，亞當斯密並未迷失在富人俱樂部的歌舞盛宴中。他始終心繫勞工和窮人，要求一種可以惠及中下階層的普遍富裕。對他來說，既然根據過去的歷史，「**有大財產的所在，就是有大不平等的所在**。」那麼，國家所追求的富裕，當然就得普及於各個階層，才能帶來平等和幸福。而就出於這樣的心理，幾乎《國富論》的每一頁，都指向了普遍富裕此一核心。

但他期待給予窮人的，既非道德情感和宗教愛心的施捨救濟，也不是透過對富人課稅來強制向下重分配；而是經由勞動分工的完善化、自由開放的海外貿易，以及活絡的商業消費和交易，來促進整體社會的繁榮富裕，俾能使中下層階級直接受惠。並且在他的心目中，讓中下層階級的滿足水準，絕非只是濟貧法下的勉強維生而已。而是還能在優厚的勞動報酬下，贍養家室，多生孩子，並長期保持健康活力。

坦白說，這樣一條右派之路才是消滅貧窮的正本清源之道，不是嗎？最鮮明的證據是，從一八二〇至一九九二年，因受惠於全球的經濟增長，尤其是中國和印度，使得全世界人口的平均收入增加了七到八倍。與此同時，貧困人口佔世界總人口的比例，則從八四%降低到了二四%（Deaton 著，2015: 175）。這充分證明了經濟增長對減少貧窮的巨大成效。

遺憾的是，亞當斯密所倡言的這一切，總被市場基本教義派給曲解！而且是不由分說地曲解。這批人將亞當斯密就當成是「自由放任」（Laissez-faire）的同義詞，要求政府從經濟事務中退出，不干預，完全交由企業和市場來操作。事實上，在《國富論》中，政府要做的事情可多了。譬如，設立嚴正的司法行政機構、建立並維持某些公共機關和公共工程，還要以賦稅政策來鼓勵地主和農夫。

最抱持著自由主義的哈耶克（Friedrich Hayek, 1899-1992），對此有明確的澄清。他說，亞當斯密絕非主張政府不能採取任何行動，都得靠自發性的經濟力量。他批評的毋寧是特權，即為了某一特定目的而破壞了「一般性法律的執行」（Hayek 著，1997: 279-281）。換言之，打擊特權，以司法、公共服務和財稅，來維持自由市場的秩序及活力，這才是他要的。

許多人都忽略了，破壞自由市場的，雖可能是政府，但也可能是大型企業、同業組合，甚或是代表勞動者利益的工會。亞當斯密可貴之處在於，他從來不是一個閉著眼睛、罔顧剝削和特權、高談自由市場的人。

5 — 繁榮進步中窮人的命運：馬爾薩斯

- ◆濟貧院收容的人一般不能說是最有價值的社會成員，但他們消費的食物卻會減少更為勤勞、更有價值的社會成元本應享有的食物份額。
- ◆濟貧法在產生它所養活的窮人。

亞當斯密的許多洞見固然令人敬佩，但歷史的考驗是現實的。試問，窮人真的會在工商貿易的繁榮下跟著受惠、邁向基本生活條件的充裕嗎？從當時社會發展的真相來看，完全不是這麼一回事！工商貿易一直旺到了十九世紀，窮人的景況不僅毫無改善，還愈來愈悲慘了。

然而，我們不該否認，針對貧窮問題，亞當斯密確實已經開出了若干好藥方。譬如勞動分工的細緻和完善化、自由開放的貿易，以及活絡的商業消費和交易等等。只是，對於他所主張的要給勞動者優厚的報酬，許多的投資者和企業主根本假裝沒聽到，一味地抓住他對自利心的肯定，貪婪地追求無止境的資本積累。

貧窮勞動者的持續被剝削，絕對違背亞當斯密的意旨！但奈何，這筆帳還是經常算到他頭上。亞當斯密若地下有知，一定會大聲喊冤。其實，這筆帳最應該算在馬爾薩斯（Thomas Robert Malthus, 1766-1834）這位聖公會的牧師，以及第一位政治經濟學教授頭上。他在一七九八年發表了《人口原理》（*An Essay on the Principle of Population*）一書，批評濟貧法，廣為流傳，影響很大。

自然法則的兩個限制性面向

他最基礎的論點是，「**人口的增殖力無限大於土地為人類生產生活資料的能力**」。除非人口受到抑制，否則它就會以幾何比率增加。而反觀人類所生產的生活資料，也就是糧食，卻僅僅會以算術比率增加（Malthus 著，1996: 7）。

造成人口受到抑制的因素很多，譬如戰爭、疾病或自然災變。但馬爾薩斯卻偏偏最強調，貧困是一個關鍵的因素。他說，大自然極其慷慨地到處傳播生命的種子，但在給予養育生命種子所必需的空間和營養方面，卻一直較為吝嗇。而值得慶幸的是，靠著「**貧困這一專橫而無處不在的自然法則**」，才阻止了人類不至於「**擠滿幾百萬個地球**」（ibid.: 8）。所以，感謝貧困，幫我們抑制了人口。

在此，馬爾薩斯所謂的「**自然法則**」有兩個面向。在植物和動物的領域裡，它表現為種子不發芽、害病和夭折；而在人類當中，則表現為貧困所帶來的苦難和罪惡。而無論是哪一個面向，馬爾薩斯一概形容為「**偉大的**」限制性法則。它們制約了整個生物界。而其他「**任何空想出來的平等，任何大規模的土地調整**」都無法讓人類逃避這兩個自然法則的重壓。

那結論是什麼呢？很悲哀，人類的唯一之途，就是一方面接受「**人口增殖力和土地生產力天然地不相等**」；同時也接受另一個現實，即只能經由貧困所帶來的苦難和罪惡來阻止人口過剩。別指望可以透過任何改良或制度，來實現社會主義者所期待的那種「人類的可完善性」（ibid.: 8）。

講到這裡，恐怕已經讓很多人受不了！貧困竟然被當作是「偉大的」自然法則的一部分。但無論你怎麼生氣，這確實就是馬爾薩斯在當時深具影響力的立場。從來沒有一個論調，如此地讚揚貧困！

歷史中周而復始重演的擺動

他甚至以此發展了一套經濟史觀，認為在歷史中存在著一種或向左、或向右的「擺動」，或者說是一種定律，使得人口在受抑制與增長之間，循環式地反覆變化。一方面，當人口過剩時，勞動價格會趨於下降，食物價格也跟著上漲；這使得勞動人口陷於貧困，得更賣力工作才能維生。而在此一艱苦時期，結婚會受到嚴重阻礙，養家餬口也難上加難，以致人口出現停滯。

但同時，在另一方面，此一艱苦狀態，迫使了耕作者向土地投入更多勞動、開墾新土地、更多施肥和改良，結果生活資料又豐富起來了。接著，勞動者的生活景況會好轉，而人口所受到的抑制會有所放鬆。

上述的「擺動」在歷史中是「周而復始地重演的」（ibid.: 14）。馬爾薩斯相信，這證明了一個定律，即當人口增殖的力道很強時，「若不產生貧困和罪惡便不會受到抑制」；反過來，當貧困和罪惡有所改善時，人口又開始增殖（ibid.: 16）。

簡單來說，歷史的轉折就在於貧困和罪惡的多寡！當人口過剩時，工資便宜、物價上漲，日子難過，貧困和罪惡隨而增加，然後造成人口停滯；而當人口停滯時，工資變貴、物價下跌，日子舒服，貧困和罪惡隨而減少，然後造成人口增長。這就是馬爾薩斯的史觀——人口與匱乏之間的來回循環。

當然，會抑制人口增長的，絕對不只是貧困和罪惡。還有更兇猛的瘟疫、傳染病或黑死病。馬爾薩斯形容，它們會「以嚇人的隊形進擊，殺死無數的人」。而最糟糕的則是嚴重的饑荒，它會「以強有力的一擊，使世界的人口與食物得到平衡」。只是，這些狀況在歷史中並非經常出現。因此，馬爾薩斯最強調的，毋寧還是普遍存在、而且會持續發揮人口抑制作用的貧困和罪惡。他強調，它們是「破壞大軍的先鋒」，總能自行完成攻擊的任務（ibid.: 55）。

濟貧法失敗的原因及其罪惡

由此，馬爾薩斯進一步揭櫫了其惡名昭彰的論述，即對當時英國濟貧法的批評。他首先提出質疑，濟貧法每年為窮人徵收了將近三百萬英鎊稅款，可是窮人的痛苦依然如舊，為什麼？

有人認為是徵收的稅款被侵吞，或稅款的管理太糟糕了。但他卻指出，以給付貨幣來濟貧根本就是個錯誤。一來，因為食物並沒有增加，轉移給窮人的錢愈多，愈造成食物價格的上漲。而只要食物處於稀缺狀態，屬於社會最底層的人們，都得過最苦最緊的日子。二來，窮人每天拿到愈多的貨幣，就愈「**會使每個人產生幻覺，以為自己已較為富有，可以有許多時間不去幹活兒**」。這將導致生產活動嚴重萎縮。要不了多久，整個國家就會比以前更窮困。當然，下層階級的處境也會比以前更悲慘（ibid.: 30-31）。

馬爾薩斯相信，這就是濟貧法失敗的原因。富人無論為濟貧做出了多大犧牲，都不會阻止社會的下層階級陷於苦難。事實上，即使提供給窮人的不是貨幣，而是改以實物給付，結果也沒兩樣。除非一國的食物總產量有所增加，否則，當有人因受惠於濟貧而得到較大的食物份額時，就必得減少別人的食物份額。

接著，馬爾薩斯更露骨地說，濟貧法所救助的人們，通常「**不能說是最有價值的社會成員**」，但他們因此而多消費的食物，卻威脅了那些「**更為勤勞、更有價值的社會成員本應享有的食物份額**」。論勤奮、節儉、理性和才智，他相信，窮人是相對比較沒有價值的。

並且，當窮人因受惠於濟貧而怠惰生產時，國家會比以前更窮困。結果呢？反而「**迫使更多的人依賴救濟為生**」（ibid.: 33-34）。講得更明白一點，由於食物的總產量沒有增加，所以，如果讓濟貧法所救助的窮人過得比現在好，就會使其他人過得比以前差；甚至有一部分人，會變成需要被濟助的「新」窮人。

這就是最糟糕的地方！濟貧法要救助窮人，卻因此創造了新的窮人。一來，窮人因為受到救助的金錢所誤導，以致即使無力養家餬口，也要結婚生子。這就讓他們的境況更悲慘了，而所生育的下一代當然也是窮人。馬爾薩斯形容，此即「**濟貧法在產生它所養活的窮人**」（ibid.: 33）。

二來，由於食物的總產量沒有增加，這些新增加的窮人，將同屬勞動階級的所有其他伙伴都往下拖累了，使得大家都變得比以前更為匱乏。難怪馬爾薩斯會說，「**一個不能養家餬口而結婚的勞動者，在某些方面可說是他所有勞動伙伴的敵人。**」（ibid.: 34）

從這一整套論調，說他冷酷無情和野蠻，實不為過！重點不在於食物總趕不上人口增加的立場，而是字裡行間所流露出來的要犧牲窮人的心態。馬爾薩斯擺明了一個根本立場，即不應該為了給窮人食物，而威脅到其他「**更有價值的社會成員**」的食物份額。就社會貢獻而言，人生「勝利組」顯然比「魯蛇」更有資格存活。他更還擺明，窮人即使得到濟助，也沒有資格結婚生子。他們根本不應有下一代，該被自然淘汰。如此，會更有助於整體社會的幸福。

對窮人在性格本質上的因應

仔細深究，馬爾薩斯之所以會有這種心態，恐怕是源自於他對窮人習性的成見，而未必全然與食物的總產量有關。他毫不猶豫地認定，窮人們在性格上的本質，就是「漫不經心和大手大腳」，並與小商人和小農場主的「謹慎小心、克勤克儉的脾性，形成了鮮明對照」。而窮人們「即便有機會儲蓄，也難得存下錢來，滿足眼前需要後的餘款，一般都用來喝酒了」。（ibid.: 34）這樣的看法不是與禁慾主義新教倫理所見如出一轍嗎？事實上，這毋寧也是當時社會普遍的刻板印象——窮人根本是咎由自取！

在我們之前討論的亞當斯密，恐怕是少數的例外。他並不將貧窮歸咎於勞動者的懶惰。相反地，他說，勞動者的偷懶、散漫和酗酒，經常是緣因於工作的乏味、過勞，以及報酬的低落。因此，他提出了多方面的理由，要求提高工資，並適度地工作。

馬爾薩斯則不然，他引證大製造商們對工人的抱怨，然後聲稱「高工資使所有人墮落了」（ibid.: 35）。換個話來說，高工資反而害了窮人！因為以他們的性格本質而言，就是該承受貧困和苦難，才足以激發出精明審慎、克勤克儉的幸福性格。濟貧法卻竟然妄想要讓窮人過好日子！馬爾薩斯警告，這等於是削弱了他們「節儉勤勉度日、追求幸福的一個最強烈的動機。」（ibid.: 34-35）

為了因應窮人的性格本質，他更積極主張，社會應該要形成一種輿論風氣，將「沒有自立能力而陷於貧困看作是一種恥辱」（ibid.: 34）。即讓社會有一種巨大的心理壓力——討厭貧困，人人以「窮」為丟臉和可恥。馬爾薩斯承認，這似乎很殘酷，但「對於懶惰和揮霍，是一種最強有力的抑制。」（ibid.: 35）他相信，這種恥辱感愈強烈，愈可以刺激窮人節儉勤勉、奮發向上。

換言之，殘酷歸殘酷，「對於促進全人類的幸福來說，這種刺激似乎是絕對必需的。」（ibid.: 34）這可真是驚人之論啊！為了真正幫助窮人，所以，讓我們好好羞辱窮人。

貧困和苦難都有上帝的美意

很難想像，這樣的論調竟然出自一位聖公會牧師的筆下。而更不可思議的是，他還為此發展了一套神學論述，為貧困和苦難的必要性，搬出了上帝來解釋及合理化。

他說，許多人總是單純地想像，造物主有無窮大的力量，能讓所有的人都幸福美滿、有美德和智慧。但人生的真相卻是脆弱渺小的，必得歷經長久的痛苦。不過，慶幸的是，世界和人生都乃「上帝安排的一偉大過程，其目的不是為了使人遭受磨難，而是為了創造和形成人的精神。」（ibid.: 136）一切痛苦都可以因為與上帝連結而喚醒人們內在的活力，並得以在精神層次享受更高等的美好。

對此，上帝所採用的方式，往往就是透過人在肉體需要上的匱乏。打從嬰兒時期開始，就是肉體方面的需要最先刺激了大腦。要吃、要喝、要溫暖。這說明了人類在精神上最初的重大覺醒，即由此而產生。

馬爾薩斯生動地描繪，「如果不是飢餓和寒冷把野蠻人從麻木狀態中喚醒，他們會永遠躺在樹下打盹。」畢竟，人性是好逸惡勞的！除非「他們不得不盡力獲取食物，為自己建立棲身之所，以免受飢餓和寒冷之苦。……如果不必為此做出努力，他們就會陷入無精打采的懶散狀態。」

不只是脫離無精打采的懶散狀態，其他由「人腦運行的一些最崇高的努力」，也同樣是出於滿足肉體的需要。譬如，肉體的需要常為詩人的想像力插上翱翔的翅膀，它也使歷史學家的創作進入旺盛高峰，還使哲學家的研究更為鞭辟入裡（ibid.: 137-138）。

進一步地，馬爾薩斯引證了洛克並指出，如果人們是為了避免肉體的痛苦，才刺激他們在生活中採取行動，那麼，對於匱乏這樣的「惡」，在促使人類做出努力上，似乎就是不可或缺的了。上帝因此下了命令，要求「**在人類尚未向地球表面投入大量勞動和才智以前，地球不得向人類提供食物**」。也就是說，人類必須先在土地上辛勤勞動，並投入才智予以改良，才能享受生活的幸福（ibid.: 139）。

明顯地，這一道命令正源自於洛克。他不是宣稱嗎？上帝是將「**世界給予勤勞和有理性的人們利用的**」；並且以此而言，財產作為一種自然權利，對所有人都是公平的。緣此，馬爾薩斯也認定，那些懶惰散漫、愛酗酒和缺乏理性的窮人們，就因違背了這道命令而注定貧困潦倒，甚至餓死。

除了這一道很洛克式的命令外，上帝還下了另一道命令，就是「**人口的增長將遠遠快於食物的增長**」。換言之，人類永遠面臨著食物不足的咒詛；即使有富裕的幸福，卻總是短暫！

在此，上帝的美意同樣是針對著肉體的需要，而不斷給予人類刺激，為的是「**敦促人類精心耕種土地，以促使上帝的神聖構想得以實現**」。馬爾薩斯承認，這一道命令確實帶來了「**局部的惡**」（ibid.: 139），因為它造成食物的匱乏和許多人的貧困。但人就是這樣，需要很強的刺激才行。講得明白一點，人類就是如此下賤的罪人，沒有貧困和苦難所逼迫，就會被惰性所支配，厭惡勤勞！

> 看一看人類的真實面目，認識到除非被需要所逼迫，人類總是惰性很大的，懶惰的，厭惡勤勞的。那麼，我們就可以斷言，若不是人口增殖能力大於生活資料的增長力，這個世界就不會有人居住了（ibid.: 140）。

馬爾薩斯更信誓旦旦地聲稱，任何比匱乏和貧困更輕微的刺激，都無法起作用來敦促人們勤勞奮勉而理性地工作；憐憫和同情往往讓人變得軟弱。而其不幸的結果，就是人類很可能因此永遠也不會脫離野蠻狀態，進入文明。

獎勵勤勞、懲罰懶惰的必要

在此，我們當然可以質疑，馬爾薩斯憑什麼斷言，窮人的貧困和苦難，就是緣因於懶惰散漫、愛酗酒和缺乏理性？事實上，他們幹著沒人肯承擔的最卑賤工作，而且再怎麼努力都依舊貧窮，不是嗎？反過來，許多貴族、地主和紈袴子弟，只顧著悠閒享受，卻擁有吃喝不盡的生活資料。

窮人的愛酗酒和缺乏理性，毋寧是貧窮的結果，未必是貧窮的原因。但當時社會的集體偏見，就是刻板地鄙視他們！無論是洛克或馬爾薩斯，都認定窮人欠缺「勤勞和有理性」、沒有在工作上「投入大量勞動和才智」。幾乎沒有人會承認，既存的社會和體制有什麼剝削或結構問題。

而既然唯一的問題是懶惰散漫、愛酗酒和缺乏理性。那治療之道是什麼呢？馬爾薩斯指出，必須要有一套制度，獎勵勤勞而有才智者，同時懲罰懶惰而缺乏理性者。為此，他鋪陳了一種中產階級論。

他說，太窮或太富固然都不好；中產對於智力和精神的發展才是最有利的。但想要全體社會成員都成為中產階級，卻違反自然。這就好像地球不會只有溫帶，同時還會有熱帶和寒帶，同樣地，一個社會也要同時有窮人、富人和中產階級，才是真正符合自然的。

但即使如此，社會還是要盡力「減少兩個極端的人數，增加中產階級的人數」。而這又該怎麼做呢？答案是，社會必須找到一種制度，一方面讓人們想在「社會的階梯上往上爬」，另一方面，又「擔心會從社會

的階梯上摔落下來」。千萬不能讓「勤勞得不到獎勵，懶惰得不到懲罰。」（ibid.: 141-142）

而濟貧法的罪惡就在這裡了。它獎勵了懶惰而缺乏理性的人，讓他們得到貨幣補貼以及更多食物；反而懲罰了勤勞而有才智的人，害他們得多繳稅，食物份額也變少了。這完全違背了上帝的命令和自然法則。

其實，我們根本不需要為窮人的匱乏煩惱！因為，一個人若經由對貧窮的體驗而產生出對貧窮的「厭惡心情」，則可以令其內心和性格達到更美、更完善的境界（ibid.: 145）。所以，讓我們別再抱怨了。人世間的一切種種，尤其是匱乏和貧困，都乃「產生精神的偉大過程的一個要素」，也都「有助於實現上帝創造世界的崇高目的，有助於產生盡可能多的善。」

固然，匱乏和貧困對窮人是很大的刺激和難處，但「並未超過絕對必需的限度」；而且，對比於日後所將產生的更多的善，窮人所遭逢的那些眼前的痛苦，其實「只不過是天平上的一粒灰塵」罷了（ibid.: 146; 149）！既然如此，那任何濟貧之舉，不就是在騷擾上帝的美意、阻卻更多的善嗎？甚至，根本是與上帝為敵了！

前所未見地消除富人的責任

馬爾薩斯的這一套神學辯辭，令人發毛，但說來卻冠冕堂皇，好像是牧師一篇用以安慰窮人的偉大講詞。乍看之下，他已經將中世紀和禁慾主義新教的貧窮論述，發揮到淋漓盡致的地步了。

但它最大的問題在於，為什麼是窮人得歷經匱乏和貧困的磨難，才能有美德和幸福；而馬爾薩斯這位富家子弟卻不必？他一出生，所有的美好就自動降臨了。再者，窮人在歷經了一輩子的磨難後，其內心和性格真的達到比富人更美、更完善的境界嗎？如果是的話，那馬爾薩斯何不主動選擇當窮人呢？相信他在歷經長久的匱乏和貧困後，會提升心靈對窮人的憐憫、包容和關愛。原來，馬爾薩斯的佈道都是講給別人聽的，不適用於自己。

比較起來，中世紀的教父們，固然也會說窮人的悲慘有上帝的美意，但會同時要求富人得賙濟窮人、要對匱乏者施恩憐憫。並且，還將窮人當作是上帝的試驗石，考驗富人有沒有善用上帝所賜的錢財。即使是禁慾主義新教，雖然也認為貧窮是**「罪惡深重之懶惰的一個病症」**；並且窮人沒有抵抗財富誘惑的品性，有了錢就會亂花。但同樣會要求富人，要在濟助窮人上作一個財富的好管家，盡可能地捐獻。

唯獨馬爾薩斯不然！他將這些對富人的濟貧要求，完全給取消掉了。因為他相信，讓窮人過好日子是很危險的！一來，他們會生產怠惰，導致國家經濟衰退；二來，會威脅到其他**「更有價值的社會成員」**的食物份額；三來，生育的下一代會成為新的窮人，而窮人的增加也導致其他窮人比以前更窮；四來，會削弱他們**「節儉勤勉度日、追求幸福的一個最強烈的動機」**。

按照這樣的邏輯，不要說政府的大規模濟貧，任何個別的富人若去濟助作為鄰舍的窮人，不啻就成為罪惡的幫兇了。試想，如果濟貧法的整個立意（不是技術性的）都被認定是錯誤的，那麼，其他一切想要讓窮人過好日子的舉措，怎麼會是對的呢？因為上述的四種危險全部存在。

而既然不該讓窮人過好日子，那馬爾薩斯要窮人怎麼辦呢？沒怎麼辦，就自然淘汰吧！除非他們在貧困和苦難下，產生了精神上的重大覺醒，幡然悔改，表現出克勤克儉並有理性才智的幸福性格。否則，無論是政府、教會、機構或個人，以金錢或食物去濟助他們，或鼓勵他們結婚生子，都會導致後患無窮。

讓利己之心佔據絕對統治權

馬爾薩斯如此無情的立場，絕非只是基於他所謂的人口原理。因為，若僅僅是食物的增加趕不上人口成長，並不能直接推論出該犧牲掉窮人。正常而合理的答案，應該是所有人都當節制生育，並勤勞生產。其無情的真正原因，有一部分是馬爾薩斯對窮人在本質性格上的強烈鄙視；另一部分則是擔心，濟貧法此一向下重分配的政策，威脅了資產階級的既得利益。但最核心的原因，毋寧是他堅信，這個世界的運作邏輯，徹底是由自利心所支配的競爭法則。濟貧一事根本違逆了此一法則！

馬爾薩斯聲稱，在現行的私產和分配制度下，基本上就只存在著兩個階級：「所有者階級」和「勞動者階級」。而且整個社會和經濟，是以每個人的「利己心」來作為這部「龐大機器的主要動力」的（ibid.: 80）。簡單來說，即這個世界只有兩種人：老闆和工人。而社會和經濟的法則呢？就是由自利心所推動的生存競爭。誰都不能例外！

馬爾薩斯的上述看法，在駁斥葛德文（William Godwin, 1756-1836）的社會主義理想時，流露得最為徹底。他說，即使葛德文所夢想的一切人道美好都實現了，結果一定是人口暴增，然後食物不足。接著，由自利心所支配的生存競爭，就全部回到現實生活中了。屆時，

> 仁愛精神，將被匱乏的寒冷氣息所抑制。已經消滅的可憎的感情將再次產生。……子女眾多的母親不會再源源不斷地得到生活必需品。由於缺乏食物，兒童體弱多病。健康的紅潤臉頰將被貧苦造成的蒼白臉頰和凹陷的眼睛所代替。

而此一結果意味著什麼呢？就是想要幫助勞動者階級的任何社會主義努力，都必然歸於失敗。標榜溫情和仁愛的那一套人道論調，到頭來，還是會被食物不足所打敗。於是，「**利己心最終便恢復了其經常的絕對統治權，得意洋洋地橫行於全世界。**」（ibid.: 74）

馬爾薩斯的這一番話，毫無譴責自利心的意思。相反地，流露了自己對社會和經濟法則的理解，即它是以每個人的自利心來佔有對全世界的「絕對統治權」。相對於它，再怎麼高貴的情感都是輸家。他堅信，「**自我保存的強大法則，將驅除人們心靈中一切較溫柔、較高尚的感情。**」（ibid.: 74）

在另一處地方，他表態得更清楚了。不僅肯定自利心，同時也禮讚由它所形成的私產和分配制度。並且聲稱，這一切反映了人類最文明的卓越成就，以及最美好細膩的感情。他說：

> 天才人物的全部卓越努力，人類心靈的所有美好而細膩的感情，實際上文明狀態區別於野蠻狀態的一切東西，有哪一樣不是仰賴於現行的財產制度，有哪一樣不是仰賴於表面狹隘的自愛心呢（ibid.: 三）？

值得對比的是，亞當斯密在這一方面與馬爾薩斯有不小的差異。他從未認定，所有出於自利心的行為都對社會全體有利。更重要地，在自利心之外，他同時也肯定了憐憫或同情，乃至於良心，要求以它們來作為社會共善的一個基礎。但馬爾薩斯呢？卻嘲諷溫情和仁愛的人道主義，否定濟貧所內含的憐憫或同情。他對於自利心的肯定，毋寧是全面而支配性的。他高高舉起了雙手，歡迎一個由「**人生勝利組**」抱持並無限擴張的自利心，來佔有對全世界的「**絕對統治權**」。

自利心如此鞏固的支配地位，同時又否定了憐憫或同情，這可以讓我們充分體會，繼亞當斯密之後，財富倫理又走到一個新的里程碑了。整個來說，馬爾薩斯的最終訴求，就是要求窮人必須自力更生，回歸由自利心所支配的競爭法則。否則，就該自然淘汰！

無疑地，這很有物競天擇、適者生存的況味。如此的論調在當時的影響力很大，其中的原因之一，恐怕是它反映了整個社會在大幅邁向繁榮進步之際，許多「**所有者階級**」藏匿在心中的成見和盤算。他們一方面認為，窮人因懶惰散漫、愛酗酒和缺乏理性而咎由自取；另一方面，也擔心日益沉重的濟貧稅會將大家都拖垮。更重要地，他們堅信自力更生，並且社會和經濟這部龐大的機器，就是以自利心為主要動力的。

李嘉圖對廢除濟貧法的附和

對於馬爾薩斯的上述之論，即使是一直與他論辯的股票和房產大亨李嘉圖（David Ricardo, 1772-1823），也在許多方面相應附和。他在一八一七年出版的《政治經濟學及賦稅原理》（*On the Principles of Political Economy and Taxation*）一書中就公開表示，自從馬爾薩斯精闢而充分的說明後，濟貧法的「**有害趨勢已非祕密**」了（Ricardo 著，1962：卷一，89）。

對此，他的整個立論和馬爾薩斯高度相似，同樣認為濟貧法的善良意圖，施行的最後結果，是既「**不能改善貧民的生活狀況，而只能使貧富都趨於惡化；它不能使貧者變富，而使富者變窮。**」（ibid.：卷一，89）即無論貧富，大家都會被拖累，一起沉淪。

其一，為什麼不能使貧者變富呢？因為領取的救濟金誤導了窮人，鼓勵他們沒有節制、「**不審慎的早婚**」，結果生下更多的孩子將自己拖垮了。窮人的幸福並不能因濟貧法而得到保障（ibid.：卷一，90）。其二，那又為什麼會使富者變窮呢？就是濟貧法的實施影響了其他人的福祉，並導致國家貧弱。

李嘉圖說，如果濟貧法實施持續有效，則「維持貧民的基金自然就會愈來愈多，直到把國家的純收入全部吸盡為止」。至少，它會排擠掉很多原本要留給我們的公共支出（ibid.：卷一，89）。即用於其他人福祉的預算會因賙濟窮人而被用光。此外，由於大家都不必工作了，有無才智也不重要，領了救濟金就享樂，最後只會「使一切階級染上普遍貧困的瘟疫」。他甚至形容，此一發展趨勢有其必然性，而且「比引力定律的作用還要肯定」（ibid.：卷一，90-91）。

他期待的改革之道，是逐漸縮小濟貧法的範圍，並以漸進式的方法「使貧民深刻認識自立的價值」；還要給他們教育，「絕不可指靠慣常或臨時的施捨，而只可依靠自己的努力」來維持生活。同時也要用各種方式迫使窮人們學習到，「謹慎和遠慮」是不可或缺而有益的品德（ibid.：卷一，90）。

上述這些話，同樣是要窮人克勤克儉、審慎而有理性，並且自力更生，回歸由自利心所支配的競爭法則。此一立論明顯受到了馬爾薩斯很大的影響。但他也有自己獨特之處，即強調了勞動工資市場化的問題。他一再論證，工資是由市場上的兩個因素所決定。一個是勞動者的供給和需求，另一個是用勞動工資購買的各種商品的價格（ibid.：卷一，81）。而濟貧法的罪惡在哪裡呢？是它打亂了勞動工資的市場化。他說：

> 工資正像所有其他契約一樣，應該由市場上公平而自由的競爭決定，而絕不應當用立法機關的干涉加以統制。濟貧法直接產生的明顯趨勢，和這些明確的原理是南轅北轍的（ibid.：卷一，88）。

就在上述諸多理由下，李嘉圖進一步在政壇上付諸了對抗濟貧法的實踐。一八一九年，他在下議院買了一個代表愛爾蘭的席位。接著，三月二十五日，在有關「防止濫用濟貧稅議案」的討論中，他就極力反對為窮人的子女安排工作。按照他的理由，若為貧民的子女提供幫助，貧窮的弊害只會變本加厲。因為，「如果做父母的滿有把握，他們的子女準會得到仁慈、溫暖的待遇，那時人口的增長將漫無止境。」（Ricardo 著，1983：卷五，30）也就是說，他們會不自覺盡量生吧！反正國家會養！

同年十二月十六日，在一項針對歐文（Robert Owen）幫助貧民就業的動議中，李嘉圖又重申了反對意見。他說，抱持社會主義理想的歐文，其體系根本「建立在和政治經濟學相矛盾的理論上」，在許多方面是不切實際的幻想，結果很可能會「對社會產生無限的禍害」（ibid.：卷五，v）。

試問，是與什麼樣的政治經濟學互相矛盾呢？不就是李嘉圖自己所寫的那一本嗎？在其中，濟貧法被認為既「不能使貧者變富」，又會「使富者變窮」；並且還破壞了勞動工資的市場化。可想而知地，李嘉圖所反對的，並不只是歐文的「農工業公社」方案，而是任何的濟貧方案。他所信仰的政治經濟學理論，與馬爾薩斯一樣，都是建立在自利心所支配的競爭法則上。

現實的真況：史賓漢蘭制度

馬爾薩斯以及李嘉圖上述的諸多論調，肯定讓不少人感到厭惡，覺得他們很冷血無情！但厭惡之外，卻不該否認，其中隱含了若干真況。事實上，在當時被馬爾薩斯說服的人非常之多，稍為後期的彌爾就曾指出，他的那一套論說，已經成為了反對共產主義的一個主流立場（Mill 著，2009：上冊，165）。因為它代表了對自利心和競爭法則的擁抱，以及對溫情、仁愛和互助的否定。

從現實面的真況來看，馬爾薩斯的受歡迎絕對是有理由的。其中，最需要指出的是，英國的濟貧法規從一六〇一年的伊莉莎白版，歷經一六六二年的查理二世版、一七二三和一七八二年的修改，發展到了一七九〇年之後，由於對法戰爭和農作物歉收，糧價攀升，貧窮惡化，甚至在各地發生了聚眾抗議和搶糧事件。

於是，從一七九五年五月的伯克夏郡（Berkshire）開始，逐步推廣實施了所謂的「史賓漢蘭」（Speenhamland）制。簡單來說，就是對低收入或低工資者予以補貼，俾能擁有某一額度的最低所得。它根據麵包價格的漲跌，以及妻小的人數，來決定每個人每週可享有多少最低所得。不管你有無工作、已有多少收入，只要未達此一最低所得，就由教區給予補足。

這是一個巨大的轉變。原本，自伊莉莎白版的濟貧法以來，只有失業者才可以得到救濟；其餘的貧民則強制勞動，不管你得到的工資是多少。但在一七九五年這個新制下，只要既有收入低於補貼標準，即使已經有工作了，仍可以獲得救濟。這隱含了一個很糟糕之處，即對下層階級而言，無論工作或不工作，經過補貼之後，最終所得都是一樣的。因為在鄉間，工資一向很少高於補貼的標準。這嚴重帶來了怠惰，更無意自力更生。馬爾薩斯和李嘉圖的批評不是沒有道理的。

不只是怠惰，雇主也因而可以用極低的工資就雇得到工人。對此，工人自己並不在乎，即使大不了辭職也無所謂；反正教區會補貼不足的金額。如此一來，整個勞動市場的價格被扭曲了。可以很確切地說，「史賓漢蘭」制將資本主義所依賴的、那一種帶有市場機能的勞動工資制度，幾乎徹底摧毀了。直到一八三四年被廢除為止，它阻礙了勞動市場化將近四十年。

博蘭尼（Karl Polanyi）在他的名著中說得好，繼亞當斯密出版《國富論》的二十年後，英國的窮人大幅增加（Polanyi 著，1989: 177）。而「史賓漢蘭」制在當時深入人心、廣受窮人歡迎。因為，「父母們已經不再需要照顧他們的小孩，而小孩也無須依賴父母；雇主可以任意減低工資，而工人不論工作與否都可以免於飢餓。」

雖然抱持溫情、仁愛和互助的社會主義者，極力稱讚此一慈善措施，說它既肯定了每個人的生存權利，又挽救了當時的社會危機。但博蘭尼卻指出，「就長遠而言，其後果是可怕的。」（ibid.: 160-161）因為，濟貧的基金是一個無底洞；而許多原本不是貧民的人們，也由於怠惰逐漸變成了貧民。博蘭尼的這些話，不就與當年馬爾薩斯和李嘉圖所警告的內容一模一樣嗎？「濟貧法在產生它所養活的窮人」。

有趣的是，時下北歐正熱中於實驗「無條件基本收入」（UBI），而它不就多少類似於「史賓漢蘭」制嗎？其主要的倡導者帕雷斯（Philippe Van Parijs）同樣堅稱，這是對匱乏者「實質自由」的一種正義實踐。多麼神聖的大帽子啊！只是，博蘭尼的評論言猶在耳。只訴諸於高貴的理念，而將政策的後果拋諸腦後，這毋寧是不負責任的！

在此，筆者無意斷言，認定「史賓漢蘭」制所造成的傷害，已經證明了回歸自利心所支配的競爭法則才是王道正途。但或許，可以讓這兩位大師不致留下太負面的評價！他們固然有嚴重的偏見，但所批評的濟貧法，也確實在歷史上造成了大問題。

6 ── 柏克：勞動者不過是一件市場商品

◆如果農場主過分貪婪呢？——這何嘗不是更好——他愈渴望去增加他的獲利，就愈關心其獲利所主要仰賴的勞動者，是否在良好的狀況中。

◆勞工是一個商品，……當勞工來到市場，其是否無以為生，……是毫不相干的。唯一的問題是，它對買家有何價值？

除了馬爾薩斯和李嘉圖之外，在當時，倡言反對濟貧的大師，還有著名的柏克（Edmund Burke, 1729-1797）。他固然以抨擊法國大革命而被譽為保守主義健將，但其在經濟上的反動，毋寧更旗幟鮮明。

在這一方面，讓柏克最為感冒的，正就是「史賓漢蘭」制。它雖然從未正式成為全國性的法案，卻在英國大部分的鄉間，甚至工業區被施行。同年，即一七九五年，又有議員針對當時連續性的農作物歉收，提案要政府補貼薪資給農工。對於這一切，柏克深感焦慮，於是就此課題寫了一篇備忘錄，給當時的首相皮特（William Pitt）。

柏克有關經濟的論述不多，但這份文件卻是他所曾寫過的最接近正式經濟論文的一篇（Burke, 1999:

36）。他原本打算將之發展為一本更完整的專書，卻未能如願。他的注意力不久被轉移到法國大革命了。不過，即使如此，柏克對於經濟和濟貧的整個立場，在這份文件中已大致表露無遺。

與馬爾薩斯和李嘉圖比較起來，柏克很少著墨於窮人的性格本質，說他們懶惰、不節制生育或易受誘惑。他最強調的核心，始終是將濟貧當作是國家對勞動工資市場化的干預。當然，這一點也是李嘉圖所強調的。

柏克首先肯定，私人的牟利行為，對於公眾社會並不是件壞事。他說，仁慈而睿智分配一切的造物主，已經給了人們一個義務、一個「**不辯自明**」（self-evident）的原理。無論他們願意與否，也無論對他人的富裕是如何地怨恨、歪曲和嫉妒，都不能罔顧此一明顯的真理，即上帝要求人類，「**以追求他們一己的自私利益，來將他們自己個人的成功與公共的福祉聯繫起來。**」（Burke, 1803: 384-385）

在一七九七年的另一封信件中，柏克又重申了類似的話。他說，人會有一些本能，將「**私人利益**」（private interest）放進「**公共精神**」（public spirit）裡面，跟著一起作動。也就是說，既是為自己做的，也是為社會做的；譬如，企業家為了牟利而不斷創新，這同時帶動了社會的進步繁榮。以此而言，牟利其實是一種「**服務國家的手段**」。柏克因而說道，「**貪愛錢財，雖然有時淪為可笑，有時走到邪惡無度，卻對於所有國家，都是巨大的繁榮因素。**」（Burke, 1826: 354）。

這明顯已經是一種私利與公利的自然調和論了。他甚至主張，有錢人應當被容許，讓他們的財富在社會上很有價值感、光耀奪目，如此才會鼓舞更多人追求成為有錢人。這無疑是所有資本家最愛聽的話了。所以，盡情地貪婪吧！即使你的貪婪是可笑、邪惡無度的，終將為國家的富裕興盛帶莫大的貢獻。

毋庸置疑地，柏克一面倒向資產階級的情形，較之馬爾薩斯，可以說實有過之而無不及。對於「邁向資本主義的無限利潤心」此一財富倫理，他絕對是個旗幟鮮明的急先鋒！

資方與勞方之間的依賴關係

當然，對許多社會主義者來說，上述的論調是難以接受的！因為自利心和積累無限財富的渴望，始終被認為是造成勞動者悲慘遭遇的一個原因。資產階級為了盡量擴張一己的利益，必然會壓榨勞動者，一層皮又一層皮地予以剝削。

但柏克對此卻不以為然。他聲稱，勞動者的貧窮，僅僅是因為他們數量龐大而已，並非被剝削的結果。人多，不夠分，當然就貧窮！這就是所謂的「數量的本質隱含了貧窮」（Numbers in their nature imply poverty.）。反過來，那些稱為富人的，則只是因為他們為數極少罷了！他風趣地指出，若割掉所有富人的喉嚨，將他們一整年的食物拿來分配給勞動者，則僅僅是提供一頓晚餐的麵包和乳酪都不夠（Burke, 1803: 376）。

他更相信，勞資雙方的利益是一致的。老闆會好好照顧勞工，為的是能快速地回收資本（ibid.: 383）。許多人總以為，老闆只需要動一張嘴，坐在大辦公桌數鈔票。事實上，在充滿變動和競爭的環境中，其資本的脆弱性遠超過一般人想像。雇主總是承受很大的風險，面臨著資金週轉的巨大壓力（ibid.: 393）。

故而，對於勞資之間的關係，柏克很誇張地聲稱，從一般人看來，勞動者總是仰仗富人的鼻息，富人儼然是衣食父母。但其實，富人乃「窮人的跟班、隨從」（the pensioners of the poor），並且是靠他們的剩餘來維持生活的。甚至，整個富人階級都處在一個絕對的、先天的、無可取消的依賴於勞動者之下的地位（ibid.: 376）。

這番話就好像在說，是人民在養政府的，不是政府在養人民。同樣地，如果沒有勞動者的生產和勞務，則富人既不能維持其優渥的生活，也無法在市場上獲利致富。以此而言，勞動者被說成窮人，根本是一種錯誤的稱呼；他們其實是富人的衣食父母。既然這樣，則富人巴結勞動者都來不及了，怎麼可能會去苦待或剝削他們呢？

但另一方面，柏克又形容，富人是勞動者的身家之所託付和依賴，「他們的寶庫是後者們的銀行」（their hoards are the banking-houses of these latter）。這就是說，勞動者再怎麼窮，都沒有必要去嫉妒老闆的寶庫盈滿，因為那裡儲存的是你寄放的錢財。因此，他提醒勞動者，如果為自己的利益而毀掉了富人，就好像是為了讓麵包便宜，卻燒掉糧倉、將穀物丟到河裡一樣地不智（ibid.: 376-377）。

柏克還呼籲勞動朋友要搞清楚，自己最首要而基本的利益，並不是這個或那個的好處，而是在勞動的產品上讓雇主賺取完整的利益（ibid.: 385）。老闆賺大錢，才是員工最大的福祉。

而就基於上述的依賴關係，柏克甚至聲稱，雇主若是「過分貪婪，何嘗不是更好？」因為，「他愈渴望去增加他的獲利，就愈關心其獲利所主要依賴的勞動者，是否在良好的狀況中。」（ibid.: 385）也就是說，老闆愈是貪婪、愈想牟利，員工愈被照顧得好。

但真是這樣嗎？許多人挑戰地指出，老闆對員工的照顧，只有在一帆風順、或者還有利用價值之際。當景氣不好、利潤降低、員工的體力衰退或生病時，雇主就現實小氣起來了，還會犧牲員工。因為從資方的算盤來看，你已經不再能創造多少利潤了，甚至成為累贅。

勞動的商品邏輯和市場法則

對此，柏克的答辯非常無情。他說自己的論述前提，就是將勞工當成一個「商品」，一個「交易的物件」（an article of trade）。而若這個觀念是正確的，則勞工就必須臣服於商業交易下的所有法則和原理。

明顯地，「當任何商品被帶到市場上，它不是賣主的需要，而是出價要購買它的人的需要。」同樣地，如果市場的需求低，勞工的價格就跌；需求高，勞工的價格就漲。至於其個人是否因工資太低而「無以維生」，這在市場上根本是一個完全不相干的問題。「唯一的問題是，它對買家有何價值？」（ibid.: 386）

這番話實在有夠刺耳！它擺明了勞工的死活既與市場無關，又決定於市場。如果你有市場價值，就會被購買你的人善待；如果沒有，就會像賣不掉的商品一樣，被清理丟棄。

面對這樣的商品邏輯和市場法則，柏克隨而強烈要求，必得毫無折扣地去實踐勞動工資的市場化。也就是由市場的供需來決定工資多寡。沒有任何人——無論是政府、教會、學者或社會賢達——有資格斷言什麼是合理的工資。

柏克非常不滿，許多人總自以為很正義，批評這個工資太低、那個福利太差。但他高調地宣稱，對於什麼是合理的工資，在地上沒有權威，除非上帝。而無論是政府、教會、學者或社會賢達，基於怎麼樣偉大的信念、理由或使命，都沒有干預和斷言的餘地。

進一步地，他申言，所有的干預和斷言，不只是對商品邏輯的扭曲、對市場法則的踐踏，同時也是對契約自由的否定。而為什麼會跟契約自由有關呢？柏克很難以被駁倒地指出，因為，勞動工資的多寡乃是一種「約定協議」（convention）而非「司法判決」（judicature）。它的形成，全然取決於參與各方之間的審慎和利益。換言之，參與利益的各方就是主其事者，他們說了就算。相反地，如果容許被其他人所干預和決斷，那麼，他們就是不自由的了。而若是如此，則此一未建立在自由基礎上的契約，也就同時歸於無效（ibid.: 381）。

政府濟貧和補貼工資的扭曲

在當時，對於勞動工資的市場化，讓柏克最不悅的是，政府為了濟貧而變相補貼工資。譬如前述的「史賓漢蘭」制，以及因農作物歉收而要求補貼農工的議案。對此，柏克辯稱，任何職業在雇主與勞工之間都存在有一個隱含的契約，即勞工必須償付雇主足夠的資本利潤、補償他的風險。也就是說，勞工有責任生產相等於工資的利益（ibid.: 380），否則就虧欠了雇主。

倘若政府為濟貧而補貼工資，則雇主所繳的濟貧稅，就成為一種被轉嫁的恣意的課稅。因為那些受惠的勞動者，領取了工資補貼後去享受好日子，卻沒有生產更多的商品或勞務，來充分償付雇主所負擔的工資和濟貧稅。這豈不就是對雇主的一種剝削嗎？

或許有人會提出反駁，說濟貧稅是出於人道的理由，雇主犧牲一點又何妨呢？許多人更主張，若是因物價上漲導致勞動者生活困難，政府予以補貼工資，甚至要求雇主調漲工資，都是應該的。

當然，若從勞動者是富人的衣食父母來看，上述的主張似乎都很合理。老闆一方面在各種條件上處於優勢地位；另一方面，為了自己的獲利，也必須確保員工處在良好的狀況中。只是柏克提醒，別忘了，勞工始終乃一個商品。重點從來不在於富裕的老闆要不要讓利，而是市場法則不容破壞。

他聲稱，工資率與物價並沒有直接關係。工資必須像一切其他的東西，漲跌根據於需求。若政府迫使工資率超過市場的需求水平，那麼，「我們用力推上山的石頭，將因需求減少而落回原處。」（ibid.: 379-380）

在這裡，柏克的論點，即使在當時都是可議的！因為，亞當斯密和李嘉圖都指出，物價的漲跌是影響工資率的一大因素，並不能只根據於勞動的供需情形。或許，由此正凸顯了柏克是如何死硬地，讓自己熱舞在市場基本教義派的盛宴裡。

甚至，到了一個極端狀態，譬如，當勞動者的工資因雇主的苛薄而低到無以維生了，或者，自然的災害已經嚴重到讓窮人快餓死了，試問，政府在此危急存亡之際，仍要堅持不干預、不補貼、不濟貧嗎？沒想到柏克的答案依舊不改，要求讓一切按照商業交易的法則去發展！

他更訴諸雇主的財產權而宣稱，官員的「干預就是侵犯了他的職務所要去保障的財產」（his interference is a violation of the property which it is his office to protect.）（ibid.: 390-391）。這明顯是源自於洛克的觀念。政府所受託付的職務，就是去保障人民為自己財產所做的一切努力，若反而介入去干預、或搞什麼財富的重分配，則根本就失職了。柏克近乎總結似地說道，「當政府出現在市場的那一刻，所有的市場原則將被毀壞。」而後，政府將會破產，害人民吃足苦頭（ibid.: 401）。

上帝並不想挪去貧困和災害

然而，任誰都知道，如果政府一概都不干預，全交由富人的自利心和積累無限財富的渴望去發展，結果，將無可避免地會演變成由資產階級掌控一切的獨佔局面。這就是為什麼反托拉斯一再被強調，用以對抗某些資本家或企業財團的過度擴張。

孰料，柏克竟然說，政府「權威的獨佔」，在任何情況和程度下都是邪惡的；但老闆對「資本的獨佔」則相反，它反而「是很大的利益，並且尤其是一種對窮人的利益。」（ibid.: 397）只是很遺憾地，人們總因為嫉妒和惡意而加以抨擊，以致看不見這種利益。

他其實心知肚明！雇主愈是擴張資本，愈可以為事業帶來利益；而政府具支配性的干預，也就是「權威的獨佔」，則會是資本獨佔的最大障礙。因此，他會在這裡以對比的方式來辯護。

至於其說服的理據，則是一貫的老調！即在私利與公利之間一種普遍有效的自然調和論。他堅稱，雇主的利益終究會流向整個社會和中下層階級。這就是前面講過的，老闆賺大錢，才是員工的最大福祉。而老闆愈是貪婪牟利，作為其生財工具的員工，會愈被照顧得好。同樣地，資本愈是由資產階級獨佔，所帶來的繁榮可以養活的窮人愈多。

寫到這裡，如果我們形容，柏克是一個無可救藥的市場基本教義派鼻祖，實不為過。他對市場機制的肯定和禮讚，幾乎達到了歷史最高點。他不只說，唯獨市場對商品和工資有定價的能力。並且他相信，任何人都會驚訝於市場的「**真實、正確、靈敏、普遍公平。**」（ibid.: 398）他還將市場法則當作「**是自然法則，因而也是上帝的法則。**」

緣此，他甚至聲稱，無論上帝給了我們什麼樣的農作物歉收、匱乏或生活的貧困，祂其實都不想挪去加諸於我們的這一切。因為其中有祂的美意，但許多膚淺短見的人卻總希望去軟化上帝（ibid.: 404）。以致每當發生歉收、匱乏或貧困時，就會期待政府去採行某些補貼或濟助的行動。

但這不只傷害了市場法則，同時還破壞了上帝在財富分配上那「**永恆公道的最終比例**」（the final proportions of eternal justice）（Macpherson 著，1983: 70）。這句話的意思非常現實！社會上的貧富分配狀況，乃市場發展的自然結果；而其中所反映的，正就是上帝的公道。

柏克還很遺憾地說道，在人類的歷史裡，常看見好大喜功的政府，愛表現自己是多麼地慈善，來贏取人民的支持。但古羅馬的歷史給了我們一個警告，即不要試圖伸出官員的手來餵食人民。因為人民一旦習慣了，將永遠無法滿足；然後會「**轉而咬傷那餵食他們的手**」（Burke, 1803: 403）。他相信，唯一的正確之途，還是該讓人民在匱乏中自己站起來，回歸自利心所支配的競爭和市場法則。

整個來看，從柏克固然可以隱約一瞥馬爾薩斯的影子，只是其論調的出現卻早於《人口原理》至少兩年。到底是誰影響誰，很難去斷定了。但不可忽略地，這兩個人在反對濟貧上所訴求的重點，其實有很大的差異。馬爾薩斯訴求的是，濟貧會導致窮人生產怠惰，會威脅其他人的食物份額，會生育新一代的窮人，還會削弱節儉勤勉的動機。至於柏克，則主要是基於對市場法則近乎崇拜的擁抱，來批評濟貧對勞動工資市場化的破壞。

從此一角度來批評濟貧，對馬爾薩斯而言，誠然是陌生的。而這也正是柏克的歷史地位之所在。市場法則在他手中得到了最經典的詮釋！他在政治上是出了名的保守主義者，在經濟上卻是激進的自由主義者。但這兩位大師相同的是，都否定了憐憫或同情，以及慈善和仁愛的人道主義，都要求窮人自力更生，回歸自利心所支配的競爭和市場法則。然而，柏克尤其突出的是，他徹底建構了一種在私利與公利之間普遍有效的自然調和論。而這樣一套論述，對於「邁向資本主義的無限利潤心」此一財富倫理，實在是太重要、太關鍵了！

7 — 社會利益乃個人利益的加總：邊沁

◆共同體的利益是什麼呢？是組成共同體的若干成員的利益總和。……共和體是個虛構體，由那些被認為可以說構成其成員的個人組成。

繼柏克之後，私利與公利之間的自然調和論，在邊沁（Jeremy Bentham, 1748-1832）得到了最完整的呈現和最大突破。此外，對於市場法則，柏克固然做出了最經典的詮釋，但為其奠立哲學基礎的，同樣是邊沁。以下就讓我們來探索這位大師，並作為本章的結束。

為高利貸而辯護：自利無罪

首先，進入我們眼簾的是，在一七八七年，邊沁為反對英國設定借貸利率上限，寫了一篇名為《為高利貸辯護》（*Defence of Usury*）的文章。這是在財富的獲取之道上，明目張膽地挑戰傳統倫理了。

儘管放貸取息在古羅馬時期是不禁止的，只有限制年利率不得高於十二%。而在中世紀，即使在教會的禁令下，它也實際上一直存在。最著名的應該就是十二、十三世紀時的聖殿騎士團（Templar）了。他們在西歐經營著極大規模的放貸取息；不只積累了驚人的財富，還被視為銀行業功能的創建始祖。

姑且不談這些事實層面，至少在倫理立場上，從亞里斯多德、整個中世紀，到馬丁路德，乃至十六世紀的法國，放貸取息都受到強烈的抨擊，更別說是放高利貸了。其中的主要緣由是，長久以來，有大量的窮人借錢度日。在但丁（Dante Alighieri, 1265-1321）的《神曲》中，被打入第七層地獄（共九層）的，就是那些放貸取息的人。他形容，這些罪孽者將會在燃燒的無垠沙漠和大片火雨中受刑。

反觀深受禁慾主義新教所影響的國家，譬如瑞士、蘇格蘭、英格蘭和荷蘭，由於加爾文本人對放貸取息的支持，因此早已先後廢止了相關禁令。這無疑為銀行業和商業牟利，以及發展工商貿易所需的融資，掃除了巨大障礙。一些研究錢幣的現代學者，也同樣將加爾文對放貸取息的支持，當作是一個重大的里程碑（The British Museum 著，2009: 241-242）。

衡諸這些國家的歷史，銀行業通常都很發達。亞當斯密就曾親自見證了此一情形。他說，英格蘭自伊莉莎白女王第十三年以來，法定利息率都跟隨著市場利息率，而不是走在前頭。這意味著政府很少去干預市場利息率。也因此，英格蘭在財政和收入上都不斷快速增加，還成為僅次於荷蘭的歐洲最富國家。

但法國的法定利息率則相反，它「不常受市場利息率的支配」，也就是說政府總是在做「強行抑制法定利息率」的事（Smith 著，2009：篇一，章九，75）。背後的主因，就是對於放貸取息的宗教禁令。這當然嚴重影響了法國的銀行業和工商貿易。

生長於英國的邊沁，在這樣的背景下進一步為高利貸辯護，其實並不令人太意外，但即使如此，此一舉措還是有其重要的突破意義。在他那本風行的小冊子裡，對於市場上的借貸利率，無論高低，也無論借貸各方出於什麼動機，邊沁開宗明義揭櫫了自己的基本立場。他說，「沒有一個成熟和心智健全、行動自由、而且小心審慎的人，該被妨礙去做此一被視為有利於自己的交易，並以他認為妥當的方式來賺取金錢。」同時，一個必然的結果是，沒有任何一個需要資金的人，「該被妨礙得到供給」；無論他基於什麼樣的理由，認定這筆借貸（包括利率多寡）是適當的（Bentham, 1818: Letter I. 2）。

邊沁這番話的精神，就是認定政府對借貸利率的管制，傷害了人民對財產的自由。它包括了兩方面的意涵。第一、基於私產在個人處置上的至高權利，透過放貸來獲取較高報酬的自由，怎麼能夠被政府否定呢？放貸者自有其風險評估，以及承擔損失的準備。並且，貸放資金的風險愈高，所獲得的報酬也愈高，這是天經地義的事。

第二、當人們在財物上遭逢急迫需要時，他自有一個天平去衡量取得貸款的成本是否適當。這同樣是財產自由的一部分。政府管制借貸利率的結果，會使願意承擔風險的放貸者，因無利可圖而縮手。這將導致那些有急迫需要的人，因借不到錢而走投無路。邊沁因此批評，管制借貸利率的法律，只會造成一個趨勢，就是「使悲劇堆積在悲劇上」（to heap distress upon distress）（ibid.: Letter VI. 45-46; 47）。用通俗的話來說，就是雪上加霜啊！

事實上，當借貸的需求確實存在時，總會出現變通的方法，禁止取息根本毫無意義。所謂上有政策，下有對策！關鍵的原因就在於，市場上總是有急迫需要的人。就以禁令最嚴格的中世紀來看，規避的方法可說是一籮筐。譬如，聖殿騎士團所發明的匯票，它可能產生的任何折扣或利潤，都被刻意當成貨幣周轉上所付出勞動的報酬，其實真相就是利息。這有點像現在銀行的花招，跟你說借貸或分期免息，卻要收服務上的手續費。其他規避利息的方法，則譬如是出售收租權、採行合夥制或合資制，將利息包裝成資本利潤（Thompson 著，1996: 598-599）。

甚至教會自己，紅衣主教在償還向富格爾銀行的貸款時，金額也都會超過本金，然後說那是投資利潤（ibid.: 582）。這同樣是變相的利息。義大利商人則藉由貸款與契約之間技術性的區別，透過轉換為另一種貨幣來償付，建立了整套的貸款機制。巧妙的是，它在外表上完全不露出任何收取利息的痕跡（Weatherford 著，1998: 84）。這一切固然是取巧，但就是因為有實際的需求，根本就擋不住。社會經濟史學家湯普生就明白地指出：

> 十三、十四、十五世紀期間，在歐洲進行的商業活動無計其數並飛速發展，終於衝破了不准牟取利息的禁令。貸款的運用額如此之巨大，捲入其中的商業活動常常如此之徹底，以至於人們最終公開要求獲取利息，再也不用處心積慮地掩飾了（Thompson 著，1996: 600）。

回過頭來看邊沁為高利貸的辯護，是很全面而系統化的。他以豐富的具體例證，極具涵蓋性地，駁斥了各種管制借貸利率的理由。包括批評宗教上對高利貸這個字詞的污衊貶抑，甚至還提出了經濟學上所謂的「風險溢價」（Risk Premiums）概念，來為高利貸的合理性辯護。

但他最強調的是，無論富人、窮人、邊緣人，甚至是意志薄弱、缺乏決斷魄力的人，吾人都應該相信並尊重，他們有能力就自己的特別景況做出最佳判斷，也有權利使用他們自己的最佳手段去追尋幸福。邊沁的這個立場，儼然是自由主義的人權宣言！將放貸牟利以及借貸應急，都視為一種在個人財產權上不得被剝奪的自由。

就譬如在莎士比亞（William Shakespeare, 1564-1616）的名劇《威尼斯商人》中，那位猶太人夏洛克（Shylock）就是放高利貸者。一方面，出面借款的人安東尼奧（Antonio）已經就自己的景況做出了最佳判斷。他相信，能夠在兩個月內賺回九倍於借款的錢。而另一方面，夏洛克雖然對於他的商隊有所質疑，卻也要求了「風險溢價」，即安東尼奧身上的一磅肉作為還款擔保（Ferguson 著，2013: 200）。如此各得其所、互惠互利的交易，就是邊沁所強調的財產自由，其他人有什麼立場可以不予尊重、或干預此一財產的處置權呢？

利率有上限？贏了亞當斯密

在邊沁的辯護中，一個有趣的插曲是，他認為自己所主張的借貸利率市場化，正與亞當斯密那隻「**看不見的手**」的論述彼此接軌，都是反對政府的干預；並且它還可以成為效益主義的基礎。為此，邊沁特別寫了一封信給亞當斯密，尋求他的同意和背書。但後者並不認為自己與前者同調，也根本沒有回信。

基本上，亞當斯密反對像中世紀和馬丁路德那樣，將放貸取息的人看作是「可咒詛的重利盤剝者」（Luther 著，1959: 46）。他說，經驗告訴我們，禁止放貸取息，「**不但防止不了重利盤剝的罪惡，反會使它加甚。**」（Smith 著，2009：篇二，章四，247）他更引用了孟德斯鳩（Baron de Montesquieu, 1689-1755）的話，指出高利貸之所以存在，「**部分因為法律禁止利息，部分因為貸金難於收回。**」（ibid.：篇一，章九，79）這就是說，放貸者因違法的風險，反而讓放貸利息變得更高了。此外，因為貸金可能收不回來，面對此一風險，高利率毋寧是一種必要的自我保護。

但亞當斯密並未因此而對高利貸完全鬆手！他說，「**法定利息率，雖應略高於最低市場利息率，但亦不應高得過多。**」這樣才能確保一國的資本大部分落在「**誠實人手中**」（ibid.: 247）。由此可見，他並不贊成將借貸利率完全市場化，法定利息率仍應該有其上限。顯然，邊沁太一廂情願了。

不過，亞當斯密倒也認同，「沒有任何法律，能把利息減低到當時最低普通市場利息率之下。」（ibid.: 247）換言之，無論是基於人道或宗教的理由，利率都有其市場的最低水準，無法以國家之手硬是予以壓低，或是宣稱不可以收利息！

或許從邊沁來看，這可以稍微降低政府干預的罪惡，但他肯定不會滿意的！因為，它仍無法提供足夠的利潤誘因，讓偏好高風險的放貸者進入資本市場。這對於發展工商貿易所迫切需要的融資，肯定是一種傷害。從近代歷史發展來看，邊沁贏過了亞當斯密。如今，大部分的資本主義國家，都放棄對借貸利率的上限管制了。即使是喜歡「強行抑制法定利息率」的法國，後來也改弦易轍。

最核心的是，「風險溢價」的觀念已經被普遍接受。也就是說，放貸資金的風險愈高，透過利率所獲得的報酬，理所當然地也愈高。這沒什麼罪惡不罪惡的！對那些沒有足夠擔保品，或欠缺還款能力者的借貸，高利貸既是一種必要的保護，也是一種必要的誘因。否則，誰會那麼「呆」將自己的錢財拿去放貸呢？

批評者往往未能認識到，資金是經濟的活水；而資金是否充沛，關鍵原因就在於放貸收息所能賺取的利潤。強制性的法定利息率，很難不重創商業牟利的空間、銀行業的發展，以及工商貿易所最需要的融資。

從財富倫理的角度來看，借貸利率的去管制化，意味的正是「無限利潤心」再一次從傳統主義中解放了。邊沁完全肯定了每個人不僅有理性的判斷能力，更有自主的財產權利，使用他們自己所認知的最佳手段，去追尋最大程度的自我富足。簡單來說，對於一個理性的自由人，自利無罪！即使是高利貸，都非關道德，而只是一種經濟理性。它大可以抬頭挺胸、瀟灑跨步在充分自由化的資本市場裡。

這種解放還意味著一個巨大突破，即貨幣已經徹底從「交易媒介」正當地發展為「資本」了。不僅是直接投資到事業，還可以透過放貸的方式以錢滾錢。雖然未曾付出任何勞動和努力，卻不再因此而有罪惡感，或遭致不道德的責難。它的一個直接結果就是銀行業的蓬勃興盛。對於這樣的發展，如果亞里斯多德、奧古斯丁、阿奎那和馬丁路德地下有知，恐怕要為此咬牙切齒了。

公共利益？這其實是虛構的

雖然《為高利貸辯護》這本小冊子很成功，印刷了好幾版。但對邊沁來說，還只是牛刀小試而已！他真正的力作是一七八九年出版的《道德與立法原理導論》（*An Introduction to the principles of Morals and Legislation*）。在這本書裡，邊沁建構了其影響深遠的「效用」（utility）理論。同時也為從休謨以來，歷經亞當斯密、馬爾薩斯和柏克的那一套私利與公利之間的自然調和論，做出了最完整的呈現和最大突破。

首先，他毫無保留地宣稱，所謂「共同體的利益」，是道德術語中最籠統的用辭之一，它因此往往失去意義。而如果它確有意義的話，就「是組成共同體的若干成員的利益總和」（Bentham 著，2000: 58）。邊沁相信，如果「不理解什麼是個人利益，談論共同體的利益便毫無意義。」因為「共同體是個虛構體，由那些被認為可以說構成其成員的個人組成。」（ibid.: 58）

這番話非常強烈。從休謨到亞當斯密，即使是馬爾薩斯或柏克，都沒有將社會當作是虛構的。在他們看來，社會以及所謂的公共利益，都是有意義地實際存在；只不過私人利益並不與它互斥罷了！甚至，經由利己之心還可以促進公共利益。或者，換個角度來說，他們並不認為社會可以完全「化約」為一個個單體，然後一無所剩。在個體或私人利益之外，總還是有意義地存在一個可以稱作「公共利益」的東西。

但邊沁則不然，他將整個社會以及所謂的公共利益，在「概念」上消解掉了。一方面，一個個單體的加總，虛構出了社會；另一方面，虛構的社會拆解開來，就只是一個個單體。因此，哪會有一種全稱的「社會利益」呢？存在的只有單稱的「個別利益」一個一個的加總。

在他之前，幾乎沒有人講過這種話。唯一比較類似的，只有盧梭所最反對的「總意志」（will of all）。而可以想見地，對於所謂的「公意志」，即一種超越個體又非個體總和的公共利益，邊沁會十分反感！

其實，盧梭的「公意志」概念，代表了源自於亞里斯多德的一個哲學立場，即各個「部分」的加總並不等於「全體」。這就好像每一棵樹木的生命現象，加總起來，不等於森林的整體生態現象。或者，集體行動中的群眾人格，不等於參與者個別人格的加總。

我們不是經常看到嗎？許多人在群眾中表現得很瘋狂，私底下卻是個膽小謹慎的人。奇特的現象就在這裡，一夥平常循規蹈矩的人聚在一起時，往往會互相感染，竟幹出驚人駭世之舉。這不是他們突然瘋了，其中確實是有個道理的。社會固然由個體所組成的，但在互動中所形成的制度、文化和心理，會逐漸轉變成一種獨立的存在和力量，發展出屬於它們自己的邏輯和理則。

經由上述的對比，我們可以更清楚地定位邊沁了。筆者要提醒，邊沁始終是個追求社會或公共利益的人。他批判自私、攻擊高官特權，也申言最大多數人的最大幸福。他只是在對社會或公共利益的認定上，要求立基於個體或私人利益此一概念，而拒絕了一切帶有集體性質的道德或「公意志」。

邊沁所訴求的，從來不是某一個體或私人的利益，而是所有的個體或私人利益，在經過互相抵銷或彼此增強後的「加總」。如果沒有這個「加加減減」的話，邊沁是不要的。他絕對不是一個主張自私自利的人。邊沁採取的乃一種「方法學上的個體主義」（methodological individualism）。他真正的執著只是，要將社會或公共利益「化約」為一個個單稱的個別利益；他絕不是在肯定張三或李四的個別利益有多神聖或絕對！

不過，遺憾的是，這套論述實踐起來會出現一個結果。如果社會或公共利益是虛構的，並且其本質是個體或私人利益的加總，那麼，明顯地，後者就是前者賴以存在的唯一基礎了。不努力追求個體或私人利益，就甭談什麼社會或公共利益！

固然，每個人一己利益的極大化，在彼此加加減減的過程中，有可能被抵銷，但也可能被增強。而無論如何，最重要地，盡其所能地追求個體或私人利益，成為了必須堅持的前提性原則！否則，怎麼可能會出現最大程度的社會或公共利益呢？

以此而言，可想而知地，資產階級會最喜歡邊沁了。他雖然不欣賞這些傢伙們的自私和特權，但每個人都該去追求一己利益的極大化，卻是效益原理中不容動搖的基礎和預設。至於公共利益或所謂的「共善」，這一項既囉嗦又煩人的大帽子，就再也不必理會了！

個人利益的衡量：最大福樂

進一步地，邊沁在上述的「化約」訴求下，還對於所謂的「利益」做出了一個驚人——近乎快樂主義——的定義。他說，個人利益該怎麼判斷和確定呢？答案是，「當一個事物傾向於增大一個人的快樂總和時，或同義地說傾向於減少其痛苦總和時，它就被說成促進了這個人的利益，或為了這個人的利益。」（ibid.: 58）

簡單來說，就是快樂和痛苦互相加減以後的總量。邊沁聲稱，自然將人類置於兩位主公的主宰之下，即快樂和痛苦。唯獨靠它們才指示了「我們應當幹什麼，決定我們將要幹什麼」。舉凡「是非標準，因果聯繫，俱由其定奪。凡我們所行、所言、所思，無不由其支配。」（ibid.: 57）在這裡，所謂的快樂和痛苦，在理解上都是廣義的。任何「帶來實惠、好處、快樂、利益或幸福」的，都屬於邊沁所指涉的利益。而一切

「遭受損害、痛苦、禍患或不幸」的（ibid.: 58），則都要從利益中予以扣除。

讀者可以發現，在邊沁的整個論述中前後共出現了兩種「加總」。第一、是社會中所有的個人利益相互之間的加加減減，由此構成了社會或公共利益。第二、是一己的快樂和痛苦之間的加加減減，由此定義了所謂的個人利益。當然，這兩個「加總」是一體的。歸結起來，所謂的社會或公共利益，就是每個人以「樂苦的加總」所呈現的「個人利益」相互之間的加總。

這個講法實在有點冗長和拗口！於是，邊沁給了它一個更動人的簡潔新描繪，稱之為**「最大幸福或最大福樂原理」**。講得再白一點，就是最大多數人在樂苦上加加減減後的總量。當然，它同樣是**「人類行動的正確適當的目的，而且是唯一正確適當、並普遍期望的目的。」**（ibid.: 57）**「不僅是私人的每項行動，而且是政府的每項措施。」**（ibid.: 58）都應根據於此一最大福樂原理，無可例外。

邊沁聲稱，這就是效益原理。而某個人只要**「對任何行動或措施的贊許或非難」**，是根據於**「它增大或減少共同體幸福的傾向」**來決定，那麼，這個人就是效益原理的信徒（ibid.: 59）。

最值得注意的是，他一再力言，必須在這樣的效益原理下，所有的應當和不應當、對和錯，才**「是有意義的，否則沒有意義。」**（ibid.: 59）這個宣告很驚人，它充分意味著，效益原理已經驅逐並取代了所有的應當和不應當、對和錯的道德哲學。或者說，最多快樂或最少痛苦，就是唯一的道德。

在此，我們可以借用另一個術語來定位邊沁，即「倫理自然主義」。它的意思是說，事件或行動在善或惡上的倫理屬性，可以完全「化約」為愉悅或痛苦的自然屬性（梁文韜，2004: 41）。更明白地講，任何的倫理或道德，都被否定了！只有一個東西被邊沁視為「有意義」的，就是快樂和痛苦。

這聽起來有點熟悉，很像是第一章所討論過的伊比鳩魯主義。那群人同樣聲稱，道德根本是虛的，它就是為了要快樂！而且，事物並不是在本質上就有什麼善或惡，善或惡完全取決於快樂感或厭惡感的多寡。伊比鳩魯自己更宣告，快樂的本身是唯一的善；而痛苦的本身是唯一的惡。

只不過邊沁並沒有刻意去區別，到底所追求的快樂是清貧簡樸式的，還是酒足飯飽式的。對他而言，舉凡只要是快樂，無論是「平靜的」或「動感的」，都得算在所謂的效益中來予以加總。而也就因為此一不同，伊比鳩魯學派走入了清貧簡樸的結果，因為他們要的只是平靜之樂。那邊沁呢？則由於肯定各種形式和意涵的一切快樂，於是成為了一種最廣義的快樂主義追求。當然，如果我們形容效益原理是一種「肉慾主義」（sensualism），或許不恰當；因為邊沁所謂的快樂並不侷限於肉慾。但無可否認的是，按照他對於快樂和痛苦的廣泛用法，任何肉慾和物質感官的快樂，絕對也是他所肯定和擁抱的。

禁慾主義根本還是效益思考

在邊沁後續發展的論述，讓人有點厭煩的是，每一次面對效益原理所遭到的批評，他的反駁永遠都說，那些批評效益原理的，其實本身都在奉行效益原理而不自知，都是自我矛盾！

就譬如禁慾主義，從表面上看，它是一種最鮮明的、對追求「最大福樂」完全予以拒斥的訴求。它要的從來不是快樂，而是苦頭和折磨。

但邊沁辯駁說，抱持禁慾主義的通常有兩類人：道德家以及宗教狂。其中的宗教家，表現得最為極端。他們多方面折磨自己、吃盡苦頭，認為「使自己盡可能地不快樂便是取悅神的辦法」。但若是你追問他們的動機，會得到這樣的答案：

哦！你切勿想像我們在毫無目的地懲罰自己，我們很清楚自己要幹什麼。你要明白，我們現在所受的每一分痛苦，不久後將會得到百倍的快樂報償。

換言之，神喜歡看到我們現在折磨自己。而只要使神滿足，就可以給我們提供確證，「**表明祂將樂於看到我們在來世，歡享祂給我們帶來的極樂。**」（ibid.: 64）

邊沁說，這不就證明了他們也是效益主義嗎？表面上，他們的日常生活是與趨樂避苦悖反的，事實上，他們只是想以現世的痛苦換取來世的極樂。

不只宗教家，禁慾主義的道德家也是如此。他們會說「**痛苦並非邪惡**」。他們摒棄了那些「**稱為肉慾的快樂**」，但對那些「**精緻文雅的快樂，他們甚至予以珍惜**」。只是他們「**不冠以快樂之名**」，而改稱之為名譽、光榮、聲望、合宜、正直、體面等等。

邊沁聲稱，這明顯地只是「**換名改姓**」的策略（ibid.: 66），但改變不了他們仍然是在應用效益原理，依舊是在趨樂避苦。

他在此所暗指的，應該就是希臘化文明時期的那些禁慾主義哲學家了。無論是犬儒的苦行操練所要實踐的自由自在，或伊比鳩魯所楬櫫的平靜之樂，還是斯多噶為內在安寧所追求的禁慾，從邊沁來看，其本質就只是一種「**換名改姓**」的策略。雖然嘴巴講的都是禁慾，實質上還是在追求快樂。

從筆者來看，邊沁的這一套辯詞其實很牽強！但基於本書的主旨和篇幅，並沒有必要在此予以評論。但這就是他一貫的反應和策略。任何來自宗教、道德、好惡情緒而與效益原理唱反調者，都被他視為本質乃效益原理而不自知。藉此，邊沁將它們都給消解掉了。

一個貫穿的共識：效益主義

在邊沁後續的討論裡，還分析了效益原理的許多細節，包括快樂和痛苦的四種來源、如何估算快樂和痛苦的值、快樂和痛苦的類型，以及敏感性因素等等。但這些都與我們所要探討的財富倫理沒有什麼直接相關了。

而在此，最值得一提的歸結是，效益主義的訴求幾乎貫穿了本章所討論的每一個大師。這絕對具有重大意義！從新教倫理開始，韋伯就已清楚指出，清教徒為了「**盡其所能地**」榮耀上帝，故而在動機上抱持了一種「**純粹地實效原則**」，來追求分工的專業化、並為「**最大多數人的福祉**」而服務。也就是務實而理性地衡量利弊得失、手段、機會和風險，俾能以對社會和個人的最大效益，來增添上帝的榮耀。韋伯還因此形容清教徒像是「**一部獲利的機器**」，因為他們對於「效用」，是高度理性化地精於計算，又拒絕享受生活樂趣。

到了洛克，他雖然沒有明白使用效益主義一詞，但一來，勞動之所以得享財產權，就正由於它使得一件東西產生了「效用」。橡實成為了麵包；水成為了酒；樹葉、獸皮或苔蘚成為了布匹或絲綢。他更也由此肯定，每個人都可以盡其所能地以勤奮的勞動來追求最大程度的佔有。二來，此一最大程度的佔有，是否該有所限制呢？洛克的答案是，必須能對財物善加利用，不讓它們被糟蹋或敗壞。換個角度來說，只要你能維持物品的「效用」性，就放手去創造最大效益的財富吧！

歷史發展至此，效益主義的意涵其實還是隱晦的。凸顯出來的只是效用此一概念，以及對最大效益的追求。但到了休謨和亞當斯密，一種肯定自我慾望滿足和利己之心的效益主義，正式登場了。

這兩位大師都不在意，富人們是如何地奢華享樂來滿足自我的慾望、又如何地為牟利而貪婪自私。他們唯一著眼的是這些行為所帶來的社會效果，包括了刺激消費生產、創造就業機會、生產物向下普及分配、促成勞動分工的專業化以及自由貿易等等。他們都甩開了從道德而來的、對自我慾望的滿足和自利性經濟行為的控訴！但這並非不道德或反宗教，而只是強調，它們更屬於效益比較和衡量的範疇，而非道德和宗教上的評價。

這可真是一個妙方啊！一下子就將道德和宗教破功了。無論人們是如何闊綽地去「**滿足自己無聊而又貪得無厭的慾望**」，又無論人們是如何貪婪地去擴張自己的利益，都可以將它們擱置一旁，然後告訴你，重要的是這些行為的社會效果。

所以，管他什麼清教徒所標榜的「**禁慾品行原則**」，也不必理會馬丁路德所抨擊的「**重利盤剝**」了。即使奢華享樂、存心貪婪、追求暴利，那又怎樣？玩超跑、買豪宅、設賭場、開妓院、賣菸酒和槍砲，有何不可？效益主義唯一在乎的，只是它們在結果上對社會的效益程度。

當然，亞當斯密比較沒有這麼極端。他在申言自利心之際，同時還堅持，要以憐憫或同情來作為社會共善的一個基礎。他甚至拒絕，純粹以「效用」來解釋人們一切的經濟行為。因此，他沒有做出任何具有涵蓋性的通則，說一切出於自利心的行為，都會帶來對全體社會有利的效果。

效益主義的高峰：扔掉道德

但到了馬爾薩斯和柏克以後，這種兼容並蓄的特質完全不見了。這兩位大師都嘲諷了溫情和仁愛的人道主義，也否定了濟貧法所內含的憐憫或同情。他們要求窮人自力更生，回歸由自利心所支配的競爭和市場法則。否則，就該自然淘汰！其中的馬爾薩斯最強烈。他不僅倡言利己之心是社會和經濟這部「**龐大機器的主**

要動力」，更高高舉起了雙手，歡迎一個由「**人生勝利組**」抱持並無限擴張的自利心，來佔有對整個世界的「**絕對統治權**」。

柏克則不遑多讓，更鮮明建構了自利心與公共利益之間的自然調和論。他毫不保留地鼓吹貪婪自利，將之視為讓國家繁榮的巨大的因素。他並且相信，將「**自己個人的成功**」聯結到「**公共的福祉**」是不辯自明的上帝真理；而將「**私人利益**」放進「**公共精神**」裡面，則是讓人們願意服務社會的好誘因。

他還由此堅稱，資產階級的利益終究會流向整個社會和中下層階級。所以勞工們最首要而基本的利益，是在勞動產品上讓雇主賺取完整的利益。而老闆愈是貪婪牟利，作為其生財工具的員工，會愈被照顧得健康強壯。同樣地，資本愈是由資產階級獨佔，愈是好事一樁！因為它所帶來的繁榮可以養活更多的窮人。

效益主義發展至此，貪婪自利被肯定的程度，已經夠讓人怵目驚心了！然而，到了邊沁，竟又更往前推到了最高點。歸納起來，他高調做出了以下兩項非常極端的突破。

第一、他向我們疾呼，當談論社會或公共利益時，別再扯什麼抽象高調的道德了！它不過是一個個單體的最大利益相互之間的加加減減。據此，很顯然地，若要追求最大程度的社會或公共利益，唯一的必經之路，就是透過個體或私人利益的極大化追求。因為離開了後者，前者根本不能存在；而後者愈是成功，加總起來，前者就愈豐碩。

第二、邊沁還進一步堅稱，利益的唯一衡量方式，就是快樂與痛苦的多寡。並且，所有在效益原理之外的「**是非標準**」，都是骨子裡趨樂避苦的美麗包裝。講得再明白一點，所有的宗教、道德或好惡情緒，所有對善惡的倫理判斷和情操，說穿了，統統是假的！唯一的真相，就只是在追求最多快樂或最少痛苦。

對於這樣的演變，無論你喜不喜歡或評價如何，它正反映出資本主義在內在價值上的發展。而這就形成了資本主義最核心的本質，即一種透過個人利益極大化的追求，來實現美好生活和最大福樂的工具理性。

按照它的邏輯，每個人都要精打細算，衡量人生每一個行動在結果上的利弊得失，看它們各自為你增添了多少快樂，又減少了幾分痛苦。而這就是整個社會在運作上的基礎和法則。當然，每個人如此精打細算所呈現的一己利益，是必須受到約限的！但約限它的，絕非憐憫或同情、慈善或仁愛、宗教或道德這些抽象空洞的玩意兒，而是其他多數人在福樂上的比較效益。

看看你我的周遭，太多現代人的日常生活，都證明了上述所言不虛。儘管要遷就其他多數人在福樂上的比較效益，但我們仍像一頭野獸般地，用盡了吃奶的力氣，來追求個人福樂的極大化。至於憐憫或同情、慈善和仁愛、宗教或道德呢？就睜隻眼閉隻眼吧！

※

本章探討到這裡，從韋伯所論述的新教倫理、洛克、休謨、亞當斯密，到馬爾薩斯、李嘉圖、柏克和邊沁，必須告一段落了。近代資本主義中那種邁向無限利潤心的財富倫理，在邊沁的高峰後，因面臨社會主義陣營日漸強大的批判，開始萎縮、走下坡了。

而反動下的新趨勢，竟然是去選擇與傳統的財富倫理互相結合。這一部分已經在第一章中討論過了。回顧起來，人類的歷史終究好像是鐘擺。確實，日光之下，既不斷變遷，又沒有新鮮事。

寫作至此，針對著人類歷史中三條路線的財富倫理，終於，我們已經全部析論過了。接著，讓我們進入最後的篇章，來對全書的若干核心課題，做出小小的歸結。

小結

四個核心課題

整體而言，本書所分別討論的三種財富倫理，在歷史中的出現是既有其時序性，又互相交錯的。比較明顯的軌跡是，前兩種論調主要存在於十六世紀下半葉之前的傳統世代。而後隨著歐洲的邁向富裕，第三種論調才登上舞台。到了十九世紀，社會主義思潮風起雲湧，展開了對第三種財富倫理的強烈批判，並與第一種「輕看財富、貶抑私產」的論調交匯融合。

那麼今天呢？從表面上看，似乎活躍的是代表無限利潤心的第三種財富倫理。但真相毋寧是，什麼倫理都煙消雲散了，只剩下裸白的慾望。無論在財富的動機、手段或花用上，我們都更像是一群飢餓的野獸。借用韋伯的話來說，只剩下經濟衝動了！

對於這樣的狀況，我們可以期待什麼呢？財富的野獸們，能變得有財富的教養和倫理嗎？對此，筆者打算另外再寫一本書，針對著現代社會來加以引申應用、省思，並提出若干因應的方案。屆時，主軸就不再是探討大師們的觀點了，而是站在本書的基礎上闡揚筆者個人的想法。如此的預告正意味著，在此一最後的篇章，只會有對大師們觀點的扼要歸結。畢竟，本書的篇幅已經太厚了，而且在性質上，兩者也確實有所差異。分開來處理比較妥當。

回顧本書的整個探索，對於三種財富倫理各自的意涵，以及彼此之間的區別辨識，已經在正文中屢次有所歸結了，無須在此多加贅述。但值得進一步呈現的是，大師們其實環繞著幾個核心課題；而它們正標示出了財富倫理最引致爭議的焦點。這就是筆者在「前言」的思考架構中所勾畫出來的下方那個區塊。包括有財富的追求動機、財富的獲取之道、財富該如何使用，以及財富的分配正義。以下就讓我們一個個來做出扼要歸結吧！

1 財富的追求動機

首先、大師們經常環繞的一個課題，是吾人在動機上，對於致富該淡泊輕看呢？抑或積極進取？是看財富如浮雲、甚至追求放空和歸零的清貧極簡呢？還是該抱持著對致富的渴望、某種使命和雄心？對此，筆者可以從大師們的諸多論述中，歸結出一組相反的立場，就是該「輕看財富的追逐佔有」呢？還是該「為合宜的動機而致富」？可想而知地，大師們有著南轅北轍的論爭和辯護。

Why？輕看財富的追逐佔有

先來談前一種立場。歸結起來大致有四種理由。第一種主張，是輕看財富的追逐佔有，可以讓人遠離道德上的墮落和罪惡。它主要控訴的，一方面是為了追求更多財富，而在心態上貪婪和自私自利，並在手段上選擇了欺壓和剝削；另一方面，則是在擁有了大量財富後，所表現出來的奢華、虛榮和傲慢。

前者的典型，譬如是柏拉圖和溫斯坦萊；相關的表述太多也太雜了，毋庸在此多加贅言。但特別值得一提的是，早期的教父屈梭多模和奧古斯丁，他們公平地提醒，這樣的敗德行徑絕非富人的專利；窮人為追求財富所表現出來的自私自利和貪婪，未必遜色於富人。因此他們會說，「富人不是聚集了很多財貨的人，而是對財貨少有需求的人；窮人不是一無所有的人，而是有很多慾望的人。」關鍵始終是內在慾望的強弱，而非外在財富的多寡。

至於後者，也就是因富裕而帶來的奢華、虛榮和傲慢，其典型的控訴則譬如是耶穌、摩爾、馬丁路德和盧梭。他們都強調，傲慢是從比較而來的。正因為看到了窮人的寒酸和不幸，富人才從而沾沾自喜，並衍生出對自己地位、成就和能力的優越和驕傲。再加上富人總處在一個對他們崇拜的周遭環境中，久而久之，富人很難不心高氣傲！

當然，富裕與敗德之間並沒有必然關係。但在真實的生活世界裡，經常隨著財富的增加，道德風險也跟著增加了。人們往往在發財之後，開始花天酒地、包二奶、傲慢和仗勢欺人。反觀那些沒有什麼財富的人，他們並非比較善良，而是比較缺乏在這些方面墮落的財力。口袋愈深，未必就愈墮落，但確實愈有墮落所需要的物質條件。就好像巨大的成功會讓人驕傲，巨大的權力會讓人腐化，同樣地，巨大的財富和渴求慾望也會讓人敗德和墮落。

進一步地，對於「輕看財富的追逐佔有」的第二種理由，是它能夠讓人回歸自然之道，即原初空無狀態下最真實的自我，從而享受不為物役的自由。最典型的當然就是標榜犬儒主義的那些「狗人」了。他們控訴，人們老是要去填補缺乏，買這個、要那個！卻無知於所謂的「缺乏」，不過是由社會俗成來定義的。人們被灌輸了對某些財貨及物品的不可或缺，缺了高檔手機、缺了名牌包包、缺了時尚精品，而這就成為了他們的牢籠。於是，就在庸庸碌碌的追逐中，與自然之道下的「自由自在」愈離愈遠了。當你的日子愈是依賴財貨來提供滿足，你的自我就愈無法獨立。或者說，外在的肉體吃得愈「飽」，內在的自我就愈「餓」！

不只犬儒，斯多噶主義也同樣強調，「不怕早晚有一天要死，怕的是不曾開始按照自然之道去活。」這意味著，與其長命百歲而活在世俗價值裡，不如只有一天的性命，卻活在自然之道中。因為在其中，你擁有的是自由自在！

並且，重要的從來不是擁有或失去什麼，而是我們願意順服自然所發生的一切；相信一切的擁有或失去都有其意義和價值，都是「為你而才發生的，是給你的處方」。

故而，當發生財物或其他一切損失時，我們必須學習抱以「純然的服從與善意」來對大自然說，「你願給什麼就給什麼，你願收回什麼就收回什麼好了。」

他們比較特別的是，更講究禁慾了，強調「智者無情」！人生若想要勝利，就得好好挑戰各種感官和肉體的享受。包括物質和財貨在內，人都要不斷地自我征服、超克它們。否則，在它們的捆綁和束縛下，人怎麼心靈超昇？又如何自由自在呢？

再來，對於「輕看財富的追逐佔有」的第三種理由，是它可以讓人擁有清心寡慾式的「平靜之樂」。典型的當然就是伊比鳩魯學派和摩爾了。

他們並不關心什麼道德上的墮落問題；而不役於物的自由自在，也非其核心主張。他們的基本信念是，快樂乃唯一的德；並且道德就是為了要快樂。只不過，他們所謂的「快樂」是從消極角度來定義；只要「無痛苦」和「無干擾」就足矣！他們崇尚的是平靜之樂。它緩慢平和，卻如涓滴細水可以長流。它源自內心深處；雖然平靜，卻有狂喜。

在本質上，他們並不反對情感和欲求的滿足，所要求的只是恬淡地擁有！而指向的乃友誼、自由和知性這些高等的滿足。很平凡！他們最享受的是，與一群朋友隱世共居，每天，在田裡共耕、圍爐共食，陪孩子們玩耍，午後曬曬太陽、喝杯咖啡，並一起討論《大師眼中的金錢：財富的倫理》、互相抬槓、辯論到深夜。

對於那些只有簡單物資的人，他們會說，你該為自己感到慶幸，因為，在這樣一種使「動感之樂」無法存在的平靜狀態下，最適合讓你結交真誠的朋友、從事知性的交流和激盪，以及享受簡單淡雅的生活品味。

這番話完全真實！當人們沒有錢花天酒地、血拼玩樂時，就只能安分地讀讀書、喝喝茶、聽聽音樂了。相反地，有錢人所享受的動感之樂，不僅短暫，會帶來若干悲苦的效果。譬如，美酒會帶來第二天的宿醉；豐盛的佳餚會導致腸胃不適。何苦呢！粗茶淡飯、白開水和恬靜的心情，可以讓人健康好眠。

最後，「輕看財富的追逐佔有」的第四種理由，是貧窮和匱乏能夠陶冶人的內在性靈，讓它更深邃、強韌和謙卑；還可以磨練出堅忍剛毅、勤勞奮勉，以及儉樸禁慾的精神。這有點像孟子所形容的，「**故天將降大任於是人也，必先苦其心志，勞其筋骨，餓其體膚，空乏其身，行拂亂其所為，所以動心忍性，曾益其所不能。**」（孟子．告子下）

在這一方面，最典型的當然是聖方濟各了。他以實踐的方式建構了一種獨特的「貧窮神學」。他相信，貧窮最可以讓人陶冶和提昇內在的性靈。第一、它可以讓人看清楚，自己身為人類的本質光景。即人作為受造物，其原初的本來面目就是卑微、軟弱和一無所有。第二、貧窮可以教育我們，因苦難而謙卑、更加依靠和親近上帝；同時也學會忍耐，並超克肉體的欲望。第三、貧窮使我們能夠認同——感同身受——其他卑微、軟弱和一無所有的人，從而與他們連結，並以同情和憐憫之心來服事他們。第四、貧窮使人體會到耶穌在十字架上所承擔的軟弱和苦難，也因為自己在貧窮上效法了基督，而享有一種與祂合一的聖潔和喜悅。

事實上，不只是聖方濟各，從早期的教父以迄整個中世紀，乃至禁慾主義新教和馬爾薩斯，都一再強調貧窮和匱乏可以讓人謙卑和順服，是上帝所給予的試煉和考驗。同時還可以磨練出堅忍剛毅、勤勞奮勉，以及儉樸禁慾的精神。只不過他們在用法上，未必像聖方濟各那樣是為主張貧窮和匱乏，而是針對別人所遭遇的貧窮和匱乏，提出合理化的解釋。關於這一部分，我們就不需要多說了。

Why？為合宜的動機而致富

上述解析過了「輕看財富的追逐佔有」，那麼，相反地，「為合宜的動機而致富」此一立場呢？以下，我們同樣可以從大師們的論述歸結出四種精采的理由。

第一、為了符合自己在階層和身分上的需要，致富是必要的。最起碼，所擁有的財富不能只是滿足基本溫飽。對此，典型的是儒家、阿奎那和馬丁路德。他們都要求，將財富的合理範圍界定在社會階層的等級線上。或者換一個說法，必須符合自己在「**職務與身分**」上的需要，能安過「**適合自己地位**」的生活。

譬如，對於一個庶人或農民，只要有鍋碗瓢盆、農具、瓦屋，以及溫暖的衣服就夠了；但有名望的教授、CEO呢？則還要有能力支應必要的階層禮儀、身分和文化開銷。而如果是君主或王公大人呢？那不用說，高規格的威儀、排場和品味，更是絕對必要的。所謂「**不美不飾之不足以一民也；不富不厚之不足以管下也。**」因此，在他們的生活需求中，耳朵聆聽的，得是「**撞大鐘，擊鳴鼓，吹笙竽，彈琴瑟；**」眼目鑑賞的，得是「**雕琢刻鏤，黼黻文章；**」口齒品味的，得是「**芻豢稻粱，五味芬芳。**」最重要地，這一切並非為了私慾或享樂，純然是角色和秩序的需要。

當然，在這些方面的開銷支用，還是有其消費限度的。得考慮各個社會或團體不同的經濟條件、社會觀感，更不能極盡奢華。譬如，一個教授開幾百萬的名車、普通員工出手闊綽的奢華、或公務人員之家卻住豪宅，恐怕都是一種「**驕暴**」了。因為已經逾越了各自的階層和身分。

進一步地，對於「為合宜的動機而致富」的第二種理由，是為了培養個人慷慨和分享互助的美德。對此，亞里斯多德無疑地最具代表性。他說，人們必須要擁有寬裕的財富，才能夠培養慷慨和分享的美德。箇中的原因很簡單。無論是慈善、慷慨、分享或濟助，前提都是自己必須先「擁有」並且「有餘」。若是囊袋羞澀、家徒四壁，怎有能力慷慨和分享呢？

他因而斷言，人們只要生活在那些一切都共產公有的城邦裡，則「**就無法做出一件慷慨的行為**」，因為，當自己根本一無私屬的所有。任「**誰都不再表現濟善救貧的仁慈之心**」。後來的若干早期教父，譬如亞歷山卓的革利免、拉克坦提烏斯，甚至十六世紀的馬丁路德，也都延續了亞里斯多德此一立場。

而即使是儒家，同樣強調，「**惟救死而恐不贍，奚暇治禮義哉？**」這充分意味著，貧窮是美德的障礙，會導致寡廉鮮恥。而反過來，擁有寬裕的財富，不正就是賴以培養美德的物質基礎嗎？這當然不是說愈有錢，就愈有美德！財富對於培養美德的邊際效用是遞減的。甚至，當愈來愈有錢之際，寡廉鮮恥和驕恣腐敗反而增加了。

再來，對於「為合宜的動機而致富」的第三種理由，是為了獲得更多的支配權力，從而得以抗拒他人的支配，並因此能自由地選擇所期望的生活。對此，闡揚得最淋漓盡致的是馬克思。他明白指稱貨幣乃一種「**支配他人的、異己的本質力量**」。並且還呈現為「**貨幣拜物教**」。在其中，貨幣所可以購買的，就是讓持有者從一切的醜陋、邪惡和缺陷，顛倒和異化為美麗、受人尊敬的和無所不能。

馬克思由此結論，「**我是什麼和我能夠做什麼，這絕不是由我的個性來決定的。**」而是由所擁有的貨幣多寡來決定的。「**貨幣的力量多大，我的力量就多大。貨幣能購買的東西，就是我——貨幣持有者本身。**」

既然貨幣有這麼大的支配權力，那擁有它不就可以抗拒他人的支配，從而能自由地選擇所期望的生活嗎？難怪！沈恩（Amartya Sen）這一位諾貝爾獎得主，會將貧窮定義為「**基本能力的剝奪**」；並且說，財富的用途在於它賦予了一種能力，「**讓個人享有願意珍惜的生活的實質自由**」（Sen 著，2001a: 32-33; 113）。

另一位學者布坎南，則從市場的角度強調，擁有財富，就是讓自己擁有選擇的自由，可以自主地決定是否要進入市場中的依賴關係，因而消極地避免被剝削、或積極地獲取利益。他認定，愈是依賴於他人的決定，就愈容易受到他人的決定所傷害。人生的最佳選擇，毋寧是透過擁有財富，來讓自己「**在自足自給的條件下生存**」（Buchanon 著，2002: 25; 31-32）。相反地，愈是貧窮、愈是低薪，就愈沒有這種自由和支配權力。

最後，「為合宜的動機而致富」的第四種理由，是為了能夠實現個人的生命夢想或所抱持的使命。毫無疑問地，這一點是來自於韋伯對新教倫理的論證。

首先，對於職場中的工作，他們視其為一種以榮耀上帝為宗旨的召喚，因此既要盡忠職守，又要勤奮勞動。其次，他們在工作的性格和思維上，既要求展現出「**井然有序、循規蹈矩**」的理性紀律；又殷切地期待「**盡其所能地**」以最大的獲利成效來榮耀上帝。

更核心而關鍵的是，他們將財富和利潤心視為一種對靈性的考驗；考驗自己能否將它們從一種經常在「**創造惡**」的力量轉化為在「**追求善**」；也就是從對美德和靈性的障礙，轉化成對上帝榮耀的見證。明顯地，在這樣的體認下，無論財富的積累有多麼龐大，利潤心又有多麼旺盛，全都不是問題了。唯一的問題只在於能否通過考驗。

廣義來說，這樣一種致富的動機，可以延伸擴及一切偉大的使命和責任感。也就是說，每個人都能在自己所委身的價值信念中，去尋索自己追求和擁有財富的使命和意義。

就譬如專事炒匯的金融大鱷索羅斯（George Soros），他終其一生、念茲在茲要成為「開放社會」的催生改革家，並為此而追逐財富。然後將所賺取的金錢投入東歐的民主運動、普世的公民參與、歐洲的難民危機、烏克蘭選舉，乃至於香港的雨傘革命等等。

無論你對這隻「巨鱷」的評價或好惡如何，無可否認的是，在其致富雄心的背後，有著一個在倫理上可資辯護的合宜動機。

※

從上述整個對於「財富的追求動機」的歸結，我們可以輕易察覺大師們在立場上的主觀性。財富既可以被咒詛為美德的障礙，也可以被頌揚為美德的條件。財富既可以致使人們淪為奴役，又可以讓人們擁有自由的權力。而同樣是為了上帝，聖方濟各選擇貧窮，清教徒卻委身致富。

造成這些差異的原因不一而足，也難以確切探究。我們只能說，話語是人在講的！意義和價值是主觀賦予的！它們的本質，往往不過是每個人在各自的時空情境和思潮氛圍下的偏好和選擇。而這也提醒了我們，在「輕看財富的追逐佔有」與「為合宜的動機而致富」之間，並不存在著任何的「道德正確」。我們每個人其實都可以有自己的評價和選擇。畢竟，無論是大師或讀者，各都隸屬於不同的時空情境和思潮氛圍，自然會在財富倫理上反映出不同的需要和偏好。

2—財富的獲取之道

接著，在歸結了財富的追求動機後，大師們環繞的第二個核心課題，是對於財富的獲取之道。這當然不是指致富的「know-how」或技巧問題，而是針對獲取財富的手段或方式所衍生出來的倫理爭議。即你的錢是怎麼賺的？黑不黑心、正不正義？

如果錢財的獲取手段是用偷、用搶、用騙的，這當然會遭到拒斥，少有爭議。但像宗教改革之前的羅馬教廷那樣，有一套冠冕堂皇的理由來出售神職；或者像富格爾家族那樣，自覺很蒙恩寵地與教皇合作，販售可以進天國的贖罪券，它們是否不義呢？

而如果是放款取息、甚或高利貸呢？或趁著供給不足時漲價、或囤積居奇、或低價傾銷、或聯合哄抬、或壟斷寡佔呢？自利乃人的本性、又同時可滿足他人的需要，這有錯嗎？而追求利潤的極大化，是貪婪嗎？再譬如現代社會中，高度包裝的連動債、衍生性金融商品、套利交易、狙擊匯率，以及許多走法律邊緣的股市操作等等。試問，這些被視為「在商言商」的牟利手段，是否為「不以其道得之」呢？

商業牟利的邪惡：重利盤剝

在這樣一個課題上，亞里斯多德、儒家、阿奎那和馬丁路德，代表的都是保守主義。他們鄙視純粹的商業牟利，認為那是在追逐自然需求之外的欲望，並不斷以無限積累來滿足其貪得。然而，商業的日漸普及終究無可抗拒。若要遏止社會淪入腐化驕恣，更務實的做法似乎是，將焦點退守到一個新防線，即商品在交易時該如何合理訂價？

而就在此一思考下，阿奎那提出了徹底反對牟利的交易規定。他聲稱，高於買價賣出，在原則上是不可以的。馬丁路德則力言，要以合理利潤來代替最大利潤。有賺就好！如果想盡可能多賺，就下地獄吧！因為「售賣是對鄰舍的一種服務」，你應當「多關懷鄰舍的損害，少注意你自己的利益」。為此，他提出了在定價上的一個具體原則，就是「所收回的利潤，足夠補償他的操勞和冒險，就是公道合法的」。

至於所謂的市場定價，他則認定其中充滿了欺騙和剝削、哄抬和壟斷。他詳細剖析了商人在市場定價上的各種手段，而後一概抨擊為邪惡的「重利盤剝」。最後他竟然結論道，在商品的買賣中，賺取的利得愈少，「交易便愈聖潔、愈基督化。」

只是，隨著大航海時代的來臨，大幅帶動了歐洲的海外殖民和貿易，也高度提升了當時人們的生活享受。繼之而起的是，十八世紀中葉以後的英國農業革命、金融革命，以及第一次工業革命。這是西方邁向繁榮富強的一個關鍵時代。它們促成了布爾喬亞和商業的勃興、跨國和自由貿易的繁榮，以及近代資本主義。

很自然地，當歷史走到了一個新的里程碑，倫理和思想是不可能不跟著轉變的。當時的禁慾主義新教，對新興布爾喬亞的肯定，正是此一轉變的最佳鐵證。其中最具意義的是，商業資產階級的工作神聖性，以及在職業中追求成功的使命感，第一次獲得了正面肯定。

而後續對工商貿易抱以全面性禮讚的，休謨無疑是最響亮的一砲。亞當斯密則與其聯手似地，兩人極力申言工商貿易相對於農業的好處，同時也強調，新興的布爾喬亞相對於傳統鄉紳、地主、貴族和殖民主，是如何地勤勞節儉，並且「愛利得之心勝過嗜逸樂之念」。

整個上述的發展，固然有力挑戰了那些保守陣營的大師，但仍沒有觸及最核心的要害。因為他們所最質疑的，始終是商人為了追求大財大利而在獲取手段上經常性的邪惡，包括欺騙和剝削、哄抬和壟斷。

效益主義的突圍和大獲全勝

這樣一個核心要害，直到效益主義的興起和完成建構，才真正被辯護及捍衛！其中的貢獻者，包括了禁慾主義新教、洛克、休謨、亞當斯密、馬爾薩斯、柏克，以及邊沁。這一部分在前章的最後兩小節，我們已經做過歸結，在此無須再詳加贅述。

扼要來說，效益主義的發展在「初始期」的斬獲是，透過結果層次上的比較效益，將動機層次的宗教、道德、情感或所謂公平正義全都邊緣化了。因此，對於財富的獲取之道，無論人們在動機上有多少欺騙和剝削、哄抬和壟斷，都可以將它們擱置一旁。唯一真正要在乎的是，它們在結果上對社會的比較效益。

以此而言，存心貪婪、追求暴利，那又怎樣？搞投機生意、設賭場、開妓院、賣菸酒、軍火和黃牛票、或放高利貸，有何不可？背德者的行為即使是墮落或邪惡的，其社會效果卻可能利大於弊（Block 著，2003: 43; 54; 73-75; 167-169）！這也是所謂的「在商言商」，它並非反道德，而只是無關道德。

進一步地，在這樣的基礎上，效益主義的「高峰期」斬獲是，它經由私利與公利之間的自然調和論，不僅強化了對宗教、道德、情感或所謂公平正義的邊緣化，還鞏固了一種將自利心予以極大化的正當性。

特別是邊沁，他一來堅稱，利益的唯一衡量方式，就是快樂與痛苦的多寡。所有的宗教、道德或好惡情緒，舉凡一切對善惡的倫理判斷和情操，統統是假的！唯一的真相，就只是在追求最多快樂或最少痛苦。

二來，他力言，如果公共利益是指什麼道德或公平正義之類的抽象玩意兒，那根本毫無意義！它的真相其實即個人利益的加總。若是這樣，那個人利益不就是公共利益賴以存在的唯一基礎嗎？邊沁雖口口聲聲說，要追求「**最大多數人的最大幸福**」！但問題是，當社會唯一有意義的實存只剩下個人利益，那麼，要實現「**最大多數人的最大幸福**」，能不鼓勵和肯定每個人對一己利益的極大化追求嗎？

效益主義走到這個地步，幾乎可以說，在財富的獲取之道上，它大獲全勝，並高度形塑了近代資本主義最核心的本質，即一種為了追求美好生活和最大福樂，而將自利心極大化的工具理性。至於宗教、道德、情感或所謂公平正義，就將它們丟在一邊吧！

3—財富該如何使用

進一步地，繼財富的獲取之道後，大師們環繞的第三個核心課題，則是財富該如何使用。即在倫理意涵上，吾人該以財富去換取什麼樣的其他價值才更有價值呢？當然，此處所謂的「價值」，既可以是物質的，也可以是心靈或道德的。

或許不少人認為，花錢還不簡單！但其實，它是一個在價值上的深度選擇。鋼鐵大王卡內基（Andrew Carnegie, 1835-1919）曾說過，「**一個人死的時候如果擁有巨額財富，那就是一種恥辱。**」這句話提醒了我們，追求、擁有和積累財富都只是過程，更重要地，毋寧是怎麼樣去使用財富？這恐怕才是衡量人生更有意義的尺度，而不是擁有多少財富。

但很奇怪地，許多人總將焦點只放在發財上。以致對於如此重要的課題，坊間的專書竟然少得可憐。回顧我們在前三章所討論的大師們，對於財富該如何使用，則有許多的討論和不同的觀點。歸結起來，大致可區分為三種基本選擇，它們既有所關聯，又有若干矛盾。第一、在使用上要盡可能地儉樸節約；第二、就盡情消費享受吧！第三、則是將財貨施捨分享給有需要的人。這三種選擇可以用更簡單的話來表白，就是要「省」呢？還是要「花」？或者是要「給」？

儉樸節約：幾個不同的理由

先從第一個來講，儉樸節約很可能只是出於吝嗇小氣的性格。或者是缺乏安全感的個人特質，想要以更多的錢財來當作自己的堡壘。此外還有一種可能，即社會在經濟條件上的匱乏。如果大部分人口尚處於僅夠溫飽的狀態，則儉樸節約就會是現實上的普遍需要。難怪，在十五、十六世紀之前的財富倫理，幾乎都要求儉樸節約。

但大師們所呈現的，卻是儉樸節約在倫理上的理由。第一個可以提出來的，就是在希臘化文明時期的那些犬儒、伊比鳩魯和斯多噶主義者。基本上，他們將儉樸節約當作一種自我的美德，或某種性靈境界的實踐。

儒家所要求的儉樸節約，同樣也抱持著類似理由，但還多了一層家族因素，就是希望透過儉樸節約來不斷積累財富，讓家大業大、光宗耀祖。

而西方的基督教，從初代教會進入中世紀，由於修道主義和禁慾思想的普及，再加上「財富管家」得向上帝交帳的觀念，儉樸節約可以說是必然的邏輯。但其主要的訴求，卻是為了服膺窮人的需要、哀憐孤兒寡婦，表現出一種對匱乏者處境的同情。

來到了十五、十六世紀後，一個有趣的發展是，在流行的重商主義下，為了將金銀留在國內，竟然許多國家制定了一大堆禁止奢侈的法律，鼓勵儉樸節約。後來由於亞當斯密的重砲抨擊，才糾正了這些立法。

發展到十七世紀，禁慾主義新教徒儘管非常富有、事業成功，卻也非常儉樸節約。他們不僅將「財富管家」的傳統推上了最高點，還特別強調「all for the glory of God」的信念。也就是一切都必須是為了上帝的榮耀，而不能是為了個人的享受。

值得注意的是，賙濟窮人固然也是榮耀上帝，但此時已經不再是凸顯的焦點。反過來，榮耀上帝的本身，才是儉樸節約最主要的理由和動機；而它並不侷限於賙濟窮人。譬如，將經由儉樸節約而積蓄下來的資財，拿去作事業的投資，以追求進一步的資本利潤，這同樣也是在榮耀上帝。

繼新教倫理之後，進入了十八世紀，亞當斯密在追求普遍富裕之際，也同樣主張儉樸節約。而他所抱持的理由，更明確地，就是為了積累資本。所謂「資本增加，由於節儉；資本減少，由於奢侈與妄為」。他甚至說，奢侈者根本搶奪了「勤勞者的麵包來豢養游惰者」。奢侈者的所為，「不但會陷他自身於貧窮，而且將陷全國於匱乏。」

他很經典地鼓勵人們，應該儘量將資財用在「生產性勞動」上，同時則盡可能減少「非生產性勞動」。前者譬如是雇用製造業的工人。他們的勞動通常可以補還雇主所支付的工資，還有剩下利潤。後者則譬如是雇用家僕、演員、歌手和舞蹈家。這些人的勞動只是提高生活享受罷了，不僅無法創造利潤，即使連支付給他們的費用都無法回收。

消費享受：何嘗不是件好事

談過了儉樸節約，那第二個財富使用之道，也就是消費享受呢？它經常被老一輩們批評為浪費。還有的人則說，那是資本主義下的一種物化。然而，在諸多大師的筆下，它有沒有正面的意義和效用呢？

加爾文明白地說，即使是「貴族式的優雅人生享受」，只要不違逆《聖經》，都可以心安理得地擁有。他要我們別相信那「無人性的哲學」，因為它只肯定基本的需要，卻否定了欣賞、享受和感覺，最後只會害我們「成為無感覺、麻木不仁的木頭」。

但旗幟更為鮮明、更有代表性的人物則是休謨。他完全丟開禁慾主義新教倫理，非常具有現代性、也高度經濟學地來為消遣和享受辯護。他一方面強調，當前人類在理性啟蒙主義的引導下，消遣和享受處處表現出「理性人類的榮耀」。這已經使得它們遠離了粗俗和縱情之類的敗德行徑。實在沒有必要老是將它們與罪惡連結！

另一方面，他則聲稱，國人愈多的消遣和享受，愈可以帶動百工各業去發展「剩餘生產」。如此一來，國家就能有所「儲存」，以備緊急狀況或不時之需。消遣和享受的盛行，即使是一種資源的浪費、或道德上的罪，卻仍可以創造一個在物資上豐富有餘的社會，從而帶來國家力量的強大。歷史足以證明，從國家的繁榮昌盛來看，禁慾儉樸是可悲的！

再者，愈是放縱無度的奢華享樂，愈可以帶動商品消費和生產需要，讓其他人有工可作、有錢可賺。此外，消遣和享受還可以促進貨幣的擴散和流通，擴大乘數效果，帶來普遍富裕。

在休謨之後，亞當斯密也擁抱了同樣的策略，來為富人放縱無度的奢華享樂辯護。他並且還稱之為一隻「看不見的手」。

他說，儘管富人們的天性是「自私的和貪婪的」，儘管他們是「只圖自己方便」，儘管他們雇用千百人來為自己勞動的唯一目的，是「滿足自己無聊而又貪得無厭的慾望」，但到底還是將收穫物，一如平均分配給全體居民般地分配了出去。

用另外一個話來講，有錢人的奢華享樂，促進了財富往下流向那些為他們提供服務的每一個階層的每一個人。如此，讓更多的人有一點錢，這不是件好事嗎？

施捨分享：最美的使用之道

最後，對於財富該如何使用，第三個選擇則是自願的「施捨分享」。最強烈抱持此一立場的，當然就是整個基督宗教了。他們針對著窮人的需用，大力度地揭櫫一種出於愛的分享使命。事實上，在整個財富倫理史中，幾乎也只有他們堅定地如此主張，並視為最美的財富使用之道。其他大師在這一方面則是相對薄弱的。對於這一點，我們已經在第二章中論證過，在此不再贅述。

除了耶穌和使徒們有關「賙濟窮人」的教訓外，歸結早期教父對於施捨分享的立論，大致有以下五個重點。必須提醒的是，這些重點在他們之間交錯主張，更一直穿透到後來的世代，包括了奧古斯丁、阿奎那、馬丁路德，以及禁慾主義新教。

其一，濟貧可以讓富人的靈魂之途返轉！從踏向滅亡彎到救贖之路。這就是要以財富的施捨分享，來化解財富所帶來的墮落危機。富人只要散盡錢財去賙濟窮人，其財富就不再是靈性與得救的障礙。

其二，他們發展了一種富人與窮人彼此共生互惠的論調。富人可以在錢財上幫助窮人，窮人則因此會帶有上帝大能地為富人代禱和感謝上帝。結果是兩全其美，都將上帝的恩賜付出了，並且彼此服事。

其三，他們還訴諸了社會聯結的正義觀，強調人與人之間的相互義務和休戚與共，進而主張財富「不是為了某一個體的個別快樂去使用財富，而是為了眾人的福祉；不是為了人自己的即刻享受，而是為了正義」。不要以為窮人的悲哀與你無關，那一切終將傷害到你的安全和福祉。

其四，既然財富的主權在上帝，就要將此一受託付之物，經由施捨分享來換取屬於自己的真正財富——美德和永生。這就是所謂的「要藉著那不義的錢財結交朋友，到了錢財無用的時候，他們可以接你們到永存的帳幕裡去。」（路加十六9）

其五，富人不肯施捨分享就是偷竊了窮人。一來，許多財貨原本就是窮人的，卻被權貴巧取豪奪。二來，在上帝所賜予的財貨中，原本就有一部分是為窮人預備的，富人只是受託付管理而已。

之後，到了第十三世紀的阿奎那，他將「拒絕分享即是竊盜」此一觀念推展到了一個罕見的高點。他明白指陳，富人積聚財產、吝嗇不分享或奢侈，毋寧都是一種暴力行為，剝奪了窮人在食物和基本需求上的自然權利。所以，窮人若是為了生存而以竊盜方式取回其自然權利，這並不算是犯罪。他們不過是取回應該屬於自己的東西罷了！

他更還強調，這已經是正義的一環了，不再只是慷慨救濟！不僅窮人自己有權這樣做，其他的人也應該為了幫忙窮人而這樣做。他毫不猶豫地肯定，這是出於「愛德」的一種拯救窮人的義舉，其中完全不需要有犯罪的顧慮。

整個來說，基督宗教此一施捨分享的財富倫理，對西方社會產生了巨大影響。尤其使得許多中上階層的善男信女，經常會將財富用來投入慈善和公益事業。相對之下，華人的富豪們對於財富的使用，最普遍地大概就是儉樸節約，然後留下一大堆資產給子孫了。

4——財富的分配正義

最後、談過了財富的追求動機、財富的獲取之道，以及財富該如何使用，大師們環繞的第四個核心課題，則是財富的分配正義。它要問的是，在不同的角色、付出和成果之間，所得的分配比例各該是多少、又該依據什麼標準，才符合公平或合理呢？

對此，許多大師提出了共產的主張。其最普遍的一般典型，是在某種方式的共有基礎上，來追求所有成員在分配上的平等，至於其動機或目的，則是為了祛除因相對優越或剝奪感而來的社會弊病，包括了傲慢、奴役、貧困和衝突等等。

阿里斯托芬堪稱為最精簡的代表。他要求「所有人都一個法則、一切都一個標準」，以確保每個人都享有同等的待遇和生活水平。甚至是帥哥美女，都不得享有性愛的優先權，更遑論其他一切了。他相信，如此一來，社會就不會有相對的優越或剝奪感；連帶地，罪惡和鬥爭也會消弭。醜女不會因眼紅而塞一顆毒蘋果給美女，矮胖的老男人也不必靠欺騙誘拐才有豔福。

此後，摩爾、溫斯坦萊、馬克思以及克魯泡特金等人的共產，在這些方面的訴求，也都與阿里斯托芬大同小異。特別值得一提的是摩爾。他不只聲稱「達到普遍幸福的唯一道路是一切平均享有」；更楬櫫了一種很經典的傲慢相對論，即富人驕傲的尺度，「不是依據自己所擁有的財貨，而是依據其他人的匱乏。」驕傲女神就是愛看人窮酸和悲慘！對比愈強烈，她愈自得意滿！這充分透顯出，共產的一個最核心訴求，就是為了祛除因相對優越或剝奪感而來的社會弊病。

相對而言，明顯地，柏拉圖的共產不是一般典型；它長得很另類！它在範圍上僅侷限於統治階層，並且其動機或目的，根本不是為了祛除因相對優越或剝奪感而來的社會弊病。柏拉圖所在意和訴求的，並非傲慢、奴役、貧困和衝突這些問題的解決，而是要讓統治階層因無「私」可圖而委身於「公」。整體而言，他根本對分配的平等沒興趣！我們大可以將他從這個討論課題排除。

按需和按勞分配的均平主義

從筆者看來，大師們對於財富的分配正義，整個爭論的癥結點在於，要怎麼樣分配才公平？固然，正義的最基本意涵，就是讓每個人得到所當得的；但具體上又該怎麼做呢？

最浪漫天真的一種主張是「按需分配」。人們在生活上有什麼需用，就直接到公庫去領取。它不考慮你付出了多少勞動量，也不理會你的角色和才幹有多少貢獻。阿里斯托芬、摩爾、溫斯坦萊以及克魯泡特金都屬於這一種。他們堅持，共有的範圍必須涵蓋一切，包括生產資料，還得擴及生產品。連帶地，金銀貨幣、買賣以及工資制度，也都不需要了。

事實上，不只上述的大師，馬爾薩斯和李嘉圖所批評的「史賓漢蘭」制，毋寧也是「按需分配」的一種實踐。因為，它是根據麵包價格的漲跌以及妻小的人數，來決定每個人每週可享有多少最低所得。時下在北歐正流行的「無條件基本收入」主張，主要倡導者帕雷斯所師承的，正就是摩爾的《烏托邦》。其內在的核心精神，即認定每個人都可以無條件滿足生活所需才是正義！

從理論上來說，「按需分配」的結果，當然是那些生活需求愈大的人，分配得愈多。譬如老弱婦孺或處在困境者。至於一般人，也都不會有缺乏。同時，由於生活需求的差異不大，彼此大致平等。

但問題是，一來，有些需求大的人，真相很可能是欲望比別人多。讓這種人分配得比較多，公平嗎？二來，大部分的人應該都不再樂意辛勤勞動了，反正有需求去公庫取用就好！結果，社會的生產力一定低落，甚至陷入窮困。博蘭尼對於「史賓漢蘭」制的歷史性評論，言猶在耳，吾人豈能視而不見？

進一步地，除了「按需分配」外，第二種主張則是「按勞分配」。它只考慮你付出的勞動量。這顯然可以解決上述的問題。因為根據此一標準，愈是辛苦勞動的人，分配得愈多。很明顯地，這是對勞動價值的肯定，也可以說是對勞動財產權的一種實踐。

從馬丁路德、洛克到亞當斯密，都明顯地有類似的主張。而馬克思則更是對比地指出，自己雖然要推翻「**資本主義的所有制**」，卻企圖在生產資料共同佔有的前提下，重建「**個人所有制**」。因為後者是「**個人掙得的、自己勞動得來的財產**」。這明顯地就是對勞動價值的肯定。

不過必須提醒，他似有搖擺和矛盾。在《哥達綱領批判》中，他竟然說「**各盡所能、按勞分配**」是共產主義初級階段的平等。「**各盡所能、按需分配**」才是高級階段的平等。但撇開馬克思的搖擺和矛盾，其實，「**按勞分配**」之所以被提出來，真正的目的是，要挑戰資本主義下常有的按角色和才幹的「貢獻」來分配。

對此，普魯東講得最直白。他針對著聖西門的「**按才分配，按才配工**」，以及傅立葉的績效主義，批評他們將最高的報酬給予最有才幹的人，無異於是將「**地球當做一個廣大的決鬥場**」。

他風趣地指出，雖然在《伊里亞特》詩篇的面前，我所生產的那些乾酪和豆莢算不得什麼！但荷馬並不能因此就享有高工資和報酬。任何天才、教授、經理人與水電工都一樣，工資和報酬應「**不多不少地按照它所花費的時間和費用**」來支付。

因為勞動始終都是聯合起來集體協作的。並且，「**只要勞動者聯合起來，他們就是平等的。**」沒有人可以因為才幹和績效而多分配一點。

任何一個孤立的工作者，只能滿足他自己需要中的極小一部分。如果沒有千百個他人的勞動來配合，你怎麼可能表現出最好的才幹和績效呢？以此而言，各種不同的才幹和專業，不過是一系列不同等級的對集體的貢獻。

正確來說，「**大家都參加了每一種產品的生產**」。故而，你對每一種產品都可以要求享有報酬和權益；反過來，每一個人對你的產品也可以要求享有報酬和權益。

坦白說，普魯東上述的辯護，頭頭是道、鏗鏘有力！經常，許多人對資本主義的控訴，就是根據於「按勞分配」的原則。甚至自由主義的大師彌爾也不例外。他說，私產制的問題主要是它往往流於不公平。「**產品的分配幾乎與勞動成反比**」。不勞動的人所獲得的份額最大，反過來，最辛苦又幹著低賤工作的人，所獲得的份額卻最小。

想一想，即使在今天，這種論調不是也很普及嗎？但「按勞分配」是否真的公平呢？筆者可以贊成，天才、教授和經理人不該領取太高的報酬，但將他們都等同於農夫、作業員和水電工，一律只以勞動量來計算工資，這毋寧也是一種荒謬的均平主義。

對華爾街的金童、矽谷的工程師、知名的教授、跨國企業的執行長，或是達沃斯論壇的菁英，我們大可以高聲批判，你們憑什麼囊括那麼大份額的報酬和權益？你們有今天的才能和成就，是整部歷史和社會全體所孕育的結果。而就在這個意義下，你們的才能和成就，並非只是屬於你自己的。

但因此，這些人就該都以每天八小時的勞動量，來計算工資和報酬嗎？否定了這些人在角色和才能上的貢獻，今天的社會和文明必將倒退一百年。跟「按需分配」比較起來，「按勞分配」雖然不會有生產力的問題，卻會有競爭力的困境。

再者，將人在角色和才能上的貢獻，與工資和報酬切割開來，無異於就是否定了人基於不同的特質、個性和自我而在工作上的差異性表現。這怎麼會公平呢？它毋寧是「以不平平，其平也不平」的假平等。

不只如此，「按勞分配」還有一個大麻煩。如果一切都按照勞動量來計算報酬，那除了國家之外，大概就沒有人願意投資了，因為不存在著資本利潤；而投資主也可能因為很少勞動而收入微薄。

按才分配？從公平跨到進步

既然「按需分配」以及「按勞分配」都有問題，那麼「按才分配」、也就是根據角色和才幹的貢獻來計算報酬，這樣會比較好嗎？這當然就是今天在資本主義下最普遍的方式。而它既然如此普遍，是否就證明了它確實相對可行、而且更為優越呢？

從歷史源起來看，禁慾主義新教，結合了當時新興的布爾喬亞，最強而有力實踐了此一績效倫理。他們清楚楬櫫，上帝要求於信徒的，並不只是辛勤地勞動，還要富有成效、理性地勞動，俾能以最大的成效來榮耀上帝。此後，這樣一種績效倫理，就與資本主義的發展難分難解了。

對許多人來說，勞動價值，乃至於勞動財產權，固然都該肯定，但豈能無視於勞動成效呢？後者甚至更為重要。比較起「按勞分配」，其實「按才分配」更符合分配的正義，因為它更給了每個人「**以適如其份的報答**」。這不就是正義嗎？

客觀而言，它的好處是，社會或組織會比較具有競爭力。但問題是，一來，包括才幹在內的任何自由競逐，都有一個不可或缺的條件，就是公平的遊戲規則。很遺憾地，許多社會在這一方面並不健全。二來，即使遊戲規則很公平，有才幹的人總是少數。很容易形成只有少數人受惠的貧富不均，甚至是懸殊。三來，才能的擁有和培育，本身就是不公平的！譬如，富裕家庭的孩子進入名校的比例，就比窮困家庭高很多。財團的子弟也比一般人更有養成才幹的歷練、機會和資源，然後順理成章地接班。

寫到這裡，對於財富的分配正義，其答案仍是高度困惑的！到底怎麼樣才是公平呢？是生活需求大的人該多分配一點？還是愈辛苦勞動的人該多分配一點？或才幹表現愈好的人該多分配一點？也許，這些原則沒有一個該被犧牲。

正確來說，答案其實決定於每個人既有的價值預設，以及社經條件和地位。富於人道情懷者或低層人口，應該會比較喜歡「按需分配」；而勤奮的廣大勞動階級，通常會偏好「按勞分配」；至於上層的菁英和專業人士，恐怕多數會堅持「按才分配」。

比較突破性地來說，其實，談財富的分配，光追求公平是不對的！它固然是爭論的一個癥結點，但我們絕不該被它牽著鼻子走！彌爾曾經很睿智地指出，在私產與共產兩種制度的抉擇上，最重要的考慮是，哪一個「**更適合最大多數的人類的自由與自主的發展**」？這番話的意涵，就有一種超越「只談公平」的高度。它不僅包括了排除各種人為的障礙和限制，在完整的自由下來進行才幹的開發和競爭，還涵蓋了人性多樣化的差異、多面向的擴展。

分配的真諦，絕不是將財富從某些人的口袋，移轉到另一些人的口袋那麼簡單。更也不是讓所有的人都根據一個法則和標準來分配一切就好了。分配要有一個前提，就是在進步富裕下，有足夠的資財可以拿來分配；也就是要有競爭力。因此真正健康的分配，絕不是愈分配、大家愈貧窮落後，而是進步富裕下的分配！

若要如此，我們真的要超越只追求公平。無奈！共產主義雖然在歷史裡已經瓦解了，但其中的均平訴求，仍是千年不死的幽靈！尋索財富的分配正義之際，我們務必要嚴肅地考慮，怎麼樣的制度設計，才能夠讓最大多數人，在完整的自由下來進行才幹的開發和競爭，同時還促進了人性多樣化的差異、多面向的擴展？相對於此，公平不是上帝！

※

至此，對於本書前述三種財富倫理的歸結該收筆了。浩浩蕩蕩、全書約三十萬字，也該和讀者說再見了。在筆者的財富倫理建構工程中，已經完成了兩部曲，即整體歷史脈絡的掌握以及論證上的思辨分析。而在本章所小結出來的四大核心課題，明顯地只是點到為止而已！至於對這四大核心課題進一步的現代引申應用、省思和方案倡議，也就是財富倫理的第三部曲，就請各位讀者期待下一本書了。

末了，還有幾句話要說。雖然本書所討論的大師們，都是廣為人知的；市面上有關如何投資理財的書籍也汗牛充棟。但對於財富倫理，不僅探討的篇章非常之少，而且以如此大規模和第一手原典來探討的，拙作應該是第一本！筆者可以大膽地說，思想史中對於財富的各種價值思辨，在這裡，十之六七都深入探索過了。

在現代社會裡，有不少人在談環境倫理、科技倫理、企業倫理、校園倫理、學術倫理，乃至於職場倫理，但很少人在談財富倫理。希望本書能為這個領域敞開一道大門，打下一個好基礎。

Gain all you can,
save all you can,
and give all you can.

清教徒領袖 John Wesley, 1703-1791

在此尾聲，謹以這三句話與讀者共勉

參考書目

Acemoglu, Daron & Robinson, James A. 著，2013，吳國卿、鄧伯宸譯，《國家為什麼會失敗：權力、富裕與貧困的根源》，台北，衛城出版。

Althaus, Paul 著，2007，顧美芬譯，《馬丁路德的倫理觀》，新竹，中華信義神學院出版社。

Aristophanes. 2004. ***Women in Parliament***. trans by George Theodoridis. Website: https://bacchicstage.wordpress.com/aristophanes/women-in-parliament-2/

Aristotle 著，1983，吳壽彭譯，《政治學》，北京，商務印書館。

Aristotle 著，2003，廖申白譯，《尼各馬可倫理學》，北京，商務印書館。

Aristotle. 1957. ***Politics: A Treatise on Government.*** trans by E. Barker. London: Oxford University Press.

Augustine, NPNF1-01***. The Confessions and Letters of St. Augustine, with a Sketch of his Life and Work***. A Select Library of the Nicene and Post-Nicene Fathers of the Christian Church. Series I. Volume 1. ed. by Philip Schaff. Michigan: Wm. B. Eerdmans Publishing Company Grand Rapids. Site of "Christian Classics Ethereal Library (CCEL)": http://www.ccel.org/ccel/schaff/npnf101.i.html

Augustine, NPNF1-02a. "City of God," in ***NPNF1-02. St. Augustine's City of God and Christian Doctrine.*** A Select Library of the Nicene and Post-Nicene Fathers of the Christian Church. Series I. Volume 2. ed. by Philip Schaff. Michigan: Wm. B. Eerdmans Publishing Company Grand Rapids. Site of "Christian Classics Ethereal Library (CCEL)": http://www.ccel.org/ccel/schaff/npnf102.iv.html

Augustine, NPNF1-02b. "On Christian Doctrine," in ***NPNF1-02. St. Augustine's City of God and Christian Doctrine.*** A Select Library of the Nicene and Post-Nicene Fathers of the Christian Church. Series I. Volume 2. ed. by Philip Schaff. Michigan: Wm. B. Eerdmans Publishing Company Grand Rapids. Site of "Christian Classics Ethereal Library (CCEL)": http://www.ccel.org/ccel/schaff/npnf102.v.html

Augustine, NPNF1-06. "Sermons on Selected Lessons of the New Testament," in ***NPNF1-06. St. Augustine: Sermon on the Mount; Harmony of the Gospels; Homilies on the Gospels.*** A Select Library of the Nicene and Post-Nicene Fathers of the Christian Church. Series I. Volume 6. ed. by Philip Schaff. Michigan: Wm. B. Eerdmans Publishing Company Grand Rapids. Site of "Christian Classics Ethereal Library (CCEL)": http://www.ccel.org/ccel/schaff/npnf106.vii.i.html

Augustine, NPNF1-08***. St. Augustine: Exposition on the Book of Psalms.*** A Select Library of the Nicene and Post-Nicene Fathers of the Christian Church. Series I. Volume 8. ed. by Philip Schaff. Michigan: Wm. B. Eerdmans Publishing Company Grand Rapids. Site of "Christian Classics Ethereal Library (CCEL)": http://www.ccel.org/ccel/schaff/npnf108.i.html

Aurelius, Marcus 著，1985，梁實秋譯，《沉思錄》，十八版。台北：協志工業叢書出版公司。

Barker, E. 1959 ***The Political Thought of Plato and Aristotle.*** New York: Dover Publications, Inc.

Baxter, R. 著，1962，許牧世、趙真頌譯，〈基督徒守則〉，《不列顛宗教改革思潮》，香港：金陵神學院及基督教文藝出版社。

Bentham, Jeremy 著，2000，時殷弘譯，《道德與立法原理導論》，北京，商務印書館。

Bentham, Jeremy. 1818. ***Defence of Usury; Shewing the Impolicy of the Present Legal Restraints on the Terms of Pecuniary Bargains.*** London: Payne and Foss.

Block, Walter 著，2003，齊立文譯，《百辯經濟學：為娼妓、皮條客、毒販、吸毒者、誹謗者、偽造貨幣者、高利貸者、為富不仁的資本家……這些「背德者」辯護》，台北，經濟新潮社。

Buchanon, James. M. 著，2002，韓旭譯，《財產與自由》，北京，中國社會科學出版社。

Burke, Edmund. 1803. "Thoughts and Details on Scarcity. to the Right Hon. William Pitt, 1795," ***The Works of the Right Honourable Edmund Burke.*** Vol. VII. A New Edition. London: F. and C. Rivington, St. Paul's Church-Yard.

Burke, Edmund. 1826. "Letter III. On the Rupture of the Negotiation etc. 1797," ***The Works of the Right Honourable Edmund Burke.*** Vol. VIII. A New Edition. London: F. and C. Rivington, St. Paul's Church-Yard.

Burke, Edmund. 1999. ***Select Works of Edmund Burke.*** Vol. 4. ed. by Francis Canavan. A New Imprint of the Payne Edition. Indianapolis: Liberty Fund.

Bury, J. B., (et.al.) 1923. ***The Hellenistic Age.*** New York: The Norton Library.

Butler, Eamonn 著，2004，趙根宗譯，《亞當斯密思想解讀》，香港，商務印書館。

Chadwick, Henry 著，1987，黃秀慧譯，《奧古斯丁》，台北，聯經出版公司。

Calvin, John 著，1978a，徐慶譽譯，《基督教教義》，上冊，香港：金陵神學院及基督教文藝出版社。

Calvin, John 著，1978b，謝秉德譯，《基督教教義》，下冊，香港：金陵神學院及基督教文藝出版社。

Calvin, John 著，1985，徐慶譽、謝秉德譯，《基督教教義》，中冊，香港：金陵神學院及基督教文藝出版社。

Cassirer, Ernst. 1946. ***The Myth of the State.*** London: Yale University Press.

Catlin, G. 1939. ***The Story of Political Philosophers.*** New York: Tudor Publishing Co.

Chapman, J. W. 1968. ***Rousseau-Totalitarian or Liberal?*** New York: AMS Press.

Chernyshevsky, Nikolay 著，1984，季陶達、季云譯，《穆勒政治經濟學概述》，北京，商務印書館。

Chrysostom, John. 1984. ***On Wealth and Poverty.*** trans by Catharine P. Roth. St. Vladimir's Seminary Press.

Chrysostom, John. NPNF1-12. ***Saint Chrysostom: Homilies on the Epistles of Paul to the Corinthians.*** A Select Library of the Nicene and Post-Nicene Fathers of the Christian Church. Series I. Volume 12. ed. by Philip Schaff. Michigan: Wm. B. Eerdmans Publishing Company Grand

Rapids. Site "Christian Classics Ethereal Library (CCEL)": http://www.ccel.org/ccel/schaff/npnf112

Clement, of Alexandria. 1987. ***What Rich Man May Be Saved.*** A Paraphrase of Quis Dives Salvandus. ed. by Charles Edward White. Website: http://www.ctlibrary.com/ch/1987/issue14/1412.html

Copleston, Frederick S. J. 1959. ***A History of Philosophy: Greece and Rome.*** Vol. I. Maryland: Westminster.

Copleston, Frederick S. J. 1964. ***A History of Philosophy: Hobbes to Paley.*** Vol. V. The Newman Press and Burns & Oates, Ltd.

De Botton, Alain 著，2012，資中筠譯，《哲學的慰藉》，上海，上海譯文出版社。

Deane, Herbert A. 1963. ***The Political and Social Ideas of St. Augustine.*** New York: Columbia University Press.

Deaton, Angus 著，2015，李隆生、張逸安譯，《財富大逃亡：健康、財富與不平等的起源》，台北，聯經出版公司。

Dickinson, G. L. 1958. ***The Greek View of Life.*** Ann Arbor: The University of Michigan Press.

Dudley, Donald R. 1937. ***A History of Cynicism: From Diogenes to the 6th Century A.D.*** Methuen & Co. Ltd. London.

Durant, Will. 1926. ***The Story of Philosophy.*** New York: Simon & Schuster. Inc.

Durant, Will. 1939. ***The Life of Greek.*** in the Series of ***The Story of Civilization***. Vol. II. New York: Simon and Schuster.

Fitzgerald, Brian E. 2002. ***St. John Chrysostom on Wealth and Poverty: A Thematic Study of St. John Chrysostom's Sermons on Luke 16: 19-31.*** Website: http://www.st-philip.net/files/Fitzgerald%20Patristic%20series/John-Chrysostom_wealth_and_virtue.pdf

Franklin, Benjamin 著，1989，劉學黎譯，《富蘭克林經濟論文選集》，北京，商務印書館。

Ferguson, Niall 著，2009，杜默譯，《貨幣崛起：金融資本如何改變世界歷史及其未來之路》，台北，麥田出版公司。

Ferguson, Niall 著，2013，黃煜文譯，《金錢與權力》，台北，聯經出版公司。

George, Timothy 著，2009，王麗譯，《改教家的神學思想》，北京，中國社會科學出版公司。

Gilby, Thomas A. 1973. ***The Political Thought of Thomas Aquinas.*** ed. by Dino Bigongiari. Chicago: The University Press.

Gilson, Etienne. 1955. ***History of Christian Philosophy in the Middle Ages.*** New York: Random House.

Gilson, Etienne. 1956. ***The Christian Philosophy of St. Thomas Aquinas.*** trans by L. K. Shook. New York: Random House.

Gonzalez, Justo L. 2002. ***Faith and Wealth: A History of Early Christian Ideas on the Origin, Significance, and Use of Money.*** Oregon: Wipf and Stock Publishers.

Gonzalez, Justo L. 著，2000，吳秀蘭、羅麗芳譯，《信仰與財富》，台北，校園書房出版社。

Hayek, Friedrich 著，1997，鄒正來譯，《自由秩序原理》（上），北京，三聯書店。

Hermas, 1990. ***The Shepherd*** of Hermas. trans. by J. B. Lightfoot. ed. by Peter Kirby. Site of "Early Christian Writings: New Testament, Apocrypha, Gnostics, Church Fathers": http://www.earlychristianwritings.com/text/shepherd-lightfoot.html

Hobbes, Thomas. 1958. ***Leviathan.*** New York: The Bobbs-Merrill Co., Inc.

Hume, David 著，1984，陳瑞譯，《休謨經濟論文選》，北京，商務印書館。

Hume, David 著，1996，關文運譯，《人性論》，北京，商務印書館。

Kropotkin, Peter 著，1984，李平漚譯，《互助論：進化的一個要素》，北京，商務印書館。

Kropotkin, Peter 著，1989，巴金譯，《麵包與自由》，北京，商務印書館。

Lactantius, Lucius Caecilius Firmianus. ANF07. "Lactantius: The Divine Institutes," in ***ANF07. Fathers of the Third and Fourth Centuries.*** The Ante-Nicene Fathers. Volume 7. ed. by Philip Schaff. Michigan: Wm. B. Eerdmans Publishing Company Grand Rapids. Site of "Christian Classics Ethereal Library (CCEL)": http://www.ccel.org/ccel/schaff/anf07.iii.ii.html

Landes, David S. 著，1999，汪仲譯，《新國富論：人類窮與富的命運》，台北，時報文化出版公司。

Locke, John 著，1996，葉啟芳、瞿菊農譯，《政府論上、下》兩冊，北京，商務印書館。

Luther, Martin 著，1957，湯清、徐慶譽譯，《路德選集》，上冊，香港：金陵神學院及基督教文藝出版社。

Luther, Martin 著，1959，湯清、徐慶譽譯，《路德選集》，下冊，香港：金陵神學院及基督教文藝出版社。

Luther, Martin 著，2003，伍渭文主編，雷雨田、劉行仕譯，《路德文集》，卷一，香港，香港路德會文字部。

Macpherson, C. B. 著，1983，楊肅默譯，《柏克》，台北，聯經出版公司。

Malthus, Thomas Robert 著，1996，朱泱、胡企林、朱和中譯，《人口原理》，北京，商務印書館。

Marx, Karl & Engles, Friedrich Von，著，1956，中共中央編譯局，《德意志意識形態》，收錄於《馬克思恩格斯全集第一版》，卷三，人民出版社。

Marx, Karl & Engles, Friedrich Von 著，1995，中共中央編譯局，《共產黨宣言》單行本，原收錄於《馬克思恩格斯選集第二版》，卷一，人民出版社。

Marx, Karl 著，1972，中共中央編譯局，《資本論．第一卷》，收錄於《馬克思恩格斯全集第一版》，卷二十三，人民出版社。

Marx, Karl 著，1974，中共中央編譯局，《資本論．第三卷》，收錄於《馬克思恩格斯全集第一版》，卷二十五，人民出版社。

Marx, Karl 著，1980，伊海宇譯，《1844 年經濟學哲學手稿》，台北，時報文化出版公司。

Mill, John Stuart 著，2009，金鏑，金熠譯，《政治經濟學原理》上、下兩冊，北京，華夏出版社。

Moran, Thomas Francis 1901. "The Ethics of Wealth," in ***American Journal of Sociology***. vo1. b. No. b. May 1901. The University of Chicago Press.

More, Thomas 著，1996，戴鎦齡譯，《烏托邦》，北京，商務印書館。

More, Thomas. 1949. ***Utopia.*** ed. & trans by H. V. S. Ogden. Illinois: AHM Publishing Corporation.

Nelson, B. R. 1982. ***Western Political Thought.*** New Jersey: Prentice-Hall. Inc.

Oates, W. J. 1940. ***The Stoic and Epicurean Philosophers.*** New York: Random House.

Piering, Julie. 2015. "Cynics," by Julie Piering, ***The Internet Encyclopedia of Philosophy.*** ISSN 2161-0002. http://www.iep.utm.edu/

Plato 著，1986，郭斌和、張竹明譯，《理想國》，北京，商務印書館。

Poggi. G. 1983. ***Calvinism and the Capitalist Spirit: Max Weber's Protestant Ethic.*** New York: The Macmillan Press.

Polanyi, Karl 著，1989，黃樹民等譯，《鉅變：當代政治、經濟的起源》，台北，遠流出版公司。

Prondhon, Pierre-Joseph. 1890. ***What is Property: an inquiry into the principle of right and government.*** trans. by B. R. Tucker. London: William Reeves.

Proudhon, Pierre-Joseph 著，1982，孫署冰譯，《什麼是所有權（或對權力和政治的原理的研究）》，北京，商務印書館。

Ricardo, David 著，1962，郭大力、王亞南譯，《政治經濟學及賦稅原理》，收錄於斯拉法（Piero Sraffa）主編，《李嘉圖著作和通信集》，卷一。北京，商務印書館。

Ricardo, David 著，1983，蔡百受譯，《李嘉圖著作和通信集》，卷五，斯拉法（Piero Sraffa）主編。北京，商務印書館。

Rousseau, Jean-Jacques 著，1962，李常山譯，《論人類不平等的起源和基礎》，北京，商務印書館。

Rousseau, Jean-Jacques 著，1974，徐百齊譯，《社約論》，台灣，商務印書館。

Russell, Bertrand 著，1976，邱言曦譯，《西洋哲學史》，台北：中華書局。

Ryan, Alan 著，1991，顧蓓曄譯，《財產》，台北：桂冠圖書公司。

Sabine, George H. 1955. ***A History of Political Theories.*** 3rd edition. New York: Henry Holt & Company.

Schluchter, Wolfgang. 1996. ***Paradoxes of Modernity: Culture and Conduct in the Theory of Max Weber.*** Stanford: Stanford university Press.

Schroeder 著，2008，楊美齡等合譯，《雪球：巴菲特傳》，台北，天下遠見出版公司。

Sen, Amartya 著，2001a，劉楚俊譯，《經濟發展與自由》，台北，先覺出版社。

Sen, Amartya 著，2001b，王宇、王文玉譯，《貧困與飢荒——論權利與剝奪》，北京，商務印書館。

Senior, Nassau William. 著，1986，蔡受百譯，《政治經濟學大綱》，北京，商務印書館。

Simmel, Georg. 2007，陳戎女、文聘元、耿開君合譯，《貨幣哲學》，北京，華夏出版社。

Smith, Adam 著，2003，蔣自強等譯，《道德情操論》，北京，商務印書館。

Smith, Adam 著，2009，郭大力、王亞南譯，《國民財富的性質和原因的研究》，北京，商務印書館。

Tawney. R. H. 1958. ***Religion and the Rise of Capitalism.*** The 9th Edition. New York: The New American Library of World Literature. Inc.

Tertullian, ANF03. "The Apology," in ***ANF03. Latin Christianity: Its Founder, Tertullian.*** The Ante-Nicene Fathers. Volume 3. ed. by Philip Schaff. Michigan: Wm. B. Eerdmans Publishing Company Grand Rapids. Site of "Christian Classics Ethereal Library (CCEL)": http://www.ccel.org/ccel/schaff/anf03.iv.iii.xxxix.html

The British Museum 著，2009，Catherine Eagleton & Jonathan Williams 撰，周全譯，《金錢的歷史》，台北，博雅書屋。

Thomas Aquinas 著，2008，周克勤等譯，《神學大全》，台南，中華道明會 &碧岳學會聯合出版。

Thompson, James Westfall 著，1997，耿淡如譯，《中世紀經濟社會史（300-1300年）》，上冊，北京，商務印書館。

Thompson, James Westfall 著，1996，徐家玲等譯，《中世紀晚期歐洲經濟社會史》，北京，商務印書館。

Weatherford, Jack 著，1998，楊月蓀譯，《金錢簡史：揭開人性與慾望交纏的神話》，台北，商業周刊出版。

Weber, Max 著，1985，錢永祥編譯，《韋伯選集（Ⅰ）：學術與政治》，台北：允晨出版公司。

Weber, Max 著，1989a，簡惠美譯，《中國的宗教：儒教與道教》。台北：遠流出版公司。

Weber, Max 著，1989b，簡惠美譯，〈比較宗教學導論——世界諸宗教之經濟倫理〉，《宗教與世界：韋伯選集（Ⅱ）》。台北：遠流出版公司。

Weber, Max 著，1991，于曉、陳維綱等譯，《新教倫理與資本主義精神》，台北，唐山出版公司。

Weber, Max 著，1996，康樂等編譯，《支配的類型：韋伯選集（Ⅲ）》，修訂版。台北：遠流出版公司。

Weber, Max. 1968. "Ideal Types and Theory Construction," In May Brodbeck. ed. ***Readings in the Philosophy of the Social Sciences.*** New York:

The Macmillan Company. 496-507.

Weber, Max. 1992. ***The Protestant Ethic and the Spirit of Capitalism.*** trans. by Talcott Parsons. New York: Routledge.

Winstanley, Gerrard 著，1979，任國棟譯，《溫斯坦萊文選》，北京，商務印書館。

Wolfsdorf, David. 2013. ***Pleasure in Ancient Greek Philosophy.*** New York: Cambridge University Press.

Wright, Jonathan B. 著，2004，江麗美譯，《發現亞當斯密：一個關於財富、轉型與道德的故事》，台北，經濟新潮社。

帕米爾書店編，1977，《工團主義和基爾特社會主義》，台北：編者印行。

范鳳華編，2001，《小小靈花選讀》，香港，基督教文藝出版社。

徐復觀，1982，《中國思想史論集續篇》。台北：時報文化出版公司。

梁文韜，2004，〈政治經濟學的哲學基礎、性質與方法論：古典效益主義思想家的觀點〉，《政治與社會哲學評論》，期十，台北，巨流圖書公司。

梁啟超，1977，《先秦政治思想史》，台八版，台北，中華書局。

陳正國，2004，〈從利他到自律：哈其森與史密斯經濟思想間的轉折〉，《政治與社會哲學評論》，期十，台北，巨流圖書公司。

許國賢，1993，《馬克弗森》，台北，東大圖書公司。

莊慶信，2011，〈天主教的財富倫理——宗教倫理學的考察〉，《哲學與文化》：卷三八，期二，總 441 期。台北，輔仁大學文學院。

葉仁昌，1996，《儒家的階層秩序論：先秦原型的探討》，台北：瑞興圖書公司。

葉仁昌，2015，《儒家與韋伯的五個對話》，台北，聯經出版公司。

蕭公權，1977，《中國政治思想史》。六版，台北：華岡出版社。

錢穆，1976，《國史新論》，二版。台北：三民書局。

韓山城譯，1982，編者不詳，《成德明鏡》（***Mirror of Perfection***），香港：安道出版社。

釋印順，2010，「佛教的財富觀」，《佛在人間》，北京，中華書局。

內容簡介

提升財富教養的最佳入門閱讀

在全球資本主義的時代，錢潮橫流，「財富＝成功」成了普世價值。「沒有財富的教養，難免淪為財富的野獸。」當人們努力追求金錢，競逐各種新興理財工具和投資標的之際，其實最該問自己，「為什麼要有錢？」這關乎我們在面對財富時的內在心態或價值觀，亦即「財富的教養」，而其中隱含了深刻的價值思辨和選擇。

本書的寫作可視為建構財富倫理的基礎工程，從大思想家們和主流歷史切入，不拘古今中外，討論了洛克、盧梭、休謨、亞當斯密、邊沁、普魯東、馬克思、克魯泡特金、韋伯……等歷史中超過三十位以上的思想大師，並將其分成三條基本路線：一、輕看財富、貶抑私產的論調；二、夠用就好、財富的小康之樂；三、邁向資本主義的無限利潤心。而後則扼要歸結出四大核心課題：財富的追求動機、獲取之道、如何使用，以及分配正義。透過提綱挈領的剖析，為下一步的現代引申應用建立寫作框架。

大規模地探討財富倫理，其題材與寫作企劃不僅少見，更難能可貴的是，本書處處以大師們的一手原典來鋪陳和論述，回歸他們最真實的原旨和語言風采，讓大師們用自己的文字來為自己發言，由他們親自拿起麥克風來向讀者說「書」。

作者在書中所呈現的，並不只是大師們所給出的「答案」，更溯源似地探究答案「背後」所訴諸的理由、原委和論證邏輯；不僅陳明大師在財富倫理上表達了什麼樣的最終立場，更要讓讀者清楚理解，他們如何予以辯護及合理化？期待能給予讀者一種屬於歷史發展和脈絡的整體掌握，並能針對其中的各種論證，呈現出既清晰又準確的思辨分析。

作為一本涉及財經的哲普，本書不為學術而生，而是完全著眼於與非專業的社會人士對話，是以作者苦心斟酌，刻意避開許多周邊的和複雜的學術性爭論，好讓讀者在賞閱之際，能心無旁騖地，聚焦於各個大師有關財富倫理的主軸內涵。本書內容扎實細膩，飽含經典內蘊，質感與份量並重，無疑是提升財富教養的入門首選。

作者簡介

葉仁昌

一九五七年出生於台灣澎湖。國立台灣大學政治學博士。國立台北大學公共行政暨政策系退休教授，仍兼授中國政治思想史、政治社會學、以及中國管理哲學等課程。

著有《儒家與韋伯的五個對話》（聯經，2015）、《獨唱的男人：隨想手札》（橄欖，2005）、《儒家的階層秩序論：先秦原型的探討》（瑞興，1996）、《邁向台灣神學的建構》（校園，1992），《五四以後的反對基督教運動：中國政教關係的解析》（久大文化，1992），並曾於一九九〇年獲得「中國政治學會」傑出博士論文獎。

文字校對

馬興國

中興大學社會系畢業；資深編輯。

責任編輯

王怡之

東吳大學中文系畢業；資深編輯。

國家圖書館出版品預行編目(CIP)資料

大師眼中的金錢：財富的倫理 / 葉仁昌著.
-- 新北市：立緒文化，民 107.08
面； 公分. -- (世界公民；94)(未
來的．全人類觀點)
ISBN 978-986-360-116-6(平裝)

1. 財富 2. 經濟學

551.2 107012436

大師眼中的金錢：財富的倫理

出版——立緒文化事業有限公司（於中華民國 84 年元月由郝碧蓮、鍾惠民創辦）
作者——葉仁昌

發行人——郝碧蓮
顧問——鍾惠民

地址——新北市新店區中央六街 62 號 1 樓
電話——(02) 2219-2173
傳真——(02) 2219-4998
E-mail Address —— service@ncp.com.tw
Facebook 粉絲專頁—— https://www.facebook.com/ncp231
劃撥帳號—— 1839142-0 號 立緒文化事業有限公司帳戶
行政院新聞局局版臺業字第 6426 號

總經銷——大和書報圖書股份有限公司
電話——(02) 8990-2588
傳真——(02) 2290-1658
地址——新北市新莊區五工五路 2 號
排版——菩薩蠻數位文化有限公司
印刷——祥新印刷股份有限公司

法律顧問——敦旭法律事務所吳展旭律師

分類號碼—— 551.2
ISBN —— 978-986-360-116-6
出版日期——中華民國107年8月（1～1,500）

定價◎ 490 元 立緒